GALERIE
VERLAG
FISCHERHUDE

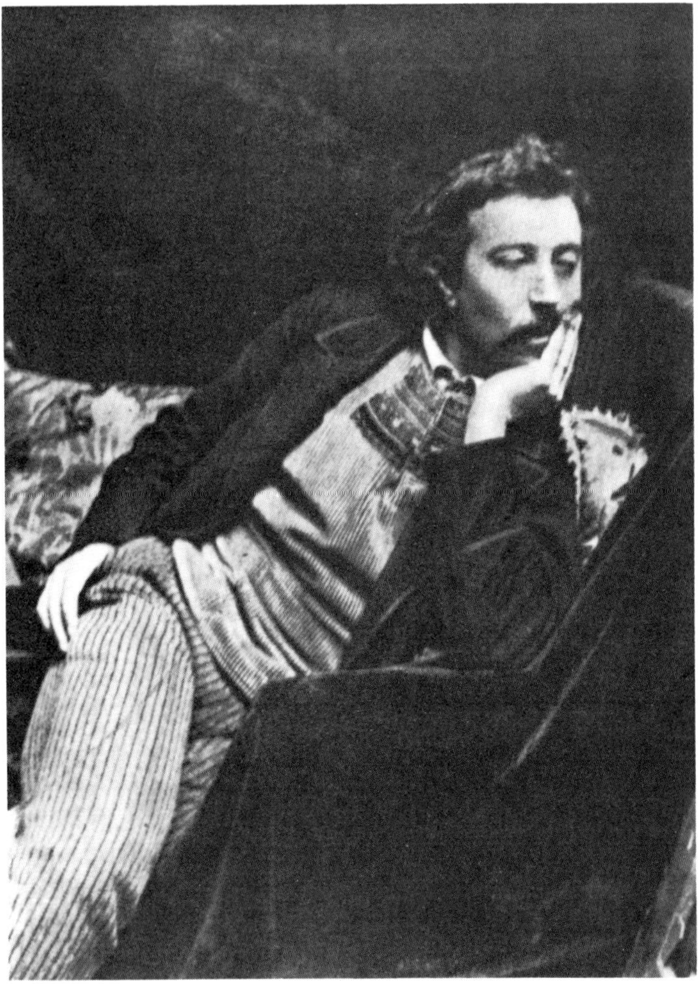

P Gauguin.

Paul Gauguin
BRIEFE

WORPSWEDER TASCHENBÜCHER
Titelbild: Paul Gauguin, Vahine no te vi, 1892
Frau mit Mango (Ausschnitt)
Baltimore, Museum of Art

In der Bredenau 5
D-2802 Fischerhude
Der Abdruck der Briefe und Selbstzeugnisse
erfolgt mit freundlicher Genehmigung des
Hentschel-Verlages, Berlin nach der
Ausgabe von 1970, hrsg. von Kuno Mittelstädt
überarbeitet und neu herausgegeben von
Hans-Günther Pawelcik (Redaktion und Herstellung)
Die Briefe an George Daniel de Monfreid übertrug Hans Jacob,
die Briefe an Mette Gauguin, Emile Schuffenecker und Emile
Bernard übersetzte Gitta Frenzel

Satz: Fotosatz-Service, Bremen
Druck: Zertani, Bremen
Bindung: Kuhlmann, Oldenburg
ISBN 3-88 132 404-6

AUFENTHALT IN FRANKREICH PANAMA UND MARTINIQUE

Nach dem mißglückten Versuch, in Dänemark, dem Heimatland seiner Frau, Fuß zu fassen und für die siebenköpfige Familie eine Existenzgrundlage zu finden, kehrt Gauguin, jetzt siebenunddreißig Jahre alt, nach einem Zerwürfnis mit der Familie Mettes im Juni 1885 mit seinem sechsjährigen Sohn Clovis aus Kopenhagen nach Paris zurück. Seine Frau bleibt mit den übrigen Kindern in Kopenhagen. Mittellos und ohne Anstellung verbringt er in großer materieller Not den Winter in Paris. Um den erkrankten Clovis pflegen zu können, arbeitet Gauguin zeitweise als Plakatankleber auf Bahnhöfen »für fünf Francs am Tag«, eine zunächst erhoffte Anstellung als Inspektor der Werbefirma nimmt er jedoch nicht an. Da das Leben in Paris zu teuer ist, faßt der Maler den Entschluß, in die Bretagne zu gehen, wo er, nachdem er Clovis in einer Pension untergebracht hat, Ende Juni 1886 eintrifft. Er mietet sich in Pont-Aven im Gasthof von Marie-Jeanne Gloanec ein und bleibt dort bis Mitte November. Während dieser Zeit lernt er mehrere jüngere Künstler kennen, unter ihnen auch den achtzehnjährigen Emile Bernard. Nach seiner Rückkehr nach Paris arbeitet Gauguin bei dem Kunsttöpfer Ernest Chaplet, doch hält er bald seine Keramiken für zu »kunstvoll«, um für sie Käufer zu finden. Er lebt in enger Berührung mit den avantgardistischen Malern, mit Degas verbindet ihn Freundschaft, und er lernt Vincent van Gogh kennen und dessen Bruder Theo, der als Kunsthändler die Bemühungen der jungen Künstlergeneration unterstützt. Es reifen Pläne in ihm, in Ozeanien oder in einem anderen, von der Zivilisation noch unberührten Land seine Gesundheit und seine Energie zu erneuern. Zusammen mit Charles Laval bricht er Anfang April 1887 nach Panama auf, »um dort wie ein Wilder zu leben«. Nach einem Zwischenaufenthalt in Guadeloupe und Martinique erreichen sie Ende April den Hafen Colon und von dort mit der Eisenbahn die Küstenstadt Panama. Die hochgespannten Erwartungen erfüllen sich jedoch nicht, Gauguins Schwager Juan Uribe, der in Panama eine Handelsniederlassung unterhält, bleibt zurückhaltend. So fahren beide Maler nach Colon zurück, um dort als Erdarbeiter beim Kanaldurchstich das Geld zur Reise nach Martinique zu verdienen, wo sie bessere Lebensbedingungen vorzufinden hoffen. Sie kommen dort in der zweiten Junihälfte an, und die exotische Landschaft dieser Insel und die unverfälschte Natur ihrer Bewohner inspirieren Gauguin zu mehreren Gemälden und Graphiken. Doch ein körperlicher Zusammenbruch zwingt den Maler Ende Juli für vier Wochen aufs Krankenlager. Nach Besserung seines Gesundheitszustandes bemüht er sich Ende August um eine schnelle Rückkehr nach Frankreich. Die Überfahrt macht er als Matrose auf einem Segelschiff, in der zweiten Novemberhälfte ist er wieder in Paris, wo er bei Emile Schuffenecker Unterkunft findet. Begeistert von Gauguins Bildern aus Martinique, veranlaßt Vincent van Gogh seinen Bruder Theo im Dezember 1887 zu einer Ausstellung in der Kunsthandlung und zum Ankauf von drei Arbeiten. Der Erlös, neunhundert Francs, gibt Gauguin die Möglichkeit, in die Bretagne zu gehen, die er liebt und wo er das Wilde und Ursprüngliche findet: »Wenn meine Holzschuhe über den Granit poltern, höre ich den dunklen, kräftigen Ton, den ich in meiner Malerei suche.« Er mietet sich wieder in Pont-Aven im Gasthof Gloanec ein. Während des achtmonatigen Aufenthaltes entstehen zahlreiche Werke, die Gauguin auf dem Weg zu einer eigenen kraftvollen Formensprache und suggestiven Farbigkeit zeigen. Gauguin wird zum führenden Haupt der Gruppe von Malern, die sich hier versammelt hat, er kommt zu Emile Bernard in näheren Kontakt. Im Juni 1888 erhält er eine Aufforderung Vincent van Goghs, in den Süden zu kommen, um gemeinsam zu arbeiten und gleichzeitig die Kosten des Lebensunterhaltes zu verringern, deren Bestreitung der Bruder Theo zusagt. Nach einigem Zögern reist Gauguin schließlich im Oktober ab, am 23. Oktober findet er sich im »Gelben Haus« ein, das Vincent an der Place Lamartine in Arles gemietet hat. Doch der Versuch gemeinsamen Lebens und Arbeitens endet im Dezember dramatisch in heftiger persönlicher Auseinandersetzung. Gauguin kehrt nach Paris zurück, wo er zunächst wieder bei Emile Schuffenecker Unterkunft findet. Er mietet dann für drei Monate ein Atelier in der Avenue de Montsouris 25, geht aber schon im März für kurze Zeit erneut in die Bretagne. In diesem und im folgenden Jahr wechselt der Maler mehrmals seinen Aufenthalt zwischen Paris und der Bretagne, doch sind die Tage erfüllt von leidenschaftlicher Arbeit und dem Bemühen, sich in der Pariser Kunstwelt durchzusetzen. Da der Erfolg sich jedoch nicht erzwingen lassen will und das Leben in Frankreich immer stärker seinen Widerwillen erregt, gewinnt der Plan, die Heimat zu verlassen, immer festere Gestalt. Im Frühjahr 1891 ist es soweit: Nach einer Versteigerung seiner Bilder im Pariser Hôtel Drouot, einem Zusammentreffen mit der Familie in Kopenhagen und einem Abschiedsbankett in Paris, das seine Freunde am 23. März im Café Voltaire veranstalten und dessen Vorsitz Mallarmé führt, schifft Gauguin sich am 1. April in Marseille nach Tahiti ein.

Paris *9. August 1885*

Meine liebe Mette! . . .Nun, da es Deiner Schwester gelungen ist, mich zur Abreise zu bewegen, ist jeder Grund für mein Bleiben hinfällig geworden. Um der Ehre Deiner Familie und auch um der meinen willen sei hiervon hinfort nicht mehr die Rede . . .

Ich habe genug Kummer, ohne daß ich noch durch die Schuld anderer Leute im eigenen Land an Ansehen verlieren muß. Glaubst Du denn, daß ich, um hier wieder neu zu beginnen, auf meinen Ruf als ernsthafter und redlicher Mensch verzichten kann? Wieder in Ordnung bringen zu müssen, was andere verwirrt haben, und immer wieder von vorn anzufangen, ich gestehe es offen, es übersteigt meine Kräfte.

Ich habe meine Kiste noch nicht erhalten, und ich erwarte sie, um den Verkauf dessen, was sie enthält, organisieren zu können. Der Winter wird kommen, und ich weiß noch nicht, welche Arbeitsmöglichkeiten sich mir bieten werden.

Ich umarme Euch alle . . . Paul Gauguin

Paris *19. August 1885*

Meine liebe Mette! Ich ersehe aus Deinem Brief, daß Du noch verreist bist; und ich schließe daraus, daß Freunde sich ein wenig um Dich kümmern; und es bedeutet für mich inmitten all meiner Betrübnis eine Beruhigung, Dich etwas unterstützt und unterhalten zu wissen . . . Du erkundigst Dich bei mir, was ich diesen Winter tun werde. Ich weiß es selbst noch nicht, alles hängt von den Mitteln ab, die mir zur Verfügung stehen werden. Aus nichts wird nichts. Ich besitze kein Geld, kein Haus, keine Möbel, auch keine Arbeit, außer in Aussicht bei Bouillot, wenn er welche zu vergeben hat. In diesem Fall würde ich mir ein kleines Atelier bei ihm einrichten und dort schlafen. Was die Kost betrifft, würde ich meinen Mitteln entsprechend kaufen, womit ich mich ernähren kann. Wenn ich einige Bilder verkaufe, miete ich mich im nächsten Sommer in einem kleinen Nest der Bretagne ein. Ich werde Bilder malen und bescheiden leben. In der Bretagne lebt man noch am billigsten. Wenn erst das Schlimmste überwunden ist und die Dinge sich zum Besseren wenden, mein Talent sich entfaltet, Anerkennung findet und sich auszahlt: dann werde ich daran denken, mich irgendwo fest niederzulassen.

Versuche Du, mich in Dänemark bekannt zu machen. Dies wäre eine Aussicht, Käufer für meine Bilder zu finden, was Dir ebenso wie mir zum Vorteil gereichen würde, es wäre außerdem der sicherste Weg, uns wieder zusammenzuführen.

Ich habe noch keine Nachricht vom Verbleib der Kiste, und Du tätest gut daran, sie in Kopenhagen zu reklamieren und zwar unverblümt, denn sie war richtig adressiert – wäre dem nicht so, hätte ich keinen Bescheid bekommen, daß sie aufgegeben worden ist. Was ist geschehen? Ich weiß nicht, was da los ist, soviel steht jedoch fest, daß ich ohne Wäsche bin, daß meine Bilder bei einem Händler angekündigt waren und ich nun vielleicht um den Verkauf gebracht werde. Ich weiß nicht, ob Du meine Sachen eingepackt hast, auf alle Fälle werde ich sie diesen Winter benötigen, ausgenommen den Hut; ich habe keine Lust, mir neue Kleidungsstücke zu kaufen. Denkst Du daran, mir Hemden mit losem Kragen zu nähen, aus der Leinwand, die Du noch hast? Die Hemden könnte ich bei der Arbeit gut gebrauchen; wenn es geht, mache mir bitte recht haltbare Manschetten an die Ärmel, und zwar in einem etwas feineren Leinen . . .
Küsse die Kinder . . . Paul Gauguin

Paris *2. November 1885*
Liebe Mette! Ich weiß nicht, was mit Dir ist, Du hast rasch hintereinander zwei Briefe geschrieben, und nun auf einmal absolutes Schweigen . . . Ich *lebe* nach wie vor *in der Schwebe* über den Verkauf von Bildern, und es hat mich dieser Tage sehr viel Mühe gekostet, uns notdürftig zu ernähren. Ich habe an der Börse noch nichts gefunden, die Geschäfte gehen schlecht, und es gibt so wenig Plätze für all die Angestellten ohne Arbeit.
Ich habe in der Zeitung gelesen, daß das politische Leben in Dänemark zur Zeit ziemlich bewegt gewesen ist und man ein Attentat auf Deinen geliebten Estrupp verübt hat: Tatsächlich ist er ja aber nicht getroffen worden. Du mußt erkennen, daß der Wind nicht mehr aus dieser Richtug weht, die herrschende Klasse ist zu wenig progressiv, während der Adel nichts mehr von seinem früheren Edelmut besitzt und heute in der Einbildung lebt, den Schwachen gegenüber keine Pflichten zu haben, dafür aber von ihnen ständig Ehrerbietung und Unterwürfigkeit fordert.
Ich habe die Strümpfe für Clovis[1)] erhalten, er hat nun für einige Zeit etwas für seine Füße. Er ist sehr artig und spielt ganz allein, ohne mich zu stören, in seiner kleinen Ecke. Er erkundigt sich ab und zu, wo seine Mutter ist und wann sie wohl kommen mag? Bei einem Wiedersehen wirst Du erleben, daß er Dich in guter Erinnerung behalten hat. Hoffen wir, daß die anderen Kinder nicht in völliger Unkenntnis ihrer Muttersprache und ihres fluchwürdigen Va-

ters aufwachsen. Ich müßte sehr alt werden, um dies verwinden zu können ...
Der heutige Sonntag war ein recht trauriger Tag für mich, und das Wetter war so düster, wie es oft in Dänemark ist; zum Glück wird der Marineinfanterist, mein Nachbar, heute Abend mit seinem Freund zum Essen zu mir kommen, es ist hier ein angenehmer Ort für ihn, um sich von den Scherereien auszuruhen, die ihm aus häufigen Streitigkeiten mit seinem Vater erwachsen.
Schreibe mir bald und laß mich alles wissen, was Du treibst ...
Clovis küßt Dich. Paul Gauguin

Paris *um den 20. Dezember 1885*

Meine liebe Mette! Ich muß Dir sagen, daß Deine Briefe immer einen Monat nach den meinen eintreffen, so kommt es, daß Du meine Fragen nie beantwortest ...
Ich hatte Dir empfohlen, etwas für Weihnachten vorzubereiten und Dich in dieser Hinsicht mit Philipsen zu verständigen; quid? Deine großartige Schwägerin, die Du zu beklagen scheinst, macht auf mich den Eindruck eines rechten Witzbolds. Sie wußte, daß ich hier mittellos war, und sie hat es nicht einmal für nötig befunden, mir Gastfreundschaft in ihrer großen Wohnung anzubieten – und wäre es nur für die Zeit gewesen, bis ich das Schlimmste überwunden hätte und in Ordnung gekommen wäre. Da ich nicht zu ihr gegangen bin, hat sie sich vor einigen Tagen entschlossen, nach mir zu sehen. Sie hat mir Kinderkleidungsstücke mitgebracht, die sie bereits vor acht Tagen von der Dänin erhalten hatte. Das einzige Anzeichen ihres Interesses war, daß sie den Fußboden nicht gebohnert fand – als ob *ich* ihn einwachste! Ich malte nicht, dafür hatte ich aber soeben ein Männerporträt fertiggestellt, das sie selbstverständlich abscheulich impressionistisch fand.
Sie hat mir angekündigt, daß sie nach Amerika fahren wird, und mich ermahnt, ihr Nachricht zukommen zu lassen, wo Clovis sich aufhalten würde, falls ich gezwungen sein sollte zu verreisen, damit sie kommen könnte, ihn zu umarmen, was auf gut französisch heißt: Bringe ihn ja nicht zu mir, ich habe keinen Platz.
Laß also, ich bitte Dich darum, Marie[2] in Ruhe, mehr denn je bezahlt sie mit Worten, was sie in natura tun müßte. Was mich betrifft, so bleibt es stets das gleiche. Es ist Winter, und ich kann nicht malen ohne Modell. Die Dinge stehen in Frankreich schlimmer denn je. Man hat mir die Stelle eines Inspektors für öffentliche Werbung versprochen, mit 200 Francs im Monat, doch habe ich die Stel-

le noch nicht. Seit einem Monat ist es hier kalt, es schneit sogar. Ich schlafe auf einer Pritsche, eingewickelt in meine Reisedecke, und muß erleben, daß die Plackereien des Tages durch die Schlaflosigkeit der Nacht wettgemacht werden . . .
Küsse die Kinder für mich.
Dein Mann. Paul

Ich erwarte, daß Emil mir jeden Monat einen in Französisch geschriebenen Gruß schickt. Ich sehe, daß man bei Euch zu Hause nicht mehr seine Sprache spricht.

Paris *27. Februar 1886*
Meine liebe Mette! Ich habe Deinen Brief erhalten, der Deine Lage so trostlos schildert. Ich strenge mich an, Deine Meinung zu teilen, muß aber gestehen, daß ich Deine Verhältnisse nicht so bedauernswürdig finde. Du wohnst in *Deinem Haus*, das Dir angemessen eingerichtet ist, Du bist von Deinen Kindern umgeben, Du mußt zwar hartnäckig arbeiten, es bereitet Dir ja aber Freude. Du siehst Menschen, und da Du den geselligen Verkehr mit Frauen und mit Deinen Landsleuten liebst, kannst Du Dich ganz nach Wunsch unterhalten. Du genießt die Annehmlichkeiten der Ehe, ohne die üblichen Scherereien mit dem Gatten zu haben. Was willst Du mehr – außer etwas mehr Geld? Viele sind in der gleichen Lage.
Ich hingegen bin aus meinem Haus vertrieben, lebe kümmerlich zwischen vier Wänden, nur mit einem Bett, einem Tisch, ohne Feuer, allein mit Clovis. Der Kleine ist sehr tapfer. Wenn wir uns am Abend an unseren Tisch setzen, nichts als ein Stück Brot und etwas Aufschnitt vor uns, denkt er nicht mehr an die Leckereien zurück, die er einst so liebte. Er schweigt, bittet um nichts, nicht einmal darum, spielen zu dürfen. Er legt sich schlafen. So verläuft ein Tag wie der andere seines Lebens. Sein Herz und seine Vernunft sind jetzt die eines reifen Menschen. Er wächst von Tag zu Tag, er fühlt sich jedoch nicht recht wohl, er hat Kopfschmerzen und ist blaß, was mir gar nicht gefällt.
Du irrst, wenn Du glaubst, daß ich Dir zürne. Ich habe mich jetzt abgehärtet und hege nur noch Widerwillen gegen alles, was gewesen ist. Daß die Kinder mich vergessen, ist mir heute gleichgültig geworden. Ich habe übrigens keine Hoffnung mehr, sie je wiederzusehen. Möge Gott geben, daß der Tod uns alle dahinrafft. Das wäre das schönste Geschenk, das er für uns bereithalten könnte.
Die Zukunft, die vor den Kindern liegt, erscheint mir alles andere

als verlockend. Sie zu erziehen mit der Aussicht, daß sie, mit gutem Wissen und Bildung ausgerüstet, Tagelöhner oder Bettler werden, dies ist wohl eine Rechnung, die nicht aufgeht.
Mache Dir keine Sorgen, ob ich Dir Deine Fehler vergeben habe, das alles liegt längst hinter mir. Selbst Deine Schwester, die sich in unseren Auseinandersetzungen am schlechtesten und dümmsten benommen hat, ist heute für mich eine Frau wie jede andere.
Ich bin immer töricht gewesen, an das Gute im Menschen zu glauben.
Alles ist vergessen.
Adieu. Paul Gauguin

Paris *Ende Mai 1886*

Liebe Mette! Ich habe das Bild der beiden jüngsten Kinder erhalten, der kleine Paul ist gut wiederzuerkennen, ich muß jedoch gestehen, daß ich über das veränderte Aussehen von Jean derart erstaunt war, daß ich im ersten Augenblick glaubte, es sei nicht er, sondern einer seiner Freunde, der an seiner Stelle aufgenommen worden wäre. Darüber hinaus habe ich aber den Eindruck, als ob Jean in Statur und Kraft seinen Geschwistern nacheifert. Von jetzt an bis zu der Zeit, die ein Wiedersehen mit den Kindern für mich bereithält, werden sie sich wohl noch auf mancherlei Weise verändern. Ich bin froh, daß Du gut über den Winter gekommen bist, es ist reichlich, daß einer Hunger leidet.
Gib Dir keine Mühe, das Unmögliche zu versuchen und für kurze Zeit nach Paris zu kommen. Das Geld verfliegt rasch auf Reisen, um so mehr, als ich nicht weiß, wo ich Dich aufnehmen könnte. Im nächsten Monat bin ich ohne Wohnung, da ich sie gekündigt habe. Das Vernünftigste wäre, in die Bretagne zu fahren und sich für 60 Francs im Monat in volle Pension zu begeben. Eine Möglichkeit, ungestört zu arbeiten. Unsere Ausstellung hat das ganze Problem des Impressionismus wieder aufs Tapet gebracht. Ich habe, vom Glück begünstigt, großen Erfolg bei den Künstlern gehabt. Monsieur Bracquemond, der Graphiker, hat mir voll Begeisterung ein Bild für 250 Francs abgekauft und mir die Bekanntschaft mit einem Keramiker vermittelt, der beabsichtigt, Kunstvasen herzustellen. Er hat mich, entzückt über eine Skulptur von mir, gebeten, für ihn in diesem Winter Arbeiten, ganz nach meinem Belieben, anzufertigen. Der Erlös aus den Verkäufen soll zwischen uns *zur Hälfte geteilt* werden. Vielleicht findet sich hier für die Zukunft eine große Hilfsquelle. Aubé hatte früher für ihn gearbeitet, seine Töpfe haben

ihn leben lassen, das erscheint mir wichtig.
Wie dem auch sei, so gilt es nur für diesen Winter, denn ich bin gewillt, einige Bilder in der Bretagne zu malen. Wenn es Dir gelingen sollte, meinen Manet zu verkaufen, so könnte ich einige Monate hindurch die Pension für Clovis bezahlen. Führen Deine Versuche zu nichts, bin ichd am Ende aller Möglichkeiten. Man bietet mir in Ozeanien die Stelle eines Plantagenarbeiters an. Dies würde jedoch die Preisgabe meiner ganzen Zukunft bedeuten, und darein darf ich mich nicht fügen, denn ich fühle, daß die Kunst, wenn ich genügend Geduld besitze und ein wenig Unterstützung finde, noch einige schöne Tage für mich bereit hält.
Ich habe einen Brief von Emil erhalten. Er ist in einem ganz abscheulichen Französisch geschrieben, und ich sehe den Tag kommen, an dem keins der Kinder in der Lage sein wird, sich mit mir zu unterhalten. Du hast mir einen schönen Streich gespielt, und er ist Dir geglückt, Dir gehört alles, und ich habe nichts zu sagen.
Im großen und ganzen ist Dein Brief recht kurios, kurz zusammengefaßt enthält er folgendes: »mir geht es gut, die Kinder befinden sich auch wohlauf – Ihr seid töricht, Clovis und Du, in Armut zu leben. Ich verlange nichts Besseres als ›gut Freund‹ zu sein, wenn nicht, bleibe ich still in meiner Ecke.« ihr Frauen habt eine Philosophie für Euch. Kurzum: Vae victis . . .
Bald mehr. Paul Gauguin

Gauguin, Kunstmaler
bei Madame Gloanec
Pont-Aven (Finistère)

Pont-Aven *Ende Juni 1886*

Meine liebe Mette! Es ist mir endlich gelungen, das Fahrgeld für die Bretagne-Reise aufzubringen, ich lebe zur Zeit auf Kredit. Es sind wenig Franzosen hier, nur Ausländer: ein Däne, zwei Däninnen, der Bruder Hagborg und viele Amerikaner. Meine Malerei entfesselt heftige Diskussionen, und ich muß offen gestehen, sie findet bei den Amerikanern recht gute Aufnahme. Dies ist eine Hoffnung für die *Zukunft*. Tatsächlich mache ich viele Skizzen, und Du würdest meine Malerei kaum wiedererkennen. Ich hoffe, die Saison gut zu überstehen, und wenn Du durch den Verkauf des Manet zu etwas Geld gelangen solltest, so schicke es mir bitte. Schade, daß wir uns in früherer Zeit nicht in der Bretagne niedergelassen haben. Man bezahlt hier im Gasthof 65 Francs für Logis und Verpflegung, dazu ist es eine Verpflegung, um an Ort und Stelle fett zu werden. Es gibt

auch ein Haus mit Stall, Remise, Atelier und Garten für 800 Francs. Ich bin überzeugt, daß eine Familie für 300 Francs im Monat sehr glücklich leben könnte.
Du stellst Dir vor, daß man in der Bretagne einsam lebt, nicht im geringsten. Im Winter wie im Sommer suchen Engländer, Amerikaner und andere Ausländer diese Gegend auf. Wenn ich später dahin gelangen sollte, einen wenn auch kleinen, so doch *sicheren* und regelmäßigen Absatz meiner Bilder zu haben, so würde ich mich das ganze Jahr hier niederlassen.
In Deinem letzten Brief sprichst Du davon, daß Du krank zu Bett liegst. Du sagst mir jedoch nicht, was Dir fehlt. Man darf sich nicht gehen lassen. Was würdest Du tun, wenn Du kein richtiges Zuhause hättest? Alles ist relativ in dieser Welt, und Du mußt Dich glücklich schätzen, vergleichst Du Dich mit anderen. Emil verlebt frohe Ferientage, seine Geschwister sind auf dem Lande. Den armen Clovis mußte ich in eine Pension bringen, er hat keine Ferien, ich habe ihn nicht einmal mit hierher nehmen können. Hoffen wir, daß der nächste Winter ein besserer sein wird. Auf jeden Fall werde ich weniger unentschlossen sein. Ich nehme mir eher das Leben, als daß ich wie im vergangenen Winter ein Bettlerdasein führe.
Ich habe die Absicht, mir ein Atelier in der Nähe der Eglise de Vaugirard zu mieten. Ich will dort arbeiten, will mich der Keramik widmen und Töpfen künstlerische Form verleihen, wie es früher Aubé getan hat. Monsieur Bracquemond, der, von meinem Talent eingenommen, mir freundschaftlich zugetan ist, hat mir zu diesem Gewerbe verholfen, er meinte, daß es für mich gewinnbringend *werden kann.*
Hoffen wir, daß ich für das plastische Gestalten ebenso begabt bin wie für die Malerei, die ich übrigens weiter zu betreiben gewillt bin.
Küsse die Kinder. Paul Gauguin

Wenn Du Aline photographierst, so schicke mir bitte einen Abzug.

Pont-Aven *Juli 1886*
Meine liebe Mette! Ich fand Deinen Brief heute vor, als ich von der Arbeit nach Hause kam. Was erzählst Du mir? Du hast einen Tumor an der Brust? Das ist ja Unglück noch und noch. Da Du einen Vetter hast, der ein guter Arzt ist, so frage ihn auf jeden Fall ernstlich, ob es sich um eine Krebsgeschwulst handelt. Vor allen Dingen fürchte Dich nicht vor einer Operation, laß sie vornehmen, ehe zu-

viel Zeit verstreicht, später macht man sich Vorwürfe, die Sache verzögert zu haben. Ich weiß, daß es scheußlich ist, wenn man an sich rumschneiden lassen muß, vor allem, wenn man so veranlagt ist wie Du und sich vor jedem Schmerz fürchtet. In der Narkose ist alles weniger schwer.
Wenn ich für Dich operiert werden könnte, so ließe ich es gern geschehen. Trotz allem, was Du mir Böses angetan hast und was ich nie vergessen werde, ertrüge ich die Leiden gern für Dich. Schreibe mir auf jeden Fall, um mich auf dem laufenden zu halten. Ich werde während meines Aufenthaltes hier jetzt immer von Sorge erfüllt sein.
Wenn es Dir zu wenig gut gehen sollte, um selbst schreiben zu können, so bitte eine Freundin, mir mitzuteilen, wie es Dir geht.

Ich gestehe, ich hätte gern eine Photographie von Aline allein. Gruppenbilder sind oft wenig vorteilhaft. Wir haben ja schon schlechte Erfahrungen mit Emil gemacht. Hatte sein Kopf nicht die charakteristischen Züge eines Gefangenen, eines hinter Gittern Sitzenden erhalten?
Im übrigen, wie Du willst. Ich arbeite hier viel und mit gutem Erfolg. Man achtet mich als den stärksten Maler von Pont-Aven, jedoch bringt mir das nicht einen einzigen Sou mehr ein. Indessen bahnt sich hier vielleicht eine Zukunft an. Auf jeden Fall genieße ich einen guten Ruf, so daß alle Welt (Amerikaner, Engländer, Schweden, Franzosen) sich um meinen Rat reißt, den ich zu geben dumm genug bin, aber schließlich, was wollen wir? Man bedient sich unserer, ohne uns wahre Dankbarkeit zu bezeigen.
Ich werde in diesem Beruf nicht fett und wiege jetzt nicht mehr als Du. Ich werde trocken wie ein Hering, dafür verjünge ich mich aber. Je größer die Plackereien, je mehr komme ich zu Kräften, ohne jedoch an Mut zu gewinnen. Ich weiß nicht, was werden soll. Ich lebe hier auf Kredit, und die Geldsorgen lassen mich gänzlich verzagen, und ich wünschte nichts sehnlicher, als daß ich ihr Ende absehen könnte.
Wie dem auch sei, fügen wir uns in unser Schicksal, mag kommen was will. Vielleicht wird eines Tages, wenn meine Malerei jedermann in die Augen springt, ein von meiner Kunst Begeisterter mich im Rinnstein auflesen.
Lassen wir jedoch nicht die ganze Bitternis wieder aufleben. Da ich mich hier drei Monate aufhalten werde, um wieder zu Kräften zu kommen, ziehen wir Nutzen aus der Ruhe und Stille!
Clovis ist in einer Pension in Antony (Seine), Pension Lennuyé. Du

brauchst nicht zu schreiben. Ich erfahre, wie es ihm geht, über Schuffenecker, der ihn besuchen wird . . .
Küsse die Kinder und lasse mir bitte Nachrichten über Dich zukommen.

Paul Gauguin

Paris *26. Dezember 1886*

Meine liebe Mette! Ich habe Deinen zweiten Brief erhalten, was besagt, daß Dein erster mich auch erreicht hat.
Seit meiner Rückkehr nach Paris ist das Leben, das ich führe, sehr wenig heiter. Ich gestehe, daß mir nichts eingefallen ist, was ich Dir hätte schreiben können. Ich habe, doch weiß ich nicht wie, von den 350 Francs gelebt, dem Erlös aus dem Verkauf des kleinen Jongkind. Hinzu kam, daß ich die Pension von Clovis bezahlen mußte. Im Augenblick habe ich den Kleinen bei mir, ohne Schuhe und ohne daß ich die Möglichkeit besitze, ihm nur ein einziges Spielzeug zum Fest schenken zu können. Schließlich, man gewöhnt sich an alles.
Ich habe glücklichweise soeben 27 Tage im Krankenhaus zugebracht. Zu meinem Leidwesen bin ich nun wieder entlassen worden. Immer sind es diese Katarrhe, die mich im Winter heimsuchen. Dieses Mal glaubte ich draufzugehen, aber bah! dieser verteufelte Körper aus Eisen gewann wieder die Oberhand. Stelle Dir ja nicht vor, daß die große Einsamkeit, die mich in den Krankenhausnächten umgab, mir zu freudigen Gedanken verhalf. In meinem Herzen hatte sich viel bitterer Groll angesammelt, der mich noch heute glauben läßt, daß ich Dich (die Du Clovis zwei Stunden sehen möchtest!), falls Du in diesem Augenblick hier auftauchen solltest, gar nicht, oder zumindest doch sehr böse empfangen würde.

Du hast Dein Heim, hast Dein gutes, kräftiges Schwarzbrot, das Dir wohl jeden Tag sicher ist. Hüte alles wie einen kostbaren Schatz. Du besitzt ein Paradies im Vergleich . . .
Frage Schuffenecker, was die Maler von meiner Malerei halten – und dennoch *nichts*. Der Mensch, der *nichts* hat, wird gemieden.
Ich widme mich jetzt keramischen Arbeiten. Schuffenecker hält die Arbeiten für Meisterwerke, der Fabrikant ist der gleichen Meinung, nur fürchtet er, daß die Arbeiten zu kunstvoll sind, um sich gut verkaufen zu lassen, dennoch hofft er, daß wir mit ihnen zur gegebenen Zeit auf der Kunstgewerbeausstellung einen tollen Erfolg haben werden. Möge Satan ihn erhören! In der Zwischenzeit ist meine Garderobe in einem so erbarmungswürdigen Zustand, daß ich

nicht einmal mehr Besuche machen kann.
Ja, es ist viel Zeit vergangen, seit ich meine Schwester[3)] gesehen habe. Ich war im Krankenhaus, und das einzige Mal, als ich sie bei meiner Ankunft in Paris gesprochen habe, benutzte sie die Gelegenheit, mir eine Szene zu machen. Sie behauptete (was sie übrigens über alle Dächer hinwegschreit), daß ich seit *acht Jahren* nicht bestrebt bin zu arbeiten, sondern nur malen will. Überdies benötigt Juan, der ein Kommissionshaus und eine *Bank* eröffnen will, einen Menschen, der im Bankfach bewandert und zuverlässig ist, der ihn nicht bestiehlt und ihn vertritt, während er sich auf Reisen in Europa aufhält. Einen solchen Angestellten für Panama zu finden, ist unmöglich, selbst die unfähigsten Beamten werden mit zweitausend Francs bezahlt. Bei der Erwähnung so horrender Preise denkt Marie selbstredend an mich.
Genug über dies Thema, es widert mich an. Seit sechs Monaten hat sie keine Mittel und Wege gefunden, Clovis zu sehen. Wahr ist aber leider, daß Du auf ihre Katzenfreundlichkeit in allen ihren Briefen reinfällst . . .
Wenn Du einige Trikots im Überfluß hast, so schicke sie mir bitte, ich besitze keine mehr. Selbstverständlich erbettele ich sie mir!
Dein Mann Paul

Paris *Anfang April 1887*
Meine liebe Mette! Voll Ungeduld erwarte ich Deinen Brief, denn am 10. April schiffe ich mich in Saint-Nazaire ein. Du siehst, ich habe keine Zeit zu verlieren. Du scheinst meinen Brief in bezug auf Clovis falsch verstanden zu haben. Du mußt irgend jemand finden, der sich seiner annimmt und für seine Reise Sorge trägt. Bei meiner Abfahrt wird das Geld *gerade nur* für die Reise langen, und ich werde mittellos in Amerika ankommen. Was ich dort zu tun gedenke? Ich weiß es selbst noch nicht. Du wirst aber verstehen, daß dies alles für einen Habenichts, dem die Basis des Kampfes fehlt, recht schwierig ist. Mich treibt vor allem eins, mich treibt der Wunsch, aus Paris zu fliehen, Paris, das eine Wüste für einen armen Teufel ist, wie ich es bin.
Mein Ruf als Künstler wächst von Tag zu Tag, es können jedoch unterdessen manchmal drei Tage vergehen, ohne daß ich etwas zu essen habe. Dies untergräbt nicht nur meine Gesundheit, sondern auch meine *Energie*. Vor allem diese muß ich zurückgewinnen, und ich fahre nach Panama, um dort wie ein Wilder zu leben. Ich weiß, daß eine Meile von Panama entfernt, vom Meer umspült, im Pazifik

eine kleine Insel liegt: Taboga. Sie ist fast unbewohnt, unabhängig und sehr fruchtbar.
Ich nehme meine Farben und Pinsel mit und will fern von allen Menschen neue Kraft schöpfen.
Ich werde immer unter der Abwesenheit meiner Familie leiden, werde mich aber nicht mehr durchzubetteln brauchen, was mir so zuwider ist. Ängstige Dich nicht um meine Gesundheit, die Luft dort ist sehr kräftigend, Früchte und Fische, die man spottbillig bekommt, dienen der Ernährung.
Gleichzeitig liebäugle ich mit einer anderen Idee, die mir sehr gut erscheint. Vor einiger Zeit hat man mir ein prachtvolles Geschäft angeboten. Unterrichtet über meine Energie und meine Intellligenz (vor allem über meine Ehrlichkeit), wollte man mich als verantwortlichen Teilhaber nach Madagaskar entsenden, um ein Unternehmen fortzuführen, das vor einem Jahr gegründet worden ist. Unglücklicherweise ist derjenige, den man entsandt hatte, zurückgekommen mit einem so gut wie gesicherten Vermögen und er wünschte keine Kontrolle.
Meine Verhandlungspartner wollen, statt das Begonnene weiterzuführen, aufs neue ein großes Geschäft aufziehen. Sie haben mir versprochen, es mich in Panama wissen zu lassen, sobald sie soweit sein werden. Die letzten Worte, die sie mir zukommen ließen, lauteten: »Sehr geehrter Herr, heute ist ein Mann Ihres Schlages sehr selten, und wir werden ihn suchen, wo es auch sei.«

Vielleicht ist es eine Sache, die sich machen läßt, und ich werde sehen, ob Juan eine Filiale in Madagaskar eröffnen will. Nach allen Erkundigungen, die ich eingeholt habe, ist es noch immer ein Weg, schnell sein Glück zu machen, ohne sich etwas abgehen lassen zu müssen ...
Es wäre für uns ausgezeichnet, denn man ist nur drei Tagereisen von der Insel Bourbon (Réunion) entfernt. Die Insel ist heute in der Zivilisation weit vorangeschritten, sie hat höhere Schulen etc .... Das alles ist wichtiger als Kopenhagen. Ich kann mir nicht denken, daß Du den Wunsch hegen solltest, mich dort wiederzufinden. Ich könnte Euch alle aber von Zeit zu Zeit wiedersehen und könnte mein Haus überwachen. Die Sache ist jedoch noch nicht spruchreif, schwebt noch in den Wolken.
Augenblicklich halte ich es wie ein Kranker und pflege mich etwas. Wenn Du Dir Klarheit über das Leben, das ich in letzter Zeit geführt habe, verschaffen willst, so erkundige Dich bei Schuffenecker, er hat mich unterhalten, er, der selbst so wenig besitzt.

Hinzu kommt: All das Elend, der Mangel an Liebe, die Hoffnungslosigkeit, an denen mein Leben zu zerbrechen droht. Wenn du sagst, Du hast mich geliebt: Erinnere Dich, wie Du Dich zu mir verhalten hast, vor allem in der letzten Zeit zu Hause. Heute bist Du der Meinung, Dich zu Deinem Vorteil verändert zu haben, ich bin nur zu gern bereit, daran zu glauben. Wenn es mir nach so vielen harten Prüfungen eines Tages gelingen sollte, Erfolg zu haben (und wir fänden wieder zueinander), würdest Du mir nicht erneut in unser Haus die Hölle bringen, die ständigen Streitereien? Ist es die Liebe, die Du mir versprichst, oder der Haß, die ganze Bitterkeit, die Du in diesen qualvollen Jahren in Dir angesammelt hast? Ich weiß, Du bist von Natur aus gut und selbst ein wenig edelmütig, ich hoffe auch, daß Deine Vernunft Dir dazu verhilft.
Du wirst Clovis bekommen, das Kind darf nicht unter der geringen Zuneigung leiden, die Du und Deine Familie für ihn empfindet. Er besitzt ein einsichtsvolles, verständiges Herz, er wird nichts sagen, aber leiden. Mit etwas Freundlichkeit könnt Ihr von ihm erreichen, was Ihr wollt, solltet Ihr keine Liebe für ihn aufbringen, so werdet Ihr ihn vor den Kopf stoßen und er könnte verstocken, woraus nichts Gutes entsteht. Wenn man Schlechtes über seinen Vater sagt, wird er grausam leiden. Es ist ein zartes Gut, das ich Dir anvertraue. Ich konnte ihn jetzt nicht besuchen, da ich in letzter Zeit seine Pension nicht bezahlt habe. Mein Herz und mein Magen sind aber heute gegen alle Leiden gestählt.
Ich erfahre voll Bedauern, daß Du Dich mit Morphium behandelst, das ist eine schöne Pfuscherei, die zu nichts führt und darüber hinaus Deine seelische Kraft untergräbt. Ich weiß, daß es schwer ist, unter Migräne zu leiden, aber Du mußt etwas Besseres finden, um dagegen anzugehen. Trinke lieber etwas weniger, statt *Beruhigungsmittel* zu nehmen.
Wenn Du mir nach Panama schreiben willst, so richte die Briefe bitte an: Juan N. Uribe, damit er sie an Monsieur Gauguin (Panama) weiterleitet.
Inzwischen gib mir bitte, unter Eilboten, Nachricht über Clovis. In meiner Abwesenheit übernimmt Schuffenecker zu einem großen Teil die Vertretung meiner Angelegenheiten.
Könnte ich Dich nur vor meiner Abreise umarmen.
Einen Kuß an alle. Paul, (der Dich immer noch liebt)
Es ist dumm, aber es ist so.

Panama *Ende April 1887*

Meine liebe Mette! Jetzt bin ich in Panama und bei bester Gesundheit, wie immer. Die Überfahrt war sehr beschwerlich, wir hatten schlechtes Wetter – und die Passagiere der dritten Klasse zusammengepfercht wie die Hammel. Aber schließlich, ein Mann ist imstande, das zu ertragen.

Ich habe diesen Morgen Juan gesehen, er hat sich in seiner Intelligenz wenig verändert. Indessen, wenn Marie nicht hinter ihm steht, ist er in Geschäftsfragen zugänglicher (Frage der Selbstgefälligkeit).

Heute in acht Tagen werden wir uns auf Taboga, unserer Insel, eingerichtet haben und wie die »Wilden« leben, und ich kann Dir sagen, daß diese nicht die Unglücklichsten sind. Hier braucht man sich keine Sorgen zu machen, eine Stelle zu finden. Wenn man einmal in der Klemme steckt, so findet man in drei Tagen Arbeit. Habe ich erst auf Taboga Fuß gefaßt und bin zur Ruhe gekommen, schreibe ich Dir ausführlicher.

Antworte mir bitte mit ein paar Zeilen! Wie geht es Clovis, wie hast Du ihn gefunden? etc.

Schreibe an J.N. Uribe, zu Händen von Monsieur Gauguin.

Ich sende Dir hundert Küsse. PaulGauguin

Panama *Anfang Mai 1887*

Meine liebe Mette! Ich habe Dir viel zu erzählen, es geht mir nur alles noch recht wirr durch den Kopf. Unsere Reise ist so blöde wie nur möglich verlaufen und wir sitzen, wie man zu sagen pflegt, in der Patsche. Der Teufel hole die Leute, die völlig verkehrte Auskünfte erteilen. Zuerst sind wir in Guadeloupe zwischengelandet, dann in Martinique, einem herrlichen Land, wo es für einen Künstler zu tun gibt, wo das Leben billig ist und es einem leicht gemacht wird, darüber hinaus sind die Menschen umgänglich und freundlich. Es wäre richtiger gewesen, wenn wir dort geblieben wären, die Reise hätte uns nur die Hälfte gekostet, und wir würden keine Zeit verloren haben. Bedauerlicherweise sind wir nach Panama gefahren. Mein einfältiger Schwager hat dort ein Geschäftsunternehmen, das absolut nicht den Eindruck erweckt, zu florieren. Er hat sich keine hundert Sous vom Herzen gerissen, um uns zu empfangen, was ich als so schamlos wie nur möglich empfinde. Aus Wut habe ich ihn begaunert und ihm einen Anzug für 35 Francs aus den Zähnen gerissen, der im Kommissionsgeschäft gut und gerne 15 Francs wert ist. Das sind aber nicht die einzigen Widerwärtigkeiten: das billigste Hotel kostet 15 Francs pro Tag, das heißt 30 Francs für uns

beide, so kommt es, daß wir 400 Francs, ohne etwas dagegen tun zu können, ausgeben mußten.
Diese Dummköpfe, diese Kolumbier, überlassen einem seit dem Durchstich des Kanals kein Stück Land, außer man bezahlt mindestens 6 Francs pro Quadratmeter. Der Boden ist vollkommen unbearbeitet, indessen entsprießt ihm alles munter. Dennoch ist es nicht möglich, sich auch nur ein Kellerloch zu graben und auszubauen und von Früchten zu leben – gleich fallen sie über einen her, als wäre man ein Dieb. Weil ich in eine stinkende, mit Flaschenscherben und Kot ausgefüllte Grube gepißt habe, hat man mich, rechts und links einen Gendarmen zur Seite, eine halbe Stunde lang durch ganz Panama laufen lassen. Zu guter Letzt mußte ich noch einen Piaster bezahlen, nein zu sagen war unmöglich. Ich hatte große Lust, den Gendarmen eins auszuwischen, die Polizei macht hier aber kurzen Prozeß, sie folgt einem auf fünf Schritt, und wenn man auszureißen versucht, jagen sie einem einfach eine Kugel in den Kopf.
Nun Schluß damit; die Dummheit ist gemacht, jetzt gilt es, den Schaden auszubessern. Morgen begebe ich mich zum Kanal, mit einer Hacke ausgerüstet. Mit Erdarbeiten beim Kanaldurchstich verdient man 150 Piaster im Monat. Wenn es mir gelingt, 150 Piaster beiseitezulegen, das heißt 600 Francs (die Ersparnisse von zwei Monaten), werde ich nach Martinique aufbrechen.

Für Laval ist es eine andere Sache. Er hat Gelegenheit, einige Zeit hindurch recht gut Geld zu verdienen. Ihm wird die Möglichkeit geboten, Porträts zu malen, die hier gut bezahlt werden. Er kann glatt 500 Francs verlangen (es gibt keine Konkurrenz). Seine Bilder müssen aber auf eine ganz spezielle Manier, die ich sehr *schlecht* finde, gemalt werden. Ich könnte mich zu einer solchen Malerei nicht hergeben.
Beklage Dich nicht darüber, arbeiten zu müssen. Ich bin gezwungen, von *fünfeinhalb Uhr morgens bis sechs Uhr abends* zu schippen, bei tropischer Sonne und bei Regen jeden Tag. Die Nächte sind scheußlich, man wird von Moskitos zerstochen.
Was die Sterblichkeit betrifft, so ist sie nicht so hoch, wie man es in Europa behauptet. Von den Negern, denen man die schlechtesten und schwersten Arbeiten aufbürdet, sterben neun von zwölf, von den anderen fünfzig von hundert.
Um auf Martinique zurückzukommen, so muß ich wieder sagen: es wäre ein schönes Dasein dort. Wenn es mir nur in Frankreich möglich wäre, Bilder für 8000 Francs zu verkaufen, könnte die ganze

Familie auf Martinique sehr glücklich leben, ich glaube sogar, daß Du hier auch noch Stunden geben könntest. Die Menschen sind sehr freundlich und sehr heiter. (Die Insel ist wahrhaft eine französische Kolonie!)
Schreibe mir bitte einen lieben langen Brief. PaulGauguin

Saint-Pierre *August 1887*
Meine liebe Mette! Seit vier Monaten bin ich nun schon auf Martinique und habe keine Nachricht, wie es Dir und meinen Kindern geht. Gespannt warte ich auf jede Post – aber stets vergeblich. In dem schlechten Gesundheitszustand, in dem ich mich befinde, wirft dieses Stillschweigen mich jedes Mal wieder ein Stück zurück. Was soll ich denken? Ist jemand von Euch krank? Oder ist es möglich, daß Dir die unrichtigen Auskünfte, die man uns gab, noch immer den Kopf verwirren und Du Dich wieder der falschen Vorstellung hingegeben hast, daß man sich in Panama nur zu bücken braucht, um das Gold schaufelweise aufzulesen? Und nun bin ich plötzlich auf Martinique! Wenn die Zukunftsaussichten andere geworden sind, so fällt es oft sehr schwer, gute Miene zum bösen Spiel zu machen.
Als ich Dir das letzte Mal geschrieben habe, war ich sterbenskrank. Jetzt stehe ich wieder auf, doch es ist noch nicht viel los mit mir, es ist mir nicht möglich, auch nur einen Kilometer zu Fuß zu gehen.
Ich unternehme hier alles, um mich repatriieren zu lassen, doch ich weiß nicht, wann ich zurückkommen werde. So ist es im Augenblick nicht erforderlich, daß Du mir schreibst: Dein Brief würde wahrscheinlich ankommen, während ich mich auf der Rückreise befinde. Unter all dem Leid, das Du mir zugefügt hast, ist Dein Schweigen das allergrößte. Ich werde bei meiner Ankunft in Frankreich vom Fieber und von Ungewißheit aufgezehrt sein.- Wenn das der Weg ist, den Du eingeschlagen hast, um die verlorene Zeit wieder aufzuholen, so befindest Du Dich auf falscher Fährte. Schließlich sei gesagt, ich bin auf jeden Kummer mit Dir gefaßt.
Es erscheint mir zwecklos, Dir die ganze Qual, die mir jetzt der Hunger bereitet, zu schildern, wahrscheinlich würde ich Dir mit meiner Beschreibung nur Freude bereiten. In dem Stillschweigen, das Du Dir mir gegenüber auferlegst, läßt sich alles vermuten, vor allem das Böse. Selbst wenn Du krank sein solltest, könntest Du mir durch irgendjemand schreiben lassen.
Auf Wiedersehen! PaulGauguin

Saint-Pierre *August 1887*

Meine liebe Mette! Sei nicht zu traurig, wenn Du meinen Brief erhältst. Man muß sich jeden Tag mehr und mehr an das Unglück gewöhnen. Mir will es scheinen, als ob alles, seit ich Kopenhagen verlassen habe, über mir zusammenstürzt. Übrigens ist es nur gerecht, denn es tut nicht gut, wenn die Familie getrennt voneinander lebt. Ich bin gerade dem Tode entronnen und richte mich auf meinem Strohsack auf, um Dir zu schreiben.

Heute habe ich zum ersten Mal Nachrichten von Euch erhalten, alle Deine Briefe haben sich sonstwo herumgetrieben.

Seit meinem Aufenthalt in Colon bin ich mit bösartigen Krankheiten behaftet. Die sumpfigen Miasmen des Kanals haben mich vergiftet. Meine Energie hatte, solange ich arbeitete, ausgereicht, Widerstand zu leisten. Sobald ich aber nach Martinique und zur Ruhe gekommen war, fing ich an, von Tag zu Tag schwächer zu werden. Kurz und gut, eines Tages hat es mich umgeworfen,und ich konnte nicht wieder hochkommen, so hatten mich Ruhr und Malaria gepackt. Mein Körper ist zur Zeit zum Skelett abgemagert, und meine Stimme ist tonlos geworden. Nachdem ich vollkommen darniederlag und jede Nacht darauf vorbereitet war, sterben zu müssen, bin ich doch noch einmal davongekommen, und meine Natur hat noch einmal gesiegt. Jedoch die Leibschmerzen, die ich erdulden mußte, waren ein Martyrium. Momentan bereitet mir das wenige, das ich esse, grausame Leberschmerzen. Es kostet mich große Anstrengung, Dir zu schreiben, denn in meinem Kopf ist eine völlige Leere. Du wirst verstehen, daß meine letzten Geldreserven für Medikamente und einige Besuche des Arztes draufgegangen sind. Der Arzt sagte, es sei absolut notwendig, daß ich nach Frankreich zurückkehre, sonst würde ich für immer eine kranke Leber behalten und unter Fieberanfällen zu leiden haben.

Ach! Meine arme Mette, wie bedaure ich, nicht gestorben zu sein! Alles hätte ein Ende. Deine Briefe haben mir Freude bereitet, darüber hinaus aber auch Kummer, der mich im Augenblick übermannt.

Wenn wir uns wenigstens haßten (der Haß erhält einen aufrecht)! Dir beginnt der Gatte zu fehlen, gerade zu dem Zeitpunkt, in dem Deine Sehnsucht unerfüllbar ist. Arme Mette, den Kopf überanstrengt durch die Arbeit, bittest Du mich, Dir beizustehen.

Kann ich es? Ausgerechnet jetzt, da ich in einer Negerhütte liege, kraftlos, auf einer mit Seegras gefüllten Matratze. Mir fehlen auch die Mittel, um nach Frankreich zurückkehren zu können. Ich wer-

de an Schuffenecker schreiben und ihn bitten, mir noch ein letztes Mal, wie er es bisher getan hat, zu helfen. Ich habe, zugleich mit Deinen Briefen, gute Nachrichten über meine *Keramiken* erhalten. Es scheint, als hätten sie Erfolg (genaues weiß man nie), vielleicht erwartet mich bei meiner Rückkehr ein kleiner Hoffnungsschimmer. Wenn die Geschäfte etwas in Gang kämen, so wäre es, da es ein *gutes Handwerk* ist, möglich, fünfzehn bis zwanzig Francs pro Tag zu verdienen, ohne daß ich meine Malerei aufzugeben brauchte. Man darf jedoch nicht allzu sehr darauf bauen. Es wäre mehr einem Zufall zu danken, wenn ich durch dieses Gewerbe wieder in die Höhe käme, ich fühle mich sonst so wenig fähig dazu.
Ich schließe den Brief, mir wird schwindlig, meine Stirn ist mit Schweiß bedeckt, und Kälteschauer laufen mir über den Rücken.
Auf baldiges Wiedersehen, meine liebe Frau! Ich küsse Dich und liebe Dich! (Ich müßte Dich hassen, wenn ich zurückblicke und sehe, wie böse Leidenschaften uns trennen.) Seit dem Tag ist alles schlimmer geworden.
Tausend Küsse für die Kinder! Werde ich sie wiedersehen?
PaulGauguin

Paris *24. November 1887*
Meine liebe Mette! Ist es möglich, daß es Dir nicht bewußt geworden ist, welches Leid mir aus Deinem Schweigen erwachsen mußte? Fandest Du es ganz in der Ordnung, Dich bei Schuffenecker nicht nach meiner Adresse zu erkundigen? Und Du hast wahrhaftig seit Deiner Abreise aus Paris noch kein Lebenszeichen von Dir gegeben. Schuffenecker glaubt, daß Du böse auf ihn bist, weil er Dich bei Eurem Besuch in der Pension ausgescholten hat. Denk aber nach, wer sind unsere wahren Feunde seit unserer Pleite? Schließlich, wie dem auch sei, ich bin glücklich, Nachricht von dir zu haben, zu wissen, daß Du am Leben bist und die Kinder sich wohlauf befinden.
Ich bin recht und schlecht an Bord eines Segelschiffes nach Frankreich zurückgekommen. Die Seeluft hat mir wieder etwas zu Kräften verholfen, jedoch die Schmerzen in meinen Eigeweiden sind noch unerträglich.
Aus tropischer Hitze kommend, ist meine Heimkehr im Winter und bei Schnee reichlich hart für mich. Glücklicherweise habe ich bei Schuffenecker Aufnahme gefunden, er gibt mir Obdach und ernährt mich während meiner Rekonvaleszenz, deren ich noch bedarf ...

Ich weiß nicht warum, Deine Briefe enthalten aber immer einen Hintergedanken in bezug auf mich. Es hat den Anschein, als ob Du glaubst, daß, wenn ich nicht genügend Geld verdiene, es absichtlich geschieht, und ich mir auch gar keine Mühe gebe, die Verhältnisse zu verändern! Wenn ich aus dem Gefängnis entlassen würde, fände ich schneller eine Anstellung; was willst Du, ich kann mich doch nicht verurteilen lassen, nur damit die Welt Anteil an meinem Schicksal nimmt. Die Aufgabe eines Künstlers besteht darin, zu arbeiten, um in seiner Kunst vorwärts zu kommen. Ich habe diese Aufgabe erfüllt, und alles, was ich mitgebracht habe, findet nur Bewunderer, indessen: ich bin noch nicht am Ziel.
Als ich hierher zurückkam, wurde mir von einem Mann, der sich unter den Bewunderern meiner Kunst befindet, und der Keramiken – Töpfe – von mir gekauft hatte, eine Teilhaberschaft angeboten. Sie war gedacht, um mich geschäftlich mit Chaplet zu verbinden. Dies hätte mir ermöglicht, meinen Lebensunterhalt zu verdienen, und für uns alle, so glaube ich, bessere Zukunftsaussichten zu schaffen. Es wäre für mich günstig gewesen, auf einem Gebiet, das ich sehr gut beherrsche, und in einem künstlerischen Fach, von dem ich was verstehe, zu arbeiten.
Aus der Traum! Monsieur Chaplet hat sich zurückgezogen und will von seinen kleinen Renten leben. Wieder eine günstige Sache, die mir durch die Lappen gegangen ist.
Ich hätte auf der Suche nach einem gesicherten Einkommen eine Arbeit finden müssen, die genug eingebracht hätte, mich zu ernähren und Dir helfen zu können. Bei Bouillot sah ich beispielsweise die Möglichkeit dazu, aber von dieser Seite ist nichts zu erwarten. Welche Ironie: das sind »beste Freunde«!
Es gibt einige Dinge, die ich hier nicht wiederfinde, unter anderem zwei Rahmen und ein Bild Schneelandschaft. Sage mir doch bitte, was Du mitgenommen hast, aus dem einzigen Grund, damit ich weiß, was man mir gestohlen hat. Schicke mir bitte auch den Manet, außer es ist Dir möglich, ihn in Dänemark zu verkaufen, ich würde hier versuchen, einen Käufer zu finden . . .
Schreibe mir bitte einen langen ausführlichen Brief. Verliere nicht den Mut. Wir benötigen ihn beide.
Tausend Küsse den Kindern. Ich umarme Dich. PaulGauguin

Paris *Februar 1888*

Liebe Mette! Ich werde Donnerstag nach Pont-Aven abreisen, und ich antworte Dir gleich auf Deinen Brief, solange ich noch Ruhe habe. Ganz augenscheinlich ist die Bretagne im Winter meiner Gesundheit nicht sehr zuträglich, ich muß jedoch sieben bis acht Monate hintereinander arbeiten, um in den Charakter der Menschen und des Landes eindringen zu können. Ich halte das für eine Sache, die unbedingt erforderlich ist, wenn ich gute Bilder malen will. Hierfür fehlt Dir aber das Verständnis. Aus Deinem Brief ersehe ich, daß Du in dieser Hinsicht eine unüberwindbare Mauer in Dir aufgerichtet hast, wie man es – offen gesagt – bei jeder ersten besten Bourgeoise finden würde.

Es gibt zwei Klassen in der Gesellschaft, eine, die von Geburt an ein Kapital besitzt, das dem einzelnen erlaubt, ein Rentnerdasein zu führen, oder man ist Beamter in höherer Stellung oder der Chef einer Firma. Die andere Klasse, ohne Kapital, wovon muß sie leben? Von den Früchten ihrer Arbeit. Bei den einen läuft große Standhaftigkeit im Verhalten, Ausdauer in der Führung (in Verwaltungsbehörden oder im Handel) auf ein mehr oder weniger mittelmäßiges Endergebnis hinaus. Bei den anderen erarbeitet sich ein unternehmender Geist (auf dem Gebiet der Kunst oder Literatur), wenn auch oft sehr langsam, eine unabhängige, produktive Position. Worunter haben die Kinder einer Künstlerfamilie mehr zu leiden als die eines Angestellten? Wo sind sie, die kleinen Angestellten, die nie Not und Armut (zumindest zeitweise) kennengelernt haben?
Und wem hat die lebende Nation ihren besten Teil zu danken, wem, daß dem Land der Fortschritt gebracht, daß es befruchtet und bereichert wird? Dem Künstler! Du liebst nicht die Kunst. Was liebst Du dann? Das Geld? Und wenn der Künstler gut verdient, dann bist Du für die Kunst. Im Spiel gibt es Gewinne und es gibt Verluste, Du kannst nicht an der Freude teilhaben, wenn Du nicht gewillt bist, auch Not in Kauf zu nehmen. Warum gibst Du Deinen Kindern Unterricht, da es doch auch eine augenblickliche Mühe im Hinblick auf das Ungewisse ist? Die Frage nach Deinen Beweggründen verbindet sich bei mir mit der Zukunftssorge um Emil. Warum Pionieroffizier? Es ist das gleiche wie Marineoffizier. Du gibst mir auf meine Frage keine Antwort, läßt alles in der Schwebe. Wird er ein Franzose oder ein Däne sein? Wie seine Brüder: Franzose! Übrigens ist die Ausbildung für das Pionierwesen die gleiche wie für die Ingenieurlaufbahn. Sobald Emil seine Ingenieurprüfung bestanden haben würde, könnte ich ihm, mit den bis zu diesem

Zeitpunkt von mir angeknüpften Verbindungen, schon zeitig dazu verhelfen, sich sein Geld auf eine unabhängige Art und Weise selbst zu verdienen. Je weiter wir vorwärtsschreiten, desto mehr nimmt die Maschine eine Vorrangstellung ein, und es wird für einen Ingenieur immer Arbeit geben.
Unter den Zeichnungen, die Du mir von den Kindern geschickt hast, erhält die von Aline die Note eins, allerdings nur unter der Bedingung, daß sie sie selbst gemacht hat. Ich sehe nicht ein, warum Du sie nicht nach dieser Seite hin sich entwickeln lassen willst. Aber ohne Hilfe eines Professors! Wenn sie Geschmack am Zeichnen findet, soll sie kopieren, was sie zu Haus findet, und anschließend dann Skizzen nach der Natur machen.
Dein Gedanke, Dich mit mir in den dänischen Seebädern zu treffen, um uns dort wiederzusehen, erfreut mich in keiner Weise. 1. Von dem Reisegeld kann ich in der Bretagne drei Monate leben. 2. Die Arbeiten, die ich dort schaffen würde, gestört durch die Kinder, würden nicht so viel taugen wie die hiesigen. Überdies besitze ich keine Kleidung für den Sommer, was in einem bürgerlichen Land eine Schande ist. 3. Aus der Entfernung verstehen wir uns einigemaßen, aber dort würde es den gleichen Ärger, den gleichen Streit und Zank etc. . . . wieder geben. Und Deine Familie, was würde die sagen? Denk doch bloß daran, daß Du noch ein Kind bekommen könntest.
4. Und das ist der letzte Grund. Seit meinem Weggang habe ich, um mir meine seelische Stärke zu erhalten, nach und nach mein empfindungsfähiges Herz verschlossen, meine Feinfühligkeit in dieser Richtung einschlafen lassen. So wäre es jetzt für mich gefährlich, die Kinder an meiner Seite zu sehen, um sie dann wieder verlassen zu müssen. Du wirst Dich daran erinnern, daß es zwei Naturen in mir gibt: den Indianer und den Empfindsamen.
Der Empfindsame ist verschwunden, und das erlaubt dem Indianer, geraden und festen Schrittes seinen Weg zu gehen . . .
Sende mir bitte zwei oder drei Flanelltrikots, ich besitze keine mehr, und sie fehlen mir jetzt im Winter sehr.
Ich küsse Euch alle. Paul Gauguin

Pont-Aven *8. Juli 1888*

Mein lieber Schuffenecker! Haben Sie herzlichen Dank für Ihren lieben Brief. Was wollen Sie? Man kann nicht alle Welt, auch nicht Madame Pouzin[4)] zufriedenstellen. Geben Sie sich Mühe, sie zu überzeugen, daß es nicht die tüchtigen Maler sind, die Ihnen *Unrecht zufügen können*, nein, es sind die schlechten. Wenn die Satelliten den Planeten begleiten, so reißt dieser sie in seine Bahn.
Ich habe van Gogh geantwortet, daß ich auf seinen Vorschlag eingehen werde, daß ich aber auch auf Madame Pouzin rechne, um mich von hier befreien und nach dem Süden fahren zu können. Ich erhalte, was mich sehr wundert, von van Gogh keine Nachrichten, und von Madame Pouzin eine schlechte, so daß, nach welcher Seite ich auch blicke, alles schlecht steht, ein Zeichen, daß alles sich zum Guten wenden wird. Sie sehen, ich bin sehr optimistisch.
Ab und zu leide ich noch unter Rückfällen, die mich ans Bett fesseln, im ganzen gesehen aber erhole ich mich nach und nach, und ich bin wieder zu Kräften gekommen. So konnte ich in allerletzter Zeit einige Akte malen, mit denen Sie zufrieden sein werden. Sie sind jedoch absolut nicht mit denen Degas' zu vergleichen.
Das letzte dieser Bilder zeigt einen Ringkampf zweier Jungen in der Nähe eines Flusses, es ist ganz japanisch und von einem Wilden aus Peru gemalt. Ich habe vieles nur angedeutet, das Ganze sehr wenig ausgeführt. Der untere Teil des Bildes ist grün, der obere Teil sehr hell gehalten.
Ich bin sehr froh, daß Sie die Arbeit bei bester Gesundheit wieder aufnehmen konnten.
Grüßen Sie bitte alle sehr herzlich.
Ihnen alles Gute! Paul Go

Quimperlé *8. Oktober 1888*

Mein lieber Schuff! Sie sind wieder in Paris und wollen an die Arbeit gehen. Zurückgekehrt von der See, hätte ich gern einige Bilder von Ihnen gesehen. Ich bin überzeugt, daß sie interessant sind.
Ich habe Ihren letzten Brief erhalten und am nächsten Tag einen aus Paris. Seitdem muß ich das Bett hüten.
Die Ruhr hat mich wieder entsetzlich gepackt. Kummer bedrückt mich, meine Leber ist krank, die Galle staut sich und läßt mich schwer leiden bis zu dem Augenblick, in dem sie abfließen kann. Meine Kräfte haben mich jedoch noch nicht gänzlich verlassen.

Ein in letzter Zeit für eine Kirche gemaltes Bild ist selbstverständlich abgelehnt worden, so sende ich es an van Gogh[5]. Unnütz, es Ihnen beschreiben zu wollen, Sie werden es ja sehen.

In diesem Jahr bin ich dazu übergegangen, alles, die Art des Auftrags, die Farbe einem neuen Stil zu opfern. Ich wollte etwas anderes als das, was ich schon kann, machen. Ich glaube, es ist eine Wandlung, die noch keine Früchte getragen hat, sie aber noch tragen wird.
Ein Porträt von mir, um das mich Vincent gebeten hatte, ist jetzt entstanden. Ich halte das Bild für eins meiner besten. Es wirkt vermutlich unverständlich, so abstrakt ist es.
Auf den ersten Blick erscheint der Kopf, als wärte er der eines Banditen, eines Jean Valjean (les Misérables[6]), man findet in ihm aber auch die Züge eines dieser verrufenen impressionistischen Maler, die in den Augen der Welt immer eine Kette mit sich schleppen. Die Zeichnung ist ganz und gar eigen, völlige Abstraktion. Die Augen, der Mund, die Nase sind wie die Blumen persischer Teppiche, sie verkörpern auf ihre Art die symbolische Seite. Die Farbe weicht stark von der Natur ab. Erinnern Sie sich, machen Sie sich etwa eine Vorstellung von in starkem Feuer gebrannten Tontöpfen. Alle Rots und Violetts durchzogen von feurigen Blitzen, die ein Feuerofen auf das Auge ausstrahlt, den Sitz der gedanklichen Kämpfe des Malers. Das Ganze ist auf einem chromgelben Grund gehalten, übersät mit kindlichen Sträußen, und erinnert an das Zimmer eines unberührten jungen Mädchens. Der Impressionist hat sich seine Reinheit bewahrt, er ist durch den Kuß der Schönen Künste (Ecole des Beaux-Arts) nicht befleckt worden.
Ich schicke Ihnen einen Brief von Vincent, damit Sie sehen, wie ich zu ihm stehe und was ich im Augenblick plane. Zeigen Sie bitte diesen Brief Mademoiselle Pouzin, sie soll erkennen, daß Sie nicht der einzige sind, der mich schätzt. Er gewährt ihr vielleicht auch Einblick in die Tatsache, daß die Künstler Sonderlinge sind, denen es nicht gegeben ist, praktische Geschäftsinteressen zu verfolgen, so wie sie sich das erträumt.
Van Gogh hat mir soeben für 300 Francs Tongefäße abgekauft. Ich habe mich entschlossen, Ende des Monats nach Arles zu fahren und denke, dort längere Zeit zu bleiben, vorausgesetzt, daß der Aufenthalt mir die Arbeit erleichtert und ich von Geldsorgen verschont bleibe, bis es van Gogh gelingt, *mir zum Erfolg zu verhelfen.*
Er wird von jetzt an jeden Monat für meine geringen Unterhaltskosten aufkommen.

Vergessen Sie mich bitte nicht in der Zeit meiner Abwesenheit. Ich werde an Sie schreiben und an Sie denken.
Grüßen Sie bitte alle.
Von Herzen Paul Gauguin

Arles *13. November 1888*

Mein lieber Schuff! Herzlichen Dank für Ihre Gefälligkeit. Das Paket, um das ich Sie bat, ist eingetroffen. Ich wollte nicht eher schreiben, bis ich Ihnen den Empfang bestätigen konnte. Unsere letzten Briefe hatten sich gekreuzt.

Ich war sehr enttäuscht, als ich erfuhr, daß Sie von der Revue Indépendante abgelehnt worden sind, während ein Dubois-Pillet die Aufmerksamkeit auf sich gelenkt hat. Was wollen Sie, mein Lieber? Man muß sich mit dem Gedanken trösten, daß diese kleinen Unannehmlichkeiten häufiger den Begabten als den Unfähigen begegnen. Seit Jahren laden »Les Vingt« Signac, Dubois, etc. . . . ein, und mich kennen sie nicht einmal. Ich fühle mich darum aber keineswegs erniedrigt.

Als Ersatz habe ich einen sehr schmeichelhaften Brief mit einer Einladung für dieses Jahr erhalten, und ich werde in Brüssel eine gediegene Ausstellung, in Opposition zum Pointillismus, organisieren.

Soeben habe ich zwei Bilder – die ich Sie bitte anzusehen – an van Gogh geschickt. Ich habe da mal ganz was anderes gemacht: habe einfach auf grundierte grobe Leinwand gemalt. Eine kaum merkliche Abgrenzung der Farben soll zu einer großen Übersicht der Dinge führen.

Wenn Sie etwas Ruhe haben, schreiben Sie mir bitte ausführlich Ihre kritischen Eindrücke zu alledem. In diesem Augenblick sehe ich das alles wie einer, der in das rasende Tempo einer Lokomotive gebracht worden ist, und wie der Lokomotivführer habe ich das Ziel vor Augen, muß allerdings auch mit einer Entgleisung rechnen. – Alsdann, ich bin Optimist. Sie täuschen sich jedoch, wenn Sie denken, daß ich es im Hinblick auf das Geld bin. Ich würde es nicht dazu gebrauchen, um mein Leben genußreicher und zugleich ruhiger zu gestalten. Ganz im Gegenteil, es käme allein dem Zweck zugute, mich auf den großen Kampf vorzubereiten, denn im Augenblick ist es nur ein kleiner Kampf, den ich auf dem Gebiet der Kunst führe.

Ich will erst dann zum Angriff übergehen, wenn ich alle erforderlichen Materialien in den Händen halte. Ich sehe keine andere Möglichkeit zur Machtentfaltung und sage stolz: *wir werden sehen.*

Sie können Pissarro fragen, ob ich begabt bin. Die Hygiene und der Beischlaf gut geregelt, dazu die Chance, in völliger Unabhängigkeit arbeiten zu können, nur so wird es einem rechten Mann gelingen, sich aus der Schlinge zu ziehen.
Ich sehe, lieber tugendhafter Schuff, wie Sie bei diesen gewagten Worten Ihre großen Augen aufreißen. Beruhigen Sie sich, essen Sie gut, küssen Sie gut, arbeiten Sie dito, und Sie werden glücklich sterben.
Der ganzen kleinen Familie sehr liebevolle Grüße von dem großen Narren, der Sie alle liebt.

P. Go.

Arles *Dezember 1888*

Mein lieber Bernard! Haben Sie Dank für Ihren Brief und die Besorgung der Farben. Sie sagen mir nicht, ob sich Tanguy[7)] mit dem Bild, das Sie ihm übergeben haben, als entschädigt betrachtet. Auf jeden Fall müssen die mir übersandten Lieferungen bar bezahlt werden, das Geld dafür steht bei van Gogh zu Ihrer Verfügung. Ist es Ihnen nicht möglich gewesen, den Rahmen für ein Bild im Format zu fünfzig zum Versand zu bringen?
Ich bin sehr froh, daß Sie beim guten Schuffenecker gewesen sind. Sie erzählen mir jedoch nichts von ihm. Macht er Fortschritte? Er ist im Augenblick ganz niedergeschlagen, daß die Revue Indépendante seine Arbeiten nicht ausstellen will, während sie Dubois-Pillet, Luce etc. . . . zuläßt.
Ich fühle mich in Arles absolut nicht heimisch, alles ist so eng, so armselig, weder die Landschaft noch die Menschen sagen mir zu. Vincent und ich stimmen im allgemeinen, vor allem aber in unseren Anschauungen über die Malerei, sehr wenig überein. Er bewundert Daumier, Daubigny, Ziem und den großen Rousseau, alles Leute, die ich nicht ausstehen kann. Andererseits verabscheut er Ingres, Raffael, Degas, alles Leute, die ich bewundere. Nur um meine Ruhe zu haben, antworte ich dann, Sie haben recht, Meister. Er liebt meine Bilder sehr, aber wenn ich am Werk bin, findet er immer, daß ich dieses oder jenes nicht richtig mache. Er ist Romantiker, ich hingegen bevorzuge die Primitiven. Hinsichtlich der Farbe sieht er das Glück in einem dicken Farbauftrag, wie man ihn bei Monticelli findet, und ich, ich hasse den Mischmasch in der Technik.
Es bringt mich in rechte Verlegenheit, auf die Frage nach den zwei Zeichnungen, die Ihre Mutter zur Aufbewahrung erhalten hat, einzugehen. Sie gehören nicht mir, sondern van Gogh, der mir in die-

sem Sommer für die eine schon fünfzig Francs übersandt hatte. Sie müssen ihm folglich zugestellt werden. Es ist mir unverständlich, daß Ihre Mutter, als sie den Auftrag übernahm, denken konnte, es handle sich um ein Geschenk. Ich will jedoch nicht als ein Geizhals gelten und schlage darum folgendes vor: bei Goupil[8)] befindet sich ein matt glasierter Topf, dessen Schmuck in einem Vogel auf blaugrünem Grund besteht. Gehen Sie bitte zu van Gogh, er wird Ihnen, wenn Sie ihm meinen Brief zeigen, den Topf geben. Ich vermache ihn Madeleine[9)].
Schweigen steht heute auf der Tagesordnung. Ich gebe mich aber der Hoffnung hin, daß Madeleine ab und zu an ihren älteren Bruder denken wird, wenn sie Blumen in den Topf steckt. Er ist eine recht wilde Sache, die mich aber besser zum Ausdruck bringt, als die Zeichnung mit den kleinen Mädchen. Madeleine wird bei dem Tausch ganz bestimmt nichts verlieren. Der Topf ist jetzt recht kalt, er hat indessen im Inneren eine Glut von sechzehnhundert Grad ausgehalten. Wenn man ihn aufmerksam betrachtet, kann man vielleicht noch etwas von seiner Glut, wie auch von der seines Schöpfers, entdecken.
Meine Ehrerbietung Ihrer Mutter.
Liebevoller Händedruck. Von Vincent freundschaftliche Grüße, er bittet mich, Ihnen für die Studie zu danken, die Sie ihm im Austausch geschickt haben.

Paul Gauguin

Le Pouldu *Ende Juni 1889*

Meine liebe Mette! Ja, es sind mehr als sechs Monate, seit Du von mir gehört hast, es sind aber auch mehr als sechs Monate vergangen, seit ich Nachrichten von den Kindern erhielt. Es ist wahr, daß es eines schweren Unfalls bedurfte, damit eine Kunde von euch mich erreicht, und ich wüßte nicht, weshalb ich mich jetzt darüber freuen sollte, obgleich, wie Du schreibst, die größte Gefahr behoben ist.

Man weiß nie, was noch nachkommt. In der Folge von solchen Geschichten sind Menschen schon zu Krüppeln oder Idioten geworden. Wie groß der Schaden ist, wird meist erst sehr viel später entdeckt. Aber schließlich, ich bin es ja schon gewöhnt, vom Mißgeschick verfolgt zu werden.

Begreife doch, wie hoch die Zahl meiner Briefe im Vergleich zu einem Brief von Dir ist. Und nur, weil Du die Letzte warst, die geschrieben hat, hüllst Du Dich in Schweigen. Ob ich schreibe oder nicht schreibe – sagt Dein Gewissen Dir denn nicht, daß es Deine Pflicht ist, mir jeden Monat Nachricht zukommen zu lassen, wie es den Kindern geht, die ich fünf Jahre nicht gesehen habe? – Bei jeder passenden oder unpassenden Gelegenheit verstehst Du es aber, mich daran zu erinnern, daß ich der Vater bin.

Vor mehr als sechs Monaten plante ich, die Kinder aufzusuchen, da fandet Ihr – auf einmal –, Du und die Deinen in Kopenhagen, daß es recht töricht von mir wäre, mich in solche Ausgaben zu stürzen. Immer dieses Interesse am Gelde, von den Belangen des Herzens ist nie die Rede. Arme Frau, die Du Dich *so schlecht beraten* läßt. Und von wem? VonLeuten, die letzten Endes die Zeche nicht bezahlen. Was *man verliert, wenn die einander Verbundenen nicht einig sind*, das ist es, wofür Dir jegliches Verstehen fehlt.

Was willst Du von mir? Vor allem, was hast Du von mir gewollt? Daß ich in Indien oder ganz gleich wo ein *einträgliches Tier* sei. Für wen? Für meine Frau und für meine Kinder, *die ich nicht besuchen soll.* Als Ausgleich für die Opfer, die ich gebracht habe: ein Leben ohne Bleibe, oder, was es auch sein mag, *man liebt mich, wenn ich liebe, man schreibt mir, wenn ich schreibe* etc. . . . Du kennst mich, ich rechne (und ich rechne gut), oder ich rechne nicht, ich bin freigebig, blicke stets nach vorn und kämpfe mit unbedeckter Brust. Deine vielvermögende Schwester übt nach wie vor ihren Einfluß auf Dich aus, aber als Gegengabe, wo bleibt ihr Beistand?

Nun gut, ich nehme die Rolle an, die man mir zugewiesen hat. Dann aber heißt es für mich rechnen. Ich darf das errungene Sein nicht für ein Schattendasein aufgeben, und für ein Schattendasein halte ich das Leben eines Angestellten. Ich würde als Angestellter zweitausend oder viertausend Francs erhalten, so viel wie Deine Brüder verdienen. Was hätte man mir dann vorzuwerfen? Nichts! Doch wir beide wären ziemlich in der gleichen Situation. Und was die Zukunft betrifft, keiner denkt an sie.

Ich wollte trotz der Überzeugung, zu der mein Bewußtsein mich gelangen ließ, andere (Männer, die auch alles wohl erwägen) um Rat fragen, von ihnen hören, ob ich meine Pflicht erfülle. Alle teilen meine Meinung, daß es für mich nur eine Sache gibt: die Kunst. Die Kunst ist mein Kapital, die Zukunft meiner Kinder, die Ehre des Namens, den ich ihnen gegeben habe, alles Dinge, die ihnen eines Tages nützlich sein werden – und ist es erst soweit, daß sie im Leben ihren Platz einnehmen sollen, so werden sich einem geschätzten, *von allen gekannten* Vater die Türen auftun, und er kann ihnen eine gesicherte Stellung verschaffen. Folglich kann ich nichts Besseres tun, als mein künstlerisches Schaffen zu vervollkommnen. Das bringt mir gegenwärtig (die Zeiten sind schlecht) geldlich nichts ein, aber ich setze meine Hoffnung auf die Zukunft.

Das ist noch lange hin, wirst Du sagen. Aber wie denkst Du, daß ich es ändern soll? Ist es meine Schuld? Ich bin der erste, der darunter leidet. Ich kann Dir versichern, daß ich das Spiel schon längst aufgegeben hätte, wenn Leute, die sich darauf verstehen, mir gegenüber sich äußern würden, daß ich kein Talent besitze und ein Faulpelz bin. Wer wagt zu behaupten, Millet habe seine Pflicht nicht erfüllt und seine Kinder einer erbärmlichen Zukunft ausgeliefert?

Du willst von mir hören?

Ich wohne am Meeresstrand in einer Fischerherberge, einem Gasthof ganz in der Nähe eines Dorfes von 150 Einwohnern. Ich lebe hier wie ein Bauer, man nennt mich »der Wilde«. Jeder Tag sieht mich an der Arbeit, ich trage Leinenhosen (die alle schon fünf Jahre in Gebrauch sind). Meine Ausgaben bestehen in einem Franc für meine Kost und zwei Sous für den Tabak. Kein Mensch wird mir vorwerfen können, daß ich mein Leben »genieße«. Ich spreche mit niemand und erhalte keine Nachrichten von den Kindern. Ich bin allein – ganz allein!

Ich stelle meine Arbeiten bei Goupil in Paris aus. Sie erregen großes Aufsehen, werden aber nur zögernd gekauft. Wieviel Zeit noch vergehen wird, bis sich das ändert, kann ich nicht sagen, was ich aber sagen kann, ist, daß ich heute der Künstler bin, dessen Werke am stärksten in Erstaunen versetzen.

Ich füge dem Brief einige Zeile bei, die Auskunft über mich erteilen.

Du hast in Kopenhagen Arbeiten aus früherer Zeit von mir ausgestellt, es wäre besser gewesen, man hätte mich um meine Meinung gefragt.
Der 7. Juni 89 ist vergangen, ohne daß ein Kind daran gedacht hat. Ich warte auf den Tag, an dem ich sagen kann: Ende gut, alles gut. Ich bin gerade dabei, durch einflußreiche Freunde mich um eine Stelle in Tongking zu bewerben. Ich hoffe, dort eine Zeitlang leben und bessere Zeiten abwarten zu können. Je nachdem, wie man diese Stelle bezahlt, wirst Du einen Teil vom Erlös der bei Goupil verkauften Bilder erhalten. Im Augenblick besitze ich nichts. Ich habe recht gute Aussichten auf den Verkauf einer Holzskulptur. Sobald ich das Geld erhalte, schicke ich Dir dreihundert Francs. Du kannst darauf rechnen, es ist lediglich eine Frage der Zeit. Ich schreibe nach Paris und versuche, den Verkauf zu beschleunigen.
Auf der diesjährigen Weltausstellung bot sich mir im Café Volpini die Möglichkeit zu einer Ausstellung. Vielleicht haben einige Dänen sie besucht und Dir davon berichtet. Auf jeden Fall sehen alle Norweger bei Goupil, was ich gemacht habe . . .
Ein für allemal, beende Deine Briefe nicht mit der abgedroschenen Redewendung: Deine Frau Mette. Ich schätze es mehr, wenn man geradeheraus sagt, was man denkt. Schon früher sprach ich mit Dir darüber, Du wolltest jedoch nicht verstehen.

Paul Gauguin

Pont-Aven *Anfang Septempber 1889*

Mein lieber Bernard! Beim Lesen Ihres Briefes sehe ich, daß wir nahezu in der gleichen Lage sind. Die Augenblicke des Zweifels, die Arbeitsergebnisse, die immer unter denen liegen, die wir erträumten, und die wenigen Ermutigungen durch die anderen, all das trägt dazu bei, daß wir uns an den Hindernissen wundstoßen. Nun, was kann man da anderes tun als wüten, sich mit all diesen Schwierigkeiten herumschlagen und, selbst wenn man zum Schweigen gebracht worden ist, weitersprechen. Weiter und weiter. Im Grunde gleicht die Malerei dem Menschen, beide sind sterblich, aber solange Leben sie erfüllt, ringen sie mit der Materie. Wenn ich an das Absolute glaubte, so würde ich mich in keiner Weise mehr anstrengen, würde alles aufgeben, selbst das Leben. Geben wir uns zufrieden, so wie wir sind, haben wir Einsicht in unsere Beschaffenheit in dem Maß, in dem wir Materie sind oder Vollkommenheit besitzen. Ob ich nun zu wenig Geduld habe, ob ich mich zu schwach fühle, oder ob meine Natur nur Summarisches hervorbringt und die Vollkommenheit für das Ende der Laufbahn erhofft, soviel ist sicher: ich male und lebe in der Hoffnung. Ich habe bisher nicht viele Ratschläge gegeben (es ist eine so heikle Sache), ich glaube jedoch, daß es gut für Sie wäre, sich eine gewisse Zeit hindurch und ganz nach Ihrem Ermessen mit sorgfältig ausgearbeiteten Studien zu beschäftigen, da Sie jetzt noch der Meinung sind, daß die Malerei unbedingt an technische Verfahren gebunden ist, wie beispielsweise an das des flüssigen Farbenauftrages etc. . . . Wenn Sie später – wie ich – in dieser Hinsicht skeptischer werden, kommen Sie von selbst dahin, andere Dinge zu machen. Ich gestehe, daß ich in dieser Sprache von etwas anderem beeindruckt werde als von Worten, selbst den harmonischsten: Corot, Giotto – sie reißen mich durch Wesentlicheres hin, als durch die soliden Grundlagen ihrer Malerei. Sie wissen, wie hoch ich das künstlerische Schaffen von Degas achte, ich fühle jedoch manchmal, daß ihm etwas Jenseitiges fehlt: ein Herz, das ergreift. Die Tränen eines Kindes vermögen auch zu rühren, indes sie haben mit Gelehrsamkeit so gar nichts zu tun. Ich bewundere viele Meisterwerke aller Art: diejenigen, die Empfindungen widerspiegeln, und diejenigen, denen Wissen zugrunde liegt, darum sollte man in beiden Richtungen arbeiten. Sie sind ganz augenscheinlich sehr talentiert, und Sie wissen auch sehr viel. Was kümmert Sie die Meinung der Schwachsinnigen und der Mißgünstigen? Ich bin überzeugt, dies wird Sie nicht lange anfechten. Was soll ich von mir sagen? Ich bin von den anderen nicht sehr verwöhnt worden, dennoch beabsichtige ich, immer unverständlicher zu werden. Was macht mir das schon aus? Sie sind jung, und ich glaube, daß Ihnen etwas fehlt, ich vermute, in Ihnen ist eine Leere, die von Ihren nächsten Lebensjahren aber bald ausgefüllt sein wird. Sehr wichtig ist, daß Sie sich selbst erkennen lernen. Inmitten von allem, was Sie gesehen, gefühlt, gelitten haben, gehen Sie unter. Seien Sie unbesorgt, es kommt noch alles zurecht. Es hat alte Meister gegeben, die bereits in ihrer Jugend ihre Anschauungen bekräftigt haben, aber diese waren nicht wie wir Störungen und Beunruhigungen ausgesetzt, ich denke beispielsweise an die Verdrießlichkeiten der Existenz und an die Bilder der anderen. Sie haben zu viel und in zu kurzer Zeit gesehen. Ruhen Sie sich (sehr lange) von dem vielen Sehen aus. Entnehmen Sie allem, was ich sage das, was Ihnen gefallt. Seien Sie auf jeden Fall davon überzeugt, daß es von meiner Seite nie etwas anderes als gute Absichten gibt.

Nach Pont-Aven zurückgekehrt, wo ich bis Ende September bleiben werde, ist es mir gelungen, zwei gute Bilder zu malen, gut für

mich in dem Sinn, daß sie beinahe der Ausdruck dessen sind, was ich jetzt, zu diesem Zeitpunkt, will – ich sage beinahe und nehme damit vorlieb, ganz indem ich hoffe, daß ich, je mehr ich male, desto besser malen werde.
Ich habe aber auch ein großes Panneau im Format dreißig als plastisches Modell gearbeitet, um es später in Holz auszuführen – *sobald ich Geld haben werde*, das Holz kaufen zu können. Nicht ein Centime in der Kasse. Die Arbeit ist auch als plastisches Modell das Beste und Fremdartigste, was ich je gemacht habe. Gauguin (als Monstrum) nimmt die Hand einer Frau, die sich wehrt, und sagt ihr: seid verliebt, und ihr werdet glücklich sein. Dazu ein Fuchs, das indianische Symbol der Perversität, ferner in den Zwischenräumen kleine Figuren. Das Holz werde ich färben.
Diesen Winter glückt es uns vielleicht, ein großes Haus zu haben, de Haan will es mieten. Es liegt über dem Meer. Im obersten Stockwerk befindet sich das Atelier, es ist zwölf zu fünfzehn Meter groß. Im Fall, daß der Wunsch in Erfüllung geht, würden Laval und Moret zu uns kommen. Die Ernährung soll uns keine Sorge bereiten, alles ist billig.
Sie könnten die Gruppe vervollständigen.
Liebevollen Händedruck. P. Go.

Paris *Februar 1890*

Meine liebe Mette! Deine Briefe sind nicht nur selten, sondern auch kurz. Ich gab die Hoffnung schon auf, Deine Adresse und Nachrichten von den Kindern zu erhalten, als Dein junger Freund mich in meiner von einem Freund geborgten Notwohnung aufsuchte. Er hat mir Deine Adresse und Nachrichten gebracht. Bereits im Mai hörte ich von Dir und Deiner Familie durch Fritz[10]. Er schien mir recht glücklich in seiner neuen Ehe zu sein; ich habe ihm keine Komplimente gemacht. Trotz aller unserer Mißhelligkeiten mit Ingeborg muß ich um der Wahrheit willen sagen, daß diese Frau weit unter ihm steht. Ich habe den Eindruck gewonnen, daß sie sehr materiell ist, so grob wie nur möglich, mit recht beträchtlichen und slawischen Gelüsten. Nach alledem ist es vielleicht für Fritz das, was er braucht. Das Glück liegt wohl eben dort für gewisse Wesen.
Dein Brief klingt, als glaubtest Du, daß ich sehr unglücklich bin, und Du sagst zu Recht: warum weinen? Es ist töricht, denn unsere Leben sind nun mal zerbrochen. Ganz offensichtlich, man soll nicht weinen, es ist so nutzlos. Das Vergangene verlischt niemals, mitunter nur vergißt man es.

Ich besitze kein Geld, darunter leidet mein Selbstvertrauen aber nicht, ihm wird reichlich Genüge getan durch mein Werk: es ist gut fundiert, es wächst und steht gerüstet für die Zukunft. Es gibt nur eine Stelle, an der ich verwundbar bin: ich bin unglücklich, allein zu sein, ohne Mutter, ohne Familie, ohne Kinder. Verflucht von den Meinen. Dein Schweigen – seit meiner Reise nach Martinique gut in die Wege geleitet – ist, das steht fest, eine harte Prüfung für mich gewesen, es hat mich weit mehr bedrückt als die geldliche Misere. Nur auf eine Weise ist es sehr wirksam gewesen, es hat mich gezwungen, härter zu werden und alles zu verachten.
Möge der Tag kommen, möge er nicht fern sein, an dem ich in die Wälder einer einsamen Insel im Stillen Ozean entfliehen werde, vom Wunsch beseelt, mich der Verzückung, dem Frieden und der Kunst hinzugeben, umringt von einer neuen Familie, fernab von diesem europäischen Kampf ums Geld. Dort auf Tahiti könnte ich in der Stille der schönen tropischen Nächte den sanft rauschenden Klängen in meinem Inneren lauschen, den Regungen meines Herzens folgen, die sich in inniger Harmonie mit den geheimnisvollen Wesen meiner Umgebung befinden.
Endlich frei, ohne Sorgen um das Geld, würde ich alsdann lieben, singen und sterben.
Du sagst: unser beider Leben sind zerbrochen? Ungerechterweise, denn das Deine ist befreit von allen Fesseln. Im Kreise Deiner Familie, Deiner Kinder verlaufen Deine Tage zwar nicht ohne beschwerliche Arbeit, jedoch erlöst von dem ehelichen Zwang. Umschmeichelt, geachtet und geliebt, sind Deine Anlagen nach Gebühr belohnt.
Die Photos der Kinder finde ich gut gelungen. Die Gruppe äußerst geschickt zusammengestellt. Aline erscheint mir außergewöhnlich schön, und Clovis, mein geliebter Clovis, sehr zart, sehr hübsch. Danke, daß Du sie mir geschickt hast. Paul Gauguin

Paris *April 1890*

Mein lieber Bernard! Ich habe Ihren Brief an Schuffenecker gelesen. Warum schreiben Sie mir nicht? Sie haben mit Ihren Zeichnungen für die Industrie Enttäuschungen erlebt. Nun ja! Das ist für einen Künstler Ihres Formats bestimmt nicht leicht. Wären seine Ausführungen noch so geschickt, selbst außergewöhnlich geschickt, so kann sein Geschmack nie schlecht genug sein. Geben Sie aber noch nicht gleich auf, damit Sie sich volle Klarheit verschaffen. Und schließlich sind diese Enttäuschungen nützlicher als andere in dem

Sinn, daß ein solcher Schlag Ihnen helfen wird, sich von denen der Liebe und allen ihren Folgen zu befreien. Gott bewahre Sie davor. (Ich erwähne dies nur, weil Sie dieses Thema in Ihrem Brief streifen.)
Da Sie meine Ansichten darüber kennen, halte ich es für überflüssig,sie Ihnen zu wiederholen.
Auf dem Gebiet der Kunst ist jetzt Ebbe, das heißt, es ist jetzt nichts zu wollen. Ich bin in einem vorgeschrittenen Alter oder, wie man so schön zu sagen pflegt, am Ende meiner Kunst. Ich halte es für überflüssig, den Kampf fortzusetzen, ohne Trümpfe in der Hand zu haben. Und arbeiten, nur um durch den Handel mein Leben zu fristen, selbst wenn ich es könnte, ich will es nicht.
Bedeutsam für die Gegenwart ist, daß ein lichter Schein am Horizont auftaucht, der den dicht zusammengeballten Nebel zerteilt.

Ich stehe kurz vor einem Verkauf – unabhängig von Goupil – von einer Anzahl Bilder für fünftausend Francs, sehr billig, das versteht sich von selbst. Der Käufer schließt das Geschäft mit mir ab. Ihm wird jedoch erst im nächsten Monat das Geld zur Verfügung stehen. Ich glaube nicht eher daran, bis ich die Moneten in meiner Tasche habe.
Alsdann . . .
Mein Entschluß steht unwiderruflich fest, ich fahre nach Madagaskar. Ich kaufe auf dem Lande ein Haus aus Lehm, das ich selbst zu vergrößern beabsichtige, ich werde die Erde bearbeiten, bepflanzen und einfach leben, mir Modelle und alles, was ich zu meinen Studien brauche, beschaffen. Ich gründe dann das Atelier der Tropen. Mag hinkommen und mich aufsuchen, wer Lust hat. Ich habe verschiedene Auskünfte eingeholt (sie widersprechen einander nicht), unter anderen die von Madame Redon, die aus Bourbon stammt. Sie kennt Madagaskar sehr gut und hat mir versichert: »Mit fünftausend Francs können Sie, wenn es Ihre Absicht ist, dreißig Jahre dort leben.«
Für denjenigen, der gewillt ist, ein Dasein wie die Eingeborenen zu führen, gibt es keine großen Schwierigkeiten, das Leben ist spottbillig, und allein die Jagd liefert einem mühelos die Nahrung.
Folglich kann ich – ist das Geschäft erst glücklich abgeschlossen – das gründen, wovon ich eben sprach, und ich werde mich der Freiheit freuen und Kunstwerke schaffen.
Ratschläge zu geben ist nicht meine Sache, aber aus vollem Herzen wende ich mich an den Menschen, der leidet, an den Künstler, dem es in Europa nicht möglich ist, seine Kunst auszuüben. Wenn Sie

auch weiterhin erleben, daß Ihnen Ihre Anstrengungen keine Befriedigung bringen, und Sie außerdem vom Militärdienst befreit sein werden, kommen Sie zu mir. Sie erwartet dort unten bestimmt – auch wenn Sie über keine Gelder verfügen – eine gesicherte Existenz in einer besseren Welt.
Meiner Ansicht nach ist es, wenn man sich nur etwas kümmert und umtut, möglich, eine kostenlose Überfahrt zu erwirken.
Wie man sagt, das schönste Mädchen der Welt kann nur das geben, was es hat.
Ich befinde mich in der gleichen Lage wie Sie. Und wenn Sie unglücklich sind, vermag ich Ihnen keinen anderen Trost wie diesen zu spenden.
Die Hälfte meines Mantels. Es erscheint mir immer noch die beste Art, Christ zu sein.
Herzliche Grüße. P. Gauguin

P.S. – Ab kommenden Mittwoch oder Donnerstag werde ich in Pouldu sein. Dort warte ich die Resultate des erwähnten Geschäftes ab, und ich will Kräfte für die Reise sammeln.

Le Pouldu *Juni 1890*

Mein lieber Bernard! Ich danke Ihnen für Ihren guten und liebenswürdigen Brief. Ja, ich bin bekümmert, und darum habe ich Ihnen auch noch nicht geantwortet. Alle diese Dinge, die dem Herzen nahegehen, erschüttern mich mehr, als ich es zum Ausdruck bringen könnte, all meinen Bemühungen zum Trotz, mein Herz zu verschließen. Was die Cliquen betrifft, die vor meinen Bildern Zeter und Mordio schreien, das ficht mich wenig an, um so mehr als ich selber weiß, daß das, was ich geschaffen habe, noch unvollkommen ist, daß es vielmehr einem Vorwärtsschreiten auf Wegen zu anderen Dingen gleicht. Die Kunst fordert von uns immer wieder Opfer: ungewisse Versuche, schwebende Gedanken ohne einen bestimmten und endgültigen Ausdruck. Ach was! Eine Minute, in der man den Himmel berührt, und schon entflieht er. Andererseits jedoch ist dieser *flüchtig gesehene* Traum etwas viel Gewaltigeres als alle Materie. Ja, wir suchenden und denkenden Künstler sind dazu bestimmt, unter den Schlägen der Welt zugrunde zu gehen, aber zugrunde zu gehen nur insoweit wir Materie sind. Der Stein wird vergehen, das Wort wird bleiben. Wir sind gepeinigt, aber an der Pein nicht gestorben. Was mich anlangt: meine Haut bekommen sie noch nicht. Im Gegenteil, ich habe Pläne, ich hoffe das zu erreichen,

um was ich mich in letzter Zeit bemühe: eine gute Stelle in Tongking. Ich will arbeiten, malen und Ersparnisse machen. Der ganze ferne Osten, der große Gedanke, der in goldenen Lettern seiner ganzen Kunst eingeprägt ist, all dies ist der Mühe wert, studiert zu werden. Mir scheint auch, daß ich dort unten neue Kraft schöpfen werde. Der Westen ist gegenwärtig verfault, aber alles, was noch gesund und lebensfähig, herkulisch ist, vermag gleich Antäus *neue Kraft* zu gewinnen, wenn es den Boden dort unten berührt. Und bei der Rückkehr – ein oder zwei Jahre später – ist man gestärkt.
Zur Zeit bin ich müde, aber nicht erschöpft, ich suche mich zu sammeln. Die Tage sind wenig hell, und ich ruhe mich aus, indem ich plastische Arbeiten ausführe und Stilleben male.
Seit zehn Tagen grollt ein Gewitter unablässig, das Meer peitscht unseren Strand – und keine Nachrichten aus Paris. Das alles bedrückt mich, stimmt mich traurig.
Ich finde den Ankauf der »Olympia« jetzt, da Manet tot ist, sehr kurios. Wird der Louvre das Bild erwerben? Ich glaube es nicht, und dennoch wäre es zu *wünschen*.
Weil der Sturm grollt und weil es eine Beruhigung wäre; es kommt noch teurer, wenn die Wogen noch höher gehen. Das ist unvermeidlich, und so wird man zwangsläufig die »Olympia« zu einem sehr hohen Preis, wie den Millet, kaufen. Für den Augenblick gilt: je mehr Dummheiten gemacht werden, desto bessere Zeiten zeichnen sich am Horizont ab, und Sie, der Sie noch jung sind, werden das erleben.
Einen Artikel über diese Angelegenheit zu schreiben, fühle ich mich nicht verpflichtet, nach der Aufnahme, die dem zuteil geworden ist, den ich in diesem Jahr eingesandt habe. Aurier hat auf zwei Briefe von mir *nicht geantwortet*, sie unbeachtet gelassen wie jede Hundescheiße längs der Mauer. Der *Moderniste* ist nicht in meine Hände gelangt, und »le Maudit« konnte ich noch nicht lesen.

Ich muß immer etwas lächeln, wenn ich in Gedanken Ihre Schwester vor meinem Topf sehe. Unter uns – es ist das Ganze nicht ohne Absicht geschehen, es reizte mich, die Stärke ihrer Bewunderung auf einem solchen Gebiet auf die Probe zu stellen. Anschließend wollte ich ihr dann eine meiner besten Sachen – obwohl im Brand nicht recht gelungen – schenken.
Sie wissen seit langem, ich habe es auch im *Moderniste* festgehalten, ich suche das Charakteristische einer jeden Materie zu ergründen. Nun, das Charakteristische einer grauen Keramik ist, daß sie die Einwirkung eines sehr starken Brandes verrät; und die in diesem

Höllenfeuer ausgeglühte Figur bringt meiner Ansicht nach ihren Charakter sehr deutlich zum Ausdruck. So, wie Dante einen Künstler bei seinem Besuch in der Hölle flüchtig erspähte.
Armer Teufel, ganz zu Boden gedrückt, um den Schmerz auszuhalten. Wie dem auch sei, das schönste Mädchen der Welt kann nur das geben, was es hat.
Vincent hat mir ungefähr das gleiche wie Ihnen geschrieben, daß wir der Manieriertheit entgegensteuern ... Ich habe ihm geantwortet!
Ich bitte Sie um einen Gefallen. Könnten Sie wohl den Topf photographieren? Bitte gut belichtet und in der Art, daß die Licht- und Schatteneinwirkungen die Oberfläche des Topfes beleben, ferner, daß er sich von einem dunklen Hintergrund abhebt.
Freundschaftlichen Händedruck. P. Go.
An Madeleine mein tiefes Bedauern, daß der Topf so rauh geworden ist.

Le Pouldu *Juni 1890*
Mein lieber Bernard! Die Nachrichten, die ich von Ihnen erhalte, setzen mich in Erstaunen. Schuff hat mir zwei Tage vor Ihnen geschrieben, und nichts in seinem Brief ließ mich nur irgend etwas ahnen. Außerdem sagte mir Vater Charlopin, als ich abreiste, es sei eine Sache von vier Wochen, und jetzt sind bereits sechs Wochen vergangen. Was hilft es? Besser ist, weiter zu hoffen, wenngleich das Warten und vor allem die Ungewißheit mich langsam anöden. Ich habe vor kurzem Erkundigungen über Madagaskar auch bei einem Leutnant zur See eingeholt. Er hat sich dort lange aufgehalten und sagte mir, daß die Küste ungesund sei, obgleich man das Gelbfieber dort nicht kennt. Auf den Hochplateaus hingegen ist das Leben gesund. Dem amtlichen Verzeichnis von 1877 bis 1889 zufolge hat es auf Mayotte nur fünfzehn Todesfälle gegeben, von denen acht durch die Ruhr und sieben durch das Fieber verursacht worden sind. Die Insel zählt zehntausend Einwohner, darunter dreitausend Europäer. Sie sehen, die Sterblichkeit ist keine große Angelegenheit. Und die Frauen? – Die Frauen sind, gleich denen auf Tahiti, sehr sanft ... übrigens haben viele einen polynesischen Einschlag. Auf Madagaskar kostet das Fleisch fast nichts, und Wild gibt es im Überfluß. Das Leben ist nur teurer als man glaubt, wenn man als Geschäftsmann hinkommt und ein Verlangen nach einem gewissen Luxus mitbringt.
Ähnlich sieht es auf Tahiti aus. Dort leben oberhalb der Stadt[11]

auch Engländer, Franzosen etc. . . . (Pierre) Loti ist dort gewesen, er hat das alles aber als Literat gesehen, dem ein Schiff und ein Vermögen zur Verfügung standen. Sie finden auf Tahiti den Brotfruchtbaum, wilde Bananen . . . und wie in der gesamten tropischen Zone: Kokosnußpalmen . . . Es wird nur eine gewisse Zeit vergehen, bis Sie sich an den Genuß dieser Nahrungsmittel gewöhnt haben. Fragen Sie Laval.

Im ganzen gesehen erkenne ich, daß Tahiti sicherlich zu bevorzugen wäre. Sie könnten dort tatsächlich, wie wir es erträumt haben, fast ohne Geld leben. Es ist nur schade, daß es so weit, weiter als China, entfernt liegt.

Für die Fahrt um das Kap der Guten Hoffnung gilt: benutzt man ein Kriegsschiff, so dauert sie drei Monate, benutzt man die Paketfahrt-Linie, vierzig bis fünfundvierzig Tage. Erkundigen Sie sich nach den Preisen, den Abfahrtszeiten etc. . . .

Wenn Schuff sein Grundstück verkauft hätte und bereit wäre, ein weiteres Geschäft mit mir abzuschließen, so könnte man sehen. Auch meinem Wunsch würde Tahiti entsprechen, vor allem mit Rücksicht auf de Haan, der gesundheitlich gar nicht sehr auf der Höhe ist. Außerdem hätte ich dort unten mehr Sicherheiten.

Auf baldiges Wiedersehen! Und seien Sie nicht besorgt, mir zu schreiben.

P. Gauguin

Le Pouldu *August 1890*

Mein lieber Bernard! Von Pont-Aven zurückgekehrt, wo ich einige Tage mit Filiger und de Haan verbracht habe, erwartet mich hier ein Brief von Schuff und einer von Ihnen. Der arme Schuff sagt mir nicht viel Interessantes (er ist von einer erschreckenden Banalität). Er glaubt, daß ich lange auf den Abschluß des Geschäfts mit Charlopin warten muß. Das entmutigt mich vollkommen. Außerdem gibt es nichts Schlimmeres für mich als warten, vor allem, da ich im Augenblick nicht arbeite, die bevorstehende Reise lenkt mich zu stark ab.

Ich habe die Nachricht von Vincents Tod erhalten und bin recht beruhigt, daß Sie an seiner Beerdigung teilgenommen haben. Der Tod ist sehr betrübend und dennoch, ich bin nicht untröstlich, da ich das Ende voraussah und auch die Qualen kannte, die der arme Junge im Kampf mit seinem Wahnsinn auszustehen hatte. Zu diesem Zeitpunkt sterben, bedeutet ein großes Glück für ihn, es war der richtige Augenblick, von seinen Leiden befreit zu werden. Und wenn er

in einem anderen Leben wiederkehrt, so wird er die Früchte seiner schönen Lebensführung in dieser Welt ernten (gemäß dem Gesetz Buddhas). Er hat den Trost mit sich davongetragen, von seinem Bruder nicht verlassen und von einigen Künstlern verstanden worden zu sein . . .
Ich habe Ihre Zeichnung bekommen, einen Holzschnitt, der recht bemerkenswert in der Anlage ist. Die Zeichnung als solche finde ich weniger lobenswert, ich liebe mehr Ihre bretonischen Zeichnungen, die abstrakter in der Linienführung sind. In dieser Zeichnung streben Sie mir zu sehr nach dem Anatomischen à la Michelangelo, das deckt sich nicht mit dem, was ich verfolge.
Dabei ist es nicht so, daß ich diese Kenntnisse tadele – bitte glauben Sie mir – aber ich gebe meiner großen Liebe zu Giotto bei weitem den Vorzug. Nun, wir werden uns später bei unseren Arbeiten über all das noch unterhalten.
In diesen Tagen lasse ich mein ganzes künstlerisches Empfinden ruhen, ich schlummere und bin nicht dazu aufgelegt, auch nur irgend etwas zu verstehen.
Ein Photo meiner Statue, die ich unglücklicherweise zerbrochen habe, füge ich dem Brief bei. Übrigens, Sie haben sie ja bei Filiger gesehen. Sie entspricht in diesem Zustand nicht dem, was ich in der Bewegung der beiden Beine gesucht habe.
Mit herzlichem Gruß, ganz der Ihre P. Gauguin

Pont-Aven *Oktober 1890*
Mein lieber Bernard! Ich war sehr erstaunt, gestern einen Brief zu erhalten, den ich Ihnen vor einem Monat geschrieben habe. Ich hatte ihn falsch – Paris statt Asnières – adressiert. So ist Ihr Schweigen zu erklären, wenn auch nicht zu entschuldigen.
Seit einem Monat läuft alles schlecht und nichts sieht gut für mich aus; ich werde ganz augenscheinlich vom Unglück zu stark verfolgt. Der Ausbruch des Wahnsinns bei (Theo) van Gogh ist ein entsetzlicher Schlag für mich, und wenn Charlopin mir nicht das Nötige gibt, um nach Tahiti fahren zu können, bin ich geprellt. Wann wird es soweit sein, daß ich in den fernen Wäldern endlich in voller Freiheit leben kann?
Mein Gott, was läßt das alles lange auf sich warten!
Sich sagen zu müssen, daß täglich Unterschriftensammlungen für Menschen aus Überschwemmungsgebieten durchgeführt werden, aber für Maler? Nichts, nichts wird zu ihren Gunsten getan. Verrecke, wer will! De Haan ist augenblicklich in Paris, um mit seiner

Familie ins reine zu kommen, die ihm seit einiger Zeit die Mittel zum Lebensunterhalt verweigert.
Die Leute guten Willens stecken im Dreck. Mein Gott, vielleicht ist dies der Grund, warum sie guten Willens sind.
Ich bin dahin gelangt, niemand und nichts zu glauben. Ist man am Schlimmsten dran, so spürt man nur allzu gut, wie die Menschen vor einem fliehen. Sehen Sie Laval! Seit langem habe ich kein Wort von ihm gehört etc. . . .
Es wäre für mich sehr wichtig, einmal wieder in Paris zu sein, ich habe so viel zu entwirren. Ich kann hier aber nicht fort, die Reise nimmt mehr als einen Tag in Anspruch, und ich schulde dem Hotel dreihundert Francs. Sie sehen, ich habe allen Grund, vor Mißhelligkeiten und Langerweile auf der Stelle zu vergehen.
Ich schreibe dies alles in großer Eile, ohne Zusammenhang und ohne Folge.
Mit herzlichem Gruß

Paul Gauguin

Ich habe meinen Brief noch einmal geöffnet, da ich soeben einen Brief von Sérusier erhalten habe. Er schreibt mir, daß Sie eine Ausstellung von Vincent organisieren. – Wie ungeschickt!
Sie wissen, wie sehr ich die Kunst von Vincent liebe – aber man muß mit der Dummheit des Publikums rechnen, und so ist es vollkommen unpassend, in dem Augenblick an Vincents geistige Umnachtung zu erinnern, in dem sein Bruder dem Wahnsinn verfällt. Viele Leute sagen sowieso schon, unsere Kunst sei irrsinnig. Es heißt folglich, uns Unrecht zuzufügen, ohne Vincent Gutes zu erweisen . . .

Schließlich, wie Sie wollen – Aber es ist *idiotisch*.

Februar 1891

Meine liebe Mette! Bis zu meiner Antwort habe ich einige Zeit verstreichen lassen. Dein letzter Brief war erfreulicher als die anderen.
Der Grund für mein Schweigen ist der: ich habe im Augenblick einen großen Einsatz im Hinblick auf die Zukunft gewagt, und ich wollte Dir nicht eher schreiben, bis ich einige Gewißheiten über die Ergebnisse erlangt hatte.
Dem für den Figaro bestimmten Artikel standen Schwierigkeiten entgegen, da der Direktor sich nicht einverstanden erklärte. Jetzt ist die Veröffentlichung aber endlich für Dienstag beschlossen. Andere Artikel werden folgen im: Gaulois, La Justice, Le Voltaire, Le

Rappel und vielleicht im Les Débats. Sobald sie erschienen sind, werde ich sie Dir in großen Mengen senden. Wenn Du den Artikel im Figaro übersetzen kannst, so wäre das eine recht nützliche Tat, denn er könnte einen gewissen Einfluß auf die dänische Bewegung ausüben . . .

Eine weitere Sache: auf das Erscheinen der Artikel folgt vielleicht eine Versteigerung im Hôtel Drouot. Wenn sie gute Erfolge erzielt, fahre ich in der Zeit um den 20. Februar nach Brüssel. Ich bin eingeladen worden, eine von mir zusammengestellte Ausstellung meiner Werke zu besuchen. Von Brüssel könnte ich nach Kopenhagen kommen, um meine Kinder in die Arme zu schließen, und ohne von Dir und Deiner Familie als ein *nicht ernst zu nehmender Mann* angesehen zu werden.

Sei nicht beunruhigt über die Störung; ich werde die wenigen Tage, die ich inkognito in Kopenhagen verbringe, im Hotel wohnen. Ich habe von vielen Dingen zu berichten, Dingen, die sich schriftlich nicht wiedergeben lassen. Ich verstehe, daß die Last, die Du zu tragen hast, schwer ist, aber man darf die Zukunft nie aus den Augen verlieren, und ich glaube, daß ich Dir eines Tages die ganze Bürde abnehmen kann. Der Tag wird kommen, an dem *Deine Kinder* – vor wem es auch sei, und wo es auch sei – sich mit dem Namen ihres Vaters als Protektion und Ehre sehen lassen können. Den Jungen werden mit zwanzig Jahren die Wege zu guten Positionen offen stehen. Glaubst Du nicht, daß einflußreiche Männer, die ich bis dahin kennengelernt habe, sich dafür einsetzen werden, ihnen gute Stellungen zu verschaffen? Ein solches Resultat hätte ich, davon bis ich fest überzeugt, als Geschäftsmann nicht erzielt.

Küsse die Kinder und gib mir bitte Antwort auf meinen Vorschlag, nach Kopenhagen zu kommen.

Mit herzlichem Gruß

Paul Gauguin

Paris *19. Februar 1891*

Meine liebe Mette! Ich schreibe diese wenigen Zeilen in Eile, denn ich bin sehr nervös, der Tag meiner Versteigerung naht, kommenden Montag! Alles ist gut vorbereitet, und ich warte, bis ich alle Artikel beisammen habe, um sie Dir zu schicken. Sie wirbeln übrigens viel Staub auf, verursachen viel Spektakel, und in der Welt der Kunst herrscht große Aufregung, sogar in England spricht eine Zeitung von der Versteigerung als von einem »Ereignis«.

Wenn die Versteigerung genügend Geld einbringt, reise ich nach Kopenhagen und werde vermutlich am 2. März dort eintreffen. Ich telgraphiere Dir meine Ankunft 24 Stunden vorher.

Ich bringe Dir Deine Korsetts mit.

Ich umarme alle Welt. Paul Gauguin

Paris *Dienstag, 24. Februar 1891*

Meine liebe Mette! Ich schicke Dir die wichtigsten Artikel. Die Versteigerung hat gestern stattgefunden und ist glücklich verlaufen, wenn auch nicht übermäßig, vor allem im Vergleich zum Erfolg der Ausstellung am Vorabend, jedoch der künstlerische Erfolg ist immens und wird in kurzem seine Früchte tragen.

Ich treffe Donnerstag in Kopenhagen ein. Versuche, wenn Du kannst, auf den Bahnhof zu kommen.

Auf Wiedersehen! Paul Gauguin

Paris *24. März 1891*

Meine angebetete Mette! Anbetung, die oft genug voll Bitterkeit ist. Wie Du sehen wirst, haben sich unsere Briefe gekreuzt, und wenn dieser letzte sich verspätet hat, so, weil ich die Photographien abgewartet habe; überdies laß uns nicht Brief mit Brief austauschen – ich flehe Dich an –, schreiben wir uns, was wir uns mitzuteilen haben, und wenn die Zeit es uns erlaubt. Ich weiß, wie schwer die Gegenwart für Dich ist, doch sieh, wir gehen einer gesicherten Zukunft entgegen, und ich werde glücklich sein – sehr glücklich –, wenn Du bereit bist, sie mit mir zu teilen.

Die Zeit wird kommen, in der wir – befreit von unseren Leidenschaften, mit weißen Haaren – in eine Ära des Friedens und des geistigen Glücks eintreten werden, umgeben von unseren Kindern, Fleisch von unserem Fleisch. Ich habe es Dir nur zu oft gesagt: Deine Familie handelt falsch, Dich gegen mich aufzuhetzen, und eins steht fest, ich will nichts mit ihr zu tun haben.

Gestern hat man mir zu Ehren ein Essen gegeben, an dem fünfund-

vierzig Personen, Maler und Schriftsteller, unter dem Vorsitz von Mallarmé teilgenommen haben. Verse, Toasts und die wärmsten Huldigungen für mich! Ich versichere Dir, in den kommenden drei Jahren werde ich eine Schlacht schlagen, die uns – Dir und mir – erlauben wird, geschützt gegen alle Mühen und alles Unbill zu leben. Du wirst ausruhen, und ich werde arbeiten.
Vielleicht erkennst Du eines Tages, welchen Mann Du Deinen Kindern zum Vater gegeben hast. Ich bin stolz auf meinen Namen, und ich hoffe – ja, ich bin davon überzeugt –, daß Du ihn nicht beflecken wirst, selbst wenn Du einem strahlenden Kapitän begegnen solltest.
Ich habe eine Bitte, falls Dein Weg Dich nach Paris führt, so suche nur achtbare und schlichte Leute auf, keine Scharlatane.
Gib, wenn Du hierher kommst, Morice[12)], er ist Junggeselle, vor Deiner Ankunft brieflich Bescheid. Er wird Dir sofort behilflich sein, den Dir angemessenen Menschen zu begegnen.
Ich habe von der Regierung einen offiziellen Auftrag erhalten, so daß ich dort unten das Personal der Marine, des Hospitals etc. . . . in Anspruch nehmen kann. Daneben läuft noch eine Bestellung, das heißt die Zusicherung für den Ankauf eines Bildes – für dreitausend Francs – bei meiner Rückkehr. Das alles sind Dinge, die dazu beitragen werden, uns ein Zusammenleben zu ermöglichen.
Lebt wohl, liebe Mette, liebe Kinder, behaltet mich lieb. Und wenn ich zurückkomme, werden wir uns wieder verheiraten. Der Kuß, den ich Dir heute sende, ist also ein Verlobungskuß.

Dein Paul

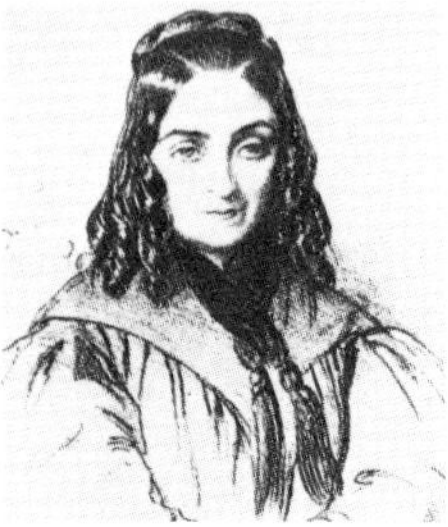

Flora Tristan, die
Großmutter Gauguins

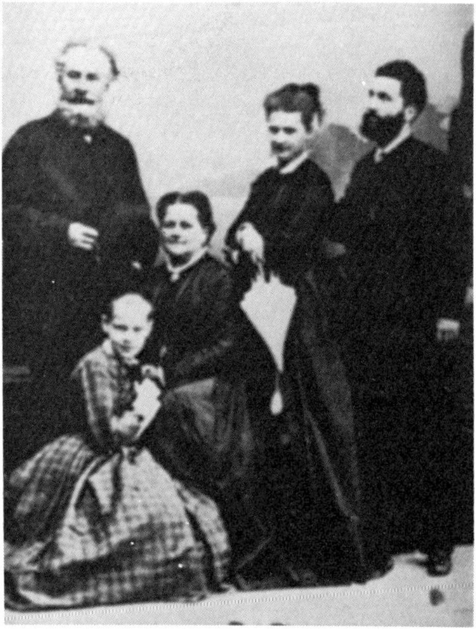

Die Familie Arosa, bei der Gauguin nach dem Tod seiner
Eltern aufwuchs

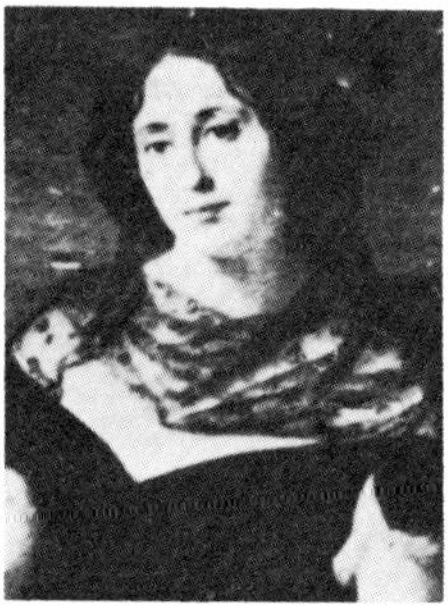

Gauguins Mutter,
geb. Aline Marie Chazal

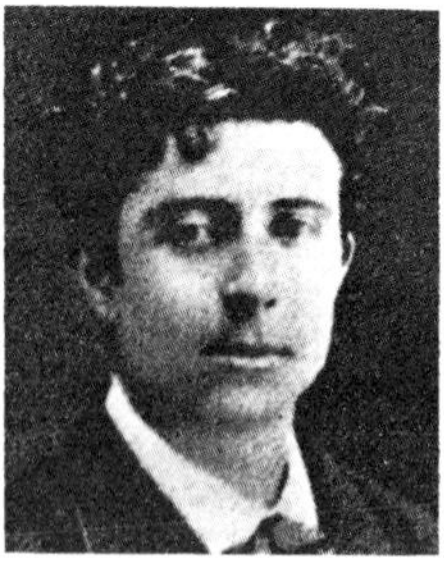

Paul Gauguin, ca. 1873

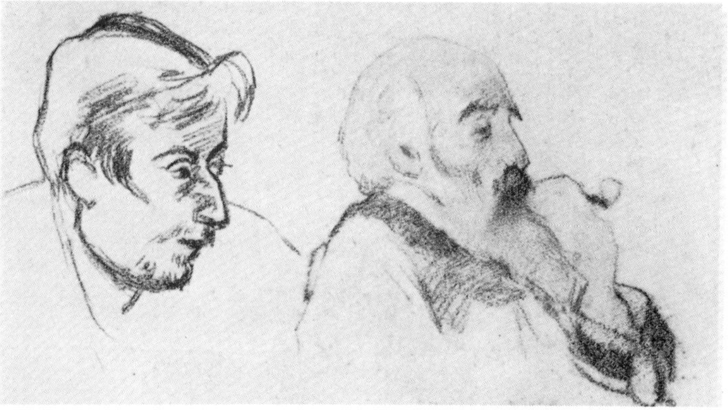

Doppelportrait: Camille Pissarro: Paul Gauguin; Paul Gauguin: Camille Pissarro

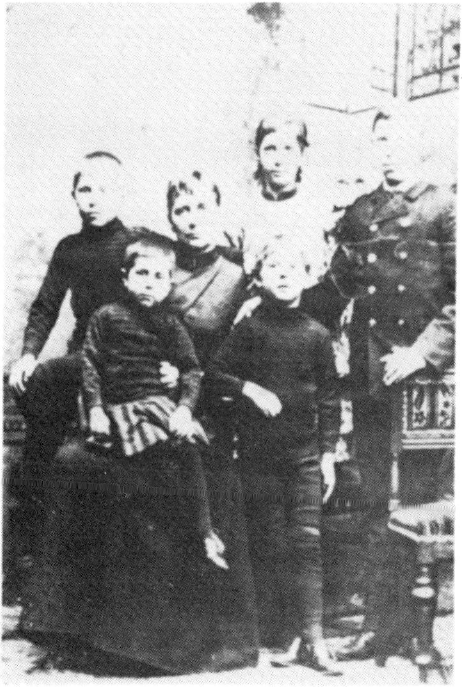

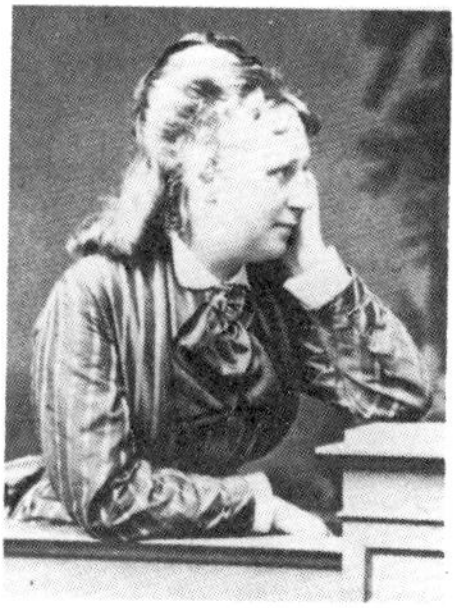

Mette Gauguin, geb. Gad

Mette Gauguin mit ihren fünf Kindern, 1889

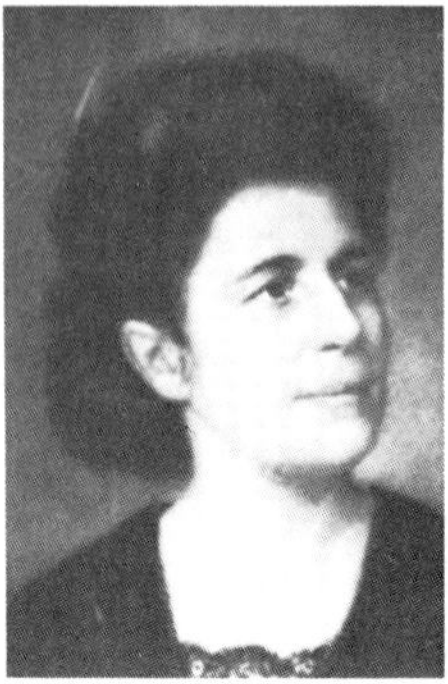

Marie Gauguin, die
Schwester des Malers

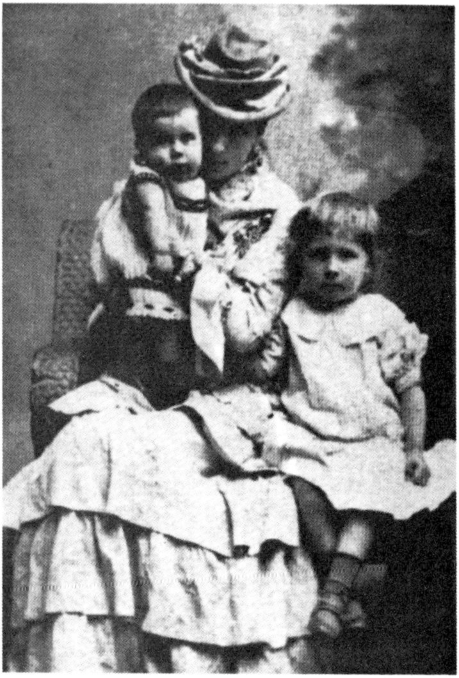

Mette Gauguin in Paris
mit zwei Kindern

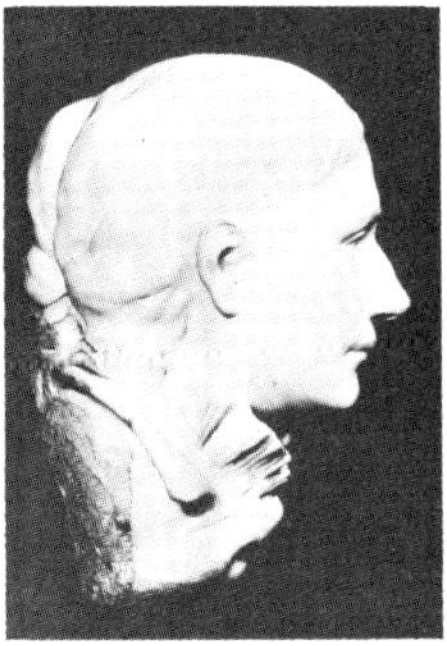

Gauguin, Mette Gauguin,
Steinbüste

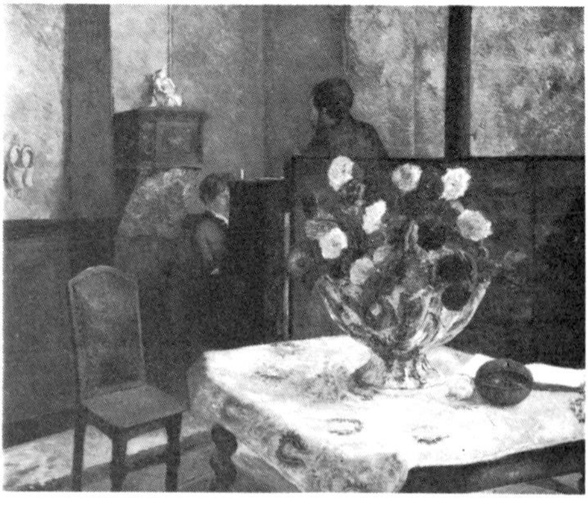

Gauguin, Das Zimmer des
Malers in der
Rue Carcel, 1881

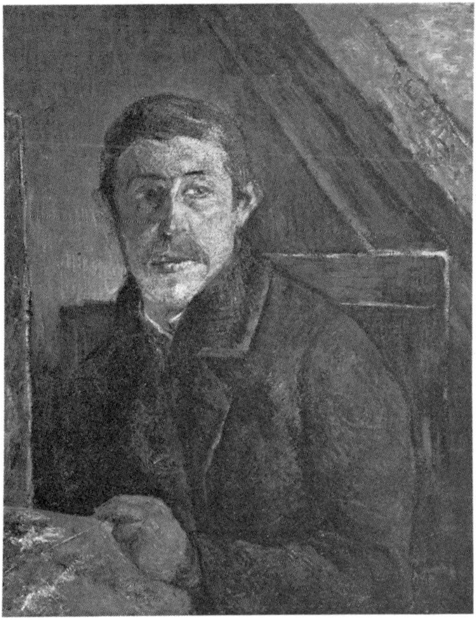

Paul Gauguin, Selbstportrait vor der Staffelei, 1885

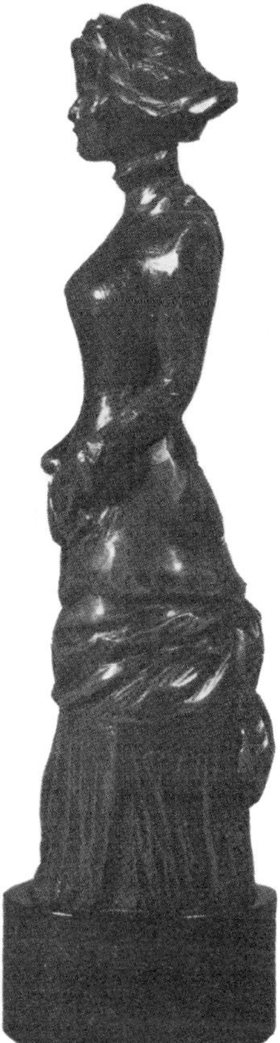

Gauguin, Die kleine Pariserin, Holz, 1891

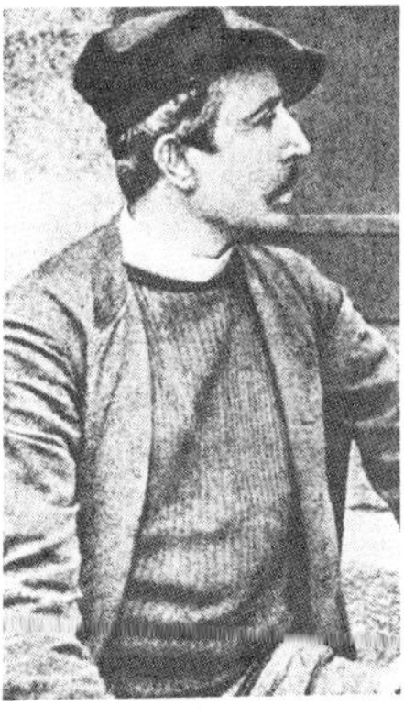

Paul Gauguin, Foto ca. 1889

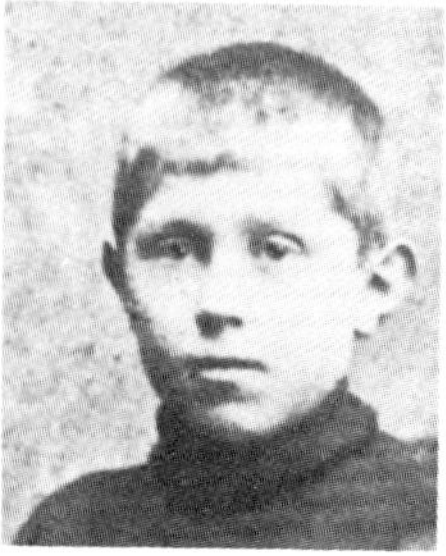

Clovis Gauguin, der Sohn

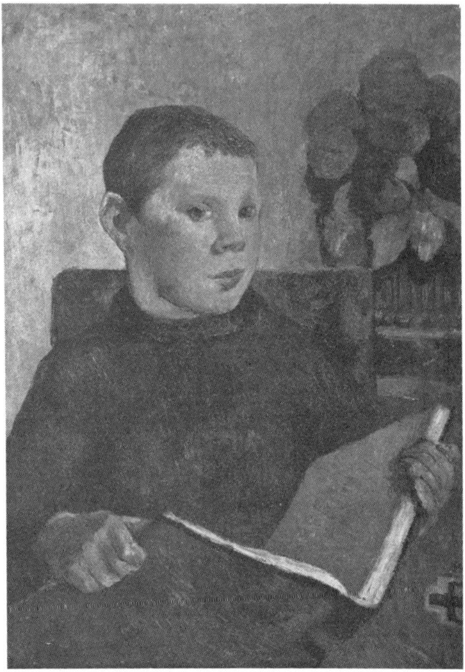

Paul Gauguin, Portrait des Sohnes Clovis, 1886

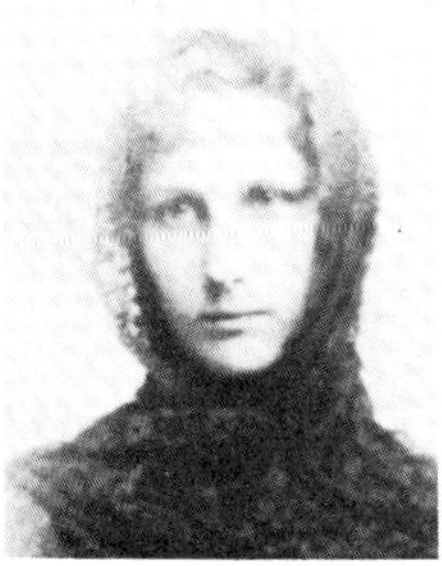

Gauguins Lieblingskind Aline im Januar 1897 in Kopenhagen, kurz vor ihrem Tod

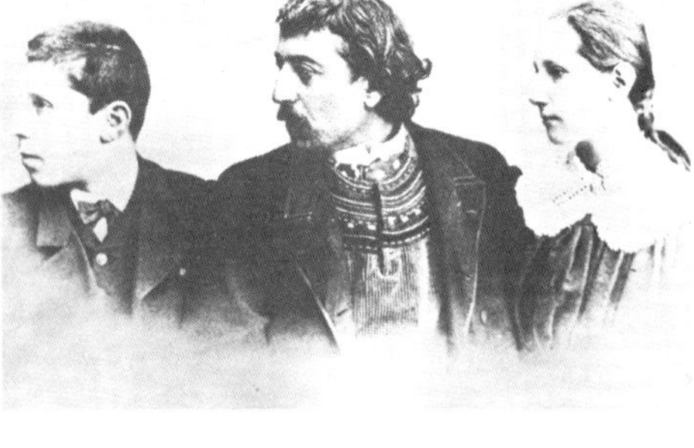

Gauguin mit seinem Sohn Clovis und seiner Tochter Aline, 1885

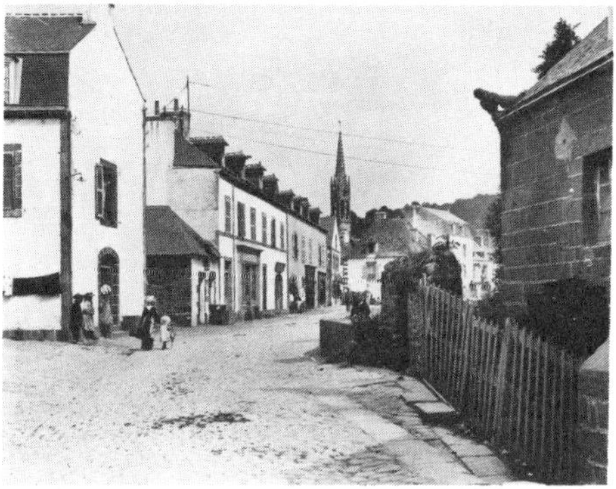

Ansicht von Pont Aven mit Blick auf die Kirche, ca. 1900

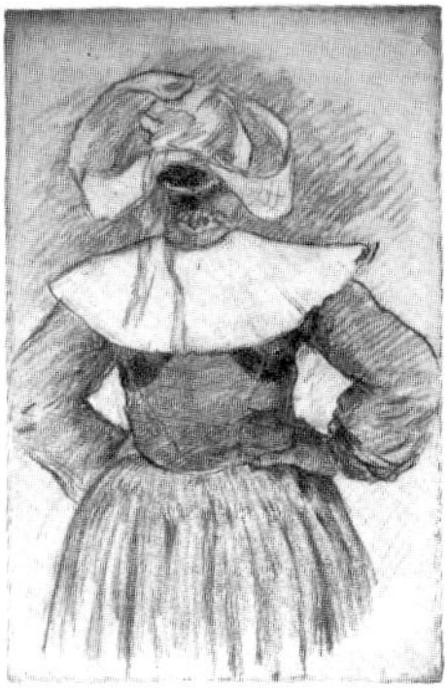

Gauguin, Bretonisches Mädchen, Studie zu „Vier bretonische Frauen“, 1886

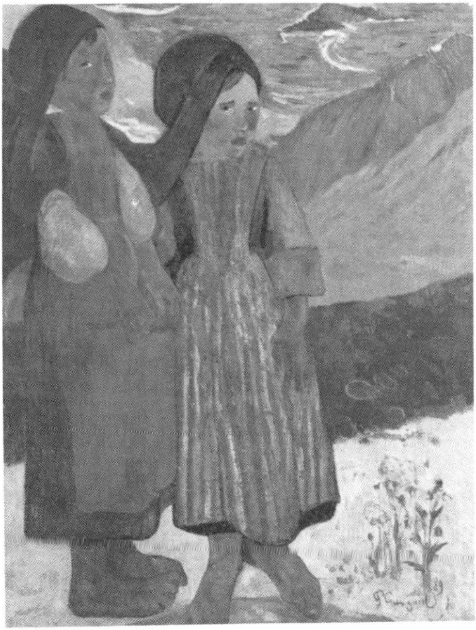

Paul Gauguin, Zwei kleine bretonische Mädchen am Meer, 1889

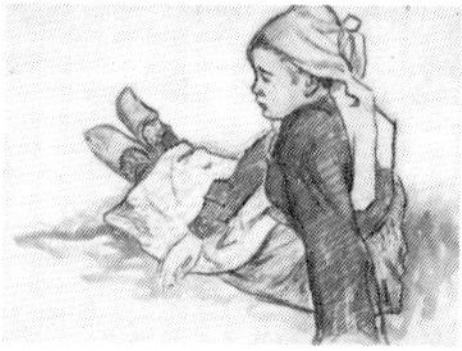

Gauguin, Sitzendes kleines Mädchen, 1886

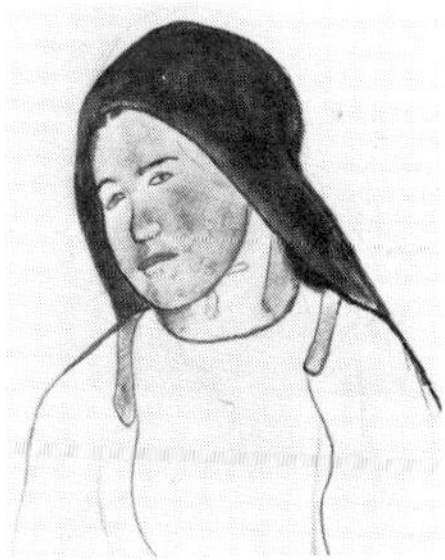

Gauguin, Kopf eines Bauernmädchens, Skizze

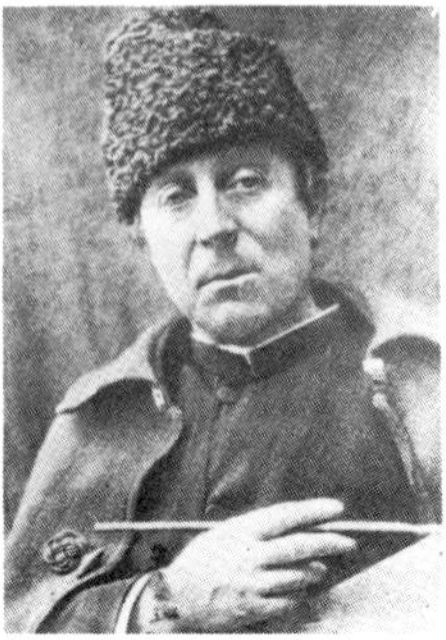

Gauguin mit Palette, Foto
ca. 1890

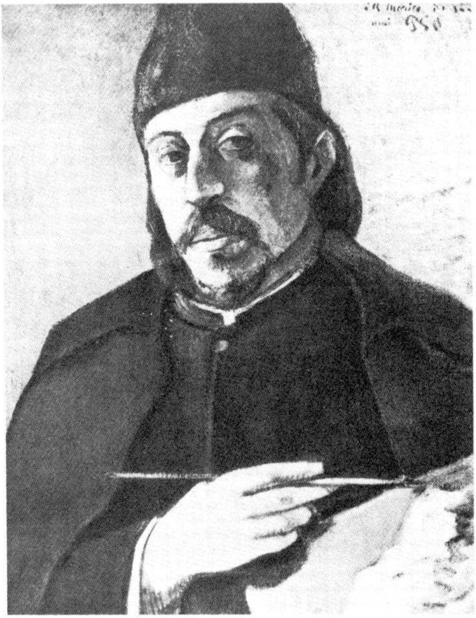

Gauguin, Selbstportrait
mit Palette, 1891

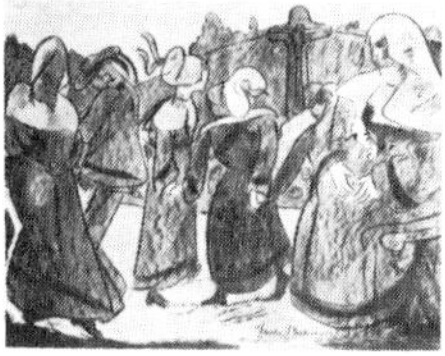

Emile Bernard,
Bretonischer Rundtanz

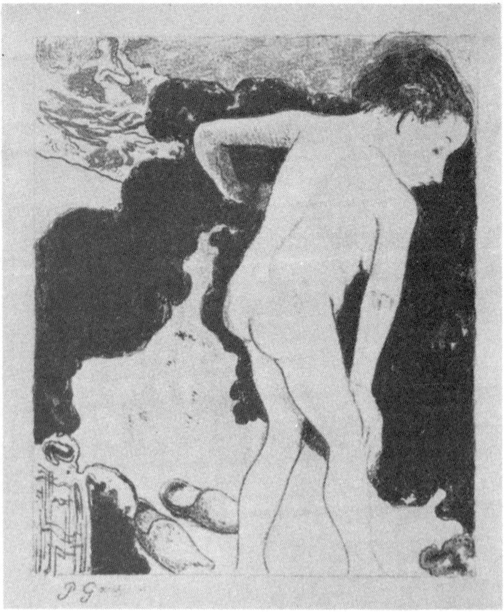

Gauguin, Badender
bretonischer Junge, 1889

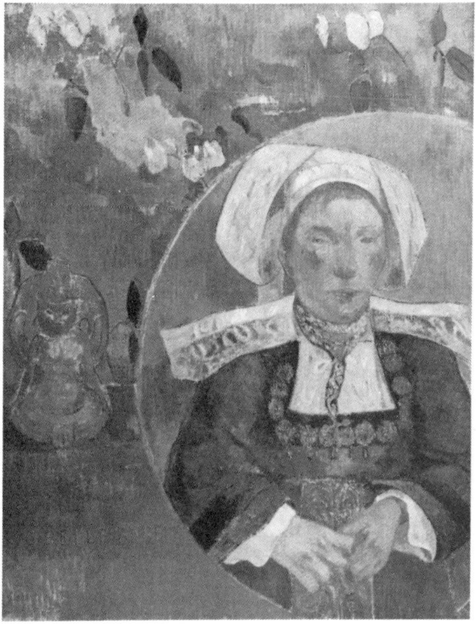

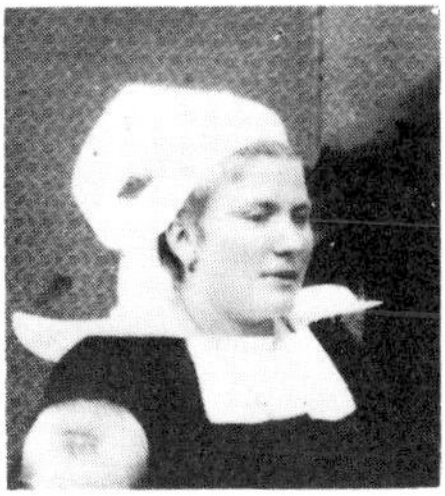

Madame Satre, Vorbild für „La Belle Angele"

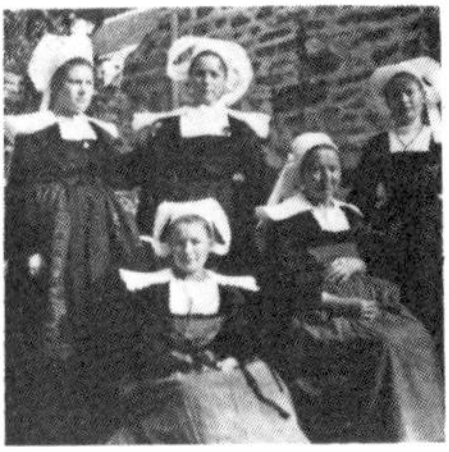

Paul Gauguin, La belle Angéle, 1889
Gauguin malte das Bild als Geschenk an seine Wirtin Angèlique Satre. Die lehnte das Bild allerdings ab, da es ihr nicht gefiel

Marie-Jaenne Gloanec im Innenhof der Pension, Pont Aven, ca. 1888

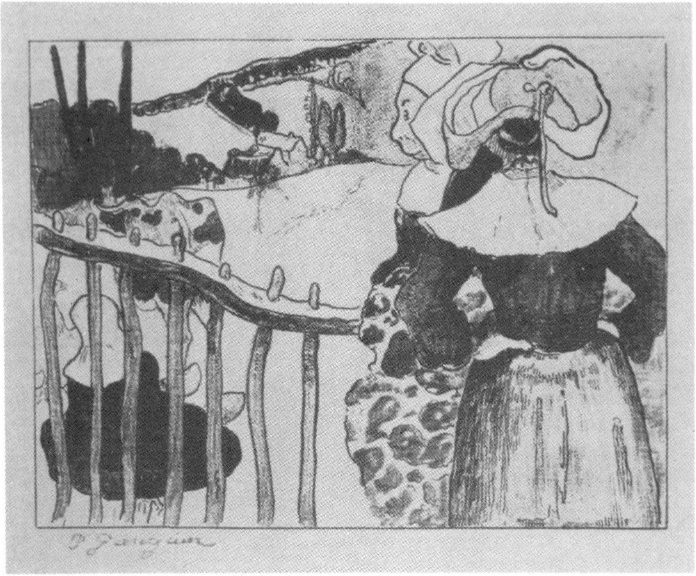

Gauguin, Bretonische Frauen am Tor, 1889

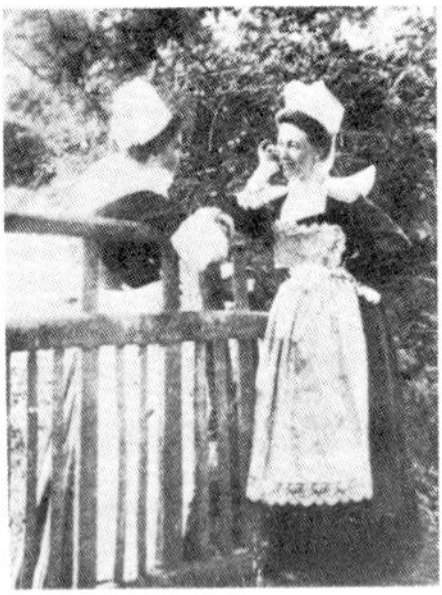

Bretonische Frauen am Tor, historisches Foto

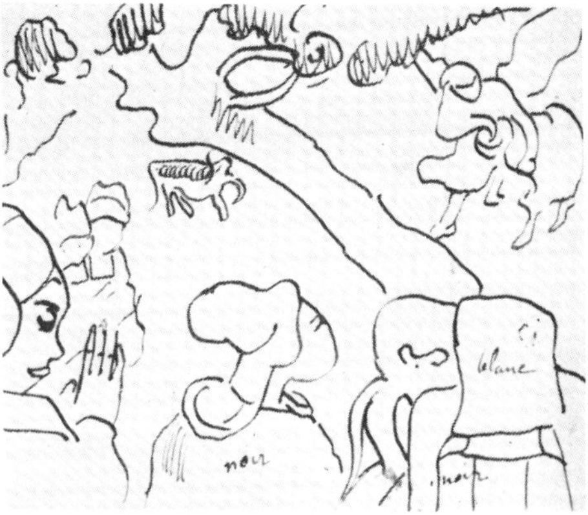

Gauguin, Skizze zu „Die Vision nach der Predigt“, entnommen einem Brief an Vincent van Gogh, 1888

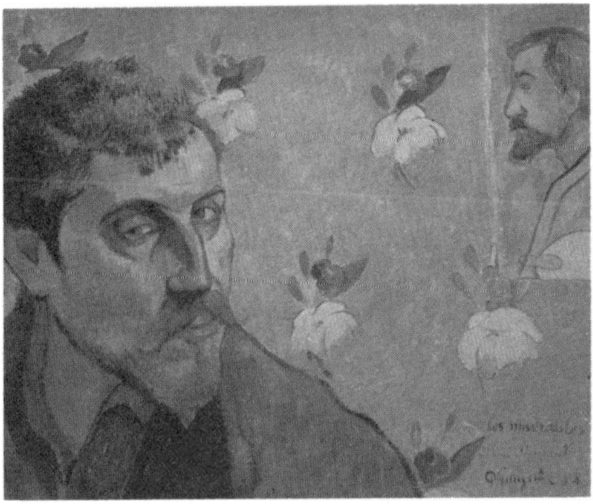

Gauguin, Selbstportrait, „Les Misérables“, 1888

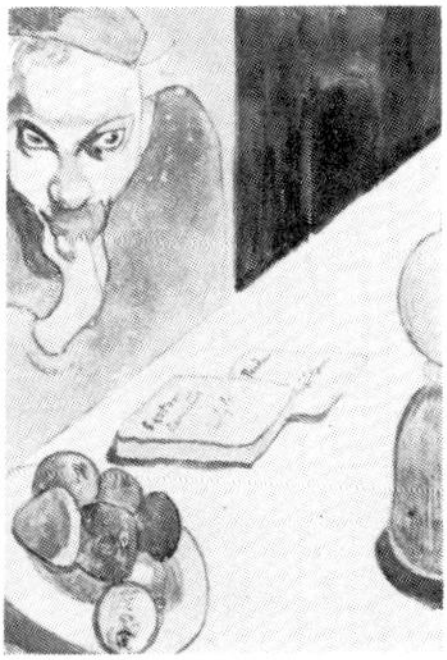

Gauguin, Zeichnung zu dem Bild „Meyer de Haan“. Dieser Maler war über die gesamte Zeit in der Bretagne ein enger Freund Gauguins und hatte auch vor, mit diesem in die Südsee zu gehen. In vielen Bildern Gauguins kommt das Gesicht dieses verwachsenen Holländers vor.

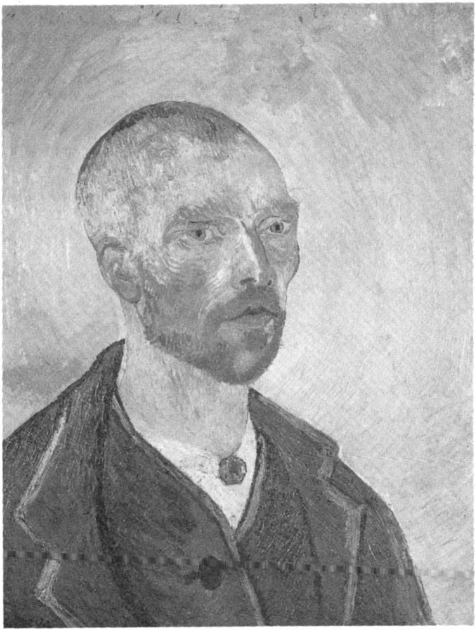

Vincent van Gogh, Selbstbildnis, Paul Gauguin gewidmet, Arles 1888

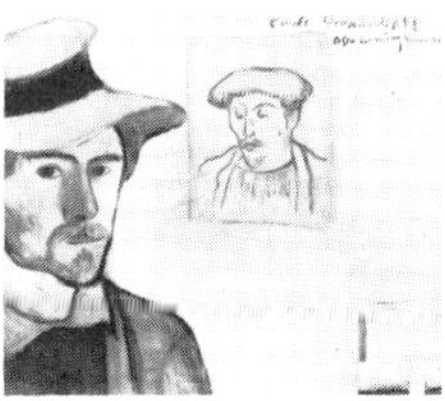

Emile Bernard,
Selbstportrait:
à son compaing Vincent

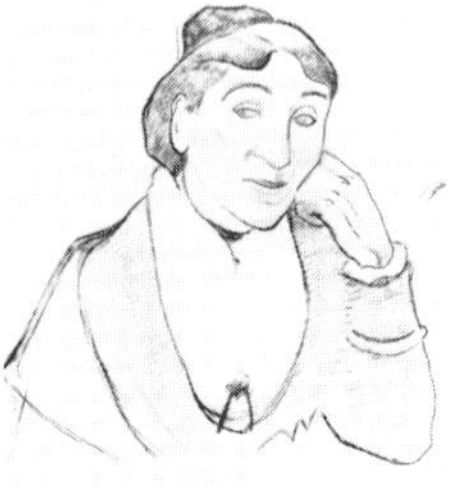

Gauguin: L'Arlesienne:
Madame Ginoux, 1888

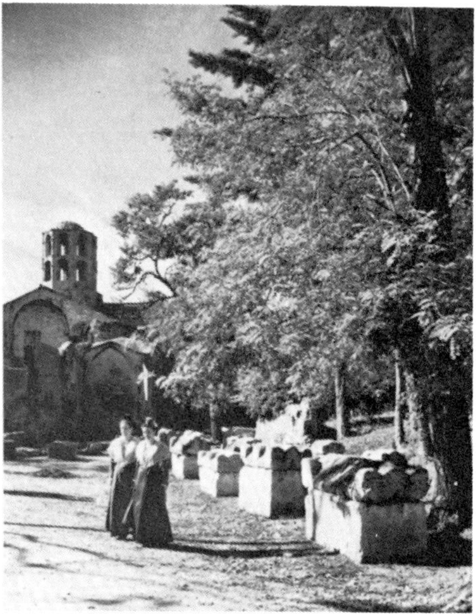

Die Alyscamps in Arles

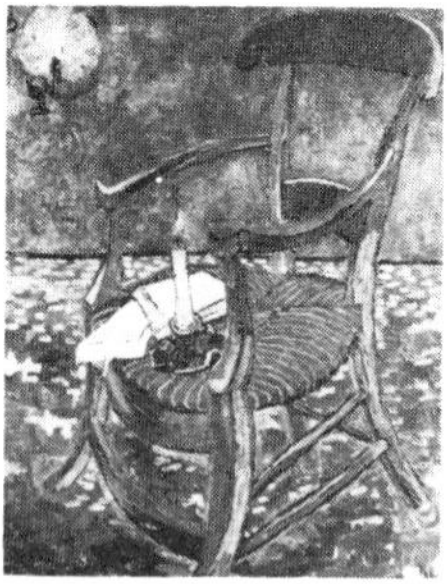

Vincent van Gogh,
Gauguin's Sessel, 1888/89

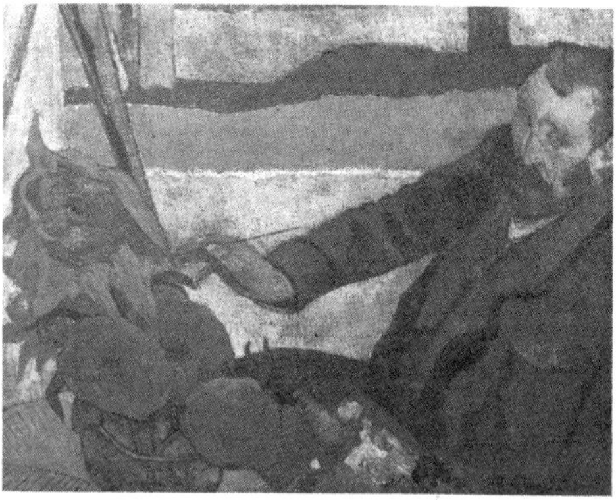

Gauguin, Van Gogh Sonnenblumen malend, 1888

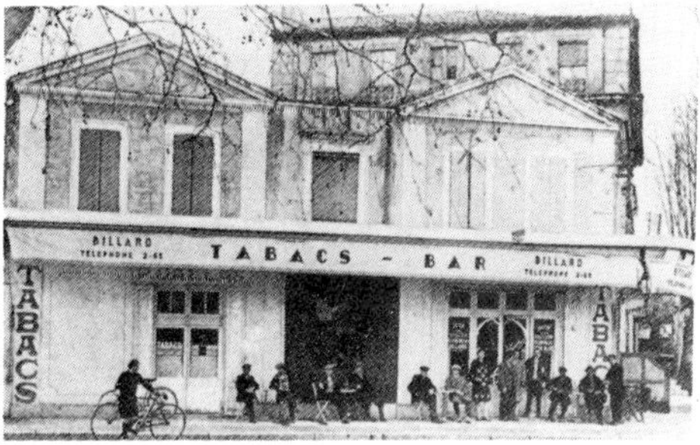

Das „Gelbe Haus" in Arles. Hier wohnte Vincent van Gogh

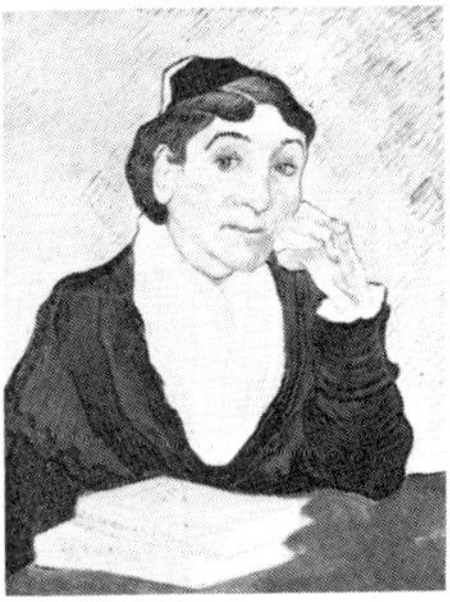

Vincent van Gogh: L'Arlesienne: Madame Ginoux, 1890

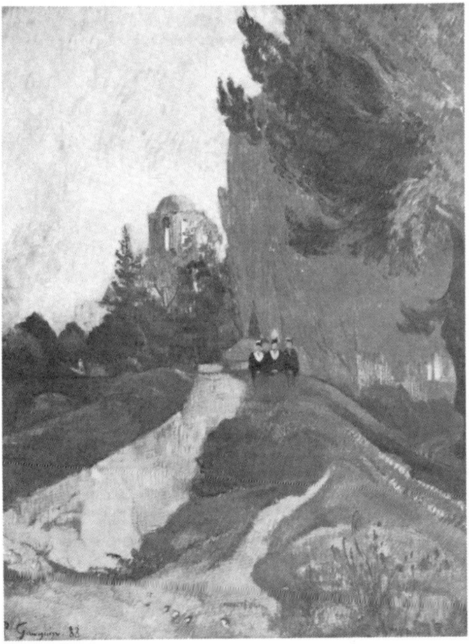

Paul Gauguin, Les Alyscampes, 1888; siehe Foto auf Seite 58

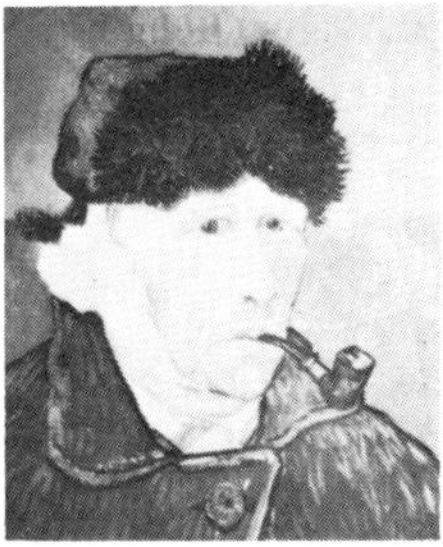

Vincent van Gogh, Selbstportrait mit verbundenem Kopf, 1889

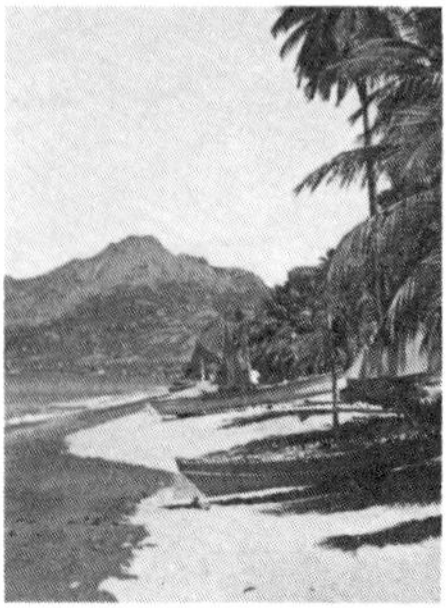

Die Küste von Le Carbet, Martinique

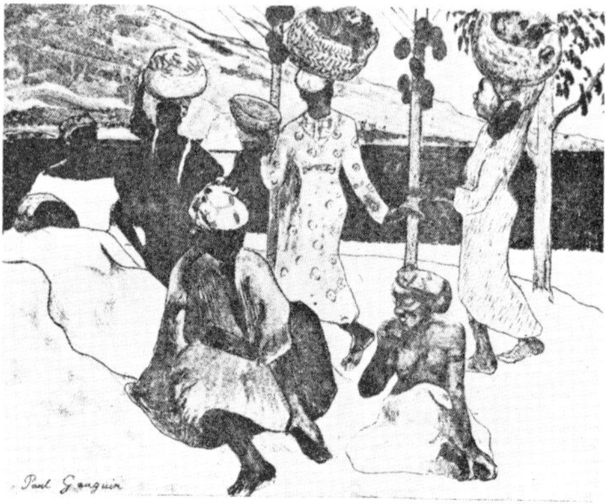

Gauguin, Die Grillen und die Ameisen, 1889

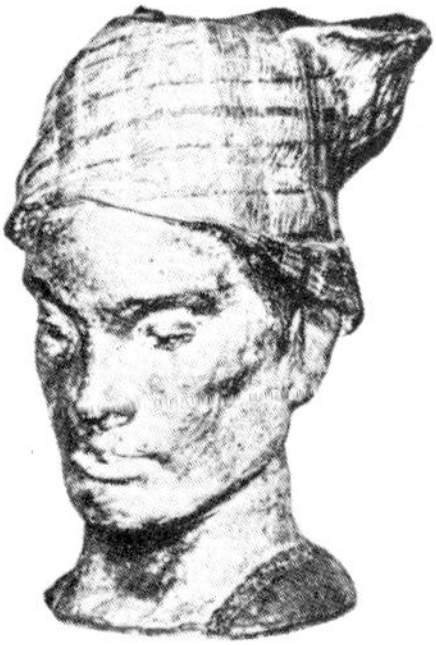

Gauguin, Kopf eines Mannes aus Martinique

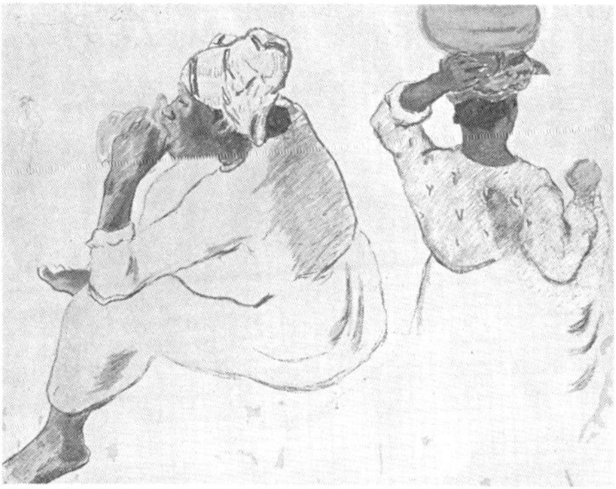

Gauguin, Frauen von Martinique, Zeichnung, 1889

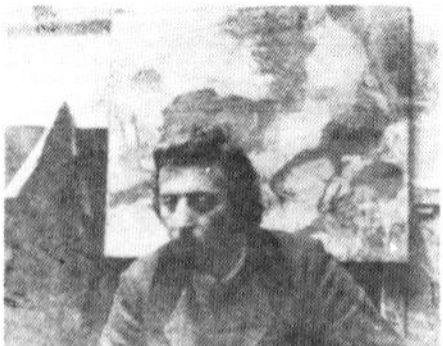

Paul Gauguin im Atelier, Paris 1891

ERSTER AUFENTHALT AUF TAHITI

Am 8. Juni kommt Gauguin nach fast zehnwöchiger Überfahrt in der Insel-Hauptstadt Papeete an. Doch enttäuscht von dem Leben dort (»Dies war ja Europa – das Europa, von dem ich mich befreit zu haben glaubte –, nur noch vergröbert durch die Spielarten des kolonialen Snobismus und eine kindliche, bis zur Karikatur groteske Nachahmerei.«) siedelt er sich etwa vierzig Kilometer von der Stadt entfernt, in der Gegend von Mataïea, an und nimmt eine Eingeborene, Tehura, zu sich. Trotz seines schlechten Gesundheitszustandes arbeitet Gauguin voller Intensität; die unberührte Natur und die Eingeborenen sind sein Modell. Anfangs hindern ihn noch die »alte europäische Routine«, die »Ausdrucksscheu degenerierter Rassen«, zu malen, wie er sieht, »ohne viel Berechnungen ein Rot, ein Blau auf die Leinwand zu setzen«. Aber immer mehr gelingt es ihm, »all diese Sonnenfreude« um ihn herum auf die »Leinwand fließen zu lassen«. Im April 1893, kurz vor seiner Rückkehr nach Frankreich, kann Gauguin an Daniel de Monfreid berichten: »Während zweier Jahre, darin einige Monate verloren waren, habe ich sechsundsechzig mehr oder weniger gute Bilder ausgebrütet und einige ultrawilde Schnitzereien.« Doch die bedrängenden materiellen Schwierigkeiten (die ihn sagen lassen: »Wenn ich richtig darüber nachdenke, so muß ich nach meiner Rückkehr mit der Malerei aufhören, die mich nicht zu ernähren vermag.«) verknüpft aber dennoch mit der Hoffnung, jetzt mit seinen Werken Anerkennung zu finden, veranlassen die Abreise nach Frankreich Anfang Mai 1893.

11. April 1891

Mein lieber Daniel, denken Sie, die Reise über Numea kann lange dauern und fünfhundert Francs mehr kosten, das heißt, wenn die Verbindung (wie man sagt) wirklich so unregelmäßig ist: es kann (sagt man abermals) drei, aber auch fünf Monate dauern.
Sagen sie also den Freunden Bescheid; falls einer von ihnen hier herunter will, so soll er direkt New York–San Franzisko etc. . . . reisen.
Es war sehr töricht von mir, zweite Klasse zu nehmen, die dritte ist fast ebensogut, und ich hätte fünfhundert Francs gespart –
Heute nur rasch ein Wort, sonst kommt mein Brief zu spät. – Umarmen Sie Juliette[13)] von ganzem Herzen, als wäre ich es selbst.
Herzliche Grüße für alle Künstlerfreunde. P. Go.
Unterwegs nach Mahé –

7. November 1891

Mein lieber Daniel, ich beginne zu glauben, daß mich alle in Paris vergessen, denn ich erhalte keine Nachricht von da unten und bin sehr einsam und spreche nur das bißchen Tahitisch, das ich kann.
Ja, mein Lieber, nicht ein Wort Französisch –
Kann ich der armen Juliette und dem Kinde im Augenblick nicht helfen? Ich wundere mich gar nicht, daß es der Kleinen schlecht geht. Sie ist trotz allem gekommen, immerhin; und Gott allein weiß, unter welchen Umständen ich sie gezeugt habe. Schließlich . . .
Sie fragen mich, was ich tue – Das ist schwer zu sagen, denn ich kenne den Wert meiner Arbeit selbst nicht.
Bisweilen finde ich, daß es ganz gut ist, und gleichzeitig finde ich, es sieht entsetzlich aus. Bis jetzt habe ich nichts Besonderes gemacht; ich begnüge mich damit, in mir selbst zu suchen, nicht in der Natur, und ein bißchen zeichnen zu lernen – es gibt doch nur die Zeichnung –, und dann sammle ich Material, um in Paris zu malen. Gibt Ihnen das ein Bild, desto besser; mehr kann ich allerdings nicht sagen, oder ich müßte Geschichten erfinden und Ihnen Illusionen machen, die Sie bei meiner Rückkehr nach Paris verlören.

Bei »Rückkehr« fällt mir ein: Sie wissen doch, daß die Vorstellung zu meinem halben Benefiz nichts ergeben hat.
Ich rechnete da mit etwa tausendfünfhundert Francs. Und die werden mir hier schrecklich fehlen.
Tasten Sie doch mal das Gelände ab mit dem Malerfreunde, den Sie kennen: er hat auf meiner Ausstellung irgend etwas gekauft, ein quasi religiöses Bild, glaube ich –
Könnte er das Loch zustopfen, so wäre ich ihm sehr dankbar, und er verlöre nichts mit mir – nach meiner Rückkehr würde er gut bedient werden. Bis dahin könnte er als Garantie nehmen, was ihm beliebt, und es später umtauschen.
Ich ersehe aus Ihrem Brief, daß Sie Scherereien haben; die Erde wird sich in den Sitten und anderen den Menschen schädlichen Dingen also nie ändern. Warum haben die Menschen die Scherereien erfunden, als ob ihnen die Natur mit der schlechten Gesundheit des Körpers nicht genug gegeben hätte!
In Tahiti haben die Menschen ein Wort erfunden: »No atu«, das ist unser »Ich pfeif' drauf«, das hier von vollkommener Natürlichkeit und Ruhe ist – Sie können sich nicht vorstellen, wie ich mich an dieses Wort gewöhne. Ich sage es jetzt oft, und ich begreife es –
Also einen herzlichen Händedruck; alles Gute für Ihre Dulcinea

und die Freunde – Für Juliette dieses Stück Papier –
Ganz der Ihre Paul Gauguin

11. März 1892

Mein lieber Daniel, Ihr Brief hat mir mehr Freude bereitet, als Sie sich vorstellen können. Denn Briefe sind für mich eine seltene Gabe: seitdem ich hier bin, bekomme ich so wenig Briefe – Von Morice habe ich noch nichts bekommen, und das bringt mich in große Verlegenheit, denn ich bekomme auf diese Weise nicht nur kein Geld, sondern ich weiß auch gar nicht, woran ich bin. Sie haben recht, mein Lieber, ich bin ein starker Mensch, der das Schicksal nach seinem Geschmack zurechtbiegt; ich kann Ihnen nur sagen: was ich in den letzten Jahren getan habe, ist ein rechtes Kraftstück gewesen. Ich spreche nicht vom Kampf als Maler, obwohl der auch mitrechnet – sondern vom Kampf ums Leben, ohne jemals eine günstige Aussicht gehabt zu haben!

Manchmal frage ich mich, warum nicht alles zusammenbricht, so sehr höre ich es krachen – Doch nur vorwärts, am Ende steht immerhin das große Heilmittel.

Ich will Ihnen einmal mein Geheimnis anvertrauen – Es besteht in großer Logik, und ich handle mit viel Methode. Von Anfang an wußte ich, daß es ein Leben von einem Tag zum andern werden würde, und deswegen habe ich logischerweise mein Temperament daran gewöhnt. Anstatt meine Kräfte auf Arbeiten und Sorgen für den nächsten Tag zu verschwenden, habe ich meine ganze Kraft auf den Tag selbst konzentriert. Wie der Ringer, der seinen Körper erst dann bewegt, wenn er kämpft. Lege ich mich des Abends nieder, so sage ich mir: wieder ein gewonnener Tag, morgen werde ich vielleicht tot sein.

Und ebenso bei meiner Arbeit als Maler – ich kümmere mich nur um den Tag. Allerdings besteht die Methode darin, sich darauf einzurichten, daß alles natürlich aufeinander folgt und daß man am 5. des Monats nicht das tut, was am 20. zu geschehen hat – Die Korallen machen es genauso. Nach einer gewissen Zeit bildet das eine ganz schöne Oberfläche – Wenn die Menschen doch ihre Zeit nicht mit unnützen Anstrengungen und Arbeiten verlören, die nichts mit ihnen zu tun haben! Jeden Tag eine Masche – Das ist es – Genug davon –

Ich war in der Tat ziemlich schwer krank – Denken Sie, Blutspeien, ein Viertelliter pro Tag – nicht aufzuhalten; Senfpflaster auf den Beinen, Schröpfköpfe auf der Brust, nichts verfing. Der Arzt im

Hospital war ziemlich in Sorge und hielt mich für erledigt. Die Brust sei in Ordnung und sogar ziemlich widerstandsfähig, sagte er; das Herz spielte mir diese Streiche. Und das hat schon so viele Stöße zu ertragen gehabt, daß es wirklich nicht erstaunlich ist – Als die Blutungen vorbei waren, habe ich eine Digitaliskur durchgemacht, und jetzt bin ich wieder auf dem Posten, ohne Rückfälle gehabt zu haben – Trotzdem muß ich aufpassen – Ich lebe jetzt wie ein Wilder, mein Körper ist nackt außer der Hauptsache, die die Frauen nicht sehen mögen (sagen sie). Ich arbeite immer mehr, vorläufig aber nur Studien oder eher Dokumente, die sich ansammeln. Wenn sie mir später nichts nützen, so werden sie andern nützlich sein. Ein Bild habe ich immerhin gemacht, auf einer Leinwand zu fünfzig. Ein Engel mit gelben Flügeln verkündet zwei tahitischen Frauen die ebenfalls tahitische Maria und Jesus – nackte Körper, die nur den Pareo tragen, einen geblümten Baumwollstoff, den man beliebig um die Hüften schlingt. Ganz dunkler Gebirgshintergrund und blühende Bäume – Dunkelvioletter Weg, smaragdgrüner Vordergund; links Bananen. Ich bin ganz zufrieden damit –
Sie bitten mich um Bilderaustausch; natürlich, seien Sie unbesorgt – Sie wissen am besten, ob ich lange handle und feilsche – Die sechzig ersparten Francs behalten Sie bitte; sollten Sie allerdings ein Bild verkaufen, dann schicken Sie sie mir mit dem Erlös zusammen – Was schreiben Sie mir von Schuff – Ich glaube, er ist krank – er hat meiner Frau gegenüber über meinen Charakter geklagt –, Gott weiß, ob ich einen schlechten Charakter habe; Sie haben selbst darüber urteilen können – Ich habe keinen Platz mehr, ich grüße Sie und die Freunde.

Herzlichst P. Gauguin

Mai 1892

Mein lieber Daniel, schnell einige Worte, um Ihnen auf Ihren Brief zu antworten, denn gerade im Augenblick, da die Post abgeht, bin ich durch verschiedene Dinge sehr beschäftigt, die leider nichts mit Malerei zu tun haben. Ich bin, wie man sagt, auf dem Hund und ganz fassungslos. Soll ich heimreisen oder bleiben – Im Juni bin ich angekommen, und bald bin ich ein Jahr in der Kolonie; ich kann also die Erlaubnis zur Wiederheimkehr erzwingen. Ist dieser Zeitraum verstrichen, so darf ich nichts mehr beanspruchen, oder man kann ablehnen. Andererseits, bekomme ich in einigen Monaten Geld, so kann ich noch arbeiten, und dann komme, was mag. Ich werde schon zurückkommen –

Und an alledem hat Morice schuld, der mir seit meiner Abreise nicht ein einziges Mal geschrieben hat. Er hat einiges Geld für mich und schickt es nicht. Es ist außerordentlich, wie ich jedes Mal in der Tinte sitze, sobald ich Paris verlassen habe – kaum bin ich zurück, habe ich Geld; bin ich fort, nichts. Das Bild bei Tanguy sollte J. Dolent haben; ich hatte Tanguy verboten, es zu verkaufen. Jetzt liegt die Sache anders. Nicht mit Dolent darüber sprechen und es für fünfhundert Francs verkaufen und mir sofort das Geld schicken! Noch etwas Unbestimmtes; ich weiß nicht sicher, ob Sie in Paris sind, wenn mein Brief ankommt. In diesem Falle schreiben Sie bitte sofort an Brouillon, damit er die Angelegenheit erledigt.
Gleichzeitig mit meinem Brief geht Ihnen eine Studie zu; tragen Sie sie bitte zu Goupil; vielleicht kann man sie ihrer Neuheit wegen verkaufen – Noch etwas! Dieser Joyant[14)] spricht, aber handelt nicht: seitdem er im Hause ist, hat er mir noch nichts verkauft.
Und Portier[15)]! Auch nichts.
Ihr Brief teilt mir eine traurige Sache mit, daß Sie die Malerei verlassen, aber Sie sprechen nicht von dem, was Sie nun beginnen wollen. Trotzdem kann man hoffen, denn Sie hoffen selbst, sie wieder aufzunehmen und dann für immer, wie Sie sagen – Ich hoffe es mit Ihnen!
Was die hundertdreißig Francs für den photographischen Apparat angeht, schicken Sie sie mir (100 Francs), wenn Sie sie nicht Juliette versprochen haben, wie mein letzter Brief es Ihnen auftrug. Dann blieben ihr noch dreißig Francs.
Ich habe einen Brief von ihr bekommen, das arme Geschöpf ist nicht glücklich. Ich kann nichts für sie tun –
Viele Grüße für die Freunde.
Händedruck Paul Gauguin

Juni 1892

Mein lieber Daniel, ein Glück, daß ich Ihren Brief bekomme, sonst hätte ich überhaupt keine Post. Keine Nachricht aus Europa. Denken Sie, ich war in der Stadt, die vierzig Kilometer von meinem Nest entfernt liegt, um den Gouverneur zu sprechen und die Überfahrt nach Frankreich zu erreichen; ich hatte fünfundvierzig Francs in der Tasche. Sie werden sagen, daß es nicht klug ist, alles bis zum letzten Augenblick aufzuschieben, aber ich bin nun einmal so; ich laufe bis zur letzten Minute herum, und dann erwarte ich jeden Monat einige Sous aus Frankreich. Sœur Anne ne vois-tu rien venir?[16)] Aber nichts. Ich sage mir, es wäre töricht abzureisen, während vielleicht ein Scheck unterwegs ist, mit dem ich mich kreuze, und dann halte ich Stange bis zum Ende. Ich war wütend wie ein Irrsinniger. Gerade an der Tür des Gouverneurs treffe ich einen Kapitän, der mit einer kleinen Bark alle Inseln abklappert und als Freibeuter gilt. Ich hatte zwei Monate vorher seine Bekanntschaft gemacht. »Was zum Teufel wollen Sie nun anfangen auf dieser Galeere?« fragt er mich.

»Wahrhaftig, ich werde das Widerlichste unternehmen, was es auf der Welt gibt; ich werden den Gouverneur um meine Reise anbetteln, mein Schiff hat den Kurs verloren, und ich sitze auf dem Trokkenen.«

Da drückt mir der Kerl vierhundert Francs in die Hand. »Sie geben mir ein Bild dafür, und dann sind wir quitt.«

Ich bin gar nicht zum Gouverneur hineingegangen, und jetzt warte ich wieder auf Geld aus Frankreich.

Vielleicht soll ich das Porträt der Frau des Freibeuters machen, dann gibt er mir noch dreizehnhundert Francs; dabei muß man aber diplomatisch vorgehen, denn sie ist nicht immer leicht zu nehmen, sagt er. Dann – geht es wieder, und ich werde in aller Ruhe zehn Monate arbeiten. Nur mir können solche Sachen passieren. Ich habe schwer gearbeitet diese ganze Zeit, und gegenwärtig habe ich vierzig Meter Leinwand mit den Farben von Lefranc et Cie. bedeckt.

Ich bin jetzt mittendrin, glaube ich, und es wäre schade gewesen, wenn ich hätte abfahren müssen. Gerade bin ich mit einem abgeschnittenen Eingeborenenkopf fertig, der hübsch sauber auf einem weißen Kissen liegt in einem Palast, den ich erfunden habe, und der von Frauen bewacht wird, die ich auch erfunden habe.

Ein schönes Stück Malerei, glaube ich. Es ist nicht ganz von mir, denn ich habe es aus einem Tannenbrett gestohlen. Man sollte nichts darüber sagen, man tut, was man kann, und wenn der Marmor oder das Holz Ihnen einen Kopf vorzeichnen, so ist man sehr versucht, zu stehlen.

Und Sie, Sie haben einen Fuß wieder im Steigbügel. Gut so. Man muß wieder zu Kräften kommen, indem man sich um Familie und Sorgen nicht kümmert. Unempfindlich wie ein Stein heißt auch stark wie ein Stein sein. Über Ihre hygienischen Ratschläge habe ich schön lachen müssen; nicht zu viel Alkohol und keine verfälschten Weine trinken. Ich versichere Sie, sie sind nicht gefälscht. Alle Tage klares Wasser. Wenn Sie mich wiedersehen, so werden Sie einen Gauguin mit der Figur eines jungen Mädchens vor sich haben. Ich

tröste mich, indem ich mir sage, daß ich vorher mit dem Fett, das mich überwucherte, ekelhaft ausgesehen haben muß.
Ach ja, die Kirchenfenster! Ein schönes Stück Wiederbelebungsarbeit. Ich glaube auch, daß Ihnen das nichts schaden wird, hauptsächlich, wenn es Ihnen ein wenig Unabhängigkeit sichert.
Mein Brief wird Ihnen etwas zusammenhanglos erscheinen, aber ich stehe noch unter dem Einfluß von vorgestern, meines Abenteuers mit dem Freibeuter; und ich fange laut an zu lachen, wenn ich in meiner Hütte daran denke. Nein, so etwas kann nur mir passieren – Meine ganze Existenz ist so: ich stehe am Rande des Abgrundes und falle nicht hinein – Als van Gogh von Goupil verrückt wurde, war ich erledigt. Auch davon habe ich mich erholt. Das hat mich gezwungen, mich zu rühren. Ganz gleich, für mich gibt es eine eigenartige Verkettung von Zufällen – Im Abwarten habe ich jedenfalls noch einige Tage gewonnen, bevor ich falle, und ich will arbeiten – Händedruck für alle Freunde.
Und herzlich ganz der Ihre Paul Gauguin

August 1892

Mein lieber Daniel, Sie freuen sich in Ihrem Brief über eine sogenannte gute Nachricht und beglückwünschen mich dazu. Weil ich in Tahiti bleibe! Aber Sie überlegen nicht, daß es fast fünf Monate her ist, seit ich Ihnen das schrieb, und daß die vierhundert Francs fast aufgegessen sind und ich mich in der gleichen Situation befinde wie vorher. (In der Unentschiedenheit.) Mit jeder Post hoffe ich, daß Ihr Brief mir Geld bringt, das ist wichtig. Es ist nun mehr als ein Jahr her, daß ich abgefahren bin, mit größerem Ruf als vorher, und man hat noch nichts verkauft, während ich, wenn ich da bin, doch immer nahezu zweitausend Francs zusammenbringe. Weder Tanguy, noch Portier, noch Goupil. Es ist nicht zu glauben.
Und nun Morice! Ich habe mein Geld in den Schornstein geschrieben, das noch aussteht, und ich bin erstaunt über sein Schweigen und seine Handlungen. Wenn das nur der Journalismus wäre, scheint mir doch, daß er sich da Rat wissen könnte. Nun ja, plaudern wir und verjagen diese schwarze Wolke.
Zum Glück stelle ich hier die unmöglichsten Dinge an, um das Unheil abzuwenden. Ich habe letztens zwei Stücke Holzschnitzerei gemacht, die es mir gelungen ist, für dreihundert Francs zu verkaufen, und ich halte mich noch drei Monate. Aber was wird das Ende sein? Ich wage es mich nicht zu fragen.
Seit einem Monat habe ich keine Leinwand, und ich wage nicht,

welche zu kaufen. Ich habe so wenig Geld. Also kann ich nicht. Aber ich studiere mit dem Hirn, mit den Augen, und dann ruhe ich mich ein wenig aus, das wird mir nicht schaden. Aktive Leute wie ich brauchen von Zeit zu Zeit ein bißchen Urzustand. Ich sehe, daß Sie einen Broterwerb im künstlerischen Fach gefunden haben, ich beglückwünsche Sie dazu, und es kann Ihnen nur gut tun, weil Sie gezwungen werden, dekorativ zu arbeiten. Aber hüten Sie sich vorm Modellieren. Das einfache Kirchenfenster, das das Auge durch seine Aufteilung von Farben und Formen anzieht – das ist immer noch das Beste. Gewissermaßen die Musik. Wenn man bedenkt, daß ich dafür geboren bin, angewandte Kunst zu machen und nicht dazu kommen kann! Sei es das Kirchenfenster, sei es Gerätschaft, Fayence und so weiter – dort liegen im Grunde meine natürlichen Anlagen viel mehr als bei der eigentlichen Malerei.
Was sprechen Sie mir da von weiblichen Banden: ich fürchte sehr, daß Sie sich eines schönen Tages vom Gefühl der Dankbarkeit und von der Gewohnheit hinreißen lassen, vor allem bei der Mutterschaft Ihres kleinen Rotkopfs. Aber – das ist Ihre Angelegenheit, und ich rede nur deshalb davon, weil Sie als erster zu mir davon gesprochen haben und weil ich außerdem Anteil an Ihnen nehme.
Recht schöne Grüße an Maillol und Dank für sein bewunderungsvolles Gedenken. Wenn Sie meinen Brief erhalten, wird vermutlich alle Welt in Paris sein, deshalb Grüße an alle Welt.
Ich habe letztens einen Akt ohne Modell gemacht, zwei Frauen am Strand, ich glaube, das ist bis heute mein Bestes.
Das ist alles.
Ganz der Ihre herzlich Paul Gauguin

Oktober 1892

Mein lieber Daniel, da ich Ihren Brief vom Juli (?) erhalten habe und ihn beantworte, bin ich noch hier (würde La Palisse sagen). Ja, mein Lieber, ich halte wütend und hartnäckig Stange, trotz allem Dreck, in dem ich stecke. Mit jeder Post erwarte ich das Geld, das Morice für mich hat. Obgleich ich ihm vor fünf Monaten schrieb, habe ich keine Nachricht von ihm: Wahrscheinlich hat er meinen Brief nicht bekommen, da er umgezogen ist. Sprechen wir nicht von ihm und von diesem Geheimnis; ich werde das schon bei meiner Rückkehr in Ordnung zu bringen wissen. Außer ihm kann man vielleicht auf Tanguy, Portier und Joyant rechnen: wenigstens etwas Geld mit der nächsten Post. Ich muß unbedingt noch einige Monate vor meiner Rückkehr auf den Marquesas-Inseln malen, dann wird man den

Wilden sehen!
Die Studie, die ich Ihnen gesandt habe (Gott sei Dank, Sie haben sie erhalten) – ich fürchtete schon, daß der betreffende Herr, ein Gendarm übrigens, sie mir mausen würde –, diese Studie ist der Anfang zu anderen besseren Arbeiten; Sie finden sie prächtig, desto schöner. Sie wissen, sie ist von mir, nicht von Bernard. Ich habe ungefähr fünfzig Bilder, die Sie vielleicht verblüffen werden, denn viele sind weit besser als diese Studie. Zur Zeit schnitze ich eine Art wilde Nippsachen in Holzstämme. Ich bringe ein Stück Eisenholz mit, an dem ich mir die Finger wund gearbeitet habe, aber ich bin zufrieden damit; und Sie wissen, es ist nicht von Bernard. Übrigens, weil ich gerade von diesem Lausejungen spreche, ich wundere mich gar nicht, daß er mit Schuff auseinander ist. So stand's geschrieben. Der arme Schuff hat sich von diesem Rotzjungen schön hineinlegen lassen! Und ich habe es natürlich ausbaden müssen! – Ich bin ihm nicht böse, wünschen Sie ihm alles Gute von mir; ich hoffe, daß es seiner Frau und seinen Kindern gut geht. Grüße für die Freunde; Brouillon, Maillol, Cie. nicht zu vergessen.

Ich habe Nachricht von meiner Frau, die gleich nach ihrer Ankunft in Kopenhagen vier Bilder verkauft hat; eines, ein ganz unbedeutendes (kleiner bretonischer Kopf), für eintausendfünfhundert Francs; sie rechnet damit, den Rest demnächst zu verkaufen. Da sind ja die Moneten, werden Sie sagen – aber die arme Frau brauchte das Geld selbst. Das schadet nichts, es geht gut für mich in Dänemark – Im nächsten Frühjahr wollen sie eine Auswahlausstellung machen, teilen sie mir mit, und sie bitten mich, ihnen von hier Bilder zu schicken. Leider kann ich es nicht: es würde mich die Augen aus dem Kopf kosten, und ich könnte den Transport nicht bezahlen – Ja, in Dänemark gibt es einen Haufen Dummköpfe, die den Zeitungen glauben, und jetzt finden sie, ich hätte Talent. Daher hat es sich ein dänischer Maler neunhundert Francs kosten lassen, sich eine nackte Frauenstudie auf den Wanst zu kleben, die ich 76 gemalt habe (Huysmans spricht von ihr). Außer den tausendfünfhundert Francs – es geht schon vorwärts da unten. Nur schnaufen, das ist die Parole –
Mit der Post habe ich zwei Photographien erhalten, die ein Freund von Sérusier gemacht hat, den Christus am Ölberg und meine Holzschnitzerei. Das sollte in der »Revue Contemporaine« mit einem Aufsatz von Aurier über die Symbolisten erscheinen. Wußten Sie etwas davon?
Schon vor langer Zeit habe ich an de Haan geschrieben. Keine Ant-

wort – Haben Sie Nachricht von ihm? Übrigens, außer von Ihnen bekomme ich überhaupt keinen Brief. Sie sind ein treuer Briefschreiber, und ich bin Ihnen sehr dankbar dafür. Sie können sich nicht vorstellen, wie traurig es ist, keine Briefe zu bekommen, wenn man so weit weg ist – Bald werde ich in Ozeanien wieder Vater sein – Himmel und Hölle! Ich muß also überall meine Saat aussäen. Allerdings ist das hier nicht schlimm, die Kinder sind hier gern gesehen und werden von den Eltern schon im voraus verhätschelt. Wer sind wohl die Nähreltern? Denn auf Tahiti gibt es kein schöneres Geschenk als ein Kind. Deswegen bin ich über sein Schicksal nicht unruhig.

Mit Vergnügen bemerke ich, daß Sie den Pfad der Schönen Künste wieder aufnehmen. Dann aber müssen Sie arbeiten und nicht Ihre Zeit verlieren. Gehen Sie unverdrossen Ihren Weg und haben Sie Mut; seien Sie zwei Stunden am Tage verrückt und lassen Sie die Weisheit für Bouguereau.

E nei manao vau, tirara parau – Ia ora na

Das soll heißen, daß ich genug geschwatzt habe und Sie grüße. Ich spreche jetzt schon ganz gut Maori und finde es sehr vergnüglich.

Also, Grüße an alle.

Ganz der Ihre

Paul Gauguin

5. November 1892

Mein lieber Daniel, nur schnell eine Antwort auf Ihren Brief. Die von Ihnen gesandten dreihundert Francs habe ich erhalten – Da ich fast immer Pech habe, hätte ich sie beinahe nicht bekommen. Die Post wurde ungeduldig erwartet und kam nicht: gestern endlich kommt eine kleine Bark von den Sandwichinseln mit den Briefen. Das Postschiff wäre beinahe untergegangen und ist beschädigt und ohne Mast vor dem Unwetter zu den Sandwichinseln geflohen. Etwas ärger, und das Geld wäre futsch gewesen, für eine gewisse Zeit wenigstens. Und gerade wollte ich mich vorbereiten, zu *versuchen*, heimzukehren. Ich bin auf dem Hund und recht müde.

Morice schrieb mir einige Zeilen, er wundert sich über mein Schweigen!!! Er hat mir Geld geschickt, sagt er – Wie finden Sie das? – Ich antworte ihm nicht an seine Adresse; ich lasse ihm den Brief durch J. Dolent geben, der mit ihm sprechen soll – Wir werden ja sehen! Für den Augenblick werde ich mit den dreihundert Francs schon noch durchhalten, aber ohne eine Summe, die mir für eine genügend lange Zeit Ruhe sichert, gehe ich nicht auf die Marquesas-Inseln, wo ich vor meiner Heimkehr gern noch gearbeitet

hätte – Meine Gesundheit ist nicht in Ordnung; nicht etwa, daß ich krank wäre (das Klima ist wundervoll), aber all diese Geldsorgen machen mir Schmerzen, und ich bin ganz plötzlich erstaunlich alt geworden –
Außerdem esse ich nichts, um meinen Angelegenheiten die Stirn zu bieten und trotzdem allem standzuhalten. Ein bißchen Brot und Tee, was mich sehr hat abmagern lassen, ich bin schwach geworden, und mein Magen ist verdorben. Wollte ich Fisch oder Fei[17] im Gebirge holen, so könnte ich nicht arbeiten und würde den Sonnenstich bekommen – ach, was für elende Sorgen wegen dieses verfluchten Geldes –
Danken sie dem Freunde Maillol bestens und beste Grüße für alle Kameraden –
Ganz der Ihre Paul Gauguin

Ich habe einen Brief von Sérusier bekommen, der mich über die neuen Maler informiert. Es scheint, Bernard intrigiert viel –
Als Schuffenecker meine Studie einer Tahitierin gesehen hat, hat er ausgerufen: Das ist doch Symbolismus?
Der arme Junge wird wirklich nie etwas von Malerei verstehen – Ich muß schnell schließen. Wenn ich den Abgang der Post versäumte, würden Sie über den Empfang des Geldes in Unruhe sein – Unmöglich die Zeichnung für Mirbeau zu finden (ich muß etwas darin eingewickelt haben). Ich schicke Ihnen eine andere Zeichnung für Mirbeau – Sehen Sie die Adresse im Adreßbuch nach, oder erkundigen Sie sich bei Joyant. Man muß ihn an mich erinnern. Er kann mir bei meiner Rückkehr nützlich sein –

8. Dezember 1892

Mein lieber Daniel, in diesem Monat habe ich keinen Brief von Ihnen – überhaupt keinen – von niemandem. Ich bin im Augenblick in tausend Ängsten nach einer guten Nachricht – Denken Sie, im vergangenen Monat bekomme ich von hier die Mitteilung, daß ich abreisen könne, wann ich wolle, die Reisekosten aber müsse Paris tragen, da der Bestand der Kolonie nicht ausreiche. Ich bin froh, setze meine Abreise für Januar fest und arbeite inzwischen; ich brüte vier gute Bilder aus. In diesem Monat nun reise ich nach Papeete und spreche mit dem Gouverneur: er sagt mir – Sie können nicht abreisen, denn der Minister hat uns keine ausdrückliche Order dazu gegeben; er hat lediglich gebeten, zu prüfen, ob wir Ihnen freie Überfahrt gewähren können. Unsere Finanzen erlauben uns diese

Ausgabe nicht. Jetzt sitze ich wieder mit hundertfünfzig Francs in der Tasche da; der Rest – Und selbst wenn eine günstige Antwort kommt, so kann ich sie nicht vor Ende April haben. Ich bin ganz verzweifelt.
Inliegend einige Zeilen für Sérusier, lesen Sie sie, tun Sie sie in einen Umschlag; Adresse: 15, Place de la Madeleine –
Ich denke, daß Sie mit meinem Brief zusammen ein Paket Bilder erhalten werden. Es bot sich eine Gelegenheit. Ein Artillerie-Offizier hat sie mitgenommen, und er wird sie auf der Eisenbahn aufgeben. Die Fracht ist noch zu bezahlen – Entschuldigen Sie bitte, ich kann es nicht anders einrichten. Ich fürchte die Reise für diese Bilder, und vielleicht müssen sie etwas ausgebessert werden. Waschen Sie sie bitte sorgfältig und sehr vorsichtig, um Malerei und Präparation nicht mitwegzunehmen; dann wachsen Sie sie bitte. Zeigen Sie sie den Freunden und schreiben Sie meiner Frau, wann man sie ihr zur dänischen Ausstellung schicken müsse; tun Sie bitte *Vahine no te tiare*[18)] dazu. Fragen Sie sie, ob die Ausstellung die Sendung bezahlt, dann schicken Sie ihr bitte die Bilder in verschlossenem Wagen. Wenn nicht, zusammengerollt, und dazu die genauen Maße, damit sie die Rahmen machen lassen kann – Ich schreibe ihr übrigens mit gleicher Post.

Hier folgt die Liste der Titel:
Parau parau – Unterhaltung oder Das Geschwätz.
Aha oe feii – Wie! Du bist eifersüchtig?
Manao tupapau – Denk an das Gespenst – oder Der Geist der Toten wacht.
Parahi te maraè – Hier herrscht der Maraè (Tempel der Gebete und der Menschenopfer).
Wollen Sie bitte folgende Titel auf die Bilder setzen, die noch keine haben: Frau im Hemd – Te faaturuma.
Landschaft mit großem Baum – Te raau rahi.
Haus mit Pferd – Te fare maori.
Zwei Frauen und ein Hund – I raro te oviri.
Für diese Ausstellung habe ich eine Auswahl getroffen, die jedem Geschmack gerecht werden soll.
Figuren, Landschaft, Akt. Hoffentlich kommt es in gutem Zustand an – Einen Ratschlag: Nehmen Sie von innen Maß, um die Bilder besser spannen zu können. Um sie gut zu spannen, müssen Sie es so machen – Sie müssen das Bild an der Rückseite etwas anfeuchten und dann spannen. Tun Sie die Nägel bitte in dieselben Löcher, sonst wirft sich die Leinwand. Wenn sie meiner Frau die Bilder un-

aufgespannt schicken, so geben Sie ihr bitte diese Ratschläge weiter –

Madame Gauguin, 57 Vimmelskaftet – Kopenhagen K –
Herzlich ganz der Ihre P. Gauguin

Wenn ein außergewöhnlicher Zufall es mit sich bringt, daß man sich auf meine Bilder stürzt, *will ich nicht* unter sechshundert Francs verkaufen: machen Sie die Preise je nach der Größe des Bildes, sechshundert, siebenhundert, achthundert etc. . . . Das Bild Manao tupapau möchte ich für später behalten – *oder* zweitausend Francs. Sowie ich da bin, werde ich ja sehen – Meiner Frau schreibe ich übrigens dasselbe. Dieses Bild ist für mich (ausgezeichnet) – Hier die Genesis (für Sie allein) – Allgemeine Harmonie – Dunkel aus Düsterviolett und Düsterblau mit Chrom I – Die Wäsche ist Chrom II, weil diese Farbe die Nacht *suggeriert*, ohne sie deutlich auszusprechen, außerdem dient sie als Übergang vom Orangegelb zum Grün, das vervollständigt den musikalischen Akkord – Die Blumen sind wie Phosphoreszenzen in der Nacht (in ihren Gedanken). Die Wilden glauben, daß die Phosphorfunken, die sie des Nachts sehen, der Geist der Toten sind.
Und schließlich ist es ein schönes Stück Malerei, wenn es auch nicht nach der Natur gemalt ist –

Ende Dezember 1892

Mein lieber Daniel, mit dieser Post habe ich Ihnen wenig mitzuteilen. Vollkommenste Entkräftung. Fünfzig Francs in der Kasse und nichts in Aussicht. Beantwortet das Ministerium mein Rückreisegesuch günstig, so kann ich das frühestens Ende März erfahren.
Was tun bis dahin; ich verliere noch den Kopf, und das ist meiner Gesundheit nicht unbedingt zuträglich. Ohne gerade krank zu sein, fühle ich, daß alle Saiten, die einst stark waren, überspannt sind und reißen werden. Und jünger wird man auch nicht.
Wenn ich richtig darüber nachdenke, so muß ich nach meiner Rückkehr mit der Malerei aufhören, die mich nicht zu ernähren vermag. Ich habe Paris nach einem Siege verlassen, einem kleinen zwar, aber einem Siege. In achtzehn Monaten habe ich nicht einen Centime mit meiner Malerei verdienen können, das heißt, ich habe weniger verkauft als vorher. Die Folgerung daraus ist leicht zu ziehen. Und da ich keine große Erbschaft in Aussicht habe: wovon soll ich leben, wovon auch nur meine Farben kaufen? Gewiß, ich werde einige Bilder mit heimbringen! Und diese Bilder sind besser: das bedeutet schwerer verkäuflich als die andern.

Wäre van Gogh von Goupil nicht tot, ich wollte nichts sagen – Ich sitze in der Tinte: gut so; hätte nicht hineinspringen sollen.
Ich habe drei Bilder beendet, zwei zu dreißig und eins zu fünfzig. Ich glaube, es sind meine besten, und da wir in wenigen Tagen den 1. Januar haben, habe ich eines, das beste 1893 datiert.
Ausnahmsweise habe ich ihm einen französichen Titel gegeben: *Pastorales Tahitiennes;* auf Maori fand ich keinen entsprechenden Titel. Ich weiß nicht warum – ich habe reines Veronesegrün und reines Zinnoberrot verwandt; aber ich glaube immer, daß es ein altes holländisches Bild ist – oder ein alter Wandteppich – Wie kommt das? Übrigens erscheinen alle meine Bilder mir matt in den Farben: ich glaube, das liegt daran, daß ich keines meiner alten Bilder oder ein Bild aus der École des Beaux-Arts als Vergleich oder Maßstab vor Augen habe. Welch Gedächtnis, ich vergesse alles. Ich glaube, das kommt durch zuviel Tabak. Bin ich zurück, will ich mir Rechenschaft darüber ablegen.
In welchem Zustande mögen die Bilder ankommen, die ich Ihnen gesandt habe: ich zittere für sie.
In Ihrem Brief teilen Sie mir mit, daß Sie durch den Tod Ihrer Schwiegermutter Ihre eheliche Gemeinschaft wieder aufgenommen haben. Ich habe nicht recht verstanden, ob Sie sich haben scheiden lassen oder in gegenseitigem Einverständnis das eheliche Dach fliehen. Ist die Tür offen oder versperrt, oder halboffen – dieser letzte Zustand scheint mir nicht gut –
Nur klare Situationen – Sie wissen, daß ich Sie nicht zu Ihrer neuen Vaterschaft beglückwünsche; Sie können mir dasselbe sagen; aber mit mir, der ich niemals da und nicht festgenagelt bin, ist es nicht dasselbe; es ist weniger ernst. Mein neuer Sprößling ist anscheinend wohlauf: Juliette hat mir geschrieben, sie hat mir ihre neue Adresse mitgeteilt und von der Kleinen erzählt. Sollten Sie ausnahmsweise Geld für mich haben, so heben Sie es für den April auf. Um diese Zeit hoffe ich aufzubrechen: übrigens werden Sie es durch Sérusier erfahren, der die Schritte unternehmen sollte, von denen ich in meinem vorigen Brief geschrieben habe.
Ich drücke Ihnen die Hand.

G. d. I. Paul Gauguin

11. Februar 1893

Mein lieber Daniel, in diesem Monat erreicht mich Ihr Brief im größten Dreck; ich renne nach Geld und muß mindestens drei Monate warten, bevor ich abreisen kann, vorausgesetzt, daß der Minister meine Rückreise genehmigt. Wenn nicht, so weiß ich wirklich nicht, wie ich da herauskommen soll – Ich erhalte einen Brief von Joyant: »Sie können sich nicht vorstellen, wie sehr die Geister sich verändert haben und wie stark *Ihre ganze Ecke arriviert* ist.« Im übrigen schickt er mir meine Abrechnung; ich sehe da am 23. Mai 91 (vor fast zwei Jahren also) achthundertdreiundfünfzig Francs fünfundzwanzig an Morice. Das bedeutet, daß Morice mir eintausenddreihundertdreiundfünfzig Francs abgelockt hat, die mir das Leben gerettet hätten. Joyant hatte nach meiner Abreise für eintausendeinhundert Francs Bilder verkauft, Provision abgerechnet. Ich muß gestehen, ich bin sprachlos über diesen Diebstahl. Denn das ist einer.

Meine Frau hat außerdem für achthundertfünfzig Francs verkauft, aber sie braucht sie selbst und entschuldigt sich, mir kein Geld schicken zu können. Was soll ich sagen!

Es scheint, daß ich im Norden immer größeren Erfolg habe. Ein Künstler aus London hat ihr gesagt, es müßte unbedingt eine Ausstellung in England gemacht werden. Ich muß erst zurück sein, um all das zu prüfen. Mein Gott, ich bin toll vor Wut! Nur der Zorn hält mich noch aufrecht. Schreiben Sie nicht mehr, sobald Sie diesen Brief erhalten haben. Sollten Sie mir Geld zu schicken haben, so heben Sie es bitte sorgfältig auf.

Sie teilen mir mit, daß Schuffenecker an meine Frau geschrieben hat. – Wozu: da er meine Lage kennt, hätte er besser daran getan, mir mein Reisegeld zu schicken. Ich würde gern zwanzig Prozent zahlen und noch gut dabei fahren. Aber es gibt Leute, die niemals zur rechten Zeit nützlich sein und kein gutes Geschäft machen können. In der Hoffnung auf einen kleinen Gewinn kaufen sie sich lieber Panama-Aktien. Jetzt müssen sie meine Bilder schon erhalten haben, und meine Frau kann in Dänemark arbeiten.

Der arme Aurier ist gestorben. Wir haben wirklich Pech. Van Gogh und nun Aurier, der einzige Kritiker, der uns verstand und uns eines Tages sehr nützlich gewesen wäre.

Viele Grüße für alle.

Herzlich g. d. I. Paul Gauguin

14. März 1893

Mein lieber Daniel, Ihre dreihundert Francs kommen mir ausgezeichnet zustatten, ich war ohne jedes Geld und konnte mir keines verschaffen – Am 1. Mai schiffe ich mich auf alle Fälle in Richtung auf den Heimatboden ein. Ich habe endlich jemanden gefunden, der mir gegen Zinsen und einige Bilder als Bürgschaft das Geld für meine Reise vorschießt, falls die französische Regierung ihre Einwilligung versagt – Das muß so sein, denn über Amerika kostet mich die Reise doppelt soviel wie über Numea, und das Kriegsschiff, das im Mai nach Numea abgeht, fährt nicht oft dorthin.

Sonst gibt es nichts Neues – Bei meiner Ankunft in Marseille werde ich Ihnen vermutlich telegraphieren, Sie möchten mir das nötige Geld für die Eisenbahnreise schicken – Also tun Sie Ihr *Unmöglichstes,* um das Geld für mich zu beschaffen. Sie haben fast zwei Monate vor sich. Sobald ich in Paris bin, *verpflichte* ich mich, es zurückzuzahlen.

G. d. I. Paul Gauguin

April (?) 1893

Mein lieber Daniel, ich erhalte die siebenhundert Francs – Butter aufs Brot. Hätte ich sie vor einem oder zwei Monaten bekommen, so wäre ich nach den Marquesas-Inseln gefahren, um mein interessantestes Werk zu vollenden. Aber ich bin müde, und das Schiff nach den Marquesas geht erst in anderthalb Monaten ab. Übrigens erwarte ich mit der nächsten Post die Bestätigung meiner Reiseerlaubnis etc. . . . lauter Dinge, die mich hinhalten und mich keinen Entschluß fassen lassen. Ich begrabe also meine Marquesas und werde eines Tages in Paris auftauchen. Ich habe vor einigen Monaten an Sérusier geschrieben und ihm eine Antwort an Morice eingelegt; ich habe keine Nachricht.

Ob Sérusier meinen Brief erhalten hat?

Mein Gott, wie schwer lassen sich die Geschäfte brieflich erledigen! In zwei Jahren habe ich die Angelegenheit Morice noch nicht aufklären können. Aber ich verspreche Ihnen, vierzehn Tage nach meiner Ankunft ist das letzte Wort gesprochen. Ein komischer Kauz, dieser Schuffenecker, er konnte die Gelegenheit, mir Geld zu senden, wohl nicht dazu benutzen, mir auch zu schreiben! Welche Zeit menschlicher Dummheit und Eitelkeit! Dieses kleine Geschöpf ist wütend, daß ich eher als er in der Malerei vorankomme, und wirft mir seine Verspätung vor. Dabei kann er sich doch über das Schicksal nicht beklagen. Zum einfachen Handwerker oder Pförtner oder Krämer geboren, hat er ohne jede Anstrengung (alles kam von woanders) ein Herr und Besitzer eines fünfstöckigen Hauses werden können.

In der Malerei hatte er ein Temperament unter Null – Nachdem er die Baudry und Konsorten bewundert hatte, ist er aus Oppositions- oder Geschäftsgeist umgekippt (da der Salon ihm seine Pforten nicht öffnen wollte). Dann hat er, wie Sie wissen,den heiligen Krieg gepredigt und wollte mir folgen und mich überflügeln; aber ich bin in meinen Siebenmeilenstiefeln nicht so rasch einzuholen, und keuchend hat er mitten auf dem Wege haltgemacht. Wenn er wenigstens folgsam wäre, aber er will seinen Kopf durchsetzen und trotz allem Erfinder sein. Daher alle Mißstimmungen, von denen Sie wissen. Er wirft mir vor, eigensinnig zu sein, und er fürchtet für seine Freiheit etc. Welch Widerspruch: er will allein gehen und wirft mir vor, ihn nicht mitgezerrt zu haben. Das alles ist traurig und vor allem kleinlich.

Sie selbst sind jetzt trostlos, Sie sind in der Zeit der Mißerfolge. Manchmal ist das ausgezeichnet. Aus der Entfernung kann ich

nichts beurteilen und nichts Endgültiges sagen. Ich werde alles bei meiner Rückkehr sehen. Verlieren Sie nicht gar zu sehr den Mut, und arbeiten Sie.
Vielen Dank für die Farben. Etwas habe ich noch und brauche nichts mehr. Seit zwei Monaten arbeite ich nicht mehr: ich beobachte nur und denke nach und mache Skizzen. Während zweier Jahre, darin einige Monate verloren waren, habe ich sechsundsechzig mehr oder weniger gute Bilder ausgebrütet und einige ultrawilde Schnitzereien. Das ist genug für einen einzigen Menschen.
Ich glaube, ich habe jetzt in Dänemark mehr Erfolg als in Frankreich: leider ist es nur ein kleines Land mit sehr beschränkten Mitteln. Die Glücksmine wird rasch erschöpft sein. Übrigens läuft heute eine ganze junge Gesellschaft *hinter mir her,* blüht und gedeiht, sagt man: da sie jünger ist, mehr Trümpfe in der Hand und größere Geschicklichkeit hat, werde ich vielleicht an die Wand gedrückt werden. Aber ich denke, die neue Etappe auf Tahiti soll alles wieder einholen; sie wird von meinen bretonischen Studien ablenken, und da werden sie noch einige Zeit brauchen, um mir auf diesem Wege nachzukommen.
Wir werden ja sehen! Es sei denn, daß ich die Malerei aufgebe, was sehr wohl möglich ist, wie ich es Ihnen in meinem letzten Briefe mitteilte. Grüße für die Freunde. –
G. d. I. Paul Gauguin

Sie wissen doch, daß ich diese Krankheit hatte: Leben ohne Schlaf, und vielen meiner Kinder ging es ebenso; nachts waren sie nicht zum Einschlafen zu bringen. Meine Frau schreibt mir die Größe Emils, meines ältesten Sohnes – ein Meter sechsundneunzig – mit achtzehneinhalb Jahren: eine gute Aussicht. Dann wird man sagen können: der Große Gauguin.

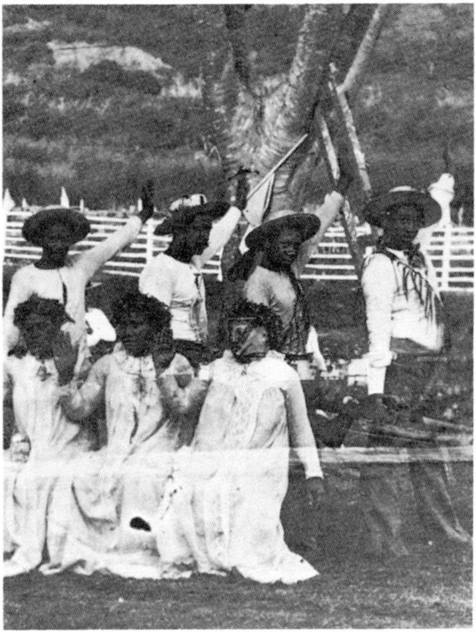

Frauen auf Tahiti bei einem „aparima", ein gestisches Singspiel, daß Gauguin anregte, sein Bild „Ta Matete", 1892, zu malen; nicht ohne sich der alten ägyptischen Fresken zu erinnern.

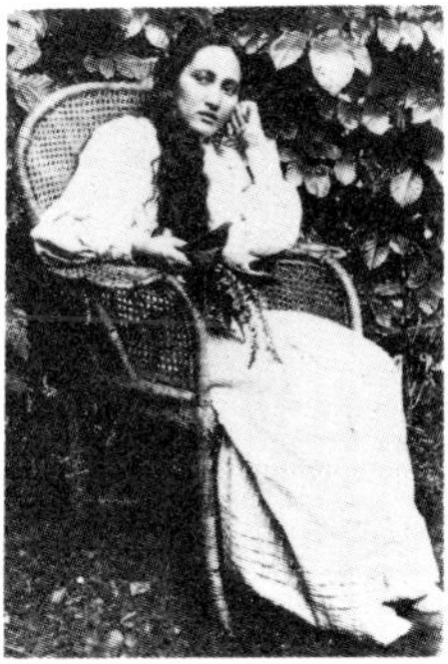

Junges Mädchen aus Tahiti, Foto

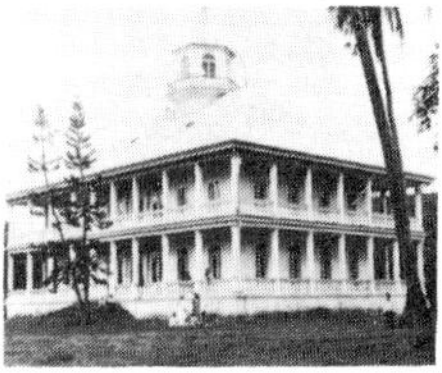

Der Palast des Königs Pomaré V auf Tahiti

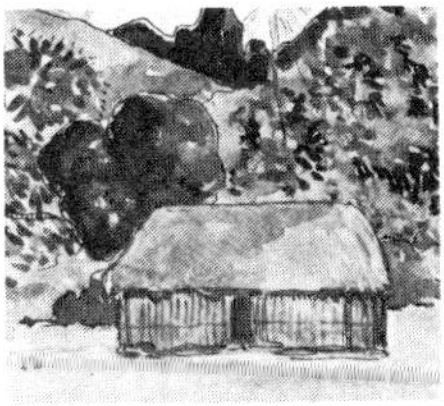

Gauguin, Seite aus „Noa Noa"

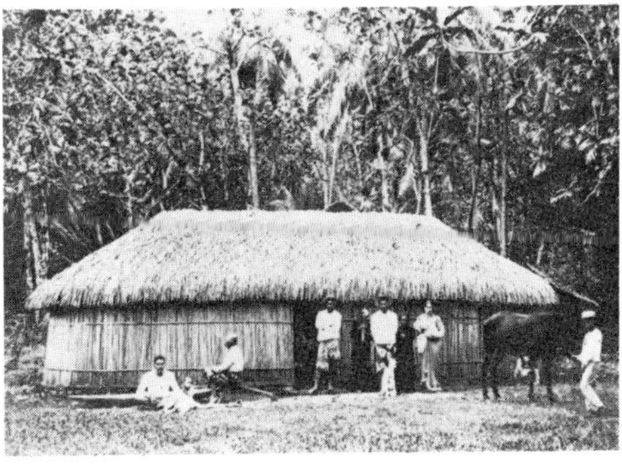

Haus auf Tahiti, ca. 1895

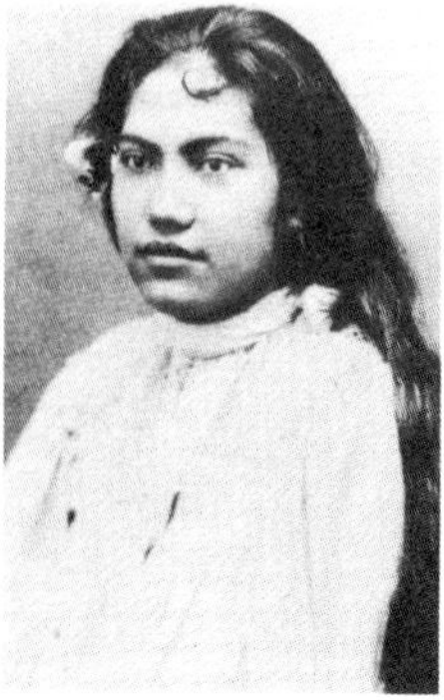

Foto von Tehamana,
Gauguins erste Frau auf
Tahiti, 1894

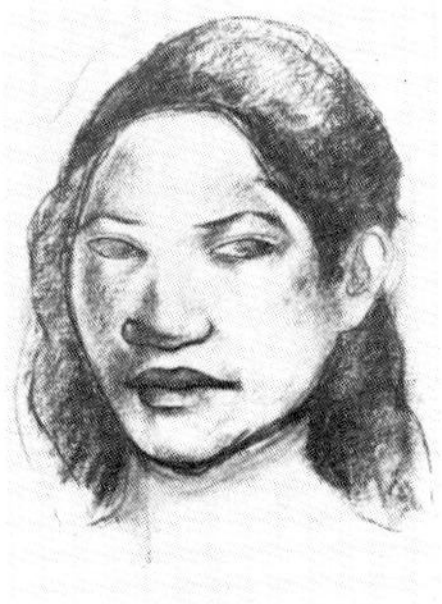

Gauguin, Kopf eines
tahitischen Mädchens

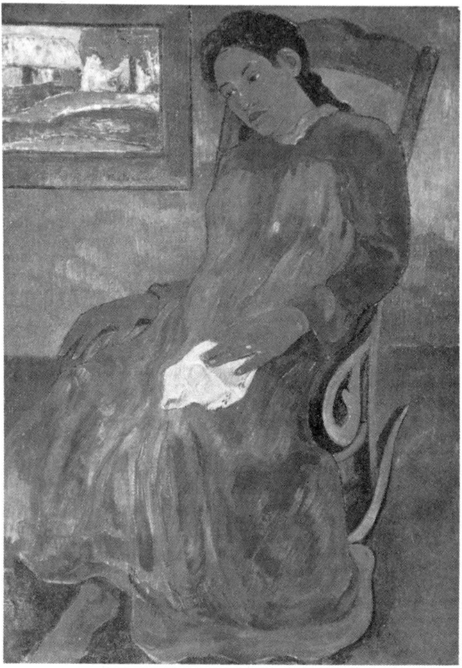

Paul Gauguin, Faaturuma, 1891
Gauguin hatte hier ein Bild von Corot „Rèverie“ als Anregung für seine Art der Umsetzung genommen

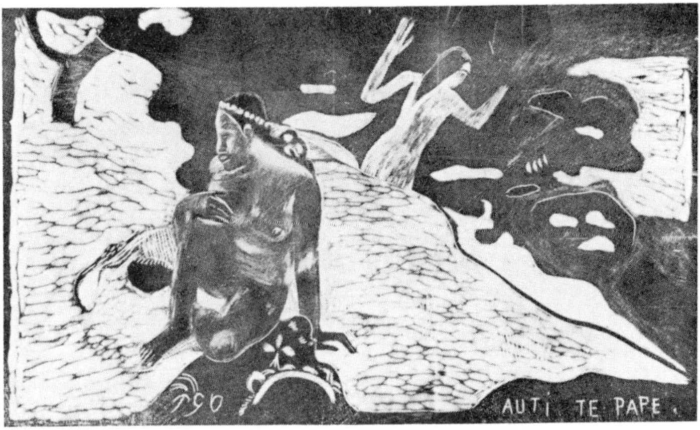

Gauguin, Frauen am Fluß – Auti Te Pape, Holzschnitt

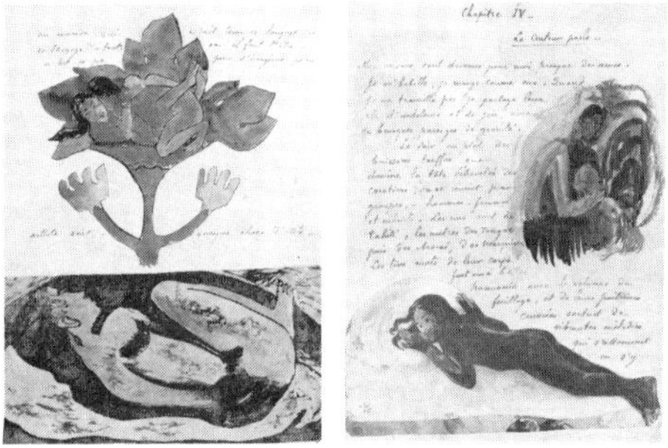

Zwei Seiten aus Gauguin's Buch: „Noa Noa", in dem er seine ersten Eindrücke in der Südsee beschreibt

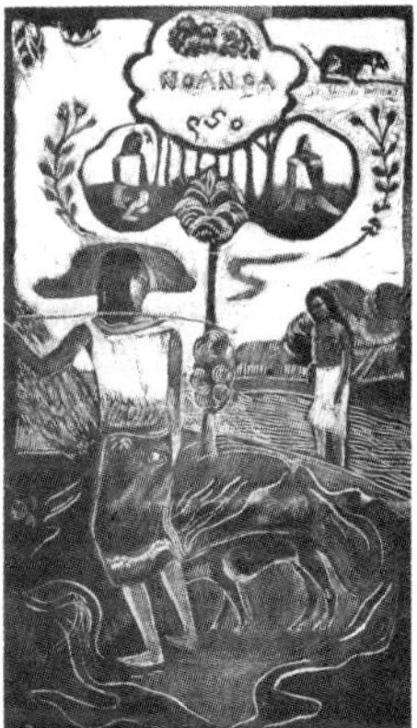

Entwurf für den Umschlag der ersten Buchausgabe von: Noa Noa, 1894

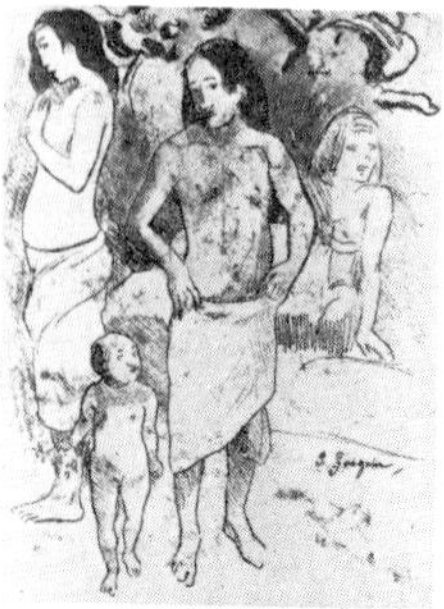

Gauguin, Familie auf Tahiti, Zeichnung, ca. 1902. Dieses Motiv wurde als „Badende“ 1902 nochmal in Öl auf Leinwand umgesetzt

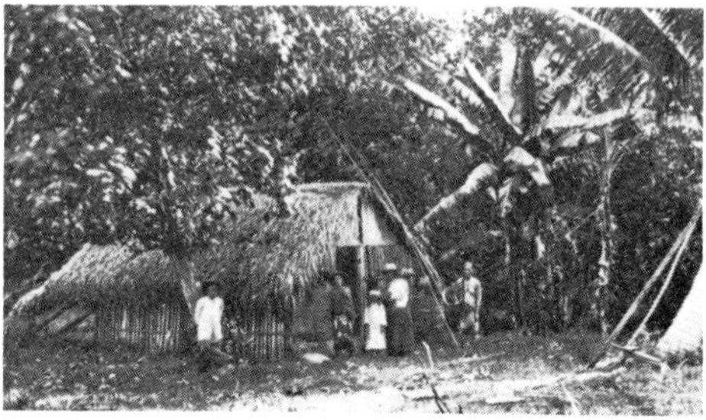

Ein polynesisches Haus auf Tahiti, ca. 1900

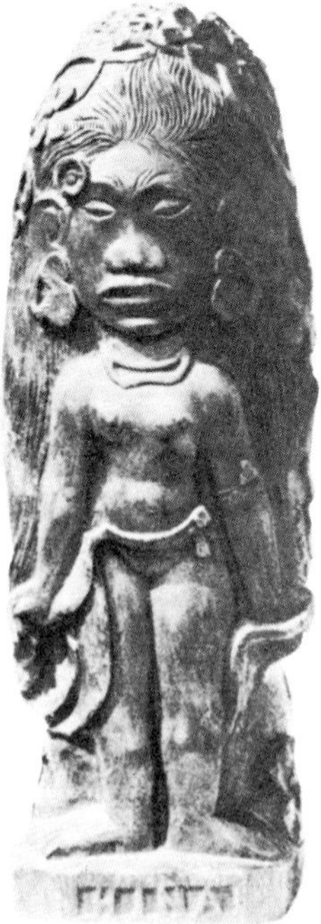

Gauguin, Hina, Götterstatue

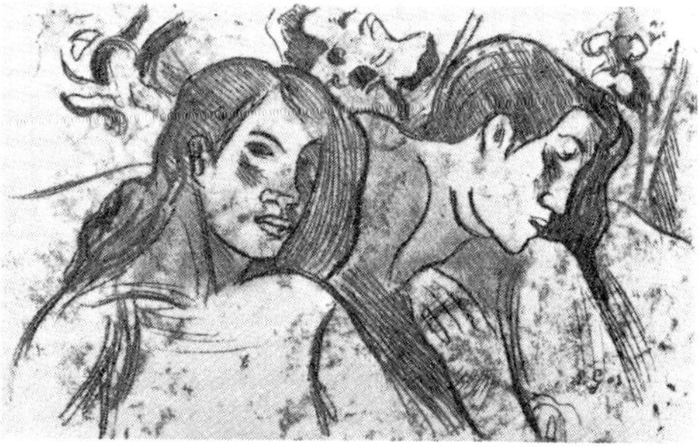

Gauguin, Zwei Frauenköpfe, ca. 1902

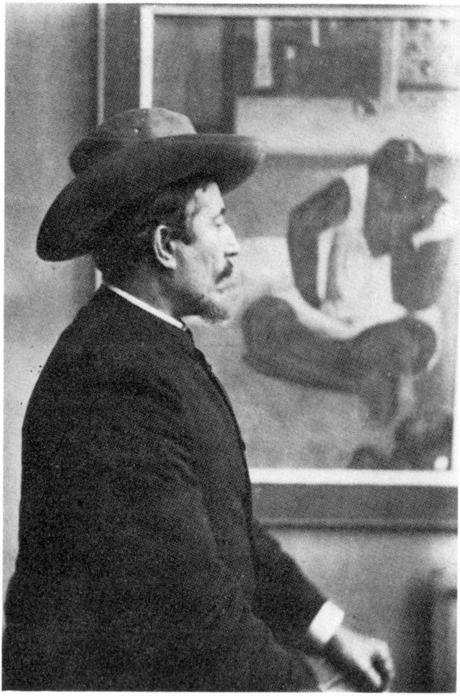

Paul Gauguin vor seinem Gemälde „Te Faaturuma“, 1893/94

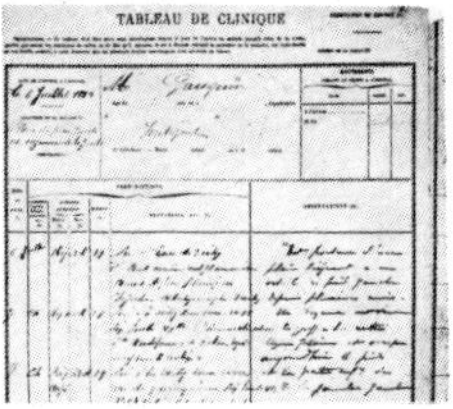

TABLEAU DE CLINIQUE

Der Krankenhausbericht über Paul Gauguins Aufenthalt dort am 4./6. Juli 1896 in Papeete, Tahiti

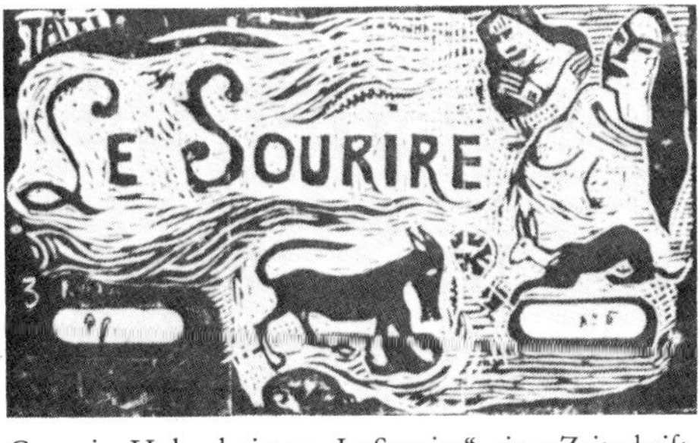

Gauguin, Holzschnitt zu „Le Sourire“, einer Zeitschrift, die Gauguin kurzfristig herausbrachte und sich damit wiederum Ärger mit den Kolonialbeamten und Geistlichen einhandelte, da er Partei für die Eingeborenen nahm

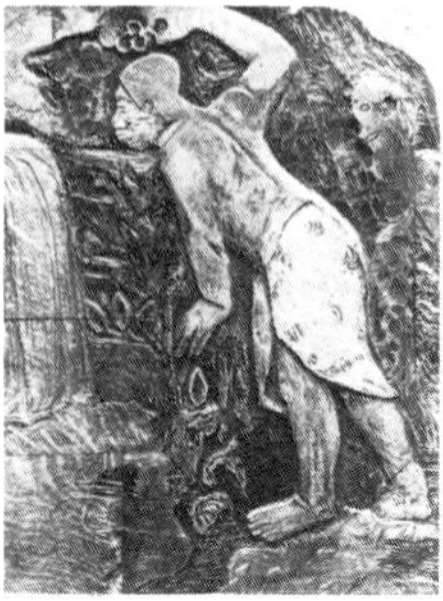

Gauguin, Die Quelle,
Holzschnitt

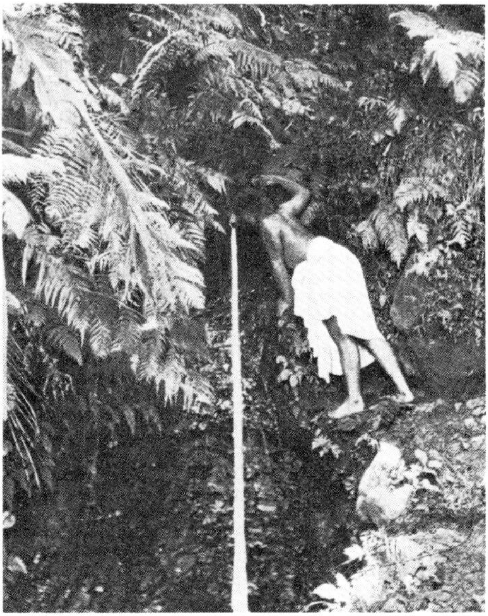

Tahitischer Mann an einer Bergquelle, Foto

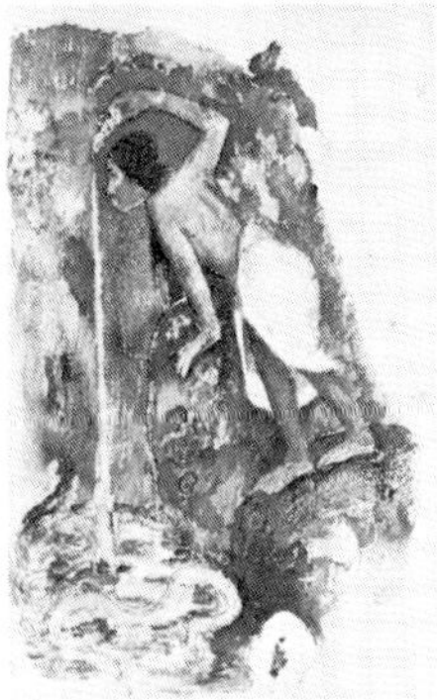

Gauguin, Geheimnisvolles
Wasser (Pape Moe), 1893

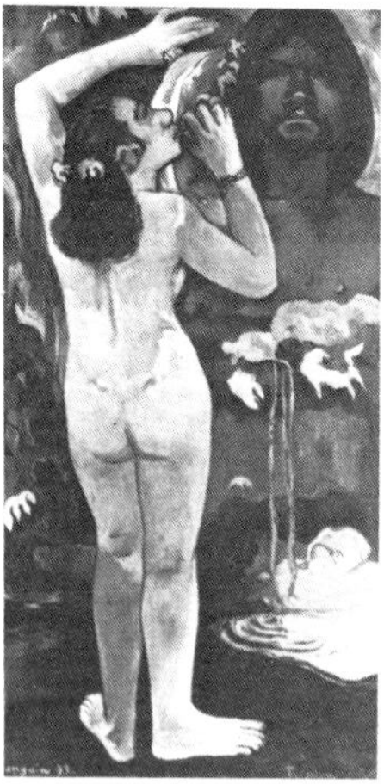

Paul Gauguin,
Hina Te Fatou, 1893
Die Erde und der Mond

AUFENTHALT IN FRANKREICH

Gauguin erreicht am 3. August 1893 Marseille, wenige Tage später ist er in Paris. Der Tod seines Onkels Isidore bringt ihn in den Besitz eines kleinen Kapitals. Die Galerie Durand-Ruel veranstaltet im November 1893 eine Ausstellung, auf der, neben einigen Arbeiten aus der Bretagne, achtunddreißig Tahiti-Bilder gezeigt werden. Gauguin mietet in der Rue Vercingétorix ein Atelier, das er gemeinsam mit der Javanerin Annah Martin bezieht. An seine Frau Mette schreibt er im Dezember: »Ein Buch (Noa Noa) über meine Reise macht mir viel zu schaffen.« Im Januar 1894 reist er auf sechs Tage nach Belgien. Von April bis Dezember lebt Gauguin mit Annah Martin in der Bretagne, in Pont-Aven und Le Pouldu. Während einer Schlägerei mit Matrosen, ausgelöst über sein und Annahs fremdartiges Auftreten, wird ihm ein Bein gebrochen. Er faßt den festen Entschluß, »für immer in Ozeanien zu leben.« Bei seiner Rückkehr nach Paris findet Gauguin sein Atelier von Annah Martin ausgeräumt. Er bereitet erneut eine Versteigerung seiner Bilder vor, die, ohne den erhofften Erfolg, am 18. Februar im Hôtel Drouot stattfindet. In den folgenden Monaten trifft Gauguin alle Vorbereitungen für seine Abreise nach Tahiti; am 3. Juli 1895 schließlich schifft er sich in Marseille ein, um Europa für immer zu verlassen.

Marseille *3. August 1893*

Mein lieber Daniel, ich bin heute, Mittwoch mittag, hier angekommen – mit vier Francs in der Tasche! Sie werden das merkwürdig finden, da ich vor meiner Abreise tausend Francs erhielt. Nach Bezahlung einiger Schulden blieben mir sechshundertfünfzig Francs: Pech, ich mußte in Numea bleiben! Und fünfundzwanzig Tage sehr teuer im Hotel leben, dazu die Gepäckaufgabe.
Auf dem Schiff ging es mir so schlecht, daß ich Zuschlag lösen mußte, um zweiter Klasse zu fahren. Teufel, welch dreckige Reise! Dreihundert Soldaten waren an Bord, und in der dritten Klasse hatte jeder fünfzig Quadratzentimeter zu seiner Verfügung. Dazu sehr schlechtes Wetter bis Mahé – Nach großer Kälte in Sidney unerhörte Hitze im Roten Meer – Drei Mann, die vor Hitze gestorben waren, mußten wir über Bord werfen – Aber schließlich ist alles gut, was noch halbwegs gut ausgeht – Da bin ich – Gleich nach meiner Ankunft habe ich zwei Depeschen an Goupil (Joyant) und an Sie geschickt, in denen ich zweihundertfünfzig Francs erbitte, damit ich hier in Marseille klarkomme. – Dann habe ich sofort auf alle Fäl-

le nach der lagernden Post gesehen – Ein guter Gedanke, denn Ihr Brief war da, und ich habe dann nochmals an Bénilan[19] und an Sie telegraphiert – Wollen Sie bitte an Ihren Portier telegraphieren, damit ich bei meiner Ankunft in Paris, Freitag, einen Platz habe, wo ich absteigen kann.
Dort werde ich dann Nachricht geben, und dann will ich mal zusehen, was es zu tun gibt –
Sie schreiben mir in Ihrem Brief kein Wort von der Ausstellung in Kopenhagen. Also keine Nachrichten, oder schlechte Nachrichten –
Alles Gute für Annette. Ich drücke Ihnen die Flossen.
G.d.I. Paul Gauguin

Paris *4. September 1893*

Mein lieber Daniel, bei meiner Heimkehr finde ich Ihren Brief und den meiner Frau –
Denn ich komme eben aus Orléans, wo ich meinen Onkel begraben mußte. Das heißt, ich habe Ärger und Laufereien ohne Ende bei meiner Ankunft in Paris – Der Brief meiner Frau ist nicht sehr beruhigend; meine Werke aus Tahiti haben bei den Künstlern einen moralischen Erfolg gehabt, Resultat beim gewöhnlichen Publikum: *nicht einen Heller.* Zum Glück hatte mein Onkel den glücklichen Einfall zu sterben, und seine ganz kleine Erbschaft wird mir erlauben, mich wieder flottzumachen und die Vorbereitungen zu meiner Ausstellung beträchtlich zu fördern. Ich weiß noch nicht genau, was mein Onkel mir hinterlassen hat, aber ich rechne ungefähr mit zehntausend Francs: in diesem Augenblick ist es die Rettung.
Ich wollte Sie noch etwas anderes fragen. Als ich Sie bat, meine Rückkehr vorzubereiten und Geld aufzutreiben, haben Sie sich da an Schuffenecker gewandt? Ich muß das wissen wegen meiner zukünftigen Beziehungen zu ihm, wenn er zurückkommt.
Sie verstehen . . .
Da ich jetzt nicht nach Dänemark reisen kann, habe ich ihr[20] geschrieben, sie möchte für vierzehn Tage nach Paris kommen, wenn die Familie die Reise bezahlt: in ein bis zwei Monaten werden meine Schulden beglichen sein, die übrigens recht gering sind und weniger ausmachen als das, was man mir schuldet.
Morice hat mir geschrieben, er würde mich aufsuchen, sobald ich es mit ihm verabreden würde, er möchte so rasch wie möglich einen Zustand beenden, der ihm sehr schmerzlich wäre. Sowie ich in Orléans alles erledigt habe, denn ich muß morgen noch einmal hin,

werde ich sehen, wie sich das alles verhält, und ich werde meine eintausendvierhundert Francs zurückbekommen, oder ich verliere meinen Namen dabei –
Juliettes Adresse?
G. d. I. Paul Gauguin

Paris *12. September 1893*

Mein lieber Daniel, seitdem ich hier bin, laufe und laufe ich, ohne etwas zu erreichen: niemand ist in Paris. Doch, Durand-Ruel[21)] habe ich gesprochen, er hat mich freundlich empfangen; er hat den Handel mit Impressionisten, den er einstmals aufgegeben hatte, wieder aufgenommen. Pissarro, Guillaumin scheinen sehr gut zu gehen – Er hat mir versprochen, sich meine Arbeiten anzusehen, sowie sie soweit sind, und eine Ausstellung zu veranstalten. Ich werde mich also tüchtig ins Zeug legen, und da man nicht richtig arbeiten kann, wenn man keine vernünftige Unterkunft hat, so habe ich ein Opfer gebracht und in der Rue de la Grande Chaumière 8 gemietet (ich habe die Miete sogar im voraus bezahlt; das Geld dazu hat mir die Milchfrau gegenüber geliehen) –
Ich habe meine Sachen aus Ihrem Atelier geholt, ich brauche weiße Hemden und hatte keines mehr im Koffer.
Auf dem Hängeboden habe ich nur Bilder gefunden – Können Sie mir für mein Atelier Ihre Staffelei und einen Stuhl borgen? Wenn ja, dann schreiben Sie doch Ihrem Hauswirt Bescheid, damit ich mir von dort einiges holen kann.
Ich habe Ihren Brief nicht richtig verstanden – Sie sprechen davon, unten zu bleiben und nur vorübergehend nach Paris zu kommen.
Bei Boussod[22)] habe ich mir den Schnabel verbrannt – Joyant hat das Haus verlassen und ist böse mit den Herren; von mir ist nichts mehr im Hause. Hoffen wir, daß ich nach einer Ausstellung eine kleine Aussicht bei Durand-Ruel habe.
Schreiben Sie mir ausführlich. P. Gauguin

Januar (?) 1894)

Mein lieber Daniel, endlich ein Brief von Ihnen. Was ist denn mit Daniel, sagte noch vor kurzem Meilheurat. Algier hat also doch keine herrliche Temperatur?
Hier ist es zur Zeit auch kalt.
Ich war sechs Tage in Belgien; famose Reise: in Brügge habe ich Memlings gesehen – Welche Wunder, mein Lieber, und wenn man nachher Rubens sieht (die Pforte zum Naturalismus), so wirft das

um. – Ich schreibe Ihnen in aller Eile, um Ihnen sofort zu antworten und mitzuteilen, daß es mir ganz gut geht und daß der Notar endlich meinen keuschen Händen das Geld anvertraut hat, und deswegen schreibe ich Ihnen besonders; das heißt, Sie sollen sich *um Moneten keine Sorgen machen.*
Also, meine Predigt ist zu Ende – Freundschaftlichen Händedruck für Barbin. Herzliches Gedenken für das rothaarige Kind.
Und herzlich ganz Ihr Paul Gauguin

PS. Leclercq sendet Ihnen seine besten Grüße.

Pont-Aven *20. September 1894*
Mein lieber Daniel, denken Sie sich, ich habe keine Minute für mich übrig – Morgen muß ich wegen eines Duells von Morice herumlaufen, und bei solcher Art Verrichtungen ist man nicht Herr seiner Zeit.
Würden Sie so freundlich sein und zu einem Chemiker gehen und ein Kilo Kasein kaufen, aber vor Sonntag oder Montag, denn da ist Feiertag – also geschlossen.
Vielen Dank im voraus – P. Go.

Oktober/November 1894
Mein lieber Daniel, ja, ich schreibe nicht gerade häufig, und alle beklagen sich darüber – Das liegt daran, sehen Sie, daß ich den Mut verloren habe, weil ich furchtbare Schmerzen habe, hauptsächlich des Nachts, wo ich überhaupt nicht schlafe. In diesem Zustand habe ich natürlich noch nichts gemacht, vier Monate sind hin mit großen Ausgaben – Übrigens habe ich den festen Entschluß gefaßt, für immer in Ozeanien zu leben.
Im Dezember werde ich nach Paris zurückkommen, um mich ausschließlich damit zu beschäftigen, meinen ganzen Laden, ganz gleich zu welchem Preise, zu verkaufen. Alles! Gelingt es mir, so reise ich sofort im Februar – Dann werde ich meine Tage frei und ruhig ohne die Sorge um den nächsten Tag und fern vom ewigen Kampfe gegen die Dummköpfe beenden können – Dieses Mal reise ich nicht allein, ein Engländer und ein Franzose begleiten mich auf zwei oder drei Jahre; ich bleibe aber unten – Leb wohl, Malerei, es sei denn als Zerstreuung: mein Haus soll holzgeschnitzt sein.
Ich ersehe aus Ihrem Brief,daß Sie mit Ihrem Aufenthalt im Süden zufrieden sind und daß es Ihnen beiden, Annette und Ihnen, ausgezeichnet geht. Das nenne ich gut arbeiten.

Von Schuff habe ich einen sehr langen und schmerzlichen Brief bekommen. Ich fürchte sehr, daß er in einem Jahr ganz der Hypochondrie verfallen sein wird. Das ist alles nicht sehr lustig und trägt nicht eben dazu bei, daß ich in diesem schmutzigen Europa zu bleiben wünsche.
In der Hoffnung auf bessere Tage drücke ich Ihnen herzlich die Hand.
Ganz der Ihre Paul Gauguin

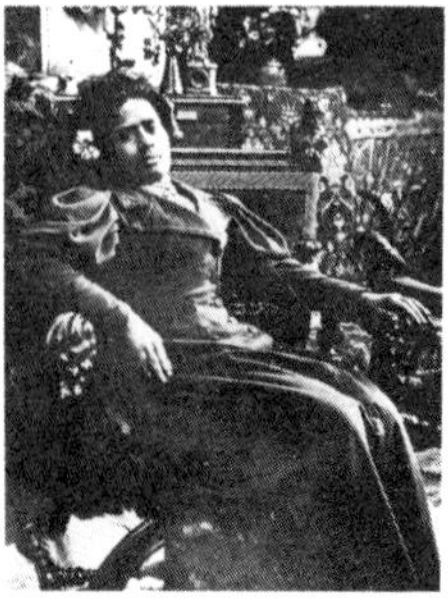

Gauguins zeitweilige Freundin: Annah, die Javanerin, 1898

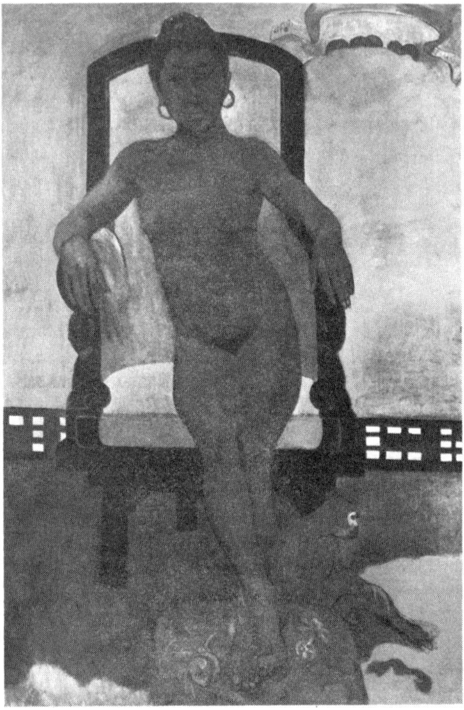

Gauguin, Annah, die Javanerin, 1893

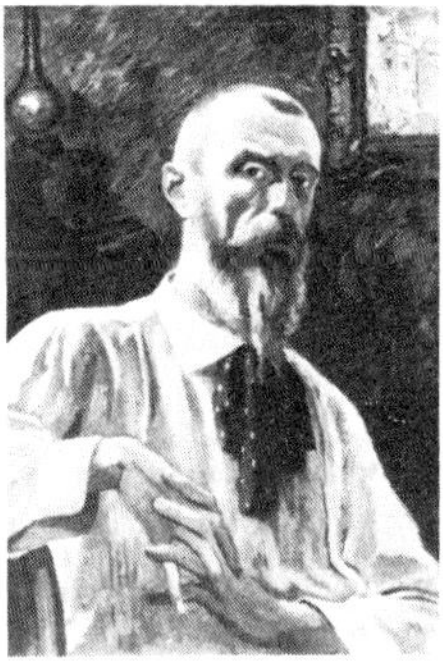

Georges Daniel de Monfreid, Selbstportrait

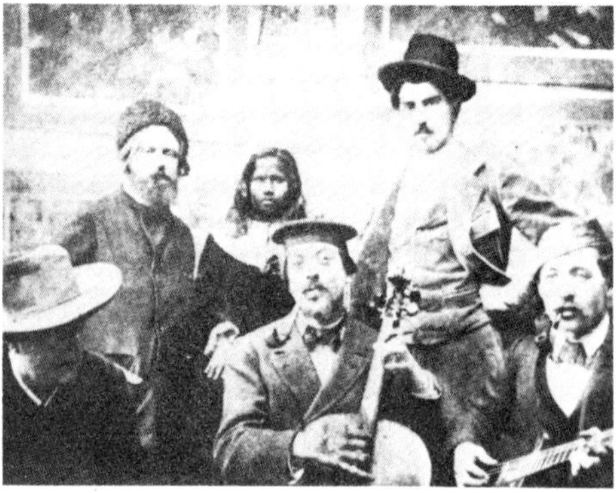

Im Atelier von Gauguin in der Rue Vercingétorix, Paris, im Kreise von Freunden. Darunter Annah, die Javanerin und der Cellist Schneklud

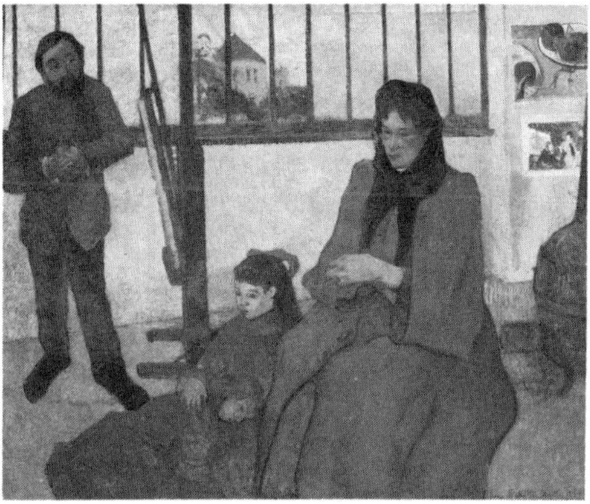

Gauguin, „Die Familie Schuffenecker“, 1889

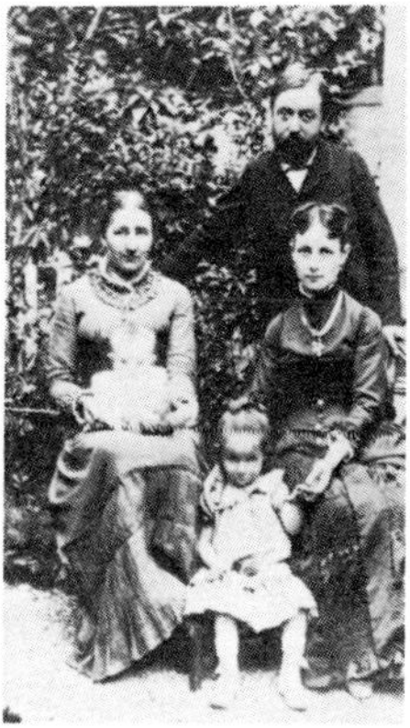

Die Familie Schuffenecker, Foto ca. 1889

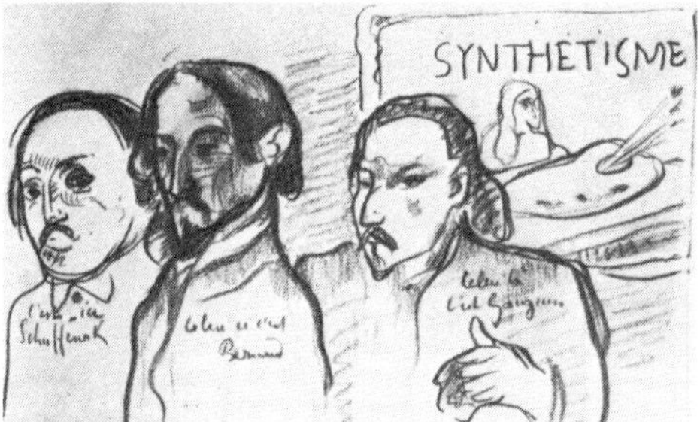

Skizze von Gauguin oder Bernard, Ein Nachtmahr – mit den Portraits von Schuffenecker, Bernard und Gauguin, ca. 1888

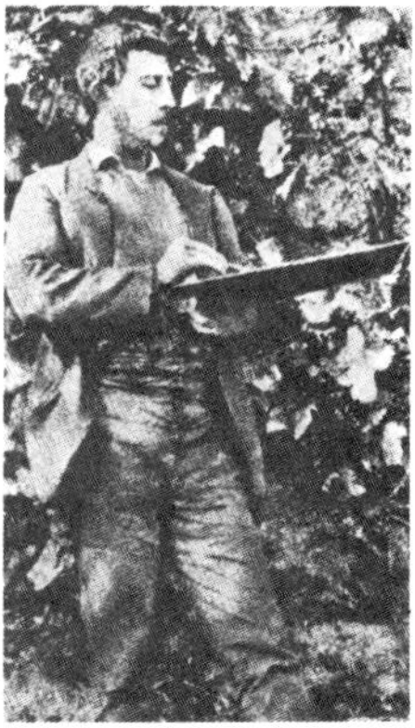

Gauguin malt im Garten seines Kollegen Schuffenecker, ca. 1889

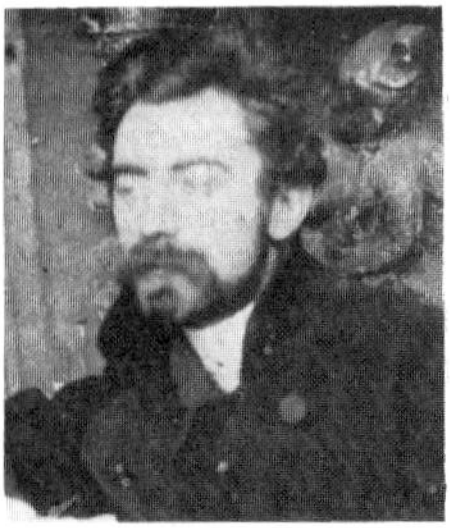

Emile Bernard, 1888

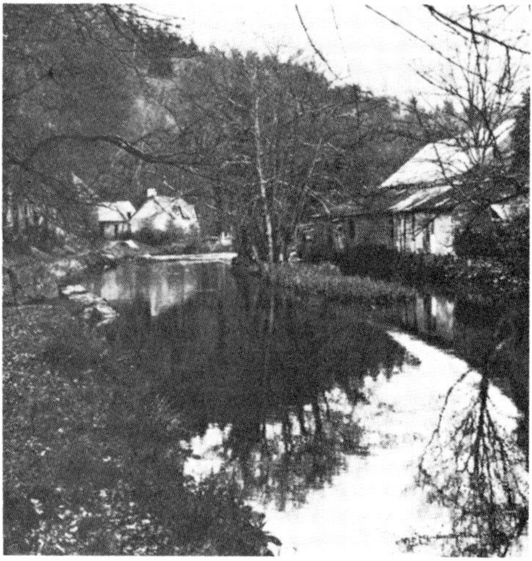

Der „Bois d'Amour" in Pont Aven

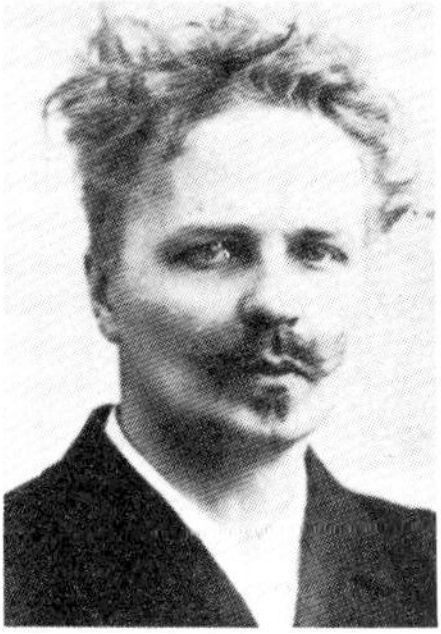

Der schwedische
Literat
August Strindberg

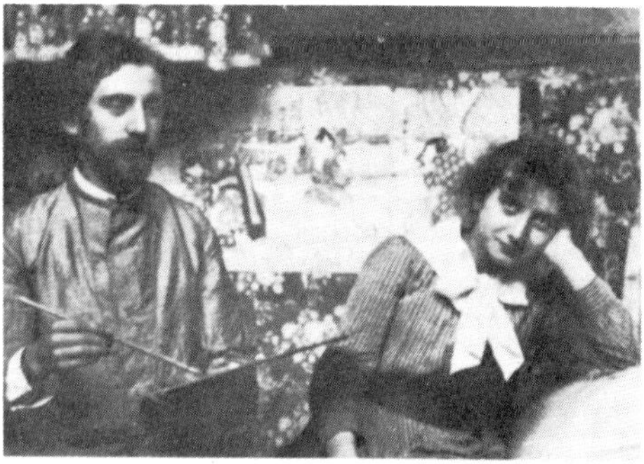

Emile Bernard und seine Schwester Madeleine

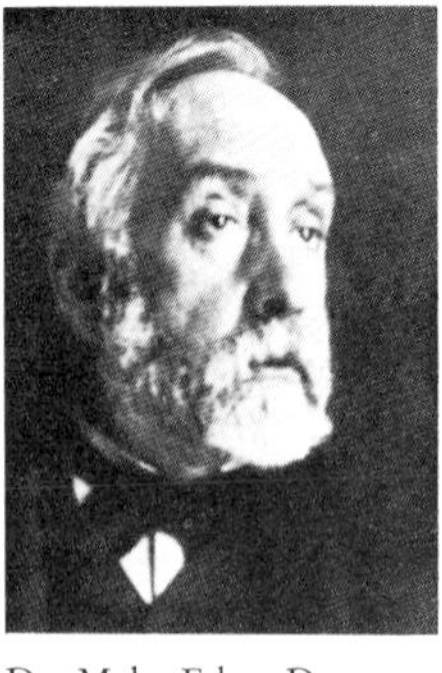

Der Maler Edgar Degas

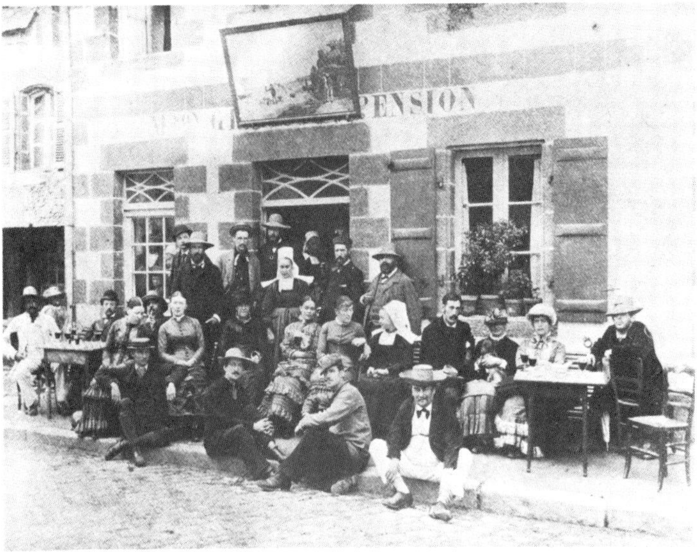

Die Pension Gloanec in Pont Aven. Treffpunkt und Herberge der Künstlergemeinschaft. Gauguin sitzt in der ersten Reihe, Dritter von Rechts, ca. 1890

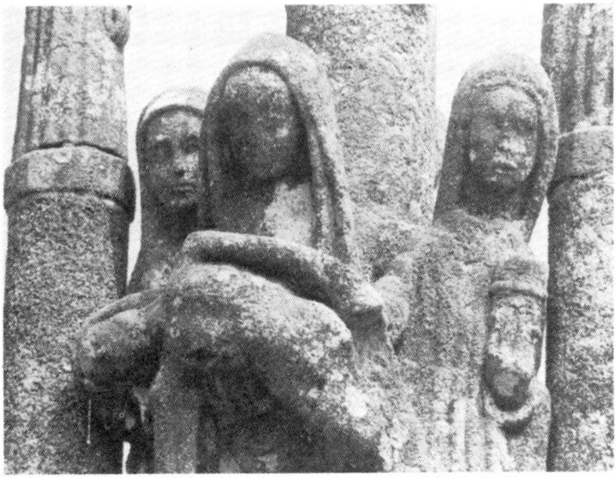

Ausschnitt aus einer Szene eines Kalverienberges bei Nizon

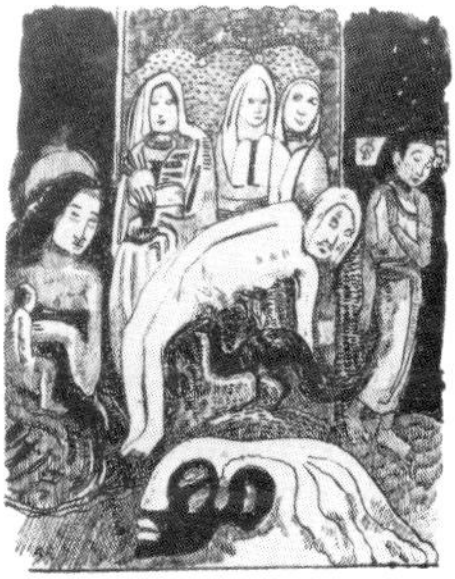

Gauguin: „Kalverienberg – Grüner Christus“, 1889

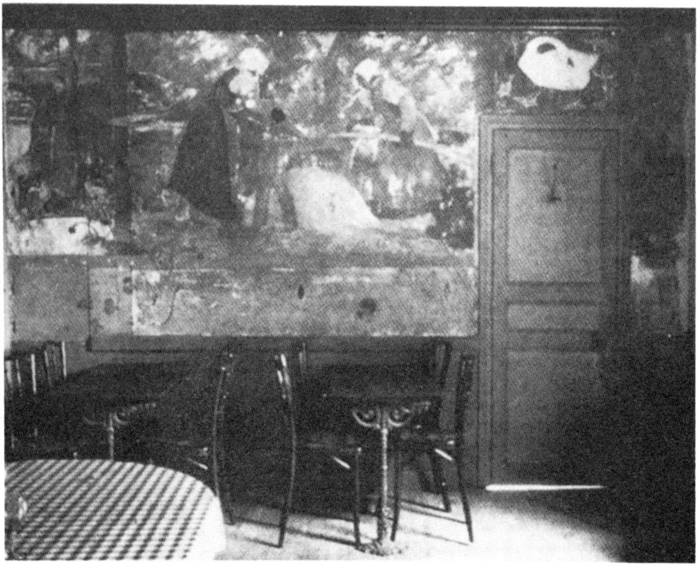

Der Speiseraum im Gasthaus Marie Henry, Le Pouldu. An der Wand links und rechts ein Bild von Gauguin. In der Mitte: „Bretonische Frauen beim Ziehen von Hanf“ von Gauguins Freund Meyer de Haan

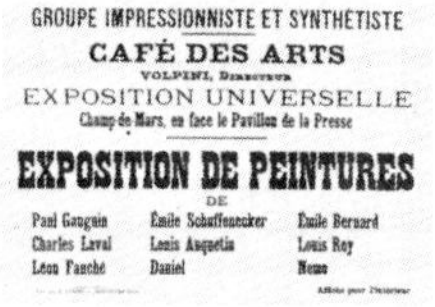

GROUPE IMPRESSIONNISTE ET SYNTHÉTISTE

CAFÉ DES ARTS

VOLPINI, DIRECTEUR

EXPOSITION UNIVERSELLE

Champ-de-Mars, en face le Pavillon de la Presse

EXPOSITION DE PEINTURES

DE

Paul Gauguin	Émile Schuffenecker	Émile Bernard
Charles Laval	Louis Anquetin	Louis Roy
Léon Fauché	Daniel	Nemo

Plakat für eine von Gauguin organisierte Ausstellung im Café Volpini während der Weltausstellung in Paris 1889

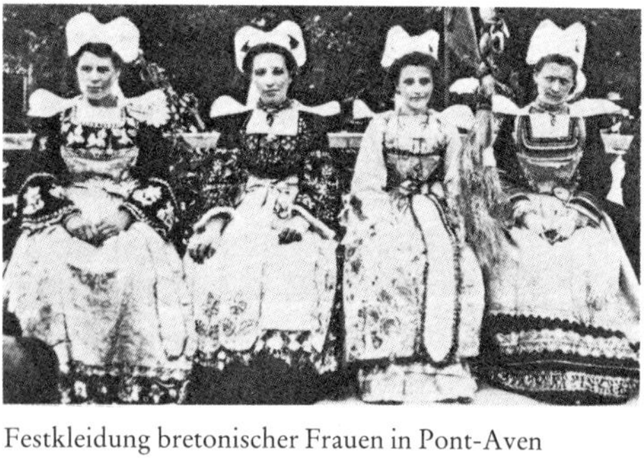

Festkleidung bretonischer Frauen in Pont-Aven

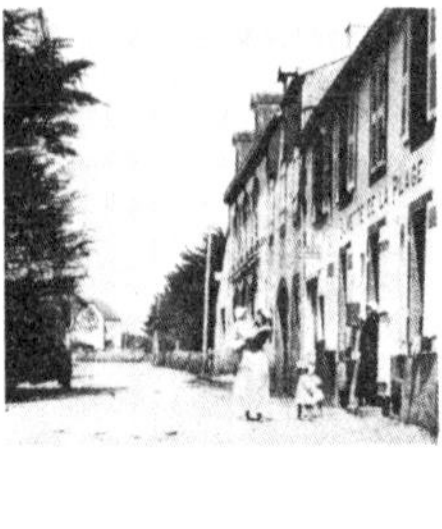

„Le Buvette de la Plage“, Marie Henry’s Gasthaus in Le Pouldu

ZWEITER AUFENTHALT AUF TAHITI

Nach vorübergehendem Aufenthalt in Papeete siedelt Gauguin sich im Herbst 1895 in der Gegend von Pounoauïa an. Krankheit und das verzweiflungsvolle Gefühl der Einsamkeit führen zu einer schweren Krise und lassen ihn im April 1896 sagen: »Heute liege ich am Boden, schwach, zur Hälfte verbraucht durch den gnadenlosen Kampf, den ich begonnen habe, jetzt falle ich auf die Knie und lege meinen ganzen Stolz beiseite. Ich bin nichts, ein Durchgefallener.« Dennoch weist Gauguin das Bemühen Schuffeneckers, für ihn staatliche Hilfe zu erwirken, entschieden zurück: »Den Staat anzubetteln war jedoch niemals meine Absicht. Alle meine Kämpfe abseits vom Offiziellen, die Würde, die ich mir mein ganzes Leben lang beizubehalten die größte Mühe gab, verlieren von diesem Tage an ihren Wert. Von diesem Tage an bin ich nur noch ein großmäuliger Intrigant . . . Und wenn ich mich damit begnüge, arm zu leben, so liegt es daran, daß ich nur Kunst schaffen will . . .
Jedenfalls wird mir die Gesellschaft nicht vorwerfen können, ich hätte ihr durch Lügen viel Geld aus der Tasche gelockt.« Der Tod der Tochter Aline im Januar 1897 führt zum endgültigen Bruch mit seiner Frau, der Briefwechsel wird eingestellt. Trotz der bedrükkenden Lage entstehen in diesem Jahr viele Meisterwerke, darunter »Nevermore« und »Woher kommen wir? Was sind wir? Wohin gehen wir?«; die »Revue Blanche« veröffentlicht »Noa Noa«. Schließlich sieht Gauguin keinen Ausweg mehr – »alles ist schwarz und ohne jede Hoffnung« –, er versucht Anfang Februar 1898 sich das Leben zu nehmen, was jedoch mißlingt.Die quälende Not zwingt ihn, im Büro für Öffentliche Arbeiten eine Stellung anzunehmen; sein Gesundheitszustand verschlechtert sich, ein Krankenhausaufenthalt wird notwendig. Zum Malen kommt er nicht. 1899 gerät Gauguin in Konflikt mit der Kolonialbehörde. Er veröffentlicht Artikel in der Zeitschrift »Les Guêpes« und gibt selbst zeitweise die Zeitung »Le Sourire« heraus. Auch im Jahre 1900 hindert Krankheit ihn an der Arbeit, doch die gewonnene Bindung an den Kunsthändler Ambroise Vollard gibt die notwendigsten Mittel der Existenz. Der Tod seines Sohnes Clovis am 16. Mai 1900 wird ihm nicht bekannt. Da die Kosten des Lebensunterhaltes auf Tahiti ständig steigen, beschließt er Anfang 1901 »auf eine der Marquesas-Inseln zu gehen«. Nachdem er seinen Besitz verkauft hat, reist Gauguin im August nach den Marquesas-Inseln ab.

November 1895

Mein lieber Daniel, zur Stunde,da ich Ihren lieben Brief erhalte, habe ich noch keinen Pinsel angerührt: nur ein Fenster habe ich in meinem Atelier gemacht. Ich mußte vorübergehend in Papeete bleiben und mich entscheiden; ich lasse mir eine große tahitianische Hütte auf dem Lande bauen. Eine herrliche Lage, im Schatten, am Wege, und hinter mir die Aussicht auf das überwältigende Gebirge. Stellen Sie sich einen großen Vogelkäfig mit Bambusstäben und Kokosdach vor, der durch die Vorhänge aus meinem alten Atelier in zwei Teile geteilt wird. Einer dieser Teile bildet das Schlafzimmer mit sehr wenig Licht, damit es kühl bleibt. Der andere Teil hat ein großes, hochgelegenes Fenster, des Ateliers wegen. Auf dem Boden Matten und mein alter Perserteppich: das Ganze noch geschmückt mit Stoffen, Kleinkram und Zeichnungen.
Sie sehen also, ich bin im Augenblick nicht zu beklagen.
Alle Nächte treiben sich verteufelte Mädchen in meinem Bett herum, gestern sind drei angetreten. Ich will aber mit diesem Kutscherleben aufhören, um eine ernsthafte Frau ins Haus zu nehmen und auf Teufel komm raus zu arbeiten, um so mehr, als ich mich groß im Schwung fühle und glaube, bessere Arbeiten als früher zu machen. Meine frühere Frau hat sich während meiner Abwesenheit verheiratet, und ich war gezwungen, ihrem Gatten Hörner aufzusetzen, aber sie kann nicht mit mir zusammen wohnen, obwohl sie einen Abstecher von acht Tagen gemacht hat.

Das ist die Vorderseite der Medaille; die Kehrseite sieht weniger erfreulich aus. Wie immer, wenn ich Geld in der Tasche habe und voller Hoffnungen bin, gebe ich aus, ohne zu rechnen, vertraue der Zukunft und meinem Talent, und eines Tages sitze ich wieder auf dem Trockenen. Nach Bezahlung meines Hauses bleiben mir noch neunhundert Francs, und ich erhalte aus Frankreich keine Zeile, was mich etwas bedrückt. Als ich abreiste, sollte Lévy[23)] mir zweitausendsechshundert Francs schicken, die ich vom Café des Variétés zu bekommen hatte. Mit andern Außenständen schuldet man mir insgesamt viertausenddreihundert Francs; und ich bekomme *nicht einmal einen Brief.*
Sie sind wie immer der erste, der an mich denkt, und ich danke Ihnen herzlich dafür. Suchen Sie nach Empfang meines Briefes Lévy in der Rue Saint-Lazare 57 auf, sagen Sie ihm, ich sei sehr in Sorge, sowohl um mein Geld als um meine Bilderangelegenheit. Wenn Sie in London sind, schreiben Sie an Molard.
Man wird mir vorhalten: Warum reisen Sie so weit weg – Aber

wenn ich auch so nahe bin, wie zum Beispiel in der Bretagne, so ist es ganz genau dieselbe Sache.
Sie sind also Innenarchitekt in London. Ich bin sehr glücklich für Sie, wenn sie eine produktive Reise machen können, die auf alle Fälle interessant ist – Ich ersehe aus Ihrem Brief, daß Sie im Süden gewesen sind und in Scheidung leben. Sie teilen mir aber nicht mit, wie die Geschichte ausgelaufen ist. Wieviel Ärger man sich immer mit der Heirat macht, dieser blödsinnigen Einrichtung. Und ich sehe, daß Maillol in gutem Zuge ist: ich wünsche ihm viel Glück. Aber ich habe Angst um ihn, und es wäre schade, denn er ist eine gute Seele und ein Künstler.
Sehen Sie, wie ich es mit dem ehelichen Haushalt gemacht habe: ich bin einfach verduftet. Laß meine Familie sich allein den Schädel einrennen, denn, wenn nur ich ihr helfen kann!!! Ich will mein Leben hier in meiner ganz stillen Hütte beschließen – ach ja, ich bin ein *großer Verbrecher*. Sei's drum! Michel-Angelo auch; und ich bin nicht Michel-Angelo.
Schönen Gruß für die Freunde und für Annette.
Von Herzen ganz der Ihre Paul Gauguin

Ich schreibe mit gleicher Post an Schuffenecker.

April 1896

Mein lieber Daniel, wie die Nachrichten auch immer sein mögen, die Briefe der wenigen Freunde, die an mich denken, erhalte ich immer mit dem größten Vergnügen, und in meiner großen Einsamkeit machen Briefe Freude.
Ich sehe, daß Sie den denkbar besten Willen haben, aber ich fürchte, Sie werden nichts erreichen, und ich bin nicht nur am Ende meines Geldes, sondern auch am Ende meiner Kräfte. Schließlich nutzt sich alles ab, und meine Willensstärke ist zur Zeit gering: seit meiner Ankunft wird meine Gesundheit mit jedem Tag schlechter. Mein gebrochenes Bein macht mir große Schmerzen; ich habe zwei Wunden, und der Arzt bekommt es nicht fertig, sie zu schließen, und in den Tropen ist das eine heikle Sache – Abends furchtbares Reißen, das mich bis mitternachts schlaflos macht – Mein Leben ist doch recht grausam – Ich habe während meines ersten Aufenthaltes auf Tahiti unerhörte Anstrengungen gemacht, deren Ergebnisse Sie in der Rue Laffitte gesehen haben: was hat es mir eingetragen, eine *vollkommene Niederlage*. Feinde, und das ist alles, denn das Pech verfolgt mich unablässig, seitdem ich lebe; je weiter ich gehe, desto

tiefer sinke ich. Vielleicht habe ich kein Talent, aber (ohne jede Eitelkeit) ich glaube doch, daß man keine künstlerische Bewegung verursacht, sei sie auch noch so klein, ohne Talent zu haben, oder es gibt lauter Irrsinnige – Kurz, nach dieser Anstrengung vermag ich keine neue zu machen, es sei denn eine fruchtlose. Ich bin gerade mit einem Bilde 1 X 1,30 fertig geworden, das ich für noch besser als alles Frühere halte: eine nackte Königin ruht auf einem grünen Teppich, eine Magd pflückt Früchte, zwei Greise, in der Nähe des großen Baumes, diskutieren über den Baum der Wissenschaft; Strandhintergrund; diese leichte, hingezitterte Skizze wird Ihnen nur eine vage Andeutung geben können. Ich glaube, daß ich, was die Farbe angeht, noch niemals etwas gemacht habe, das von so großer, gewichtiger Tonfülle war. Die Bäume blühen, der Hund wacht, die beiden Tauben rechts gurren. Wozu soll ich Ihnen dieses Bild schicken, es gibt ja schon so viele, und die werden nicht verkauft und erregen großes Geschrei. Das wird noch größeres Geschrei erregen. Ich bin also verurteilt, an gutem Willen zu sterben, um nicht Hungers zu sterben. Und dabei gibt es alte Leute, die leichtsinnig handeln, und das Leben eines anständigen Menschen hängt davon ab: ich spreche von Lévy. Ohne ihn hätte ich es nicht gewagt, nach Tahiti zu reisen, er hat mir das Geschäft vorgeschlagen. »Sie können unbesorgt abreisen; wir werden Sie schon nicht im Stich lassen. Vielleicht ist es nur eine Frage der Zeit, denn Ihre Malerei kann man den Leuten nicht so leicht beibringen, aber, was nötig ist, werde ich schon tun.« Und schon kümmert er sich nicht mehr darum.

Ich bin also voller Vertrauen abgereist und habe so gerechnet, ohne mich zu irren:

Cafetier[24)]	2600
Maufra	300
Rahmer von Maufra	600

	3500

Dazu achthundert Francs für ein verkauftes Gemälde, die im Mai 96 fällig sind.

Das würde mir erlauben, für einige Zeit ruhig zu leben und abzuwarten, bis Lévy Gemälde verkauft. Jetzt geht alles in die Brüche; ich kriege nichts. Wenn der Cafetier bankrott gemacht hat, so ist doch seine Sammmlung da, die man hätte verkaufen können, wenigstens zum Teil; es sind mehrere van Goghs dabei; ein sehr hübscher früher Pissarro; eine kleine Studie von Millet. Mein Gott, was bedeutet das! Ich fürchte, man hat Lévy in ungeschickter Weise ver-

ärgert, er ist ein sehr eigensinniger Kerl, und sicher hat er geantwortet, man solle ihn in Ruhe lassen!
Jetzt habe ich mir fünfhundert Francs geliehen, um einige Monate zu leben; dazu fünfhundert Francs, die ich noch von meinem Hausbau schulde, das macht tausend Francs Schulden. Und ich bin nicht unvernünftig: ich lebe von hundert Francs im Monat, ich und meine Vahine, ein junges Mädchen von dreizehneinhalb Jahren: das ist doch nicht viel; außerdem Tabak, Seife und ein Kleid für die Kleine, zehn Francs Toilettenausgaben im Monat – und wenn Sie meine Einrichtung sähen! Eine Hütte mit Atelierfenster; zwei Kokosstämme, aus denen ich Kanaken-Götter geschnitzt habe, Blumensträucher, ein kleiner Schuppen für Pferd und Wagen – ja, ich habe Einrichtungsausgaben gehabt, um keine Miete mehr zu zahlen und sicher unter meinem eigenen Dach schlafen zu können, aber wer hätte nicht dasselbe gemacht mit Geld, das man ihm schuldet und das er vergeblich erwartet.

Sie haben gut für die Bilder gesorgt, die Sie meiner Frau geschickt haben, aber der arme Schuffenecker war der Meinung, richtig zu handeln, und ich kann ihm nicht böse sein. Er hatte schon immer ein Faible für sie und hält sie für unglücklich – Durch verschiedene Nachrichten aus Dänemark weiß ich, daß meine Frau im Gegenteil *sehr glücklich* ist, so lebt, wie es ihr gefällt, und wohlgelitten und sehr verwöhnt von aller Welt ist. Sie ist durchaus nicht in Verlegenheit, während ich in der Ecke stehen muß – Aber hätte ich ihr sechstausend Francs statt tausenfünfhundert von den dreizehntausend Francs meines Onkels geschickt, was wäre aus mir geworden, da ich heute ohne Geld und ohne Verdienstmöglichkeit bin, denn meine Bilder werden nicht gekauft – Meine Frau wird meine Bilder verkaufen und sich für das Geld Butterstullen kaufen – Voilà – Andererseits sind meine Bilder bei dänischen Liebhabern besser untergebracht als in irgendeiner Spelunke.
Betteln ist hart – Können Sie nicht Meilheurat aufsuchen, ihm notfalls meinen Brief zeigen und ihn um tausend Francs anbetteln, die ich ihm *später wiedergeben will*, wenn die Situation geklärt ist; dann würde ich ihm das Bild schicken, von dem ich Ihnen schreibe, er könnte es als Garantie behalten, wenn er will!
Viele Leute finden immer Protektion, weil man weiß, daß sie schwach sind, und weil sie zu bitten verstehen. Mich hat niemals jemand beschützt, weil man mich für stark hält und weil ich zu stolz gewesen bin – Heute liege ich am Boden, schwach, zur Hälfte verbraucht durch den gnadenlosen Kampf, den ich begonnen habe,

jetzt falle ich auf die Knie und lege meinen ganzen Stolz beiseite. Ich bin nichts, ein Durchgefallener –
Ich schreibe an Schuff einen ähnlichen, aber viel kürzeren Brief; Sie kennen seine Empfindlichkeit, *brauchen ihm also meinen Brief nicht zu zeigen*, er glaubt sonst, ich zöge Sie vor.
Ich sehe, mein armer Daniel, daß auch sie viel Sorgen durch Ihre Frau haben – Eine schöne Einrichtung, die Ehe –
Grüße an Annette und für Maillols.
Ganz der Ihre Paul Gauguin

Mein ganzer Trost ist die Musik – ich weiß nicht wie, aber ich habe meine Gitarresaiten verkramt. Schicken sie mir bitte welche –
Zwei vollständige Saitensätze und außerdem: 6 D-Saiten, 6 E-Saiten, 3 G-Saiten, von bester Qualität, weil sie hier leicht reißen.

Juni 1896

Mein lieber Daniel, ich habe eine Idee; Sie können sich denken, daß, wenn ich mit Schmerzen im Bett liege, ich weiter nichts tue, als einen Haufen Kombinationen zu erwägen, die mir aus der Klemme helfen könnten. Ich habe also an folgendes gedacht, und ich glaube, daß es möglich ist, sogar leicht; wäre ich in Paris, würde ich gern für einen anderen aufbringen, worum ich bitte – fünfzehn Leute sollen sich zusammentun, die meine Malkunst schätzen oder *verdienen wollen*; man schlägt ihnen folgendes vor – – Alle Jahre will ich (im voraus) fünfzehn gute Bilder schicken; mehrere Zeichnungen nach meinem Belieben – Gegen diese Ware werden diese fünfzehn Leute mir jährlich zweitausendvierhundert Francs schicken, das heißt, jeder hundertsechzig Francs. Die Teilung erfolgt durch Lose, so daß man weiß, wer zuerst, wer an zweiter Stelle auswählt etc. . . . Zu diesem Preise sind meine Bilder bestimmt nicht teuer, und nach einer gewisse Zeit werden die Käufer nichts verloren haben – Im folgenden eine namentliche Liste von Leuten, die Sie aufsuchen können (mit viel Beredsamkeit).
Portier, Kunsthändler –
Thomas, dto.
Lerolle, Maler
Rouart – dto. – und Ingenieur –
Jean Dodlent – suchen Sie Schuff auf, der kennt ihn.
Sérusier!!!
Seinen Schüler in Versailles, der wie ich Holz schnitzt –
Meilheurat –

Graf de la Rochefoucauld – . . . Der hat Bernard und Filiger je eine Rente von tausenzweihundert Francs ausgesetzt – ich habe kürzlich an Schuff geschrieben, um von ihm Hilfe zu bekommen – Suchen Sie also Schuff auf, und falls er mir eine gleiche Rente gegen Bilder aussetzen würde, so könnte er ja mehrere Anteile (statt der Rente) erwerben, zum Beispiel sechs Anteile, das sind neunhundertsechzig Francs.
An alledem ist für niemanden etwas auszusetzen; es ist ein Ausweg, um einem Künstler zu helfen, zu dem man Vertrauen hat, ohne ihm ein Almosen zu geben.
Einige werden Ihnen entgegnen, sie *spekulierten nicht*, eine schlechte Ausrede, denn bei einem Händler, auf einer Versteigerung oder von mir zu niedrigem Preise kaufen, das ist genau dasselbe; außerdem erlaubt dieser Ausweg dem Künstler, zu arbeiten, und das ist die Hauptsache – Das ist mein Plan, und ich glaube, er ist leicht auszuführen, wenn man es richtig anfängt.

Sprechen Sie mit Schuff darüber, er soll Ihnen helfen – mit Séguin, 54, Rue Lepic, und mit Freunden, die Sie kennen. Ich sagte *im voraus* – folglich müßten Sie für das erste Jahr fünfzehn Bilder von Lévy nehmen, für das zweite Jahr würde ich im voraus schicken. Die Zahlungen hätten alle drei Monate zu erfolgen, so daß die Beteiligten niemals eine allzu große Summe zu zahlen hätten – vierzig Francs alle drei Monate – Sie müßten einen Zeitpunkt festsetzen, der mit dem Quartal nicht zusammenfällt –
Jedenfalls schreiben sie mir bitte mit der nächsten Post, was Ihnen von meinem Plan einleuchtet. Weiß Gott, ich bin nicht anspruchsvoll. Zweihundert Francs monatlich zu verdienen (*weniger* als ein Arbeiter), mit bald fünfzig Jahren, mit ziemlich gutem Namen! Ich brauche nicht hinzufügen, daß ich noch niemals Schund verkauft habe und es auch jetzt nicht tun werde – Die Bilder, die ich schicken werde, sollen gleich den früheren wie zu Ausstellungszwecken gemalt sein – Und wenn ich mich damit begnüge, *arm* zu leben, so liegt es daran, daß ich nur Kunst schaffen will. Anliegend meine schriftliche Verpflichtung.
Jetzt etwas anderes. –
Als ich meine Frau in Dänemark verließ, habe ich das gesamte Mobilar, Wäsche und so weiter, Skulpturen und Gemälde zurückgelassen.
Meine Sammlung ist für ungefähr fünfzehntausend Francs verkauft worden (wie der Käufer, mein Schwager, versichert) – Außerdem noch einige frühe Bilder von mir – dann Bilder und Keramiken, die

Sie während meines Aufenthaltes hier schickten – und zwei Bilder aus Tahiti. Ich schätze das Ganze auf dreißigtausend Francs. (Außerdem viertausend Francs, die ich verschiedentlich schickte.) Ich habe nur sechshundert Francs bekommen während der Jahre 93 und 94, wie Sie wissen. – Und habe immer ein elendes Leben geführt.
Also haben meine Ratschläge, durch Verkäufe in Dänemark meine Zukunft zu sichern, allein meiner Frau etwas eingetragen, auch ohne nur die geringste Möglichkeit, daß auch ich etwas davon hätte – Ich bin sicher, daß die von Schuff geschickten Bilder rasch verkauft sein werden und meine Frau neue erbittet.
Ich will jedoch folgendes – wünscht meine Frau Bilder, so schreiben Sie ihr bitte, daß Sie ihr auf meinen ausdrücklichen Wunsch drei Bilder schicken, aber nur gegen *Vorauszahlung* von vierhundert Francs, dem geringsten Preis, einem Drittel des früher gesandten Betrages –
Ich will (um es noch einmal zusammenzufassen) ein Drittel vom Erlös meiner Bilder, und da ich kein Vertrauen habe, will ich es im voraus. (Das ist unmißverständlich.)
Ich schreibe mit gleicher Post an Maufra, der sehr geschickt ist und viele Liebhaber kennt, um ihm meinen Plan mitzuteilen (Plan mit den zweitausenvierhundert Francs pro Jahr). Setzen Sie sich bitte mit ihm in Verbindung. Leider sind viele zur Zeit nicht in Paris; aber sobald wie möglich!
Sie schreiben mir in Ihrem Brief: »Sollten sie niedergeschlagen sein, der Sie sonst so stark sind.« Ja, ich liege am Boden und habe keine Energie, wenn ich Zukunft und Gegenwart betrachte – mein Fuß schmerzt mich Tage und Nächte, die ich schlaflos verbringe, und ich habe keine Kraft. Der ganze Knöchel ist eine einzige Wunde, und das schon seit fünf Monaten – Wenn ich arbeite, so zerstreue ich mich und werde wieder stark, aber ohne Arbeit, ja fast ohne Nahrung, ohne Geld (Schulden), was soll ich da wohl anfangen – Man mag noch so abgehärtet sein, es gibt Grenzen, die man nicht überschreiten kann.
Vielen Dank für alle Mühe, die Sie sich geben –
Herzlichst der Ihre

Paul Gauguin

PS. Selbstverständlich gehe ich mit meinen Preisen herunter, dann aber nur bei einem fünfjährigen Vertrage; die übrigen Bilder müssen durchschnittlich immer für vierhundert Francs verkauft werden.

Tahiti, am 12. Juni 1896 – Diese freimütig abgegebene und ohne Berechnung auf spätere Einwände unterzeichnete Verpflichtung soll mir während der fünf folgenden Jahre meine künstlerische Arbeit sichern.
Ich verpflichte mich, jedes Jahr *im voraus* fünfzehn mit künstlerischer Gewissenhaftigkeit ausgeführte Bilder zu senden, die unter den Gegenzeichnern des Vertrages zur Verteilung kommen; diese verpflichten sich durch Eingehen des Vertrages, mir jährlich insgesamt zweitausendvierhundert Francs zu schicken.

Paul Gauguin

13. Juli 1896

Mein lieber Daniel, rasch einige Worte; ich liege im Krankenhaus und hoffe, in einem Monat geheilt zu sein, wie soll ich das aber bezahlen. Im vergangenen Monat kündigten Sie und Schuff mir Geld an. Irrtum: Maufra entschuldigte sich, unvorhergesehene große Ausgaben verhinderten ihn, mir Geld zu schicken, aber im nächsten Monat würde ich das Geld bestimmt bekommen. In diesem Monat kein Geld, nicht ein Brief – ich werde verrückt und bin ganz gebrochen.
Ich schreibe Ihnen, weil in diesem Monat ein Offizier nach Frankreich geht und einige Bilder von mir mitnimmt, die infolge meines Zustandes etwas ungeschickt sind; und außerdem habe ich ein Temperament, das ein Bild mit einem Schlage und im Fieber vollenden will – Dagegen eine Stunde am Tage arbeiten . . .
Schließlich schicke ich Ihnen die Bilder, wie sie sind. Vielleicht sind sie gut: es liegt so viel Qual und Schmerz darin, daß das vielleicht die ungeschickte Ausführung ausgleicht – Mauclair sagt, ich sei empörend grob und brutal – welche Ungerechtigkeit –
Da das Paket fast zu gleicher Zeit in Paris ankommen muß wie mein Brief, und da Sie dann im Süden sein werden, wäre ich Ihnen sehr dankbar, wenn Sie das Nötige veranlaßten, damit der Portier die Annahme nicht verweigert – Entschuldigen Sie mich wegen des Portos, rechnen Sie es mir bitte bei der ersten Gelegenheit an. Ich bin müde.
Herzlich

Paul Gauguin

August 1896

Mein lieber Daniel, ich erhalte einen Brief von Ihnen und von Schuff, und das ist alles. Sie beide glauben, daß ich Geld von Maufra bekommen habe, keinen Pfennig. So habe ich seit einem Jahr, das

ich hier bin, trotz des ausdrücklichen Hinweises auf das Qualvolle meiner Situation, von den Leuten, die mir Geld schulden, nicht einen roten Heller bekommen. Da kann der stärkste Mann verzweifeln; um so mehr, wenn er unter einer grausamen Krankheit leidet. Ich werde aus dem Krankenhaus entlassen, und stellen Sie sich vor, wie mir zumute war, als ich angeben mußte, daß ich die hundertvierzig Francs erst später zahlen könne – Gott sei Dank habe ich wenigstens keine Schmerzen mehr, bin sogar zur Hälfte geheilt, aber ich bin sehr schwach, und um mich wieder hochzubringen, habe ich nichts als Wasser zu trinken und in Wasser gekochten Reis zu essen.
Schuff schreibt mir einen wirklich törichten und ungerechten Brief, ich weiß nicht, was ich antworten soll, er ist eben krank. Seine Ausstellung war ein vollkommener Durchfall, also ist er unglücklicher als ich, der ich berühmt, voller Kraft und Gesundheit bin. Natürlich! Ich hätte die Fähigkeit, schreibt, er, andere eifersüchstig zu machen, und er fügt hinzu: »Wären Sie klug und vorsorglich gewesen, so lebten Sie jetzt in aller Behaglichkeit; und mit etwas mehr Vorsicht und etwas mehr Wohlwollen und etwas größerer Umgänglichkeit Ihren Zeitgenossen gegenüber würden Sie ein sehr glückliches Leben führen.« –

Also ich prüfe mein Gewissen; ich finde nichts. Ich habe niemals etwas Böses begangen, nicht einmal einem Feinde gegenüber; dagegen habe ich in den schwersten Augenblicken meines Lebens mehr als einmal das, was ich hatte, mit Unglücklichen geteilt, ohne jemals etwas anderes dafür zu ernten als vollkommensten Verrat. Ich habe Laval vor dem Selbstmorde gerettet und ihm mehr als die Hälfte meines Besitzes gegeben. Ich habe Bernard und Morice und Leclercq mit meinen Beziehungen und meinem Gelde geholfen. Sie wissen, was daraus wurde. Ich habe mich für andere geschlagen: mein Bein wurde gebrochen. Während meines letzten Aufenthaltes in Frankreich war ich den Molards gegenüber so liebenswürdig wie möglich; immer mit dem Geldbeutel in der Hand. Keine Zeile von ihnen. Ich habe Molard beauftragt, im Mai achthundert Francs für mich einzukassieren, die fällig waren (kein Wort, kein Geld). Übrigens, kümmern Sie sich doch bitte darum. Da haben Sie meine geringe Umgänglichkeit. Gewiß bin ich in Worten sarkastisch, gewiß, ich kann nicht schmeicheln und das Rückgrat beugen und in den offiziellen Salons betteln. Während der Staat ein Bild von Schuff für dreihundert Francs kauft, weil er Beamter ist. Das ist Umgänglichkeit! Schuff hat, nutzlos glaube ich, ein Gesuch eingereicht, damit

der Staat mir hilft. Das kann mich überhaupt nicht rühren. Ich verlange von meinen *Freunden*, daß sie mir helfen, während der Zeit, in der ich Geld eintreiben muß, das man mir schuldet, und wünsche ihre Hilfe dabei; den Staat anzubetteln war jedoch niemals meine Absicht. Alle meine Kämpfe abseits vom Offiziellen, die Würde, die ich mir mein ganzes Leben lang beizubehalten die größte Mühe gab, verlieren von diesem Tage an ihren Wert – Von diesem Tage an bin ich nur noch ein großmäuliger Intrigant, aber hätte ich mich unterworfen – ja, dann säße ich im Glück.
Ach wirklich, das ist ein Kummer mehr, mit dem ich nicht gerechnet hatte. Ich bin entschieden unter einem schlechten Stern geboren. Schuff lobt eine ganze Seite lang die wundervollen Eigenschaften Vollards[25)]. Na schön, ich will Ihnen etwas sagen, was alle wissen, die in den Kolonien gewesen sind, daß nämlich die Leute von Bourbon für Bluffer gelten. Im übrigen ist der Vater Vollards bekannt als der abgebrühteste Schurke, den es gibt, aber alle Vollards sind sehr klug. Das also, um Sie zu warnen, daß Sie bei Vollard mit sehr viel Wachsamkeit verhandeln.
Ich ersehe aus Ihrem Brief, daß Sie nicht glücklich sind und daß Ihre Frau sich fürchterlich gegen Sie benimmt. Schuff, der nur seine eigene Frau im schlechten Licht sieht, wird Ihnen *wie mir* sagen, daß Sie hart zu ihr sind. Man sieht den Splitter im Auge seiner eigenen, nicht aber den Balken im Auge der Frau seines Nächsten – Im vergangenen Monat habe ich Ihnen ein Paket Bilder geschickt. Ich bin sehr besorgt, denn ich glaube, ich habe Boulevard Arago 55 statt 65 geschrieben –
Einen festen Händedruck von Ihrem aufrichtig ergebenen

P. Gauguin

Mit dieser Post schreibe ich bestimmt nicht an Schuff, mir graut zu sehr. Sprechen Sie ihm nicht davon, er würde es doch nicht verstehen. Übrigens hat er sich während seines ganzen Lebens noch nie zur rechten Zeit nützlich erweisen können, und wenn er es sein will, so macht er alles zuschanden – mit dem Kredit, den er genießt, konnte er mir Geld auftreiben, um so mehr, als die Bilder von Bauchy und meine eine genügende Sicherheit waren und noch sind.

Oktober 1896

Mein lieber Daniel, er erhalte Ihren Brief, den einzigen, den mir diese Post bringt. Mit der letzten bekam ich einiges Geld, das, wie Sie schreiben, Schuff *für mich aufgetrieben hat.* Zweihundert Francs von de la Rochefoucauld und zweihundert Francs von einem unbekannten Kollegen. Es wäre angemessener gewesen, glaube ich, mir irgend etwas abzukaufen, als mir eine Wohltat zu erweisen, aber Schuff kennt wie so viele andere nicht die feinen Unterschiede – Von diesen vierhundert Francs habe ich dreihundert auf tausend Francs Schulden abgezahlt, und mit hundert Francs will ich jetzt versuchen, einige Monate zu leben – Seit einem Jahr habe ich sechshundert Francs bekommen, und *man schuldet mir* viertausenddreihundert. Es ist ja überflüssig, Ihnen immer wieder dasselbe vorzukäuen, die traurige Lage, in der man mich läßt. Ihren Satz: »Wenn Sie unbedingt Geld brauchen, so würde Meilheurat Ihr Bild für tausend Francs kaufen«, verstehe ich nicht recht. Wissen Sie denn nicht, daß ich Geld brauche, sagen Ihnen meine Briefe das Gegenteil? – Auf alle Fälle muß man, falls es sich um festen Kauf handelt, für tausend Francs zwei oder drei Bilder hergeben, die Notwenigkeit zwingt mich, den Bildern keinen festen Preis zu geben. Wann wird dieses Martyrium aufhören! Es macht mir keine Freude mehr, einen Pinsel in die Hand zu nehmen. Mein Fuß ist immer noch nicht heil, und ich weiß wirklich nicht, wann das ein Ende haben wird. Über die Bilder, die ich Ihnen mit der Nummer 55 auf der Adresse gesandt habe, bin ich wirklich in Sorge, namentlich wenn Sie nicht da sind, um sie in Empfang zu nehmen. Mag kommen, was will – ich bin derartig demoralisiert und mutlos, daß ich an größeres Unglück nicht mehr glaube. Ich sehe, mein armer Daniel, daß Sie mit Ihrer Existenz in Saint Clément nicht recht zufrieden sind, einsam und untätig: hoffen wir, daß es nicht lange dauert. Ich wünsche Ihne also viel Glück, und verzeihen Sie, daß ich so wenig schreibe; aber ich bin so müde, mein Gehirn ist so leer, und die Untätigkeit, die mein Fuß fordert, hat mich so faul gemacht . . . !

Herzlichst ganz der Ihre Paul Gauguin

November 1896

Mein lieber Daniel, ich erhalte einen einzigen Brief, Ihren. Seit drei Posten bekomme ich nichts von Chaudet[26]: meine unangenehme Lage wird immer unerträglicher; immer wieder sage ich, man soll jetzt nicht handeln und die Bilder, die mir gehören, um jeden Preis verkaufen. Die van Goghs werden ziemlich leicht zu verkaufen sein, wenn man die Preise heruntersetzt. Ach, ginge es mir gesundheitlich nicht viel besser, ich sage Ihnen, ich würde mir eine Kugel durch den Kopf jagen; jetzt aber habe ich schon so lange gewartet, und mit jedem Monat hoffe ich auf eine neue Lösung, da wäre es lächerlich!

Ja, ich beginne gesund zu werden, und ich habe das ausgenutzt, um allerlei zu erledigen. Skulpturen . . . ich stelle überall welche in den Rasen. Wachsüberzogener Ton – zunächst eine nackte Frau, dann ein herrlicher Phantasielöwe, der mit seinem Kleinen spielt. Die Eingeborenen, die wilde Tiere nicht kennen, sind ganz platt.

Der Pfarrer zum Beispiel hat sein Möglichstes getan, um mich dazu zu bewegen, die nackte Frau, die keine Gewänder trägt, wegzunehmen. Das Gericht hat ihm eine lange Nase gemacht, und ich habe ihn zum Teufel geschickt. Ach, wenn ich zum Leben hätte, was man mir schuldet, so wäre mein Dasein außerordentlich ruhig und glücklich. Demnächst werde ich Vater eines Mischlings sein; meine reizende Dulcinea hat sich zu brüten entschlossen. – Mein Atelier ist sehr schön, die Zeit vergeht sehr rasch, sage ich Ihnen. Von sechs Uhr morgens bis mittags kann ich allerlei gute Arbeit fertig bekommen. – Ach, mein lieber Daniel, wie schade, daß Sie das Leben auf Tahiti nicht kennen, Sie würden nirgends anders leben mögen. Ich denke gerade daran, sowie Chaudet Geld in der Hand hat, so schikken Sie mir doch bitte die Gitarrenseiten (Darmseiten, sechs von jeder) und dann A und E für Mandoline; ich habe diese Freude nicht mehr, weil mir Saiten fehlen.

Sie sprechen von Papinaud[27], und ich lächle, denn Sie kennen die Kolonien nicht. Papinaud kann nichts für mich tun. Hier ist der Gouverneur eine Puppe in den Händen des aus einem Haufen von Gaunern bestehenden Generalrates. Dieser Rat hat nichts als Schulden und beherrscht den Gouverneur durch Geld. Ist er unzufrieden, so entziehen sie ihm die nötigen Gelder – Voilà –

Herzlich g. d. I. Paul Gauguin

Dezember 1896

Mein lieber Daniel, mit dieser Post bekomme ich mehrere Briefe, von Schuff, Molard und von Lévy. Letzterer schreibt mir einen liebenswürdigen Brief und entschuldigt sich, nichts für mich haben tun zu können. Außerdem verschiedene Dinge, die mir unverständlich sind. Unter anderem: Chaudet hätte sich als Gläubiger angesehen (ich weiß nicht, warum) und hätte von Lévy das Bild »Manao tupapau« gefordert, das ihm nicht gegeben worden sei. Außerdem hätte er an Vollard drei Bilder aus der Sammlung Bauchy für vierhundert Francs verkauft. Ich habe einmal zweihundert Francs von ihm bekommen (geborgt, hieß es); seitdem hundertfünfzig Francs für verkaufte Bilder, *das ist alles.* Und jetzt habe ich seit drei Posten keine Nachricht von ihm. Wie unerträglich, aller Welt gegenüber mißtrauisch sein zu müssen! Was soll man aber in solchem Falle machen, wo die Post so lange braucht. Schreibe ich unrechter oder auch gerechter Weise irgend etwas Mißtrauisches, so wird Chaudet mir in nichts mehr nützlich sein, denn er ist sehr empfindlich. Er hat mir einmal geschrieben, daß er auf Ihren Rat den Preis für zwei van Goghs, die Vollard haben wollte, herabgesetzt habe. Ich habe darüber nichts mehr gehört. Sehen Sie doch einmal auf geschickte Weise danach, denn, wirklich, ich habe nur zu *Ihnen* volles Vertrauen. Schuff ist anständig, aber so dumm und so ungeschickt. Von ihm habe ich einen langen, törichten Brief – inliegend ein Stück davon. Molard schreibt mir einen liebenswürdigen Brief. Morice hat mir vor drei Monaten mitgeteilt, daß mein Buch im Oktober erscheinen würde und daß ich mit dieser Post Buch und Geld erhielte. Ich höre nichts. Sprechen sie bitte mit Molard darüber, der Vollmacht für diese Ausgabe hat, und halten Sie mich auf dem laufenden. Leclercq hat eine glänzende Stellung bei Bing![28] Er wird mir sehr nützlich sein. – Ich glaube nichts. Warum bezahlt er nicht zuerst? Übrigens ist er nicht arbeitswillig genug, um sechs Monate in dieser Stellung zu bleiben. Die Sammlung Bauchy enthält zwei Bilder von mir, die nicht auf der Liste standen: eine Tahiti-Landschaft und ein Bild aus Pont-Aven 1894, ein Bild zu dreißig. Ich fürchte, Bauchy hat sie behalten. *Das muß festgestellt werden.*

Da Sie ja Sachen zum Verkaufen im Überfluß haben, wäre ich *sehr glücklich,* wenn Sie mir den emaillierten Wildenkopf (Maske) schickten. Es ist ein einzigartiges Stück Keramik, und ich hätte riesige Freude daran, um so mehr, als ich hier einen Liebhaber dafür habe. In diesem Monat keinen Centime: ich habe mich gedemütigt und einen Kerl um hundert Francs angepumpt; ich habe sie bekom-

men und kann nun die nächste Post abwarten. Daß ich in Frankreich, wo ich einen Haufen Beziehungen, Freunde, Bewunderer und vor allem in Bildern und Skulpturen wertvolle Bürgschaften besitze, keinen Kredit habe bekommen können! Und da soll ich in dieser armen, kleinen Kolonie, wo ich doch nur vorübergehend Leute kenne, Kredit finden! Und ich schulde hier neunhundert Francs an Leute, die selbst in verzweifelter Lage sind –
Welch unerträgliches Dasein.
Herzlich g. d. I. Paul Gauguin

Suchen Sie bitte auch Molard auf, und fragen Sie ihn, ob nicht die Möglichkeit bestünde, einen Vermittler in Schweden und Dänemark für den Verkauf meiner Bilder ausfindig zu machen. Selbstverständlich ohne jede Beziehung zu meiner Frau. Dort versteht man mich am besten, und dort habe ich die meiste Aussicht, Erfolg zu erringen.

Januar 1897

Mein lieber Daniel, Sie haben wahrscheinlich den Postanschluß versäumt, denn in diesem Monat hatte ich keinen Brief von Ihnen: immerhin weiß ich, daß Sie meine Bilder erhalten und die ganze Geschichte irgendwo ausgestellt haben, was Chaudet ein bißchen geärgert hat: aber ich kann mich nicht mit jeder Empfindlichkeit aufhalten. Ich habe in diesem Monat tausenzweihundert Francs erhalten und bekomme demnächst tausendsechshundert Francs. Auf diese Weise sind meine Schulden hier bezahlt, und ich habe für sechs oder acht Monate Ruhe. Dann werde ich noch einmal ins Krankenhaus gehen und versuchen, mich nochmals heilen zu lassen, denn meine Schmerzen sind zu groß, ich kann nichts arbeiten und irgend etwas Gutes machen. Vielleicht kommen doch bessere Zeiten. Ich schicke Ihnen eine Vollmacht, um Dosbourg[29)] zum Zahlen zu zwingen. Selbst wenn ein Schein ausgestellt worden ist und verlorengegangen sein sollte, kann er sich nicht weigern, zu zahlen, wenn man ihm eine notariell beglaubigte Quittung von mir oder von einer von mir durch Vollmacht ermächtigten Person vorlegt. So können Sie also handeln, und solange Dosbourg nicht Bankrott gemacht hat, also zahlungsfähig ist, muß er bezahlen – Wollen Sie mir bitte folgendes kaufen und schicken. Wohlverstanden, wenn Chaudet etwas Geld haben wird, den Außenstand Dosbourg zum Beispiel – Ungefähr fünfzig ausgewählte Pinsel und ein Dutzend feiner Pinsel in verschiedenen Größen.

Dekorationsfarben
10 Tuben Ultramarin
5 Kobalt
15 Karmin
5 gewöhnliches Krapprot
20 Weiß
10 Ockergelb
5 Ocker
5 Smaragdgrün
3 Hellzinnober
2 Kadmiumgelb Nr. 2
3 Zitronenkadmium

Gitarren- und Mandolinenseiten (im Meter)
Metallstäbchen für Gitarre (ich habe meine verloren, und es ist schwer, welche herzustellen).
Viel Aufträge, mein armer Daniel, und ich überlaste Sie schon genug mit Arbeit und Sorgen. Verschaffen Sie sich auch etwas Geld für Rahmenkosten etc. . . . das sind auch noch Auslagen, die Sie für mich haben. Entschuldigen sie diesen lakonischen Brief, ich habe viel zu schreiben, und die Post geht in zwei Tagen wieder ab.
Herzlich g. d. I.

P. Gauguin

Ich möchte auch einige Pakete Goldstaub – rot und gelb.

14. Februar 1897

Mein lieber Daniel, am 6. Februar erhielt ich Ihren vom 26. November datierten Brief: was beweist, daß in den französischen Kolonien die Post ebensogut organisiert ist wie alles andere. Bezüglich der ausgestellten Bilder und der nächsten Ausstellung, von der Sie schreiben (Spaltung der »Indépendants«), teile ich Ihnen mit, daß ich absolut nicht für Ausstellungen bin. Schuff, dieser Dummkopf, träumt nur von Ausstellungen, Bekanntwerden etc. und sieht nicht, daß das eine fürchterliche Wirkung hat. Ich habe viele Feinde und bin dazu bestimmt, immer viele zu haben, es werden immer mehr; jedesmal, wenn ich ausstelle, macht man sie lebendig, und sie bellen und schrecken die Liebhaber ab, die schließlich müde werden. Das beste Mittel, zu verkaufen, ist das Stillschweigen, man bearbeitet den Bilderhändler. Van Gogh allein hat gewußt, wie man verkauft und einen Kundenstamm schafft: nicht einer versteht es heute, dem Liebhaber Appetit zu machen, denen, die aus zu großem Geist diesen Umstand leugnen, muß man ihr Unrecht beweisen und ein Bild sechs Monate, ein ganzes Jahr lang bei einem ernsthaften Liebhaber lassen, und der wird es vergleichen, sehen, immer wieder sehen und es lieben lernen: und er kauft es oder gibt es zurück. Das ist die wirkliche Ausstellungsart für meine Bilder – Versuchen Sie die Händler zu überzeugen, daß dieses System gut ist – Mit dem Preise darf man nicht schwierig sein, sobald die Liebhaber sich drängen, ist immer noch Zeit genug, ihn zu erhöhen. Ich will weder Ruhm noch Luxus, ich will einzig und allein hier in meinem herrlichen Erdenwinkel in Ruhe leben. Würden Sie jemals frei und Ihre Mutter stürbe, so gäbe ich Ihnen unbedingt den Rat, mit zweihundert Francs monatlicher Rente hierher zu kommen. Das Leben ist so heiter und künstlerischer Arbeit so heilsam, daß es Wahnsinn ist, woanders danach zu suchen. Ich bin auf dem Wege der Besserung und habe meine Schulden mit dem Gelde bezahlt, das mir Chaudet geschickt hat. Bekomme ich im nächsten Monat noch welches, wie er es mir versprochen hat, so habe ich sechs gesicherte Monate vor mir.

Man schuldet mir noch: 800 Talboum[30)]

350 Maufra
600 Dosbourg
1250 Café des Variétés
– – – –
3000

was mir ein weiteres gutes Jahr sichert. Ich habe also noch nicht alle Hoffnung verloren, und es müßte doch mit dem Teufel zugehen, wenn Sie in achtzehn Monaten nicht einige Bilder von mir verkaufen sollten, ganz abgesehen von einigen Skulpturen und einigen van Goghs, die ich bei Chaudet habe. Mein Gott, lauter Zahlen und ganz irdische Dinge, während ich am liebsten nur von Kunst sprechen möchte. Ich ersehe aus Ihrem Brief, daß Schuffenecker denselben Eindruck auf Sie macht wie auf mich, das heißt, daß man ihn ganz aufgeben muß, was ich geradeheraus tue, indem ich ihm immer weniger und immer banaler schreibe. Und mein Gewissen wirft mir nichts vor, weil ich von ihm nur Worte und nie einen wirklichen Dienst erhalten habe: während ich ihm sehr nützlich war und er mit seinem stets uneigennützigen Gesicht sehr gut rechnen und seine eigenen Geschäfte erledigen kann. Mir vorzuwerfen, ich hätte ihn niemals verkaufen lassen . . . und dabei, wenn man ihn überhaupt ein wenig kennt, so doch nur durch mich. Gewiß, er hat Bilder und Kunstgegenstände von mir – wird er sagen – seien Sie überzeugt, daß ihn das alles nicht viel kostet; und Sie kennen meinen Geiz in Bildern. Außerdem rechnete er, damit eine schöne Spekulation durchzubringen, und jetzt erregt ihn nicht meine unglückliche Lage, sondern die mäßige Hausse seiner kleinen Sammlung. Mein Gott, was für häßliche Dinge bei den Menschen, und wie gut tun Sie daran, sich mehr und mehr zurückzuziehen. Wer Schmutz anfaßt, besudelt sich.

Sie erhalten demnächst einige Bilder: bei meinen physischen und moralischen Schmerzen bin ich nicht in der Lage, ein Urteil über sie abzugeben. Sie werden das besser sehen als ich–
Nave nave mahana. Köstliche Tage.
Blumenstrauß –
Note aha oe riri. Warum bist du böse?
Poèmes barbares.
Stilleben.
Studie nach mir, was zum Malen – ich schenke sie Ihnen als ganz schwachen Freundschaftsbeweis für all Ihre Aufopferung.
Und sollte Ihnen ein Bild sehr gut gefallen, nehmen Sie es bitte: es wird mir eine große Freude sein, es Ihnen zu schenken.
Ich versuche, ein Bild fertigzustellen, um es mit den andern mitzuschicken, aber werde ich Zeit haben? Ich bitte Sie sehr, die Senkrechte zu beachten, wenn Sie es rahmen; ich weiß nicht, ob ich mich täusche, aber ich glaube, es ist gut. Ich habe mit einem einfachen Akt so etwas wie den ehemaligen Reichtum der Wilden suggerieren wollen. Das Ganze ist in absichtlich düstere und traurige Farben getaucht; nicht Seide und Samt, nicht Batist oder Gold machen diesen Reichtum aus, sondern lediglich die durch Künstlerhand reich gewordene Materie. Kein Klimbim . . . allein die Phantasie des Menschen hat mit ihrer Vorstellungskraft den Wohnraum bereichert.
Als Titel: Nevermore; nicht der Rabe Edgar Poes, sondern der Teufelsvogel, der auf der Lauer liegt. Es ist schlecht gemalt (ich bin so nervös und arbeite stoßweise), trotzdem glaube ich, es ist ein gutes Bild. Ein Marineoffizier schickt Ihnen das Ganze, ich denke in einem Monat.
Wollen sie bitte so gut sein (noch ein Auftrag), mir bei meinem Schuhmacher ein Paar Schnürstiefel zu bestellen (Tholance, 4, Rue Vavin). Ich will möglichst weiches, nicht doppeltgenommenes russisches Leder. Schnürstiefel wie Frauenstiefel, mit Löchern für die Senkel, ungefähr Seiltänzerschuhe, die von unten an zu schnüren sind. Schnürlöcher, das heißt ins Leder gebohrte Löcher. Übertrieben breite Sohle und ganz breite Spitze. Mein Fuß verlangt unbedingt Schuhzeug, das innen eben ist und nach Belieben zu schnüren ist. Dazu eine große Flasche rote Schuhcreme. Sie werden sich über Preis und Bezahlung schon einigen –
Herzlichen Händedruck. Ganz Ihr P. Gauguin

12. März 1897

Mein lieber Daniel, mit gleicher Post erhalten Sie die Bilder, die ich Ihnen im vorigen Monat ankündigte. Das Kriegsschiff verschob seine Ausfahrt um ungefähr zehn Tage, und ich habe die Zeit ausgenutzt und habe ein Bild gemalt, das ich trotz der Eile der Ausführung für besser als die früheren halte. Es heißt Te Rereioa (Der Traum). Alles ist Traum auf diesem Bilde; sei es das Kind, die Mutter oder der Reiter auf dem Pfade oder der Traum des Malers!!! Man wird sagen, all das sei abseits der Malerei. Wer weiß. Vielleicht nicht – Zur Zeit erhole ich mich und fühle mich sehr arbeitsfreudig; ich will die verlorene Zeit einholen, und Sie werden mit Bildern überschüttet werden. Nein, tun Sie sie nicht zu Molard, der keinen Platz hat und keinen Käufer; geben Sie sie Chaudet. Da es aber nur wenige Käufer gibt, so nehmen Sie von jeder Sendung *einige von den besten,* zeigen Sie sie den Freunden und stellen Sie sie dann auf Ihren Boden. Es ist besser, man hebt die guten für den Tag auf (auf den ich hoffe!!!), da man sich entschließen wird, mich vernünftiger zu bezahlen, und Sie keine Bilder mehr haben. Vor allem lassen Sie Schuff nichts mehr machen, er will mich in eine Ausstellung mit Bernard, Denis, Ranson et Cie. stecken; was dem Kritiker des »Mercure« Gelegenheit geben wird, zu sagen, Cézanne und van Gogh seien die wirklichen Erreger der modernen Bewegung. Nein, sehen Sie, die Ausstellungen taugen nichts für mich, es sei denn, um mich ungerechterweise beschimpfen und mit beliebigen in einen Topf werfen zu lassen.

Ich erinnere mich an eine Ausstellung in London, da hieß es: »Herr Degas scheint ein ganz guter Schüler von de Nittis zu sein« – Morgen werde ich Schüler von Bernard und Sérusier sein. In der Skulptur Schüler von Paco – Von Chaudet habe ich vor zwei Monaten tausendfünfunddreißig und tausendzweihundert Francs bekommen; alle Rechnungen sind bezahlt und mehrere Medikamente und Malereiutensilien, Leinwand, Bleiweiß etc. besorgt . . .

Ich habe drei oder vier gesicherte Monate, und ich kann arbeiten; nicht etwa, daß ich nun tolle Ausgaben mache. (Man vergleiche das Bild, das Schuff entwirft.) Denn für ihn steht es fest, daß ich bin, was ich immer war: ein Bummler, der tolle Ausgaben macht etc. . . . , während er, der große Einkünfte und ein Haus von hunderttausend Francs hat, ohne Geld dasitzt. Und die Kritiker kümmern sich nicht um ihn, und er verkauft auch die zwei Dutzend Bilder nicht, die Sie kennen und die er in einem Zeitraum von zwanzig Jahren gemalt hat. Aber wer verkauft? Verkaufen sie? In Ihrem

letzten Brief teilen Sie mir mit, daß Sie so weiter malen wie vor fünfzehn Jahren: Irrtum, denn was letzthin 95 bei den »Indépendants« hing, war nicht wie vor fünfzehn Jahren.
Sie haben ganz recht, für sich würdevolle Kunst zu machen, ohne, wie Schuff, dem Flitterkram menschlichen Ruhmes nachzurennen, aber Sie brauchen sich nicht selbst in den Schatten zu stellen, nur um des reinen Vergnügens willen. Jeder auf seinen Platz, und das Schiff hat richtigen Kurs. Gitarren- und Mandolinensaiten habe ich erhalten. Schicken Sie mir trotzdem, worum ich Sie letzthin bat (natürlich, wenn Geld da ist) –
Herzlich ganz Ihr P. Gauguin

April 1897

Mein lieber Daniel, Ihr Brief erreicht mich zu gleicher Zeit mit einem sehr kurzen und fürchterlichen Brief meiner Frau. Rücksichtslos teilt sie mir den Tod meiner Tochter mit, die eine tödliche Lungenentzündung in wenigen Tagen hinweggerafft hat. Ich bin zu sehr an Schmerzen gewöhnt, mich hat diese Nachricht nicht aufgeregt: aber jeden Tag kommen Gedanken über Gedanken, die Wunde öffnet sich immer tiefer, und jetzt bin ich ganz verzweifelt. Ich habe sicher da oben irgendwo einen Feind, der mir nicht eine Minute Ruhe läßt. Im Augenblick, da ich im Begriff bin, gesund zu werden, und ein bißchen Geld habe, um einige Monate zu arbeiten, habe ich irgendein fürchterliches Pech: Der Mann, der mir ein kleines Grundstück vermietet hat, um darauf mein Haus zu bauen, ist vor kurzem gestorben, hat sehr verwickelte Verhältnisse hinterlassen, und nun muß sein Besitz verkauft werden. Jetzt suche ich also wieder ein Stück Land und muß neu aufbauen. Abgesehen von dem großen Zeitverlust, wird mich das, schätze ich, siebenhundert bis tausend Francs kosten, es ist, um verrückt zu werden. Chaudet schreibt mir nur, wenn er Geld hat, und ich habe, obwohl er mir vor kurzem welches ankündigte, nichts bekommen: mein Leben voller Schulden soll also wieder beginnen. – Ich habe (von Schuff) »Die Männer des Tages« erhalten (mein lächerliches Porträt von Schuff). Dieser Kerl langweilt mich, ärgert mich bis zum Haarsträuben, dieser Idiot! Und welche Anmaßung! Ein Kreuz, Flammen, peng – der Symbolismus ist fertig –
Ich hoffe, Sie werden bei der Ankunft meiner Bilder in Paris sein, und ich bin ungeduldig, zu erfahren, was Sie davon halten; denn ich habe kein Urteil, wenn ich auch fühle, daß im Grunde viel Gutes darin steckt.

Ich hoffe, daß Sie mit Ihrer Scheidung fertig sind und von nun ab eine klare Situation vor sich haben.
Freundschaftlich ganz der Ihre P. Gauguin

Wenn Sie eine Minute Zeit haben, so suchen Sie bitte Maufra auf, der mich noch nicht bezahlt hat. Er verabscheut Chaudet, was für die Verhandlungen mit ihm wenig ermutigend ist. Maufra wird wie früher sagen, er habe das Geld geschickt. (Das ist falsch.) Von Vollard erhalte ich einen Brief, er will allerlei, Zeichnungen und Modelle von Skulpturen, um sie in Bronze zu gießen. Ich antworte ihm diesbezüglich etwas ironisch: all dies bestünde schon lage und ohne jeden Nutzen für mich. Ich schreibe ihm auch, daß beim Kauf der Keramikstatue und -maske der Abguß in Bronze für einen geschickten Menschen wie ihn großen Nutzen abwerfen kann – Kümmern Sie sich bitte darum. Ich amüsiere mich, ohne Presse, als Versuch, mit Holzschnitt in beliebigem Holz – auf der Rückseite haben Sie einen davon.

Mai 1897

Mein lieber Daniel, mit der letzten Post erhielt ich von meiner Frau einen Brief mit der schlechten Nachricht. Ich habe es Ihnen übrigens schon geschrieben, und ich versuche, mich daran zu gewöhnen. Die Scherereien, die ich zur Zeit habe, sind gut, um meine Gedanken von diesem Unglück abzulenken – Ohne Land und gezwungen, mein Haus zu zerstören, dazu seit drei Monaten ohne Post von Chaudet, obwohl er mir für die nächste Post achthundert Francs und die monatlichen hundertfünfzig Francs des Cafetiers avisierte, bin ich ohne Überblick und habe wie ein Verzweifelter handeln müssen. Ich habe all meinen Willen zusammengerissen, meinen Stolz überwunden, gebeten, gefleht, intrigiert und schließlich von der Landwirtschaftlichen Kasse (Bank von Tahiti) ein Darlehn von tausend Francs auf ein Jahr bekommen. Für siebenhundert Francs habe ich ein Stück Land gekauft (viel zu groß für mich, aber das einzige, das zu kaufen war), das in meiner Nähe liegt (ungefähr hundert Meter entfernt) – Mit den übrigen dreihundert Francs will ich wieder aufbauen und neu einrichten. Um zu leben, habe ich noch zweihundert Francs – Später wird sich der Kaufpreis wieder einbringen, es stehen hundert Kokosbäume auf meinem Grundstück, die mir jährlich fünfhundert Francs bringen können. Und wenn ich wirklich eines Tages verkaufen muß, wird das Terrain mit den Verbesserungen, die ich anlege, an Wert gewonnen haben.

Wenn meine Gesundheit es mir erlaubt und ich noch etwas Geld übrig habe, will ich Vanille pflanzen, die ohne viel Arbeit ertragreich ist. Wer weiß! Vielleicht werde ich doch eines Tages frei und vor allem geschützt sein. Ach! Wäre man zu zweien – Wenn man bedenkt, daß Schuff mit seinem Vermögen und seinen Einkünften immer schreit, als säße er im größten Elend. Mit einem Drittel, vierzigtausend Francs, wollte ich hier ganz behaglich leben, eine Familie ernähren und nötigenfalls noch sparen. Was für dumme Leute es gibt. Papinaud hat Ihnen – Südfranzose, der er ist – erzählt, ich sei auf den Marquesas-Inseln. Welch Unsinn! Mit welchem Gelde?

Außerdem, kommen meine Briefe, die ich nach Papinauds Abreise geschrieben habe, nicht immer noch aus Tahiti? Versuchen Sie doch, zu erreichen, daß Chaudet mir regelmäßig schreibt, auch wenn er mir kein Geld zu schicken hat, denn Ungewißheit ist das schlimmste in meiner jetzigen Lage. Dosbourg, diese Kanaille, hat bezahlt, aber zwangsweise; wann wird Maufra bezahlen? Wann Talboum? (Verlieren Sie das nicht aus den Augen.)
Sie sind also jetzt von Ihrer Frau befreit (meinen Glückwunsch). Was die Gütertrennung anbelangt, so wage ich nicht, Ihnen davon zu sprechen, denn ich weiß nicht, ob sie vorteilhaft für Sie wäre. In solchen Fällen ist die Justiz unseren Damen gegenüber immer sehr höflich – Ich bin auf dem Wege der Besserung, aber es wird noch lange dauern, und meine Beine sind immer noch in Tücher gehüllt – Das ist ja gleich, ich habe keine Schmerzen mehr und arbeite ein wenig. Ich habe gerade ein schönes Bild, glaube ich, fertiggemacht: Die Stätte der Seelen, Te Rohutu. Inliegend Skizze, zum Zeitvertreib, denn sie gibt nicht viel Aufschluß, da die Farbe immer das wichtigste bleibt – Ich muß Ihnen immer wieder sagen, wie dankbar ich Ihnen für Ihre monatlichen Briefe bin. Viele Monate, auch in diesem, sind Sie der einzige, der mir schreibt. Vor ungefähr einem Jahr habe ich an Degas geschrieben und keine Antwort erhalten. Ich fürchte sehr, daß Schuffs Dummheiten ihm womöglich eine schlechte Meinung über mich beigebracht haben, die er früher nicht hatte –
Grüße für Maillol und herzlich P. Gauguin

Juni 1897

Mein lieber Daniel, meine Aufträge werden vermutlich im nächsten Monat ankommen, ich danke Ihnen dafür, daß Sie sich so um mich kümmern, und ich empfinde es um so angenehmer, als niemand anders es sonst täte. Wie ich Ihnen kürzlich schrieb, habe ich ein Darlehen aufgenommen, um mich einzurichten, und nun bin ich mitten in der Einrichtung, was nicht angenehm ist, denn ich habe alles mögliche Pech: Zur Zeit habe ich eine doppelseitige Bindehautentzündung, und seit zwei Tagen brennt man mir mit Kupferschwefel die Knötchen weg – Ich fürchte sehr, niemals wieder ganz gesund zu werden. Außerdem habe ich kein Geld. Was Dosbourg angeht, so verstehe ich nichts.

Der Notar hier und ein sehr sachkundiger Richter haben mir versichert, daß eine notariell beglaubigte Quittung einen verlorenen Wechsel vollkommen deckt, um so mehr einen Wechsel, der nicht existiert. Was nützt mir der Advokat, wenn das Geld wie früher zurückgehalten wird. Außerdem habe ich gesagt und es immer wiederholt, daß Sie jede Vollmacht haben und niemals meine Zustimmung abzuwarten brauchen. Jetzt muß man noch fünf Monate warten, um dieses Geld zu bekommen. Seit vier Posten habe ich kein Wort von Chaudet erhalten, auch kein Geld, obwohl er mir aus dem Verkauf Vollards für den nächsten Monat ungefähr achthundert Francs, außerdem hundertfünfzig Francs vom Cafetier Bauchy versprochen hatte, was ungefähr tausenfünfhundert Francs ausgemacht hätte, auf die ich rechnete, um wieder flott zu werden – Statt dessen: *nichts*, und wann kann ich jetzt auf Geld rechnen?

Ich weiß nicht, was ich anfangen soll, denn aller Kredit ist erschöpft; und in einem Jahr muß ich der Landwirtschaftlichen Kasse tausend Francs zurückzahlen, wenn nicht, steckt man mich in ein etc.... ohne Hilfsquellen ... Ich wage nicht, an Chaudet zu schreiben; ich fürchte immer, er würde böse ...

Sehen Sie doch nach alledem und versuchen Sie zu erwirken, daß Chaudet mir regelmäßig schreibt, auch wenn er kein Geld zu schikken hat, damit ich meine Angelegenheiten erledigen kann und mich nicht in Vermutungen verliere – Aber jetzt werden Sie ja alle aufs Land gehen! Ach, mein Unglück ist groß.

Ich hoffe, daß die Ausstellung in Schweden ihre Wirkung erreichen und mir einen Absatzmarkt in diesem Lande schaffen wird –

Vergessen Sie nicht die Angelegenheit Maufra –

Ich kann nicht mehr schreiben mit meinen Augen.

Ganz Ihr P. Gauguin

14. Juli 1897

Mein lieber Daniel, mit dieser Post drei Briefe: Molard, Schuff und von Ihnen. Ich weiß nicht, ob ich die Kraft haben werde, Molard zu antworten; Schuff ein andermal; übrigens enthält sein Brief nichts als Mitteilungen über den Kummer, den meine arme Frau empfinden muß, und hauptsächlich eigenen Eheärger und Klagen über den *Verrat* seiner Freunde an seiner Malerei – Meine Krankheit hat mich mit Macht von neuem befallen – Chaudets Sendungen haben mir sehr wohl getan, jetzt haben mir alle diese Sorgen den Rest gegeben. Ich weiß nicht, was aus mir werden soll, mit Schulden und ohne einen Sou: alle Tage Reis und Wasser können mir meine Kräfte nicht wiedergeben; ich habe Schwindelanfälle und Fieberattacken, und meine *beiden* Füße, die sehr schmerzen, zwingen mich, im Bett zu bleiben oder auf einem Stuhl zu sitzen.

Kein Gedanke, keine Arbeit, und ohne jede Hoffnung. Chaudet hat mir seit vier Monaten kein Wort geschrieben . . . Wäre er böse, so wüßten Sie es doch. Der Cafetier muß ihm in jedem Monat hundertfünfzig Francs für mich bezahlen. Hätte ich sie, so würde mir das immerhin helfen, ebenso die zweihundert Francs, die mir noch bleiben, wie Sie mir mitteilen. Und wären es nur fünfundzwanzig Francs, so muß man sie mir schicken. Sobald *ich Vorsprung habe,* kann man große Summen zeitlich aufteilen. Wenn man bedenkt, daß ich nicht in der Lage bin, jährlich zweitausendfünfhundert Francs zu verdienen; während Denis zehntausend verdient. Sehen Sie sich diese zehn Kerle an, wie sie sich regen, wie sie vorwärts kommen: Sie werden sie in Schweden, in Norwegen und Dänemark auftauchen und reiche Ernte halten sehen. Wer hat sie aufkommen lassen und ihnen zur Anerkennung verholfen? Sérusier, Lacombe, Roussel etc. Und man wird von der neuen Kunst sprechen – Besonders Sérusier scheint mir von gewaltiger Tücke zu sein – Und er hat Vermögen.

Die Pakete sind angekommen – (aber ich soll zwölf Francs Zoll zahlen; ich weiß nicht, wann ich sie abholen kann) – vor einigen Tagen über Neuseeland; Amerika nimmt sie nicht an.

Jetzt will ich Ihren Brief beantworten. Ich habe Ihnen ein Bild angeboten; sehen Sie, wo mir der Kopf steht. Ich kann mich nicht daran erinnern. Ich beglückwünsche mich zu diesem guten Gedanken, und ich freue mich aufrichtig, daß Sie die Barke gewählt haben. Sie finden, es sei romantisch. Warum nicht! Und Delacroix? – Sie wissen ja, daß, wenn mich die andern mit einem System bedacht haben, ich keines habe und dazu nicht verurteilt sein will. Malen, wie es mir einfällt, heute hell, morgen dunkel, etc. . . ., im übrigen muß der Künstler frei sein, oder er ist nicht Künstler.

Die Bilder, die ich Ihnen sandte, sind angekommen und Sie haben sie bewundert; desto besser, ich hatte Furcht – denn in dem Zustand, in dem ich bin, kann ich ihren Wert wirklich nicht richtig abschätzen. Sie machen mir große Vorwürfe: ich pflegte die Materie nicht. Ach, wenn ich sie überall so pflegte wie in der Malerei – Aber die Zubereitung läßt zu wünschen übrig. Das stimmt. Was wollen Sie, in meinem Zustande – ich war so nervös und ungeduldig – ermüdete und belästigte mich die Vorbereitung.
Dann sind die Bilder, von denen Sie schreiben, von einem Marineoffizier gerollt worden (ich war im Krankenhaus), der nicht Bescheid wußte, und ohne Luft liefen sie natürlich bei dieser argen Hitze große Gefahr. Aufgespannt und gewachst werden sie weniger Gefahr laufen. Im Falle eines großen Unglücks hat Portier einen ausgezeichneten Rentoileur, und das kostet ungefähr zwanzig Francs. Wenn nicht, können Sie folgendes machen: Sie kleben sofort Papier mit Klebstoff auf die bemalte Seite; dann drehen Sie das Bild um, breiten es auf einem Brett aus und gießen etwas kalten Klebstoff darauf; verteilen Sie sorgfältig mit dem Messer und trocknen Sie so ab, daß der Klebstoff ganz durchgeht und das Spanisch-Weiß durchdringt. Ist das trocken, so müssen Sie mit einem halbwarmen Eisen mit möglichst starkem Druck darüber plätten. Ist das Bild gut in den Rahmen gespannt, so läßt sich das Papier mit angefeuchtetem Finger leicht entfernen – Wieviel Arbeit ich Ihnen mache –
Auf diese Weise habe ich einen van Gogh repariert, der sich überall abschuppte. Bleiben sichtbare Risse, so macht das nichts – Schließlich muß man all das so gut machen, wie es geht, und von Tahiti nach Paris ist es weit. Vor einem Jahr werde ich nichts schicken können, und auch dann weiß ich nicht, ob ich etwas Richtiges zu schicken habe –
Molard schreibt mir Einzelheiten über die Ausstellung in Stockholm, wohin er einige Bilder geschickt hat. Wirklich eine gute Sache für die Zukunft, denn jetzt!!! Ich werde als wilder Mann gelten und wie immer die *Kühnen*, die neben mir sanft wirken, auf diese Weise durchbringen.
Es wird nichts verkauft werden, nicht mehr als in Brüssel, doch wird sich, wenn man es geschickt anfängt, für später ein Markt auftun. Es wird ruhig werden, und man wird zu freundlicheren Empfindungen zurückkehren, vorausgesetzt, daß ein ernsthafter Händ-

ler Mittelsmann sein will.
Und die Forderung Maufra.
Und die Forderung Talboum!
Herzliche Grüße für die Freunde.
Ihr ergebener P. Gauguin

August 1897

Mein lieber Daniel, ich erhalte in diesem Monat einen reizenden Brief von Gouzer, dem Marinearzt (der mir seine Adresse mitzuteilen vergißt). Er ist ganz begeistert von *Daniel*, dem talentvollen Maler und unabhängigen Kopf, der ihn gut aufgenommen hat, und er nutzt das aus (schreibt er). Das ist in der Tat ein gutes Unterkommen für ihn während seines Urlaubs. Er schreibt mir auch von der Notwendigkeit für mich, nach Frankreich zurückzukehren. Aber womit – und – wozu? Hätte ich zurückkehren müssen, wäre ich nicht nochmals hierhergereist, ich bin doch nicht wahnsinnig. Übrigens ist, was Gouzer sagte, nicht schwerwiegend, denn er hat mehr guten Willen als Überlegung.

Außer Ihrem Brief und einem von »Mercure« habe ich nichts bekommen – Ich weiß nicht, was ich von Chaudet halten soll: wäre er böse, so wüßten Sie es und hätten es mir mitgeteilt. Ich habe keinen Centime und nicht einmal Kredit beim Chinesen für Brot. Wenn ich gehen könnte, so würde ich tagelang in den Bergen etwas zu essen suchen, aber so nicht! Es war töricht von mir, im vergangenen Jahr nicht zu sterben; das wäre besser gewesen, und jetzt wäre es irrsinnig. Und doch möchte ich wissen, was ich machen soll, wenn mir die nächste Post nichts bringt. Ich habe augenblicklich tausendneunhundert Francs Schulden: wenn ich also etwas bekomme, so muß ich das Loch ein wenig zustopfen und zwei oder drei Monate leben und so fort. Das ist kein Dasein mehr, und das verhindert übrigens auch meine Genesung.

Ach, wäre ich in Frankreich, ich würde schon in kurzer Zeit Geld auftreiben. Das ist nur eine Preisfrage. Die van Goghs, der Cézanne und einige Bilder von mir würden bald alles einrenken – Da sage ich schon wieder die gleichen Dinge . . . ohne jeden Zweck –

Inliegend diesen Wisch vom »Mercure« . . . Ich glaube, daß ich meine drei Aktien vorläufig Molard gegeben habe: sehen Sie danach – Jedenfalls kann ich die hundertfünfzig Francs nicht bezahlen. Er-

klären Sie dem »Mercure« meine Lage, und wenn er die drei Aktien nicht für hundertfünfzig Francs (ursprüngliche Einzahlung) zurückkaufen will, soll er sie als verloren betrachten –
Die Stiefel, die prächtig geworden sind, habe ich erhalten, aber ich kann sie erst anziehen, wenn es mir besser geht, jetzt drückt mich jeder Schuh.
Sie werden meinen Brief wahrscheinlich in der Provence erhalten, auf alle Fälle werden Sie bald nach Paris zurückkehren.
Herzlich Ihr ergebener Paul Gauguin

10. September 1897

Mein lieber Daniel, ich erhalte Ihren Brief und danke Ihnen dafür. Ich antworte Ihnen, ich weiß nicht wie, mit leerem Kopf und leerem Magen, alles ist schwarz und ohne jede Hoffnug. Kein Wort von Chaudet, und ich muß jetzt, logischerweise, daraus schließen, daß Chaudet mich aufgibt, eine sicherlich vorhandene Empfindlichkeit, oder vielleicht Müdigkeit; es ist so selten, in unserer Zeit dauernde Anhänglichkeit zu finden.
Was soll ich also anfangen ohne Händler, ohne jemanden, der mir mein Jahreseinkommen sichert. Ich sehe nichts, nur den Tod, der von allem befreit.
In diesem Monat schulde ich tausendachthundert Francs und habe keinen Kredit mehr.
Gewiß habe ich in Paris zweitausendachthundert Francs gut, außerdem meine Bilder, meine Sammlung, einen Außenstand von Vollard (glaube ich), und noch eintausendvierhundert Francs von Morice, nach einer Aufstellung von Chaudet in einem Brief von vor sechs Monaten. Da man mich aber nicht bezahlen wird, so habe ich nichts als Schulden und zum Essen hinfort: Null –
Wahnsinniges, aber trauriges und böses Abenteuer, meine Reise nach Tahiti.
Herzlich ganz Ihr P. Gauguin

Oktober 1897

Mein lieber Daniel, wie alle Monate kommt Ihr Brief allein: von Chaudet nichts. Sein letzter Brief, den ich beantwortete, war vom September 96; seither hat Bauchy, der hundertfünfzig Francs monatlich zu zahlen hat, tausendeinhundertfünfzig Francs zahlen müssen. Wenn er nicht bezahlt hat, warum schreibt man es mir nicht –
Fast hätte ich Ihnen nicht geschrieben; die Post war am 10. ange-

kommen und geht morgen, am 13., wieder ab; dann habe ich mich eines besseren besonnen: denn dieser Brief wird ungefähr der letzte sein, den ich Ihnen schreibe. Wenn ich nichts bekomme, werde ich mich Ende Oktober entschließen müssen, es wäre nur besser gewesen, man hätte mir vor zwei Jahren geradeheraus gesagt, wie es steht, das hätte mir zwei Jahre fürchterlicher seelischer und körperlicher Leiden erspart. Wie dem auch sei, ich will niemandem böse sein – man soll nicht sagen, ich hätte es an Geduld oder Energie fehlen lassen. Die materiellen Beweise liegen vor; ich kann mit dieser Malerei meinen Lebensunterhalt nicht aufbringen, so elend er auch sein mag, vor allem wenn ich fern von Frankreich bin. Was wollen Sie? Jetzt hat das gestrandete Schiff keinen Fetzen Leinwand mehr, alles ist fort, und es legt sich um . . . Seit drei Monaten habe ich keinen Pinsel angerührt, die Farben, die Sie mir geschickt haben, sind von nun an überflüssig, und kein Mensch gäbe mir hier dafür ein Stück Brot; das ist ein bitterer Hohn. Ich erinnere mich folgender Worte von Lévy, der mit Chaudet übereinstimmte: »Da Sie nach Tahiti zurück wollen, gibt es folgende Möglichkeit, die alles gut macht« – und nachdem sie den Kontrakt unterzeichnet hatten, den Sie kennen, sagten sie alle beide: »Sie können sicher sein, was auch immer geschehen möge , an Ihrem Lebensunterhalt soll es nicht fehlen.«

Ich wünsche, daß man in Frankreich schweige, und hauptsächlich, daß Herr Schuffenecker nicht überall hinausposaune: »Diese arme Frau Gauguin!« Und da meine Bilder unverkäuflich sind, sollen sie es auch bleiben. Und eines Tages wird der Augenblick kommen, da man glauben wird, ich sei ein Mythos oder eine Erfindung der Presse; man wird fragen, wo die Bilder sind. Tatsächlich gibt es keine fünfzig in Frankreich.

Ich ermüde Sie mit allen diesen Sorgen, aber es sind die letzten.

Und gerade jetzt haben wir Dampferpostverbindung, das heißt, die Briefe werden zwanzig bis fünfundzwanzig Tage früher nach Frankreich gelangen, und die Post geht statt am 1. am 15. in San Franzisko ab.

Ich sehe, daß Sie in glücklichster Schöpferkraft sind; Skulpturen! Nicht wahr, es macht viel Spaß und ist sehr leicht oder sehr schwer: sehr leicht in bezug auf *die Natur;* sehr schwer, wenn man sich in Parabeln etwas geheimnisvoll ausdrücken, *Formen finden will.* Was Ihr Freund, der kleine Bildhauer aus dem Süden, deformieren nennt. Denken Sie immer an die Perser, die Kunst der Kambodschaner und etwas an das Ägyptische. Das Griechische, so schön es sein mag, ist der große Irrtum. Ich will Ihnen einen kleinen *Rat in bezug auf das Material* geben, machen Sie damit, was Sie wollen: Mischen Sie mit Ihrem Ton viel, viel feinen Sand; das wird Ihnen nützliche Schwierigkeiten verursachen und Sie daran hindern, die Oberfläche zu sehen, und Sie werden nicht in die fürchterlichen Künsteleien der École des Beaux-Arts verfallen. Ein schöner Strich mit dem Daumen, der fett die Begegnung von Nasenloch und Wange modelliert, das ist ihr Ideal! Dann soll Skulptur stets Höcker, niemals aber Löcher bedeuten Das *menschliche Ohr* bedarf eines Loches, um zu hören, Gottes Ohr nicht. Er hört und sieht, nimmt wahr, ohne die Unterstützung der Sinne, die es nur gibt, um den Menschen erreichbar zu sein! All das geht durch ein Fluidum, durch die Seele. *Das müssen Sie deutlich machen.*

Herzlich ganz Ihr Paul Gauguin

November 1897

Mein lieber Daniel, was ich Ihnen im letzten Monat geschrieben habe, ist nur aufgeschoben, die hundertsechsundzwanzig Francs, die Annette mir geschickt hat, bedeuten einen Monat Aufschub; aber eine so kleine Summe ist angesichts meiner Gläubiger keine Lösung. Chadet schweigt sich weiter aus, und da er auch Ihren Brief nicht beantwortet hat, sehen Sie an seinem Schweigen, daß er Veranlassung hat, meine Interessen nicht mehr für seine Aufgabe zu halten, außerdem habe ich in Paris keinen Menschen mehr, der die Schwierigkeiten beim Verkauf meiner Bilder oder beim Eintreiben meiner Schulden *zu überwinden* vermöchte. Der Cafetier tausendfünfhundert, Maufra dreihundertfünfzig und Dosbourg sechshundert, von denen Chaudet mir immer noch nichts geschrieben hat.

Mein Entschluß, ein Ende zu machen, ist insofern abgeändert worden, als die Natur das jetzt übernommen hat, aber es wird länger dauern, ein fürchterlicher Gedanke für mich, aber ich darf dem nicht vorgreifen. Mein Herz hat so viel Erschütterungen nicht standhalten können, und die bei jeder Unruhe und jeder Aufregung eintretenden Blutungen müssen früher oder später eine endgültige Lösung herbeiführen. So werde ich wenigstens ohne einen Vorwurf sterben; aber wann?

Auf alle Fälle muß in Paris so gehandelt werden, als wäre alles dies nicht, und ich bitte (von Post zu Post) um Nachricht über Chaudet.

Dann erhielt ich zwei Worte von Morice, der mir mitteilt, daß mein Buch zuerst in der »Revue Blanche« und dann als Buch erschiene. Wollen sie doch bitte sofort den Herausgeber aufsuchen und fragen, was die Veröffentlichung in der »Revue« und die als Buch einbringt, und vor allem, bitten Sie ihn, nichts an Morice, aber an mich so rasch wie möglich zu zahlen. Sollte er Ihnen sagen, dies sei mit Morice nicht abgemacht, so bitten Sie ihn darum, an Morice nicht eher zu zahlen, bevor man sich darüber verständigt hat. Jetzt können Sie meine Briefe viel rascher beantworten, denn die neue Dampferpost geht von Tahiti an jedem 13. und von San Franzisko an jedem 31.[31] ab. Sie werden meine Briefe also am 15. und 16. jeden Monats erhalten, statt wie früher am 1.

Schuff schreibt mir einen blöden Brief wie immer, aber voll noch betonterer Torheit; es dreht sich darin nur um sein elendes Leben, das jeglicher Freundschaft von seiten der Kameraden bar ist, er hofft, daß ich mich wohl befände und schon seit langem keine Geldsorgen hätte. Ich antworte ihm nicht. Etwas Interessantes teilt er mir jedoch mit: daß Ihr »Kalvarienberg« eine wahre Offenbarung ist; daß es das Meisterwerk Ihres Lebens ist. Ich bin sehr glücklich darüber, und sollten Sie eine Photographie davon machen lassen können, so senden Sie mir bitte eine: Plastik gelingt auf der Photographie immer gut, und dann kann ich mir eine annähernde Vorstellung von dem schönen Werk machen, das Sie sicherlich geschaffen haben. Sie haben ganz recht, nichts zum Champ de Mars zu schikken, sondern in voller Freiheit für Ihre eigene Befriedigung zu arbeiten, nicht für den leeren Ruhm, mit Meissonier und Konsorten in einen Topf gesteckt zu werden.
Fast hätte ich vergessen, Ihnen von Ihrem Freunde, dem Literaten, zu schreiben. Ich glaube, er hat viel Talent, ebenso aber glaube ich, daß über mich alles gesagt worden ist, was gesagt und nicht gesagt werden mußte. Ich wünsche nur *Ruhe, Ruhe* und nochmals Ruhe. Man soll mich still und *vergessen* sterben lassen, und soll ich leben, so lasse man mir noch mehr Ruhe und noch mehr Vergessenheit: Was tut's, ob ich Schüler von Bernard oder Sérusier bin! Mache ich schöne Dinge, so wird nichts sie auslöschen; und mache ich Scheiße, warum soll man sie vergolden und die Leute über die Qualität der Ware täuschen. Jedenfalls wird mir die Gesellschaft nicht vorwerfen können, ich hätte ihr durch Lügen viel Geld aus der Tasche gelockt. Wollte ich eine Aufstellung der untergebrachten Bilder machen, so wäre die Zahl der verschenkten Bilder größer als die der verkauften. Ich bedaure das nicht, im Gegenteil; hätte ich in Tahiti nur dreitausend Francs Rente, so würde ich sie alle verschenken. Das nur, um festzustellen, daß ich die Gesellschaft nicht ausgenutzt habe. Schuff teilt mir mit, daß Leclercq von Bing weggegangen sei,

um Kunsthändler zu werden; ich hoffe, daß Sie diesem Kauz kein Bild anvertrauen, für Norwegen nicht und auch für nirgendwoanders. Über Schweden höre ich kein Wort mehr.
Wenn Sie dem Doktor Gouzer schreiben, grüßen Sie ihn bestens; ich habe seinen freundlichen Brief nicht beantwortet, weil ich seine Adresse nicht wußte, die nicht festzustehen scheint. Diese Seeleute bleiben nie lange an Land, und wenn sie an Bord sind, so reisen sie oft von einer Station zur andern. Sie haben ihm mit einem Abguß des »Kalvarienbergs« ein schönes Geschenk gemacht. Sie haben nicht zehn Jahre dazu gebraucht wie Bartholomé zu seinem Grabmonument; Werke, die fast nur deswegen gut sind, weil sie sehr umfangreich sind. Die Bildhauer, die eine Venus nach der andern machen, kommen nie darauf, eines Tages ihre ganze Kraft zusammenzunehmen und das zu machen, was man wünscht, ein Hurenhaus zum Beispiel: man würde dann sagen: ein grandioses Werk, Donnerwetter, welch Temperament! Während Sie mit einem Schlage den »Kalvarienberg« schaffen!!! Sie wissen um die Kunst, verstehen aber Ihren Vorteil nicht: Sie werden niemals ausgezeichnet werden. Was, wenn Schuffenecker ausgezeichnet würde, welche Freude: das kostet dem Staat so wenig. Man sollte jedes Jahre alle die auszeichnen, die auf Ministerialpapier darum bitten. Annette vielen Dank für ihren Brief.
Freundschaftlichst ganz Ihr Paul Gauguin

Man weiß nicht, was geschehen kann. Sollte ich plötzlich sterben, so bitte ich Sie, als Andenken an mich alle bei Ihnen befindlichen Bilder zu behalten: meine Familie wird deren immer noch zu viele haben.
Dann, im »Mercure« ist mir alles in der Direktion feindlich gesinnt. Seit einiger Zeit Mauclair (Freund von Anquetin), wie alle Freunde Anquetins Feinde sind. Dann Bernard, der im »Mercure« immer hoch angesehen war, wenn es sich um irgend etwas gegen mich handelte; unter anderm letztens die Veröffentlichung eines Briefes von van Gogh (mit heimtückischer und dummer kleiner Anmerkung von Bernard). Mit welchem Recht publiziert man die Bemerkungen Bernards zu einem Brief, der nicht an ihn gerichtet ist?

Dezember 1897

Mein lieber Daniel, wie immer: kein Brief von Chaudet und folglich kein Geld. Außer meinen Schulden muß ich meinen Unterhalt für das Jahr 98 bestreiten: viel Geld, und so geht es immer weiter. Sie schreiben mir, ich solle den Kurs einhalten; aber Sie wissen als Seemann selbst, daß man den Kurs nicht einhalten kann, es sei denn, man hätte einen Fetzen Fock- oder Briggsegel. Ich habe in meinen Kammern diese Segel gesucht und gesucht, aber sie nicht gefunden. Meine Gesundheit wird immer kläglicher, und um meine verlorenen Kräfte wieder zu sammeln, habe ich nicht nur keine Ruhe, sondern nicht einmal ein Stück Brot; ich lebe von Wasser, Guaven und Mangos, die es jetzt gibt, manchmal Süßwasserkrabben, wenn es meiner Vahine gelingt, welche zu fangen.

Und immer hoffe ich auf eingegangene Außenstände oder in Schweden (Ausstellung) verkaufte Bilder, aber es kommt nichts, nicht einmal Mitteilungen darüber. Von der »Revue Blanche« habe ich die erste Nummer der Veröffentlichung von »Noa Noa« bekommen, aber natürlich kein Geld . . .

Herzlich ganz Ihr Paul Gauguin

Veröffentlichungen in Revuen und in Zeitschriften werden sofort nach Erscheinen bezahlt. Mit Büchern steht es anders, aber ich glaube, sowie das Buch zum Verkauf gelangt, erhält der Autor Geld.

Sollte, was sehr leicht möglich ist, das Buch übersetzt oder veröffentlicht werden, so wünsche ich nicht, daß meine Frau Geld davon bekommt.

Februar 1898

Mein lieber Daniel, ich habe Ihnen im letzten Monat nicht geschrieben, ich hatte Ihnen nichts mitzuteilen, und alles zu wiederholen, dazu hatte ich keine Kraft. Als die Post angekommen und nichts von Chaudet dabei war, war ich leidlich gesund, hatte also keine Aussicht, eines natürlichen Todes zu sterben; da wollte ich mich töten. Ich habe mich im Gebirge verborgen gehalten, und die Ameisen hätten meinen Leichnam aufgefressen. Ich hatte keinen Revolver, aber Arsenik, das ich während meines Ausschlages sorgfältig aufgehoben hatte: mag nun die Dosis zu stark gewesen sein, oder mag das dauernde Erbrechen die Wirkung des Giftes verhindert haben, ich weiß nicht. Schließlich bin ich nach einer fürchterlichen Nacht wieder heimgekehrt. Diesen ganzen Monat quälten mich schreckliche Schmerzen an den Schläfen, Ohnmachten und Brechreiz nach dem bescheidensten Essen. Ich erhielt in diesem Monat siebenhundert Francs von Chaudet und hundertfünfzig von Maufra: damit will ich die hartnäckigsten Gläubiger bezahlen und so weiterleben wie bisher, in Elend und Schande bis zum Mai, dann wird mich die Bank fassen und dafür sorgen, daß mein ganzer Besitz verschleudert wird; auch meine Bilder. Nun, wir werden sehen, wie dann von vorn beginnen.

Mein Entschluß stand für den Dezember fest. Damals wollte ich vor meinem Tode ein großes Bild malen, das ich im Kopf hatte, und während des ganzen Monats habe ich in unerhörtem Fieber Tag und Nacht gearbeitet. Zum Teufel, das ist kein Bild wie ein Puvis de Chavannes, Studien nach der Natur, Entwurf auf Karton etc. Alles ist ohne Modell gemacht, frisch vom Pinsel weg, auf Sackleinwand voller Knoten und Höcker, deswegen sieht das Bild auch fürchterlich ungeschliffen aus.

Man wird sagen, es sei nachlässig ... unfertig. Gewiß hat man kein gutes Urteil über sich selbst, aber ich glaube, daß dieses Bild an Wert nicht nur alle früheren übertrifft, sondern auch, daß ich niemals ein besseres oder gleiches malen werde. Ich habe vor meinem Tode meine ganze Energie hineingelegt, in furchtbaren Umständen eine so schmerzliche Leidenschaft und eine so reine Vision ohne Korrektur, daß das Hastige verschwindet und das Leben emporsteigt. Das riecht nicht nach dem Modell, dem Handwerk und den vergeblichen Regeln – von denen ich mich immer befreit habe, wenn auch bisweilen zaghaft.

Es ist ein Bild von 4,50 X 1,70. Die beiden Ecken oben sind chromgelb, mit der Inschrift links und meiner Signatur rechts, wie ein an den Ecken beschädigtes und auf eine Goldwand gemaltes Freskogemälde. Rechts unten ein schlafendes Kind und drei hingekauerte Frauen. Zwei in Purpur gehüllte Gestalten vertrauen sich ihre Gedanken an; eine absichtlich unperspektivische, gewaltige, sitzende Gestalt hebt die Arme in die Höhe und betrachtet erstaunt die beiden Personen, die über ihr Geschick nachzudenken wagen. In der Mitte pflückt eine Gestalt eine Frucht. Zwei Katzen bei einem Kinde. Eine weiße Ziege. Der Götze hebt beide Arme und scheint geheimnisvoll und voller Rhythmus nach dem Jenseits zu weisen. Die hockende Gestalt scheint dem Götzen zu lauschen; eine sterbende Alte schließlich scheint alles hinzunehmen, zu resignieren und beendet die Legende; zu ihren Füßen stellt ein seltsamer weißer Vogel, der eine Eidechse in seinen Krallen hält, die Zwecklosigkeit lee-

rer Worte dar. Alles geschieht am Ufer eines Baches im Gehölz. Im Hintergrund das Meer, dann das Gebirge der Nachbarinseln. Trotz der Übergänge im Ton ist der Anblick der Landschaft von einem Ende bis zum andern durchgehend blau und veronesegrün. Davon heben sich alle nackten Gestalten in kühnem Orange ab. Wenn man den Schülern der Beaux-Arts für den Wettbewerb für Rom sagte: »Das Gemälde, das Sie zu malen haben, soll darstellen: Woher kommen wir, was sind wir, wohin gehen wir?« – was würden die wohl machen? Ich habe eine philosophische Arbeit über dieses mit dem Evangelium verglichene Thema beendet: ich glaube, sie ist gut; wenn ich die Kraft dazu habe, werde ich es nochmals malen und Ihnen dann senden.
Ich schicke Ihnen eine schlechtgelungene Photographie von meinem Doppelhaus; das links dient mir ausschließlich als Atelier; mit geschnitzten Dekorationen habe ich daraus etwas ganz Hinreißendes gemacht. Mit dem kleinen Garten, den ich angelegt habe, sind es zwanzig Meter Länge auf acht Meter Breite. Wenn einmal verkauft werden muß, möchte ich der Zerstörung meiner ganzen Einrichtung nicht beiwohnen. In zwei Monaten, denke ich, kann ich Ihnen mein großes Bild schicken; ich will versuchen, noch andere mitzusenden. Morice schreibt mir, das Buch käme nicht mehr bei der »Revue Blanche« heraus, sondern wahrscheinlich bei Charpentier, was in bezug auf Bekanntwerden, *folglich auch Bezahlung*, besser ist. Ich hoffe, daß Sie sich darum kümmern und das Nötige veranlassen: Molard hat ausdrückliche Vollmacht für diese Ausgabe: er muß mich also beim Abschluß vertreten.
Wer weiß, ob das Buch mein Ansehen nicht erhöhen und meiner Malerei nützen wird, jedenfalls wird es ihr keinen Schaden tun. Ich bin müde, ich schließe also und drücke Ihnen freundschaftlichst die Hand.

Ganz der Ihre P. Gauguin

Ach, ich vergaß. Ich habe die hundertsechsundzwanzig Francs erhalten, falls mein letzter Brief verlorengegangen sein sollte – Chaudet teilt mir mit, er habe seit dem Tage, da Sie Farben für mich gekauft haben, geglaubt, ich sei von jeder Sorge befreit. Ich möchte Sie darum bitten (es ist viel), immer, ein oder zwei Mal im Monat, mit Chaudet in Verbindung zu bleiben. Ich glaube, er ist ein guter Junge, aber sehr leichtsinnig, er amüsiert sich und muß immer wieder aufgerüttelt werden; er drückt sich brieflich mit Mühe aus, folglich kann ich nicht im geringsten aus meinen Angelegenheiten klug werden, während Sie, auf dem laufenden, mir alles erklären können.

März 1898

Mein lieber Daniel, dieser Monat war dank den siebenhundert Francs von Chaudet ruhiger; meine Gläubiger verfolgen mich nicht, und so habe ich mich ein wenig ausruhen und weniger schwarzsehen können trotz dem großen Unglück am Horizont: Ich muß im Mai tausendzweihundert Francs an die Landwirtschaftliche Kasse zahlen. Meine Verdauung ist leidlich, und auch das Hämmern an den Schläfen ist seltener geworden; trotzdem bin ich in einem Zustand völliger Erschlaffung, die mich daran gehindert hat, in diesem Monat einen Pinsel anzurühren. Ich habe nichts getan. Übrigens hat mein großes Bild für einige Zeit meine ganze Lebenskraft absorbiert; ich betrachte es unaufhörlich, und weiß Gott (gestehe ich), ich bewundere es. Je länger ich es sehe, desto klarer werden mir die *gewaltigen mathematischen* Fehler, die ich keinesfalls retouschieren will – das Bild bleibt, wie es ist, im Skizzenzustand, wenn man so sagen will. Aber da taucht die Frage auf, und ich bin ganz fassungslos: Wo beginnt die Ausführung eines Bildes, und wo endet sie? Im Augenblick, da höchste Empfindungen in der Tiefe des Wesens in Fluß sind, im Augenblick, da sie zum Ausbruch kommen und der Gedanke wie Lava aus einem Vulkan bricht, ist das nicht ein Aufbrechen des plötzlich geschaffenen Werkes, das vielleicht brutal, aber groß und übermenschlich ist? Das kalte Rechnen der Vernunft hat dieses Aufbrechen nicht geleitet, wer aber weiß, wann in der Tiefe des Wesens das Werk begonnen wurde? Unbewußt vielleicht. Haben Sie schon gemerkt, daß, wenn Sie eine Skizze nochmals abzeichnen wollen, mit der Sie zufrieden sind und die in einer Minute, einer Sekunde der Inspiration geschaffen ist, Sie immer nur eine minderwertige Kopie zuwege bringen, hauptsächlich, wenn Sie die Proportionen verbessern, die Fehler, die der Verstand zu sehen glaubt. Ich höre manchmal: der Arm ist zu lang etc. . . .Ja und nein. Vor allem aber nein, denn machen Sie ihn zu lang, so verlassen Sie die Wahrscheinlichkeit, um zur Fabel zu gelangen, was kein Übel ist: selbstverständlich muß das ganze Werk denselben Stil, denselben Willen atmen. Wollte Bouguereau einen zu langen Arm machen, ja, was bliebe ihm, dessen Vision – dessen künstlerischer Wille – nur in der stumpfsinnigen Genauigkeit liegt, die uns an die Fessel der materiellen Wirklichkeit kettet!

Sie haben gut daran getan, Schuff keine Bilder für eine Ausstellung zu geben: Sie haben meine früheren Briefe verstanden. Übrigens, sehen Sie doch, was die Ausstellungen in Belgien und Schweden- . . . (Stöße und Schläge, das ist alles!) Von der schwedischen Aus-

stellung schreiben Molard und Sie mir kein Wort – Und wären es selbst schlechte gewesen, auf die ich gefaßt war, so hätte ich doch auf alle Fälle Nachrichten haben mögen. Es wäre ganz gut, wenn ohne viel Aufhebens Vollard jeden Monat ein neues Bild hätte, nur zum Verkauf.
Maufra hat mehr versprochen, aber nur hundertfünfzig Francs geschickt. Chaudet hatte mir für diesen Monat ausdrücklich etwas Geld vom Cafetier versprochen, aber nichts – ich bitte Sie, suchen Sie ihn alle Monate auf.
Die Postverbindung ist ebenso schlecht wie früher; die Dampferpost war eine Frühgeburt. – Armes Frankreich in seinen Kolonien!
Nun zur »Revue Blanche«. Ich verstehe überhaupt nichts.
Ich habe eine Nummer erhalten, die den Anfang veröffentlicht, weiter nichts; auf diese Weise hat die Geschichte weder Hand noch Fuß: und das Honorar muß ganz gering und schon ausbezahlt worden sein.
Wie kommt es, daß Dr. Gouzer noch in Paris ist; sein Urlaub muß doch schon längst zu Ende sein? – Ich freue mich auf Nachricht von ihm, wenn er schreiben mag.
Ich glaube, ich habe alles Geschäftliche besprochen.
Stets herzlich Ihr P. Gauguin

Molard schreibt mir, daß Leclercq, der in Norwegen ist, zwei Bilder von mir genommen hat; ich zittere für sie, er wird sich in diesem Monat mit einer Finnin verheiraten: ich beklage das arme Mädchen, sofern Frauen überhaupt zu beklagen sind.

April 1898

Mein lieber Daniel, durch irgendeinen Unfall, den das Postschiff nach New York erlitten hat, gibt es in diesem Monat keine Briefe außer denen vom Ende Januar; ich habe folglich nichts erhalten, nur den Brief eines unbekannten Holländers, der mich um eine Menge Auskünfte bittet und fragt, wo er meine Bilder sehen könne – Ich habe ihm Ihre Adresse gegeben und bin sicher, daß Sie ihn gut aufnehmen.
Im nächsten Monat sind die tausendzweihundert Francs fällig, und ich zittre wie Espenlaub – In diesem Monat nichts von Chaudet und nichts von Maufra; das bedeutet: ich habe nicht einen Centime. Ich habe meinen ganzen Mut zusammengenommen und mich vor dem Gouvernement auf den Bauch geworfen. Ich habe Schreib- und

Zeichenarbeiten bekommen für täglich sechs Francs. Davon gehen vier Sonntage ab, Mieten einer Wohnung in der Stadt und Kleiderabnutzung – Sei's drum, ich will alles Schamgefühl hintanstellen, und Gott allein weiß, wie ich meine Arbeit machen soll, die ein Artilleriewachtmeister beaufsichtigt. Dahin haben mich Bauchy, Maufra und Konsorten gebracht. Warum bin ich nicht damals gestorben. Man wird nicht behaupten können, ich hätte nicht meine Pflicht getan und alles getan, um irgendwie Kurs zu halten.
Ich male also nicht mehr, es sei denn, daß eines Tages – was mir wenig wahrscheinlich erscheint – die Dinge wieder einen normalen Zustand annehmen.
Sie schrieben mir in einem Ihrer früheren Briefe, ich sollte nach Paris und an die Börse zurückkehren.
Zunächst könnte ich die Kosten für die Überfahrt nicht von der Kolonie erhalten. Dann gibt es zu viele junge Leute, die immer bereit sind, in ein Bankhaus einzutreten, da braucht man keinen alten Mann von fünfzig Jahren. Und vielleicht wäre es in Paris schwieriger, sechs Francs pro Tag zu verdienen als in Papeete. Schließlich sprechen alle Gründe dafür, hierzubleiben –
Der Holländer Meier-Graefe, der mir geschrieben hat, teilt mir mit, er besäße drei kleine Bilder von mir; ich kann mir gar nicht vorstellen, wo er sie her hat, es sei denn, dieser fürchterliche Bernard hätte sie ihm verkauft.
Es ist auch möglich, daß dieser unbekannte Verehrer kein Geld, aber gute Beziehungen hat: es wäre also gut, ihn heranzuziehen, wenn es möglich ist. Holland ist für Bilderverkauf ein außerordentliches Land. Es hätte, schreibt er, eine erste Arbeit auf deutsch vor, was nicht schlecht ist, denn oft kommen die guten Winde aus dem Ausland; Beweis: die Verkäufe meiner Frau zu ihrem Nutzen.
Stets herlichst Paul Gauguin

15. Mai 1898

Mein lieber Daniel, die Post erreicht uns diesmal mit zehn Tagen Verspätung, zehn Tage tödlicher Erwartung. Annette und Sie senden mir fünfhundertfünfundsiebzig Francs, die ich nicht erwartete, während Chaudet und Maufra mir nichts schickten, worauf ich wartete; keine Zeile von den beiden. Die geringe Summe, die Sie mir schicken, werde ich zum Lebensunterhalt, zunächst dazu benutzen, den Zahlungsbefehl aufzuhalten, den man wegen der tausendzweihundert Francs, die ich der Bank schulde, gegen mich erlassen wollte. Ich habe mich aus Leibeskräften gewehrt und eine Verlän-

gerung um fünf Monate erwirkt. Durch Zahlung von vierhundert Francs nebst sechzig Francs Zinsen zu zehn Prozent für das vergangene halbe Jahr. Welch finstere Komödie, zu zehn Prozent Geld zu leihen, um den Fehlbetrag zu decken, den Bauchy und Konsorten verursachten, und die denken nicht daran, Zinsen zu zahlen.
Mit dem übrigen Geld habe ich einige dringende Schulden in der Apotheke und beim Brotchinesen bezahlt. So sieht es also zur Zeit mit mir aus; glücklicherweise verhindert meine Anstellung bei den Travaux Publics, daß ich neue Schulden mache, und ich gebe sie nicht eher auf, bevor ich einen Tausendfrancschein vor mir habe und meine Schuld bezahlt sein wird. Also tüchtig weiter verkaufen.
In Ihrem Brief erwecken Sie den Anschein, als fürchteten Sie, ich sei über den geringen Preis, zu dem Sie meine Bilder verkaufen, erzürnt: nein, ich habe es Ihnen schon einmal gesagt: was Sie auch tun, es ist gut. Ich wüßte bei jedem Verkauf gern, welche Bilder Sie verkaufen und den Preis dazu. Gewiß bezahlt Lerolle, der sehr reich und Künstler ist, sehr wenig; aber was tun: bei ihm ist das Bild sehr gut untergebracht, insofern als viele Menschen zu ihm kommen und der beste Beweis für den Wert meines Bildes der Umstand ist, daß ein *offizieller Künstler* es kauft. Ach, wäre ich sicher, alle meine Bilder für zweihundert Francs zu verkaufen, sowie ich sie fertig habe, so wäre ich sehr glücklich und hätte genügend Geld, um behaglich auf Tahiti zu leben. Verkaufen Sie also getrost zu irgendwelchem Preise; man kann ihn immer noch erhöhen, wenn die Menge danach schreit.
Auf alle Fälle vielen Dank, ich bin Ihnen sehr dankbar für Ihre Mühe; versuchen Sie doch, Chaudet häufiger zu sehen, denn es ist schwer, aus seinen Briefen klug zu werden und darauf zu bauen, weil er für den nächsten Monat verspricht und es dann vergißt: auf diese Weise kann ich niemals auf etwas Positives rechnen. Wenn Sie meinen Brief erhalten, werden Sie alle außerhalb von Paris sein – schade!
Ich bekam zwei Worte von Morice, er teilt mir nur mit, er hätte einen anderen Brief von mir erwartet! Gott, er braucht meine Komplimente nicht, um zu bekommen, was ihm nicht gebührt, wie Sie es bei der »Revue Blanche« erlebt haben. Dank für die Adresse von Dr. Gouzer, ich schreibe ihm in diesem Monat. Meinen Dank an Annette.
Und g.d.I. herzlich

Paul Gauguin

18. Juni

Mein lieber Daniel, ich schreibe Ihnen in aller Eile, denn ein Dampfer geht nach Neuseeland; zum Glück kann er die Post für Sie mitnehmen, sonst könnte man einander suchen, durch diesen amerikanischen Krieg. In diesem Monat habe ich keinen Brief bekommen, weder von Ihnen noch von Chaudet; wann erhalte ich Nachrichten und Geld? Wie ich Ihnen kürzlich schrieb, male ich nicht mehr und arbeite, um mich durchzubringen, bei den Travaux Publics; ich habe immer noch Schmerzen in meinem kranken Fuß und führe mühselig ein blödes, wenig geistiges Dasein. Bauchy, Lévy und Maufra haben mir viel Böses angetan und leben sicher glücklich. Jetzt kommt der Sommer, und alle verreisen, was mich nicht gerade ermutigt. Warum bin ich nicht gestorben, als ich es versuchte! Ich hoffe, ich weiß es aber nicht bestimmt, daß ich Ihnen mit der Julipost meine letzten Arbeiten schicken kann (ein Offizier, der heimfährt, will es übernehmen). Inliegend eine Photographie meines großen Bildes mit einem Stück, das rechts fehlt. Da die Farbe fehlt, können Sie sich wenigstens von der Hauptidee eine Vorstellung machen. Ich habe es stark mit Pastell retouchiert,damit die Photographie gut wird, abgewaschen sieht man nichts mehr. – Ich schließe meinen Brief und drücke Ihnen freundschaftlich die Hand.

Ist es Leclercq gelungen, meine beiden Bilder zu verkaufen, die er mit nach Norwegen genommen hat?

Ganz Ihr Paul Gauguin

Juli 1898

Mein lieber Daniel, wie im letzten Monat: von niemandem einen Brief; ich verliere den Kopf. Vielleicht haben Sie im Süden Scherereien von seiten Ihrer Frau Mutter?

In diesem Monat sende ich Ihnen durch einen Marineoffizier die Bilder, die ich in diesem Jahr gemacht habe; wenig, wie Sie sehen werden, und jetzt, da ich Beamter bin, mache ich gar nichts. Das große Bild hat Pastellstellen; ich hatte es der Photographie wegen damit übermalt; beim Waschen geht das alles ab. Wirklich, ich schäme mich, Ihnen soviel Mühe zu bereiten, und Sie werden viel Arbeit haben. Die letzten Bilder sollte man bei Bing oder Durand-Ruel ausstellen: andernfalls – und ich glaube, daß das ganz gut ist – in Chaudets Atelier oder in Ihrem. Und dann müssen Sie Einladungskarten versenden. So hat man statt der Menge die Leute, die man zu haben wünscht, und man schafft sich Beziehungen, die nie schaden können. Ich sende Ihnen eine Liste der Leute, die ich im Kopf habe; selbstverständlich fügen Sie die hinzu, die Sie für passend halten.

Degas, Renoir	De la Rochefoucauld
Portier	Puvis de Chavannes
Rouart und Sohn	Mallarmé
Cachin (Stadtrat)	Delaroche (Schriftsteller)
Jean Dolent	Chaplet
Carrière	Arsène Alexandre
Coquelin	M. et Mme. Bracquemond
Roger Marx	Anatole France
Octave Mirbeau	Paul Gallimard [32], 79
Mercure de France	Rue Saint-Lazare
Revue Blanche	De Groux
Michelet	Francis Jourdain, 40
Geffroy	Boulevard Haussmann
Manzi[33]	O. Redon
Joyant	Rodin
Revue Encyclopédique	Vigné d'Octon

Geben Sie Portier und Vollard Karten, damit sie sie kauflustigen Kunden geben: wenn Portier sich damit als Händler (wohlverstanden bei Chaudet) befassen wollte, so wäre das ganz gut (mit größter Bewegungsfreiheit für die Preise). Besprechen Sie das mit Chaudet, dem Sie bitte meinen Brief zeigen wollen, denn mir steht der Kopf nicht danach, Chaudet dasselbe zu schreiben.

Was das große Bild angeht, muß man seiner Dimension wegen nicht schwierig mit dem Preis sein, vorausgesetzt, daß es in gute Hände kommt (sprechen Sie mit Lorelle darüber). Wenn Manzi, der »Ia orana Maria« gekauft hat, in Frage käme, so zögern Sie nicht . . . er liebt große Stücke.
Der ganzen Bande Sérusier, Denis et Cie. brauchen Sie keine Einladungen zu senden; ebensowenig der Presse. Ohne viel Aufhebens und wem sie zukommen, und einige Tage im voraus. Wenn Sie es für gut halten, einige Ihrer Bilder und welche von Chaudet dazu zu tun, so machen Sie es. Das große Bild wird einen Rahmen brauchen, aber so billig wie möglich; eine einfache Holzleiste, kalkgeweißt, zehn Millimeter breit. Für die anderen Bilder haben Sie Rahmen zu dreißig. Mit den letzten Sendungen vom vorigen Jahr bringen Sie eine hübsche kleine Ausstellung zusammen.
Im letzten Augenblicke erhalte ich einen Brief von Ihnen und von Maufra, mit einem Boot, das aus Neuseeland kommt – Maufra bezahlt nicht. Vielen Dank für Ihren Brief, den ich in der Eile nicht mit ruhigem Kopf beantworten kann; ich ersehe daraus, daß Sie kein Glück mit Ihrem Hauswirt haben: Hat die Justiz den Mietern nicht immer Unrecht gegeben?
Ich schreibe ganz kurz an Chaudet, von dem ich keine Nachricht habe; wahrscheinlich werde ich für lange Zeit keinen Pinsel anrühren.
Herzlich g.d.I. P. Gauguin

Inliegend die kurze Mitteilung für den »Mercure«. Auf Tahiti gibt es kein Stempelpapier, aber Sie können die Vollmacht, die ich Ihnen sende, stempeln lassen.

Papeete *15. August 1898*
Mein lieber Daniel, ich erhalte Ihre beiden Briefe, und ich muß in wenigen Augenblicken darauf antworten; seitdem dieser traurige Krieg ist, erhalten wir die Post mit dem Dampfer, der sofort wieder ausläuft. Desgleichen erhielt ich von Chaudet siebenhundert Francs. Ich habe mit dem heutigen Tag keine Schulden mehr. Jetzt muß ich in meiner bescheidenen Anstellung den Augenblick abwarten, wo ich wieder frei bin und meine Pinsel zur Hand nehmen kann, ich werde es aber erst dann tun, wenn ich etwas Geld als Rückhalt habe. Auf alle Fälle aber werde ich infolge dieser verhältnismäßigen Ruhe etwas gesünder werden. Ich fürchte, für immer die schmerzlichen Wirkungen meines Streiches in den Eingeweiden

zu spüren, trotzdem aber hat das Geistige so viel Einfluß auf mich, und im Grunde ist meine Konstitution so widerstandsfähig, daß ich vielleicht die Oberhand gewinne.
Ich bin froh darüber, daß Sie die Bekanntschaft von Degas gemacht haben und, im Bestreben mir zu nützen, auch Ihrerseits gute Beziehungen anknüpfen. Ja, gewiß, Degas gilt als spitz und bissig (ich auch, sagt Schuffenecker).
Nicht denen gegenüber, die Degas seiner Aufmerksamkeit und seiner Achtung für würdig hält. Er hat auch den Instinkt des Herzens und des Verstandes. Ich bin nicht erstaunt darüber, daß er Sie sympathisch und talentvoll findet: sicherlich erinnern Sie sich daran, daß ich Ihnen erst dann über Ihre Begabung etwas gesagt habe, *als ich sie wirklich* empfunden habe; das war keine Gemeinheit, sondern anständige Offenheit, und ich bin überzeugt, Sie haben mehr Freude an einem wirklichen, im richtigen Augenblick bezeugten Urteil als an Komplimenten, die man aller Welt macht. Degas ist im Talent und im Benehmen als seltenes Beispiel dessen, was der Künstler sein soll: gerade er, der als Kollegen und Bewunderer alle anerkannten Größen hat: Bonnat, Puvis etc, Antonin Proust[34)], und er hat niemals etwas haben wollen. Von ihm hat man niemals eine unfeine oder schmutzige Handlung gehört oder gesehen, nichts irgendwie Häßliches. Kunst und Würde. – Rouart, der Millionär ist, hat das große Bild sicherlich nicht teuer bezahlt, wenn ich aber zu diesem Preis alle Bilder *verkaufte*, so würde ich *vollkommen* glücklich arbeiten und leben können; überdies hat er gute Beziehungen, und seine Sammlung gilt als auserlesen, ein Umstand, der Käufer zuführen und durch das Beispiel Teilnahmslose mitreißen kann. Die Leute, die kaufen, sind ja so dumm, solche Hammel.

Wie dem auch sei, es ist wenig zu hoffen in dieser Hinsicht, und herzlichen Dank für alle Ihre Bemühungen für mich; man führt seine Geschäfte doch besser als die Händler; die kennen nur eins: »eine fette Provision einstecken« und verkaufen nur das, wonach gefragt wird, und das noch häufig mit Widerwillen. Außer Durand-Ruel gewinnen sie niemals eine Kundschaft nach ihrem Geschmack. Daher – ich komme auf meinen letzten (hastigen) Brief zurück – ist auch die Ausstellung meiner letzten Werke in Ihrem oder Chaudets Atelier besser als ein Verkauf. Ich wiederhole – erschrecken Sie nicht über die geringen Preise: was Sie tun, sehe ich immer als vollkommen an.
Ich weiß nicht, ob ich Ihnen schon von dem Bild für Morice gesprochen habe. Ich tue das, um ihm und den anderen zu beweisen, wie

wenig Interesse ich für Geldfragen habe und wie sehr ich mich über die erhaben fühle, die nicht sauber handeln.
Die Überweisung habe ich ohne großes Geschrei abheben können. Wenn Sie mir übrigens Geld zu schicken haben, tun Sie es durch Überweisung an den Crédit Lyonnais, denn ich bekomme hier drei Prozent.
Nochmals in aller Eile herzlichen Dank. Von Herzen stets Ihr ganz ergebener

Paul Gauguin

Sie sind auch nicht glücklich; was wollen Sie, es ist nun einmal so, daß dieses Gesetz auf alle zutrifft, die an Herz und Geist überlegen sind.

Oktober 1898

Mein lieber Daniel, im letzten Monat habe ich Ihnen nicht geschrieben, da ich immer noch wegen meines Fußes im Krankenhaus war; hoffen wir, daß es das letzte Mal war; mir scheint, daß ich gesund werde. Aber welche Ausgabe! (Zweihundert Francs Krankenhaus und hundertvierzig Francs verlorene Arbeitstage, die mir natürlich nicht bezahlt werden.) Zum Glück erhalte ich von Ihnen und Chaudet tausenddreihundert Francs. Also ist das Unglück nicht so groß; nur eine Verzögerung auf dem Wege zur Freiheit. Chaudet ist doch ein komischer Kauz! Er zeigte mir für den nächsten Monat sechshundert Francs an als Erlös für den Verkauf meines Cézanne, jetzt kommt kein Brief. Abwarten – Ebenso ungeduldig erwarte ich Nachricht über die Bilder, die ich Ihnen gesandt habe; werden sie Ihnen gefallen? Denn ich bin gar nicht mehr über den Pariser Geschmack im Bilde – Vielleicht ist das ganz gut – Ich weiß nicht. Manchmal sage ich mir: Die Alten – manche wenigstens – haben wie ich in der Einsamkeit gemalt, ohne sich um das zu kümmern, was in ihrer Umgebung geschah – Gewiß, dafür haben sie nicht wie ich die fürchterlichen Beispiele vor Augen gehabt, wie wir sie alle am Anfang hatten und deren wir uns nur mit Mühe entledigten, ganz abgesehen von den famosen Kunstkritikern, die einen behelligen.
Ich möchte Sie um etwas bitten. Wenn Sie gelegentlich gut verkauft haben, so schicken Sie mir doch bitte Blumensamen und -wurzeln. Einfache Dahlien, Kapuzinerkresse, verschiedene Sonnenblumen, überhaupt Blumen, die in heißen Ländern gedeihen – wie Sie meinen: ich möchte meine kleine Pflanzung verschönern, und Sie wis-

sen, ich liebe Blumen über alles – Hier gibt es Sträucher, aber wenig Pflanzen – einige Rosenstöcke, die im allgemeinen nicht gut wachsen –

Auch diese Post bringt mir keinen Brief von Ihnen, was mich beunruhigt, denn ich bin an Ihre Regelmäßigkeit im Schreiben gewöhnt und weiß, daß Sie zur Zeit im Süden sind. Sollte Ihnen irgend etwas zugestoßen sein, oder hätten Sie etwa Kummer von seiten Ihrer alten Mutter gehabt?

Ein Brief von Chaudet mit sechshundert Francs, womit ich das Krankenhaus bezahlen kann. Leclercq teilt mir in einer kurzen Anzeige seine Vermählung mit der Tochter eines schwedischen Staatsrates mit – er wird weiter als Anhängsel von irgend jemandem leben. Er hätte mir bei dieser Gelegenheit statt der Anzeige lieber von dem Geld schicken sollen, das er mir schuldet. Sicherlich denkt er gar nicht daran –

Also, mein lieber Daniel, hoffen wir, daß Sie wohlauf sind und daß Ihnen nichts Unangenehmes widerfahren ist.

Freundschaftlichst stets Ihr Paul Gauguin

Papeete *November 1898*

Mein lieber Daniel, ich bin sehr unruhig Ihretwegen, und ich fürchte tatsächlich, daß Sie nicht mehr am Leben sind und diesen Brief nicht mehr lesen.

Seit drei Posten haben Sie nicht geschrieben, und ich kenne doch Ihre Regelmäßigkeit. Wären Sie krank, so hätten Sie mir doch ein Wort durch Annette zukommen lassen.

Was soll ich denken? Ich bin sehr unglücklich. Paul Gauguin

Papeete *12. Dezember 1898*

Mein lieber Daniel, die wenigen Worte, die Sie mir geschrieben haben, erwartete ich voller Ungeduld, glauben Sie mir das: ich hatte mir eingeredet, Sie seien tot, was weiß ich, statt einfach zu vermuten, Sie hätten Unannehmlichkeiten mit Ihrer Mutter, die alt ist und jeden Augenblick sterben kann. Wenn man auch auf solche Ereignisse gefaßt ist, es ist immer schmerzlich, und ich teile Ihren Kummer von ganzem Herzen – Das bedeutet einen vollkommenen Wechsel in Ihrer Lage und Ihrer Existenz; sind Sie mit Ihrer Frau, die Ihnen Schwierigkeiten machen könnte, ganz und gar fertig? Die Ehe, welch Mißgeschick in unserer Zeit!

Hier ist alles schwarz; die Aussicht auf einen Krieg mit England, folglich unterbrochene Postverbindung; dazu werde ich von Tag zu Tag kränker – Wenn ich doch nicht mehr gesund werden soll, ist

mir der Tod hundertmal lieber. Sie haben mir meinen Streich ernstlich vorgeworfen, das sei Gauguins nicht würdig. Wüßten Sie, wozu meine Seele in diesen drei Jahren des Leidens geworden ist: Wenn ich niemals mehr malen soll, ich, der ich nur das liebe – keine Frau, keine Kinder, so ist mein Herz leer.
Bin ich ein Verbrecher? Ich weiß es nicht.
Ich bin also dazu verurteilt, zu leben, obwohl ich alle moralischen Gründe, zu leben, verloren habe. Und Schuffenecker träumt vom Ruhm – Es gibt nur den Ruhm, dessen man sich bewußt ist: was tut's, ob die andern ihn kennen und verkünden. Wirkliche Befriedigung hat man *nur in sich,* und jetzt ekelt mich davor.

Verlassen wir diesen Weg, der zu viele Dornen hat und die Füße blutig reißt.
Ich warte ungeduldig auf die nächste Post, in der Sie mir vielleicht über die Bilder schreiben, die ich Ihnen geschickt habe: ich möchte schnell wissen, ob ich irre oder nicht. Denn mein großes Bild muß (glaube ich) sehr gut oder sehr schlecht sein, und ich weiß, Sie sind zu männlich und zu offen, um mir etwas anderes als die Wahrheit zu sagen –
Man wird zu diesem Zeitpunkt tüchtig arbeiten in Paris, und ich glaube, daß es trotz der großen Anzahl von Angebern und Windhunden zu Beginn des kommenden Jahrhunderts einen sehr schönen Aufschwung in der Kunst geben wird.
Ingres, Delacroix, Corot – Gewiß, aber wie viele neben ihnen, von denen heute nicht mehr die Rede ist. Trotz alledem gibt es heutzutage einen schönen Aufschwung, der weit weniger direkt von der vorigen Epoche kommt als die Romantiker –
Ich habe im »Mercure« vom Tode Stéphane Mallarmés gelesen und bin sehr betrübt darüber. Wieder einer, der als Märtyrer der Kunst gestorben ist: sein Leben ist mindestens ebenso schön wie sein Werk.
Die Fouquier et Cie. machen sich an seinem Grabe bezahlt wie einst an Manets Grab. Diese Gesellschaft ist unverbesserlich – man meint fast, sie täuschte sich absichtlich über den Wert der Leute, deren Wahlspruch Genie und Rechtlichkeit lautet, zu deren Lebzeiten-
. . . Da steht der Feind.
Schon vor langer Zeit habe ich durch Ihre Vermittlung an Dr. Gouzer geschrieben, glaube ich, aber ich habe noch keine Antwort: vermutlich ist er unterwegs –
Meine Grüße für Ihre Freunde.
Freundschaftlichst ganz Ihr Paul Gauguin

Papeete *12. Januar 1899*

Mein lieber Daniel, ich kann Ihnen nicht genug für das Geld danken, das Sie mir geschickt haben, es kommt gerade zur Zeit, und ich kann wieder in mein Haus. Seit einem Monat vermochte ich nicht mehr als vierzehn Tage zu arbeiten. Solche Schmerzen hatte ich an meinem Fuß.

Wann werde ich ganz gesund werden?

Sie haben gut daran getan, Delius das Bild »Nevermore« zu überlassen. Er bezahlt es besser als Vollard. Dieser Vollard hat von Bernard vor langer Zeit Bilder von mir aus der Bretagne um einen höheren Preis als jetzt gekauft. Sei's drum, besser billig verkaufen als gar nicht. Erinnern Sie sich daran, daß Sie mir verübelten, daß ich diesem Bilde einen Titel gegeben habe: glauben Sie nicht, daß dieser Titel »Nevermore« die Veranlassung zum Kauf gewesen ist – Vielleicht!

Ganz gleich, ich bin sehr froh, daß Delius es besitzt, vorausgesetzt, daß es kein Kauf zur Spekulation ist, um es weiter zu verkaufen, sondern ein Kauf aus Liebhaberei; und später wird er sicher noch eins wollen, namentlich, wenn Besucher ihn dazu beglückwünschen oder darüber befragen.

Über meine letzte Sendung sagen Sie mir kein Urteil; haben Sie einen schlechten Eindruck? Oder stecken Sie zur Zeit zu tief in Geschäften?

Ich glaube, der Crédit Lyonnais nimmt von Chaudet nur ein Prozent, von Ihnen zwei; auf alle Fälle ist es gut für mich, denn ich bekomme in Tahiti drei Prozent. – Von jetzt ab, glaube ich, klärt sich meine Situation; ich habe keine Schulden mehr; einige Hoffnung für die Zukunft: sowie mein Fuß mich etwas in Frieden läßt, mache ich mich wieder an die Arbeit: bis dahin brauche ich keinen Pinsel anzurühren, ich würde doch nichts Gutes schaffen, mein Geist ist aus der Übung durch die langen Unterbrechungen. Übrigens kann ich tüchtig schaffen, sowie ich wieder in der gewohnten Umgebung und in Schwung bin. Überdies arbeite ich jetzt, wenn ich auf dem Bett liege, in Gedanken, und in einem Augenblick ballt sich das alles, und die Ausführung überstürzt sich –

Und Sie, mein lieber Daniel, Sie wollen auch für ein ganzes Jahr, von Geschäften überlastet, die Malerei liegen lassen und darunter leiden: schreiben Sie mir wie früher, nicht nur Geschäftliches, sondern alles, was Sie angeht und beschäftigt.

Paris ist nicht so notwendig für die Kunst, wie die Jugend es voraussetzt: »Sich auf dem laufenden halten«, sagt Pissarro – Sehr gefähr-

lich für die halben Persönlichkeiten – Fünfzig Jahre lang ziehen die Gärtner gefüllte Dahlien, um eines schönen Tages wieder einfache zu ziehen.
Freundliche Grüße für die Freunde.
Und von Herzen ganz der Ihre Paul Gauguin

Papeete 22. Februar 1899
Mein lieber Daniel, die Post kommt diemal zwanzig Tage zu spät, ich erwartete sie mit Ungeduld, denn ich rechnete auf meine Ausstellung, um endgültig aufzuatmen. Statt dessen die unglückliche Geschichte mit Vollard. Ich bin sehr unzufrieden! Selbstverständlich nicht mit Ihnen, mein lieber Daniel, Sie sind nicht daran schuld, und an Ihrer Stelle hätte ich vielleicht genauso gehandelt; aber es ist doch wirklich Pech, übrigens kennen Sie meine Ansicht über Vollard, der ein Hai schlimmster Art ist. Sie schreiben von acht kleinen Bildern (so klein, Bilder zu 30?). So bleibt also von der Ausstellung, die Sie machen, nichts mehr zu verkaufen, und Vollard kann mit dem, was er in Händen hat, ein Jahr arbeiten. Das bedeutet, daß die Leute, die meine Werke kaufen, gänzlich auf Vollard angewiesen sind.
Ach, wenn ein Paket aller Bilder billig an einen einfachen Privatmann verkauft worden wäre, so wäre das nicht schlimm, aber an Vollard alle neuen Bilder, das ist ein Unglück. Dieser Mensch ist schamlos und beutet jedes Elend aus, um einiger Groschen willen, das nächste Mal wird er Ihnen, von seinem ersten Erfolg ermutigt, die Hälfte bieten. Und dieser infame Bernard – (wer wird ihm seine Schande ins Gesicht werfen?) – und der arme Chaudet, der gerade im wichtigsten Augenblick krank ist. Und wenn Sie sich beide wirklich aus Gründen, die nicht von Ihnen abhängen, morgen nicht mehr um mich kümmern können, wer wird sich dann um mich kümmern? Ich kenne Degas und Rouart, sie werden Vollard gesagt haben, man müsse kaufen; weil sie lieber, selbst bei einer kleinen Differenz, von Vollard als von Ihnen kaufen; auf diese Weise ist es keine Schande, billig zu kaufen.
Ich sehe die Zukunft wieder sehr schwarz, urteilen Sie selbst. Ich bin immer noch sehr krank und weiß nicht, wann ich wieder arbeiten kann; in diesem Falle werden sie vor September 1900 nichts Neues bekommen. Bis dahin viel Aussicht, nichts zu verkaufen, und in fünf Monaten werde ich trotz allem, was Sie mir schickten, nichts mehr in der Tasche haben. Wenn man einmal im Rückstand ist, verliert man nach allen Seiten.

Die Zeit, die ich bei den Travaux Publics arbeiten mußte, hat mich viel Zeit gekostet: meine Hütte war in einem kläglichen Zustand. Die Ratten haben das Dach zerstört, infolgedessen hat der Regen viel vernichtet. Die Kakerlaken haben eine ganze Reihe Zeichnungen und sehr nützliche Entwürfe zerstört, desgleichen haben diese verdammten Insekten ein großes, unvollendetes Bild zuschanden gemacht. Ich habe meinen Mut zusammengerafft, und voller Vertrauen durch Ihre letzten Verkaufserfolge bin ich etwas voreilig gewesen; zu voreilig (sehe ich heute). Aber, um nicht alles zu verlieren, mußte ich die Schäden, vor allem das Dach, schon ausbessern lassen und meine Kleidung und Wäsche etwas auffrischen. Ich hatte *nichts* mehr.
Ich verstehe nicht, daß meine letzten Bilder in so schlechtem Zustande sind: der Transport muß sie so zugerichtet haben.

Viel Farbe, sagen Sie . . . aber womit soll ich wirtschaften, wenn ich verschwenderisch mit der Farbe umgehe. Sehen Sie selbst, wieviel Meter grober Leinwand bedeckt sind. Außerdem ist das Arbeiten mit viel Farbe sehr gefährlich, wenn man hetzt; in einem heißen Land muß man die Farbe sehr vorsichtig auftragen und täglich, je nachdem, wie es trocknet, sonst gibt es Schlamm. Und dann würde ich gerade ein Drittel schaffen; bei dem Preis, den ich dafür erziele . . . Außerdem glaube ich, daß Zeit – und Wachs – meine Bilder besser machen werden. Übrigens waren bei meiner ersten Reise die Bilder viel schwächer mit Farbe versehen, und ich glaube nicht, daß sie deswegen schlechter sind.
Entschuldigen Sie meinen unzusammenhängenden Brief, aber ich bin zu aufgeregt. Dieser Keulenschlag von Vollard lastet auf meinem Gehirn, und ich kann nicht schlafen. Ein neuer Arzt, der im Krankenhaus ist, hat sich irgendwie freundschaftlichst meiner angenommen und will mich gesund machen, aber er meint, es würde lange dauern, denn die Krankheit ist sehr kompliziert und verschleppt. Zu dem Ausschlag sind Rose und Krampfaderbruch hinzugekommen.
Warum bin ich im letzten Jahr nicht gestorben. In diesem Jahr werde ich einundfünfzig, bin abgenutzt und übermüdet; meine Augen werden mit jedem Tag schlechter, und also fehlt mir auch die nötige Energie zu diesem unablässigen Kampf.
Ich komme auf mein altes Lied zurück. Verkaufen Sie von jetzt ab, so wie Sie es für gut befinden, an Privatkäufer, an Vollard nur zu vernünftigen Preisen: um so mehr, als Vollard niemals kommt, ohne daß er Käufer hätte, und fünfundzwanzig Prozent für die Ver-

mittlung genügen ihm nicht; übrigens kann man ihm alles sagen: er pfeift darauf, wenn er nur Erfolg hat.
Es wäre gut, wenn Sie Degas aufsuchten und ihm Vollards Coup erzählten, denn wenn er oder Rouart von Vollard gekauft haben, kann er den großen Unterschied im Preise sehen und daß es für sie wie für mich besser ist, Zwischenhändler auszuschalten.
Freundschaftlichst von Herzen ganz der Ihre Paul Gauguin

Papeete *12. März 1899*
Mein lieber Daniel, im Augenblick, da ich Ihnen schreibe, liegt meine Vahine, die trotz allem Elend ihr gemeinsames Leben mit mir wieder aufgenommen hat, in den Wehen, und um die Post zu erreichen, schreibe ich Ihnen in aller Eile mitten in all dem Durcheinander, das dieses Ereignis verursacht. Die Eltern sind da und regen sich unnötig auf; ich sage ihnen immer, man müsse warten und die Natur alles besorgen lassen. Es nützt nichts, die Gebete gehen vor. Vielleicht machen Sie dasselbe durch. Leider hat für Sie ein Kind schlimmere Folgen als für mich. Für mich ist es sogar ein glückliches Ereignis, insofern, als das Kind mich vielleicht wieder an das Leben fesselt; an das Leben, das mich gegenwärtig so drückt.
Von Chaudet habe ich nichts erhalten, keinen Brief, und er muß Geld für mich haben, wenn ich mich auf das verlassen kann, was er mir vor vier Monaten geschrieben hat – und wären es nur die 200 Francs, die vom Verkauf meines Cézanne noch übrig sind. Ich wage nicht, ihm zu schreiben – was soll ich ihm sagen; er ist empfindlich, und das würde mir gar nichts nützen. Molard schreibt mir einige Zeilen, um mir einen Brief vom Crédit Lyonnais zu senden, der mir mitteilt, daß ich hundertneun Francs abzuheben hätte. Weiß der Teufel, darauf habe ich gerechnet! Ich schreibe sofort an den Crédit Lyonnais, Filiale Rennes, mir das Geld zu senden. Vielleicht macht das Schwierigkeiten, und sollten Sie zur Zeit in Paris sein, so gehen Sie bitte vorbei und sehen Sie danach.
Immer dasselbe – und ich brauche es: es ist schließlich der Preis eines Bildes zum Tageskurs!
In der großen Eile kann ich Molard diesen Monat nicht antworten; im nächsten Monat, ja, aber nur einige Worte, ich habe ihm nicht viel zu sagen, was ihn interessieren könnte.
Mit den Grüßen, die mir Leclercq schickt, der (scheinbar) im selben Hause wohnt wie er, kann ich nichts anfangen –
Welches Faulenzerleben muß dieser Kauz auf dem Rücken[35] seiner Frau führen – Nanu, da mache ich, ohne es zu wissen, ein Wortspiel

– dabei ist mir wirklich nicht zum Lachen zumute. Über meine Ausstellung weiß ich noch immer nichts. Molard teilt mir nichts darüber mit, auch von Ihnen kein Urteil. Wohl habe ich im »Mercure« eine Kritik gelesen, die Kritik eines Mannes, der nichts versteht, aber gute Absichten hat. Einige Ratschläge von ihm haben mich entsetzt, und ausnahmsweise, ich weiß nicht warum, habe ich mich soeben damit abgeplagt, ihm zu antworten, nicht dem »Mercure«, sondern ihm persönlich. Wer weiß – ein Feind mehr, aber ich habe so viele, daß einer mehr oder weniger . . . Und dieser blöde Schuffenecker, immer gleich schlapp, unglücklich darüber, kein Genie zu haben, nicht wahr, und im Vertrauen auf die Aufschneidereien von Bernard – Wieviel Leute blöd und unnütz das Leben durchschreiten und unglücklich sind, ohne zu wissen, warum –
Gut, da beginnen die großen Schmerzen wieder, der Wagen fährt vorbei, und morgen wird die Post weg sein.
Entschuldigen Sie, wenn ich schließe.
Freundschaftlichst ganz Ihr Paul Gauguin

April 1899

Mein lieber Daniel, in diesem Monat nichts von Ihnen, nichts Außergewöhnliches, denn Sie haben Sorgen . . . Außerdem haben Sie mir nichts Neues zu sagen. Von Chaudet erhielt ich drei Worte in aller Eile, nichts Interessantes. Er hofft, schreibt er, einiges Geld hereinzubekommen, das seit sechs Monaten aussteht.
Für den Augenblick habe ich mangels Hoffnung Freude an den Samen, die Sie mir geschickt haben. Die meisten sind aufgegangen, hoffentlich werden sie voll ausreifen. Die Iris, Dahlien und Gladiolen wachsen schnell und wunderbar; dafür sind die Anemonen binnen drei Tagen vollkommen vom Erdboden verschwunden: keine Spur mehr zu finden. All das zusammen mit vielen Blumenbüschen aus Tahiti wird um meine Hütte ein wirkliches Eden erstehen lassen; sobald ich wieder malen kann, werde ich einige Blumenstudien machen, wenn mir nichts mehr einfällt: Kurz, es ist für mich ein großes Vergnügen, und ich habe es auch nötig, denn mein Leben ist so traurig durch die Krankheit, die alle meine Kräfte verzehrt. Übrigens will ich erst dann wieder davon sprechen, wenn ich geheilt sein werde – sonst würde das eine Plage für uns beide.
Ich habe viel über das nachgedacht, was Sie mir über die Präparation der Leinwand geschrieben haben, und ich glaube, neulich die Lösung beim Prüfen eines alten Bildes gefunden zu haben. Ich glaube, es liegt an der schlechten Beschaffenheit des Bleiweiß, das man

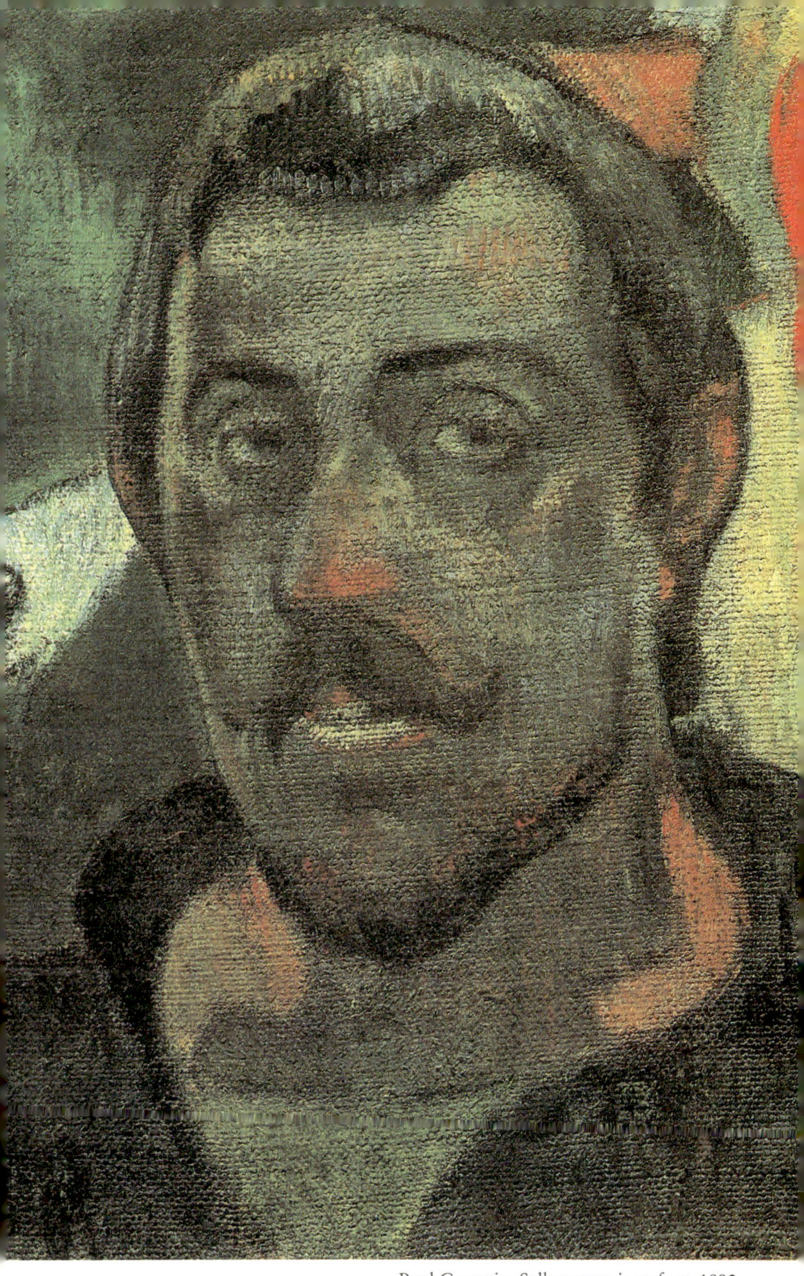

Paul Gauguin, Selbstportrait en face, 1890

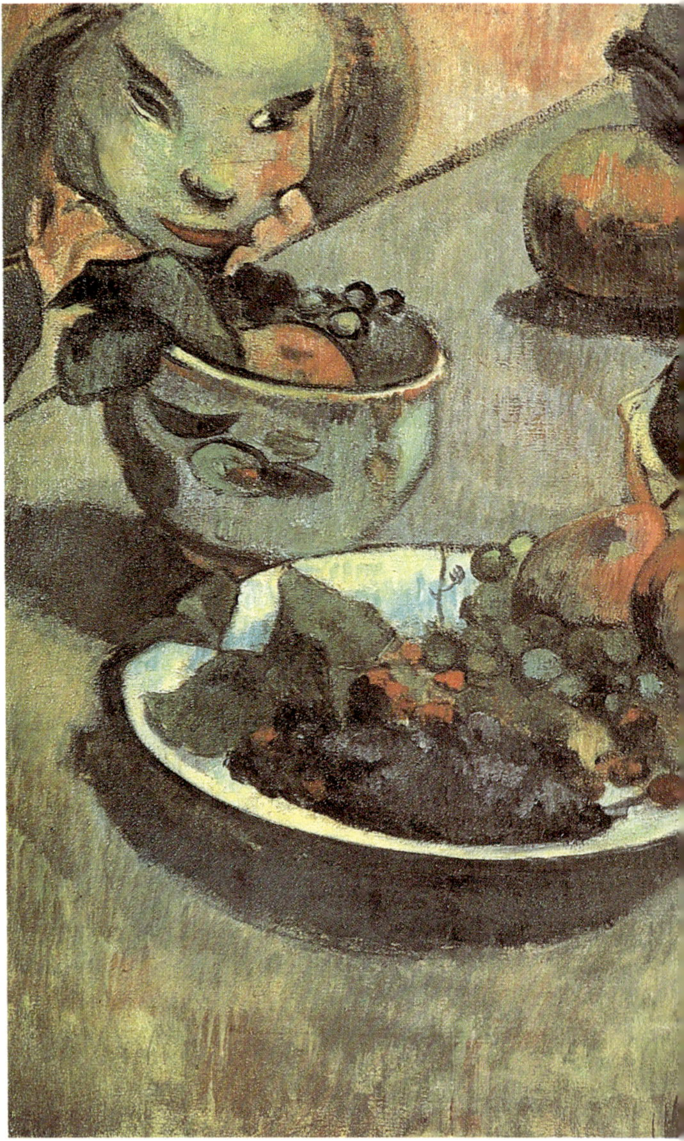

Paul Gauguin, Stilleben mit Früchten, 1888

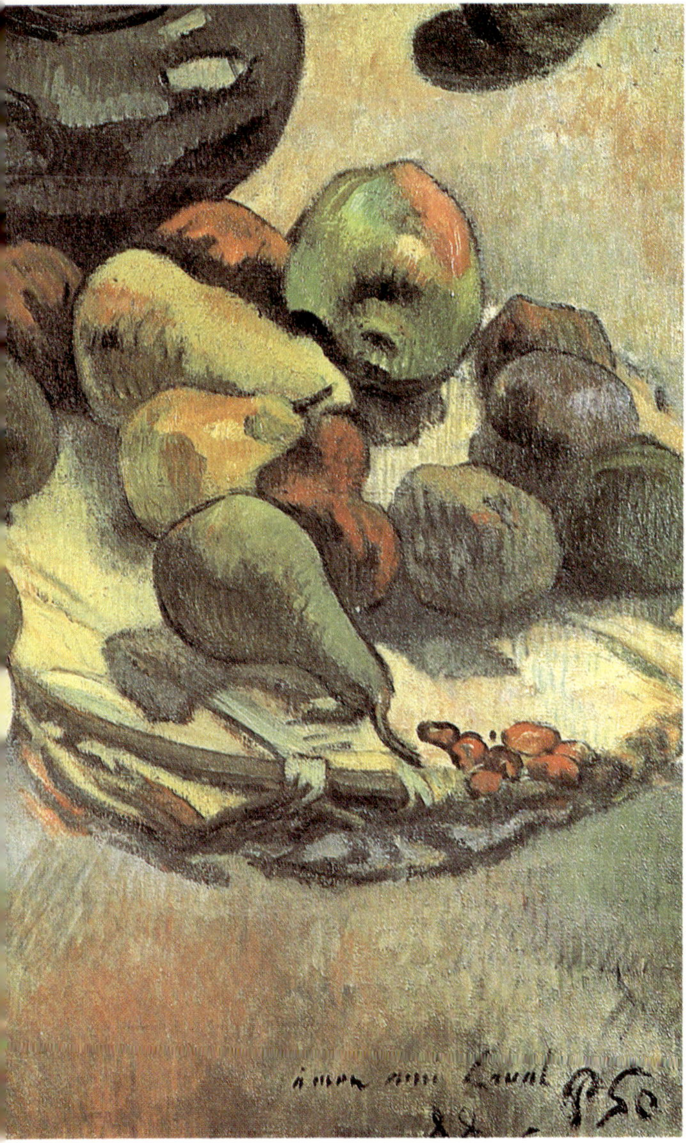
à mon ami Laval

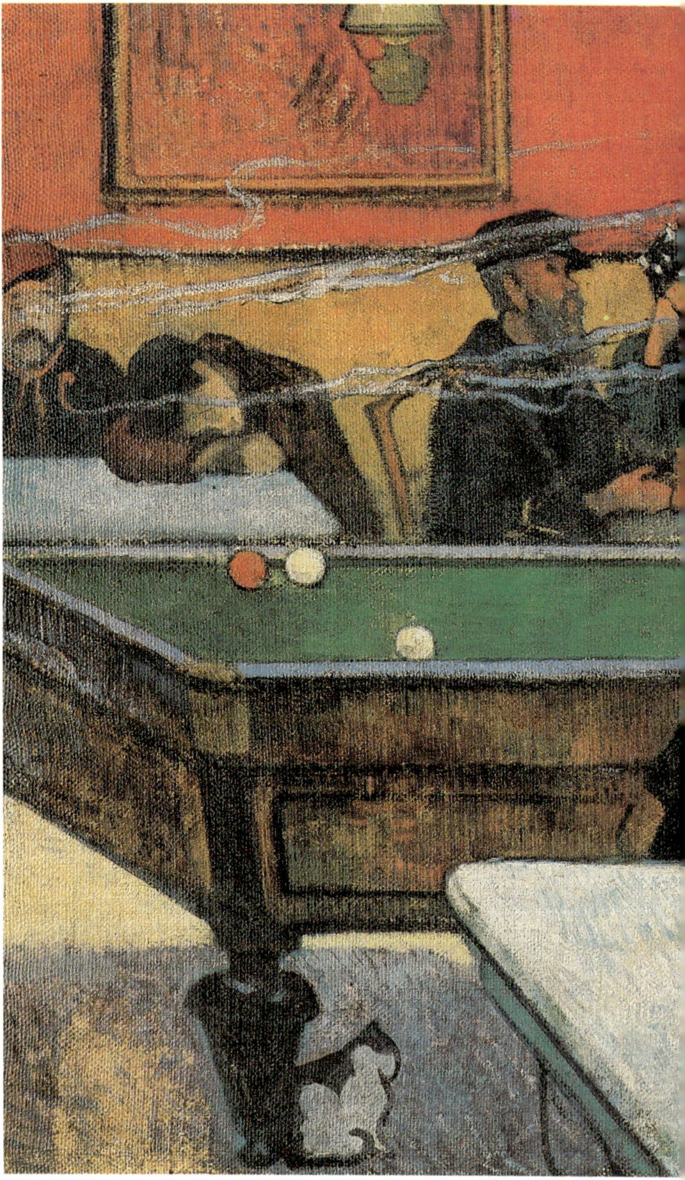

Paul Gauguin, Nachtcafé in Arles, 1888

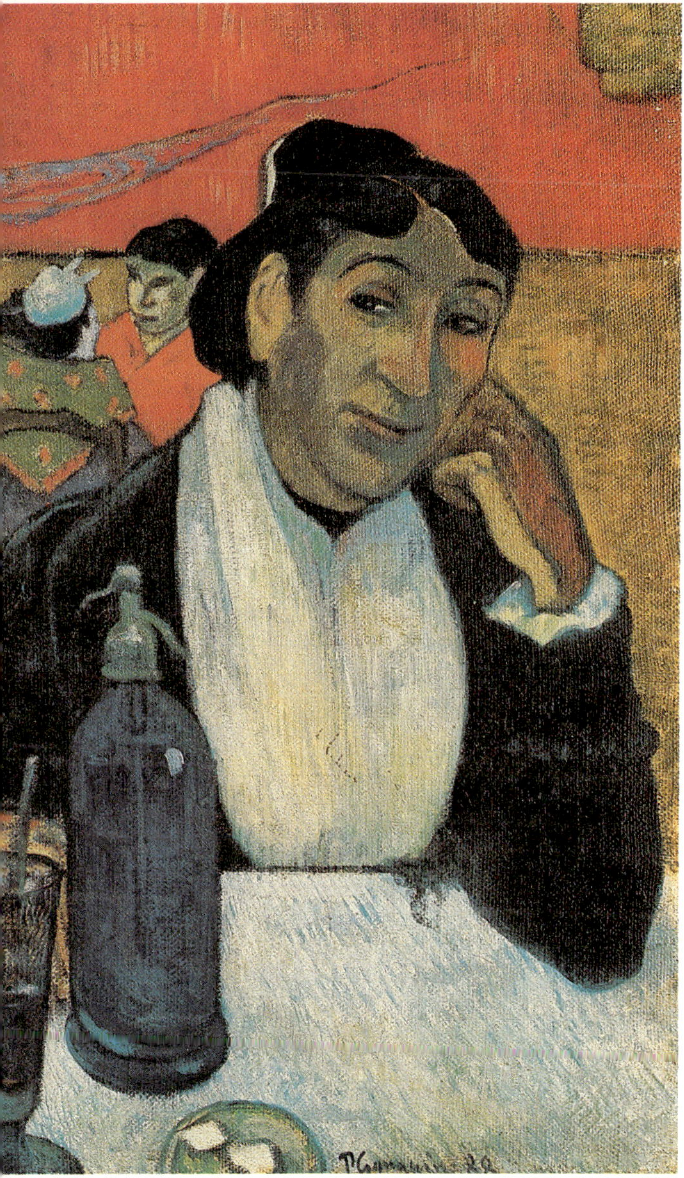

nächste Seite: Paul Gauguin, Vision nach der Predigt, 1888

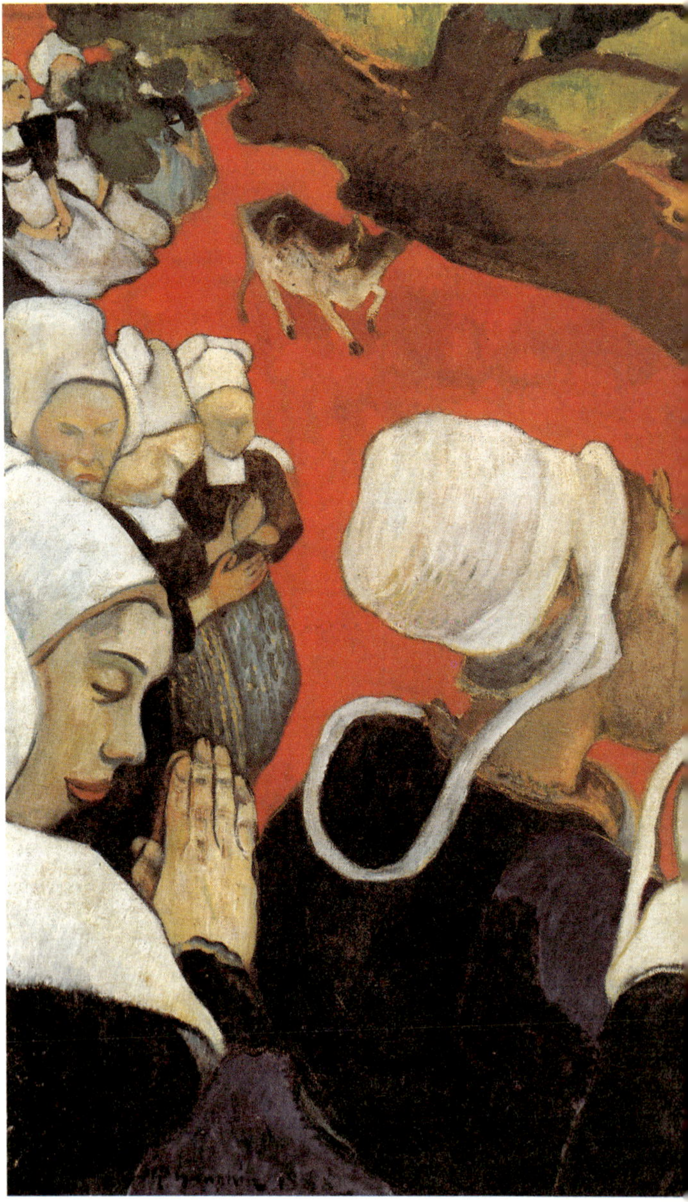

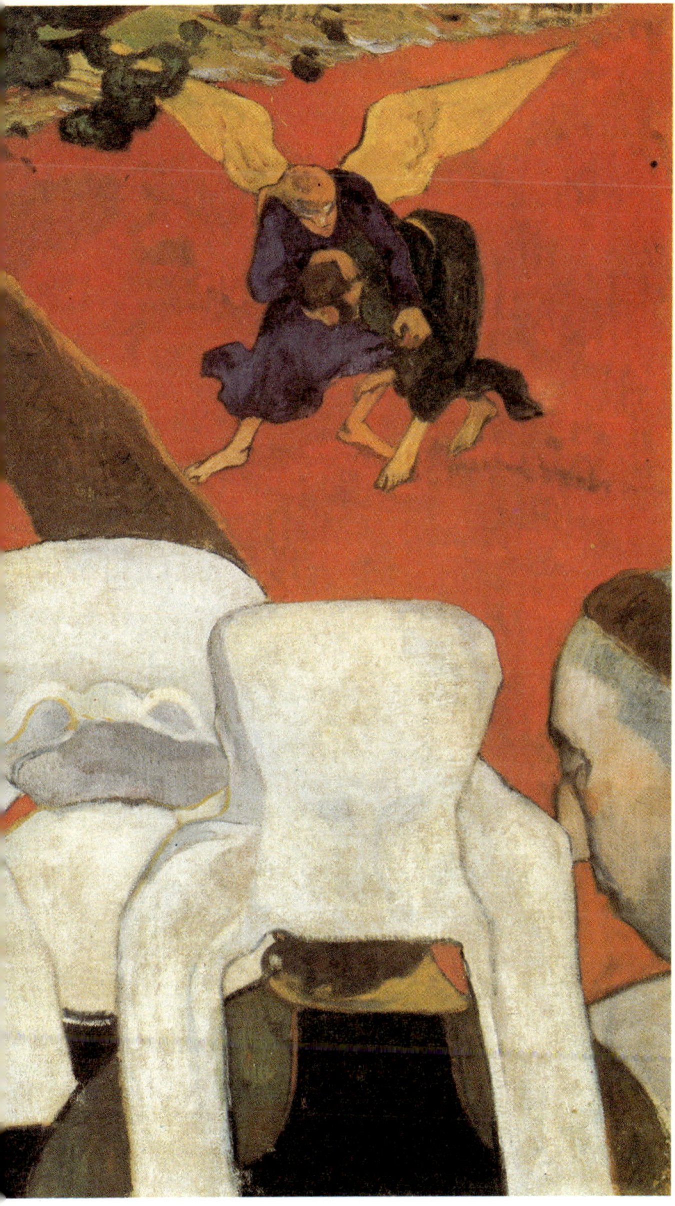

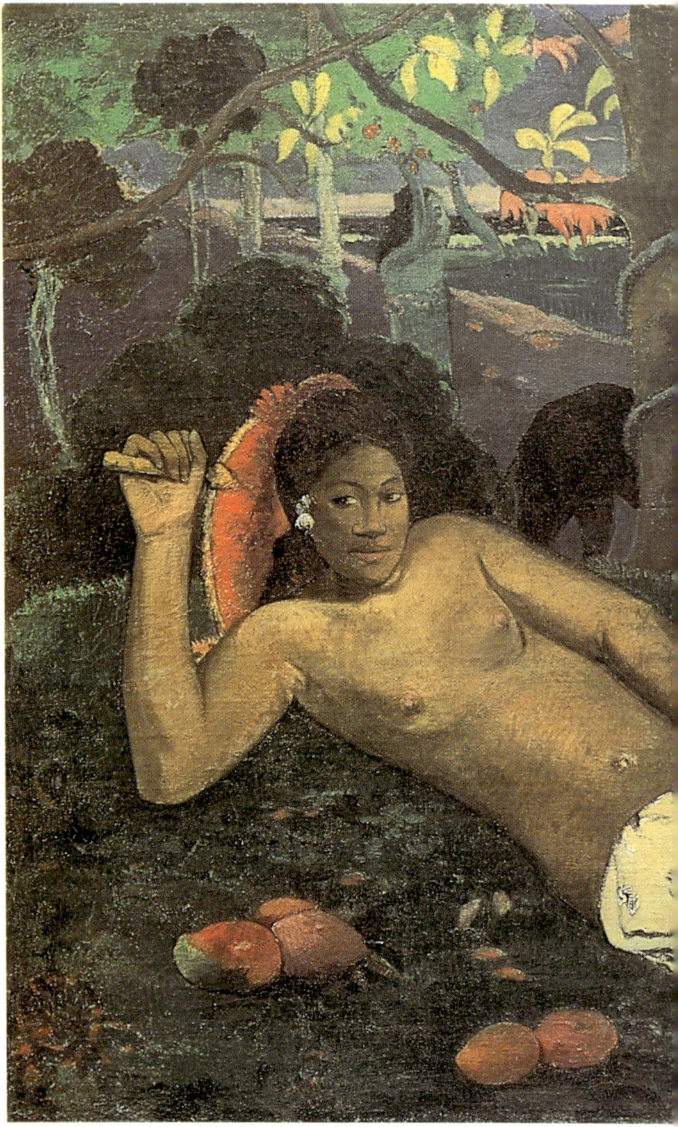

Paul Gauguin, Te arii vahine, 1896 – Die Frau des Königs

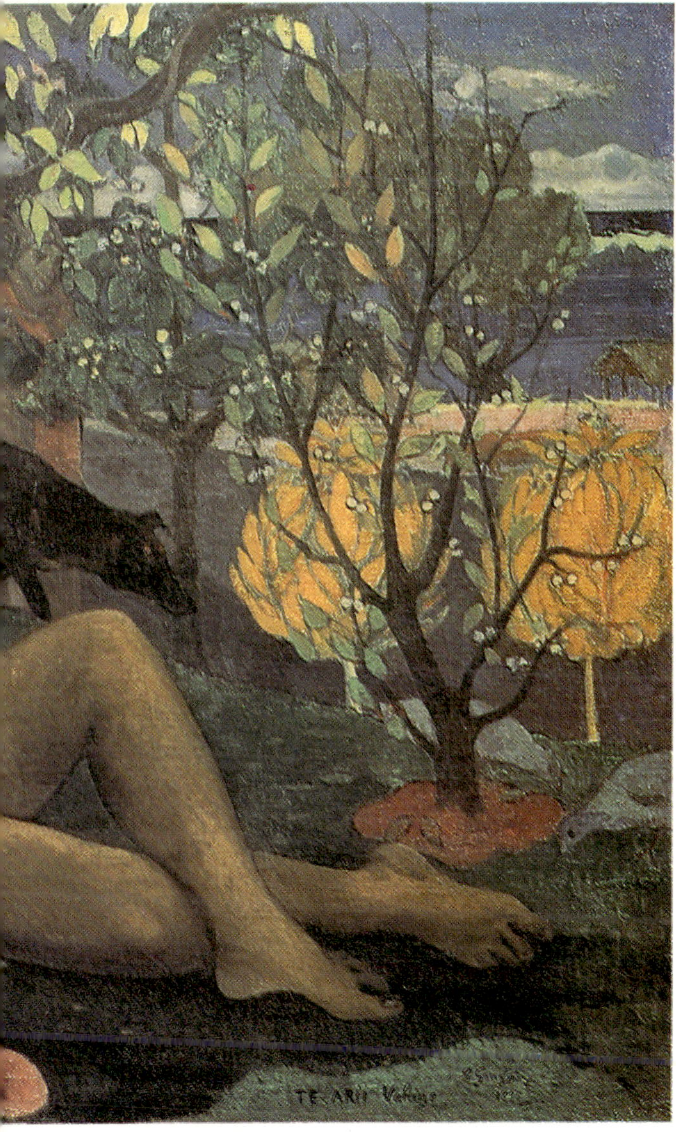

nächste Seite: Paul Gauguin, Te Tiare Farani, Blumen aus Frankreich, 1891

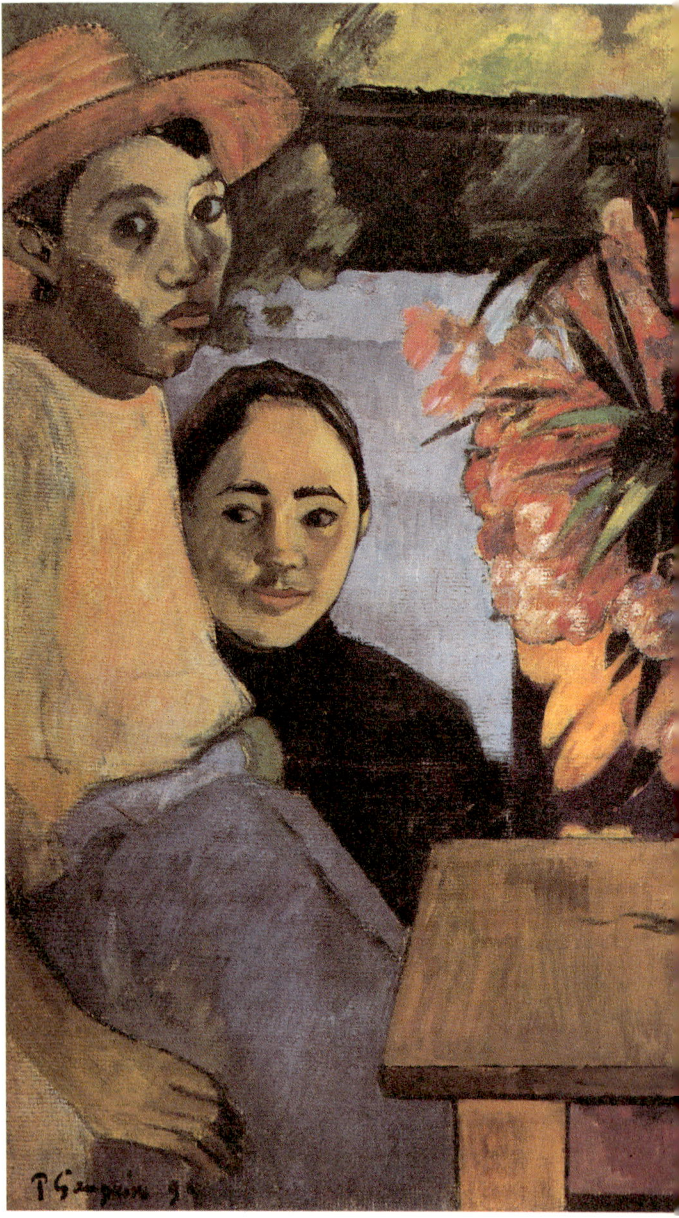

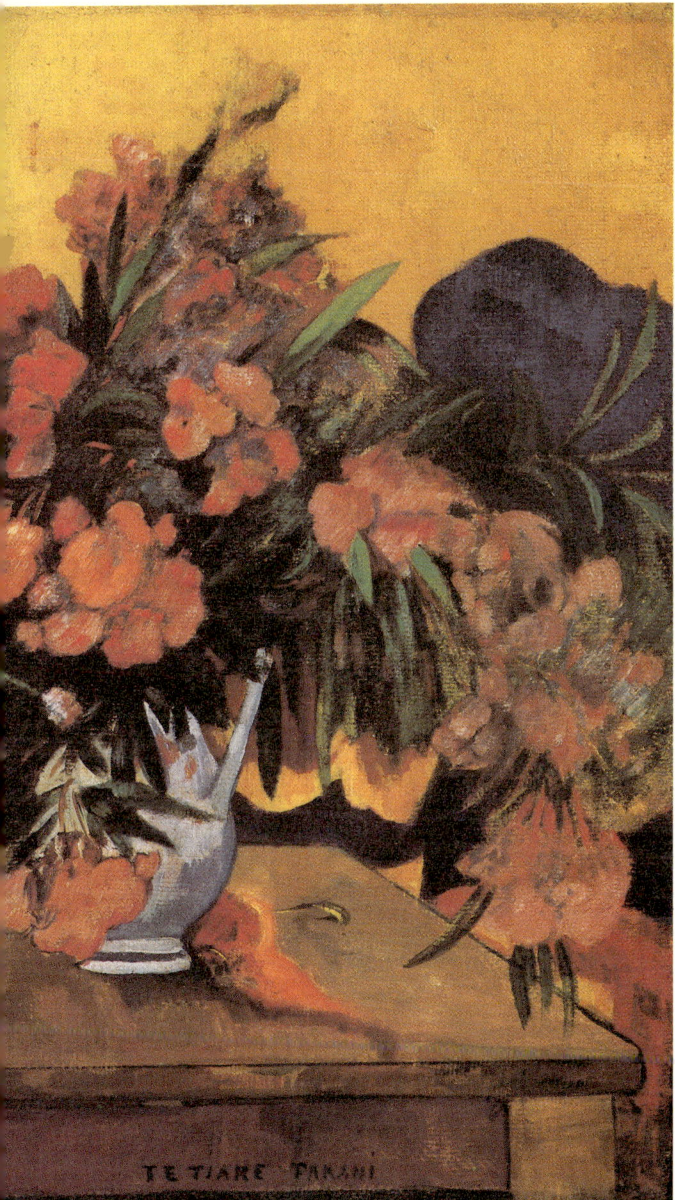
TE TIARE FARANI

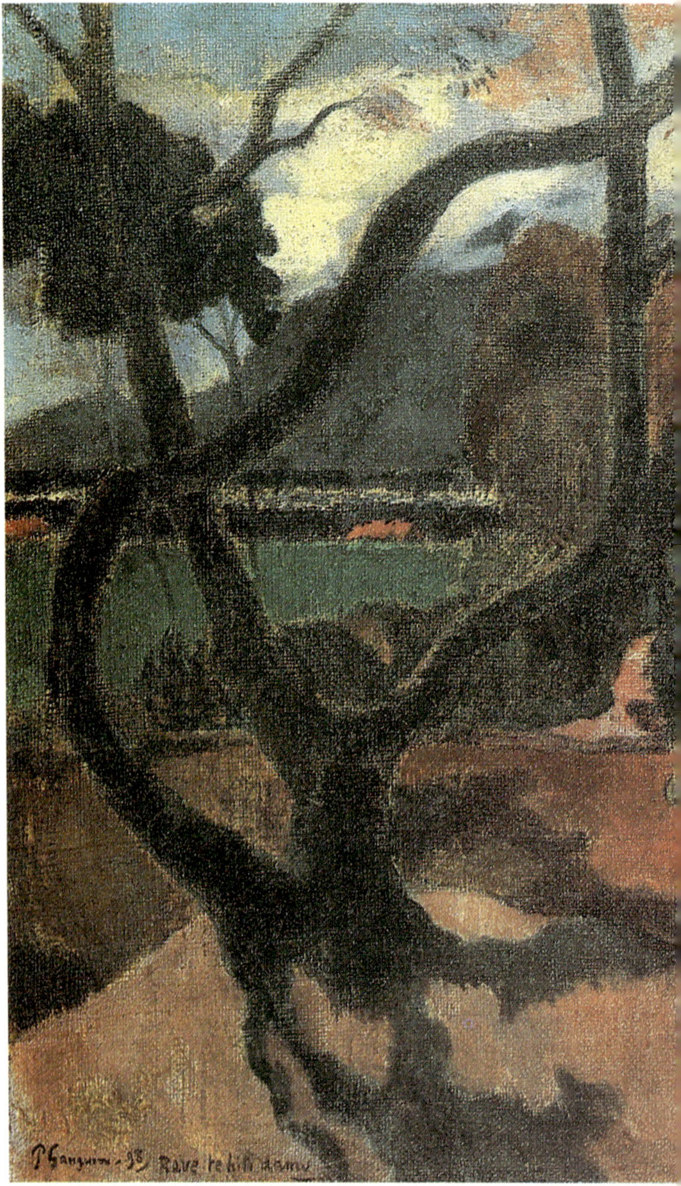

Paul Gauguin, Rave te hiti ramu, Das Idol, 1898

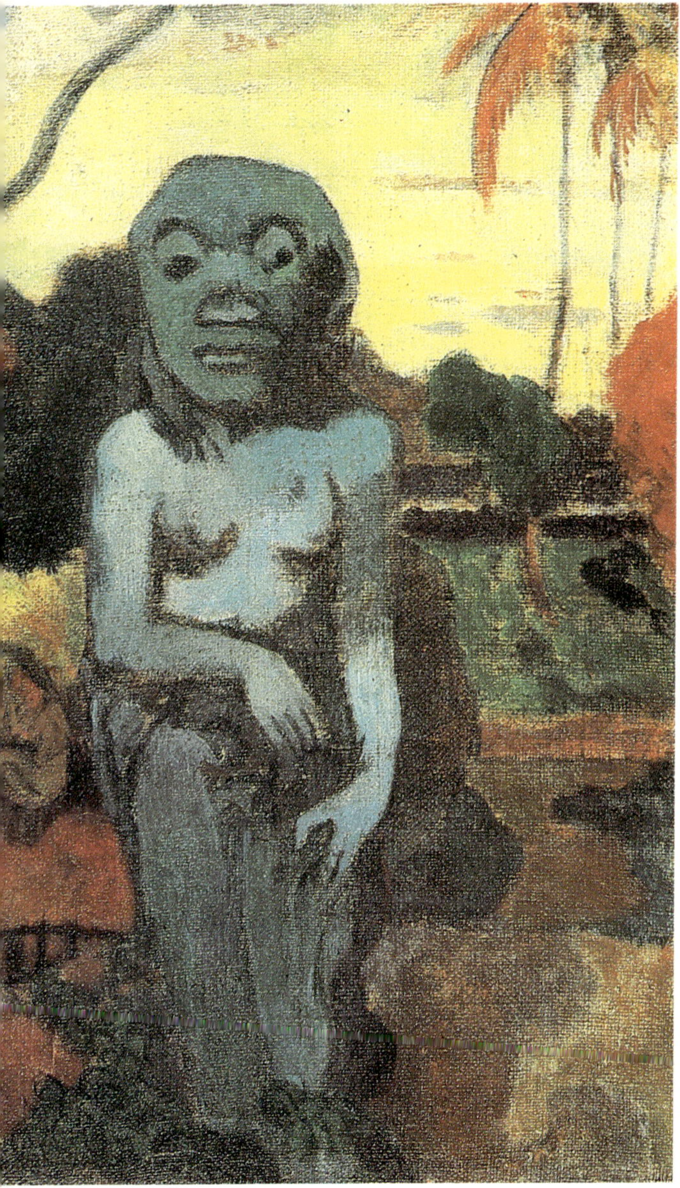

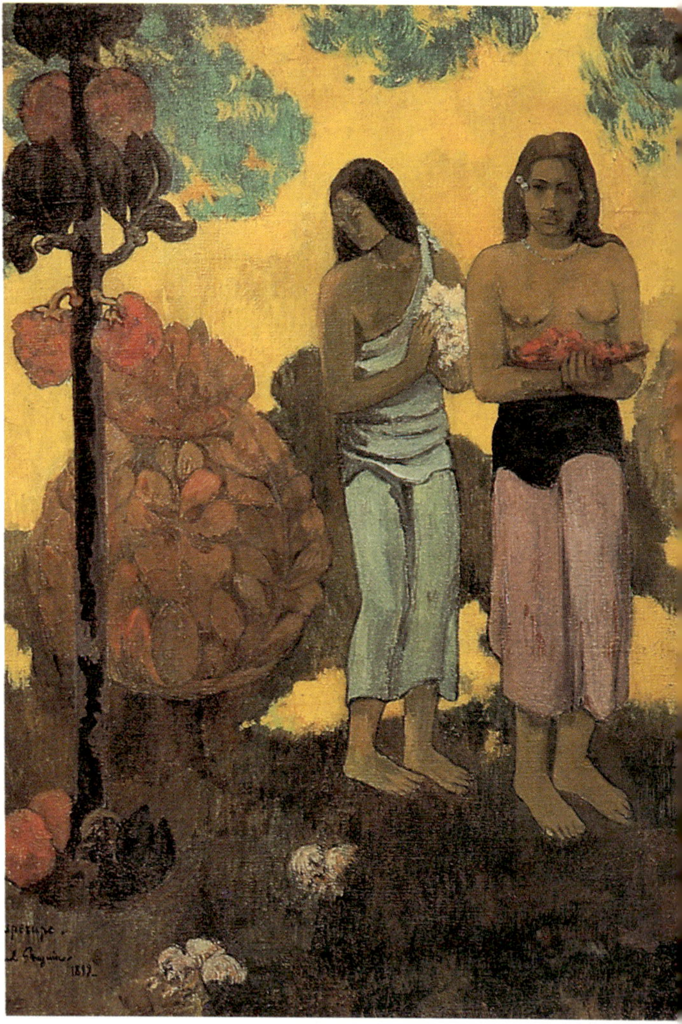

Paul Gauguin, RupeRupe, Die Ernte, 1899

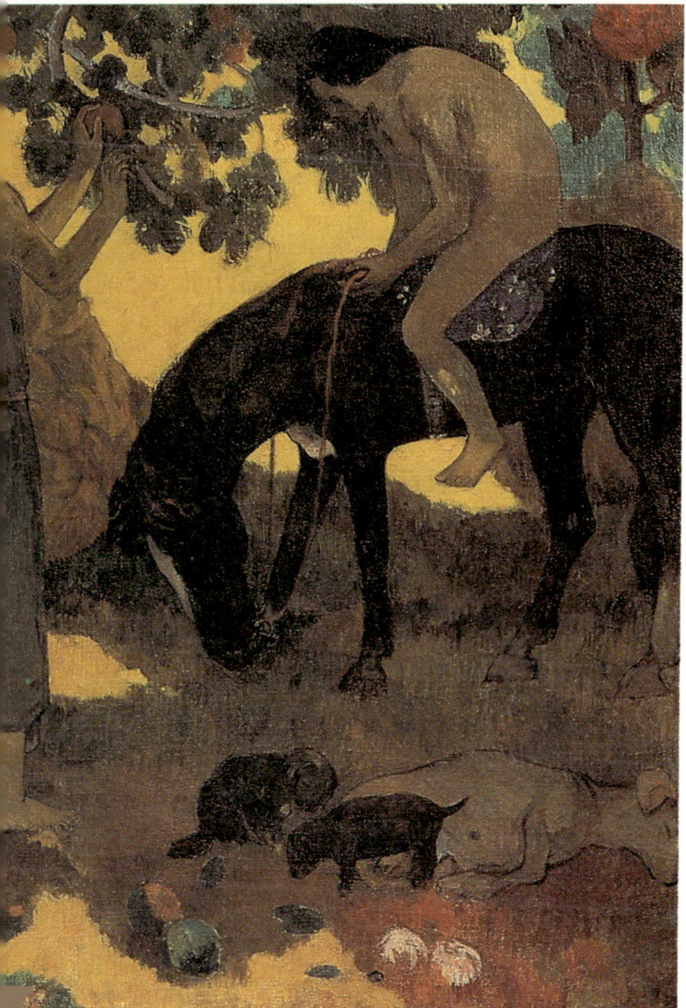

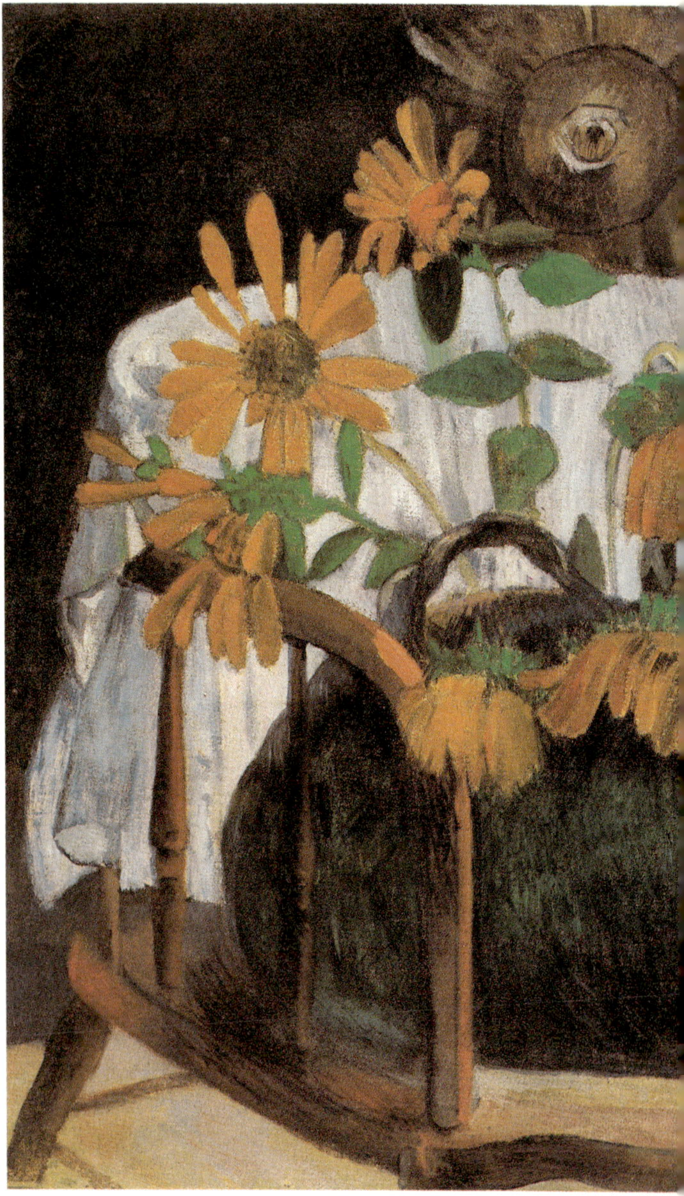

Paul Gauguin, Sonnenblumen auf einem Stuhl, 1901

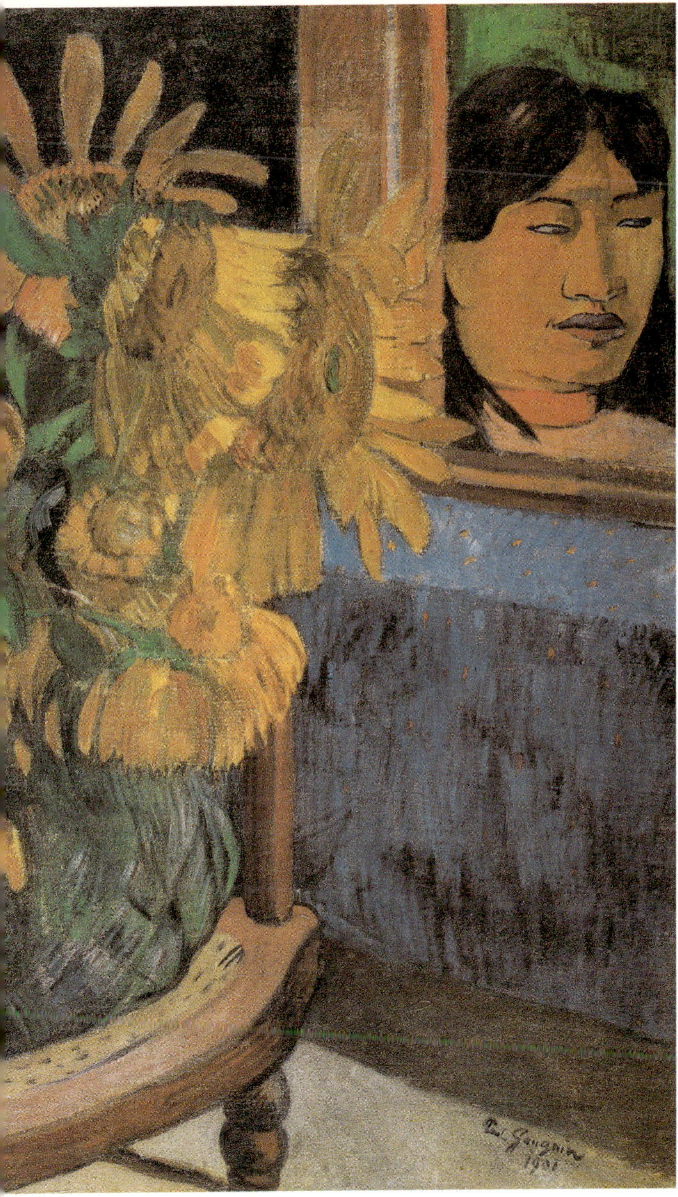

nächste Seite: Paul Gauguin, Stilleben mit Papageien, 1902

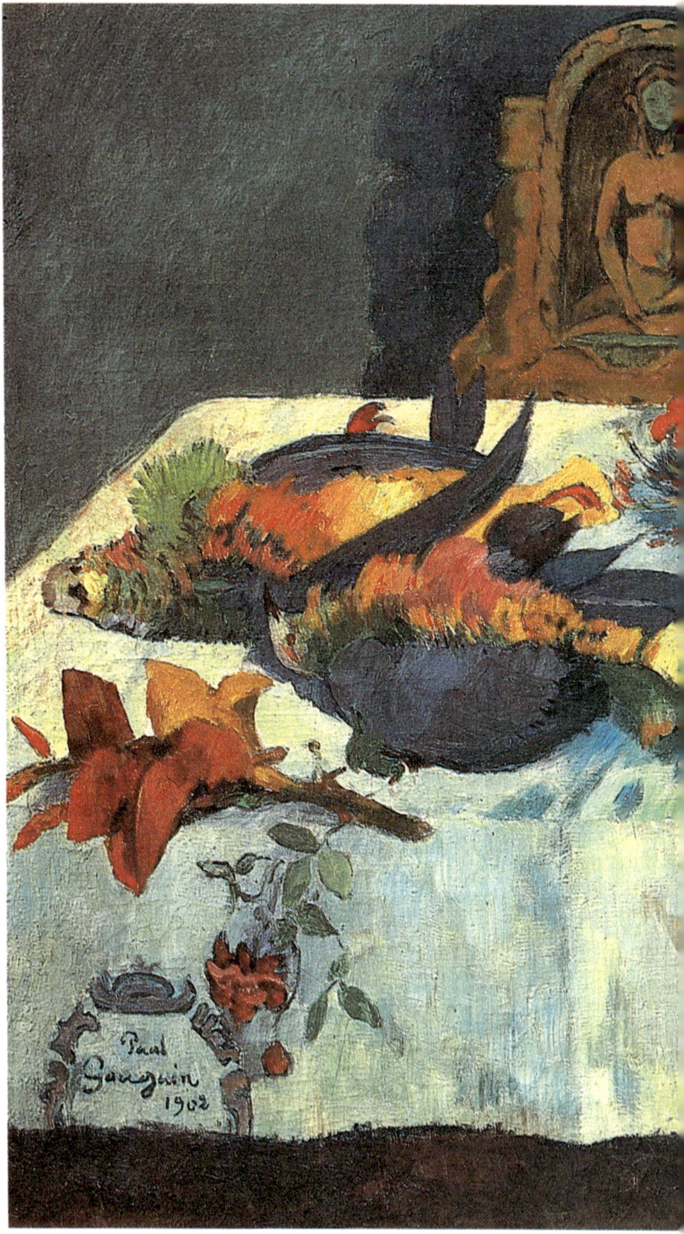
Paul
Gauguin
1902

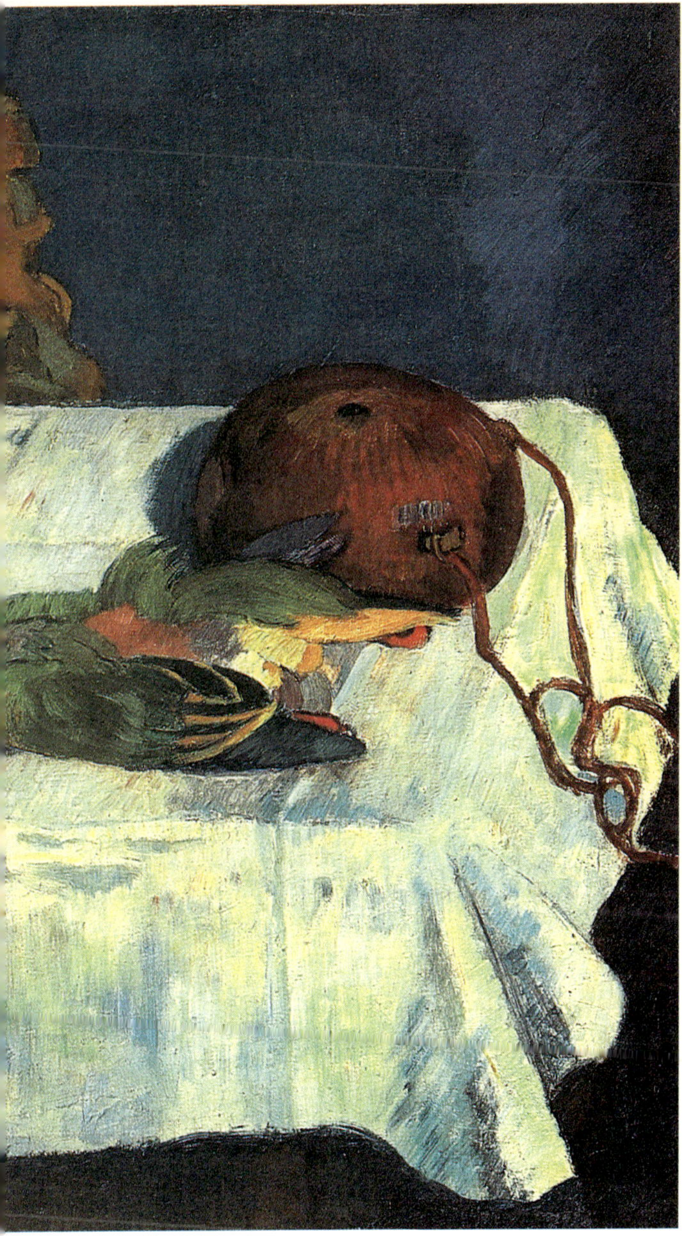

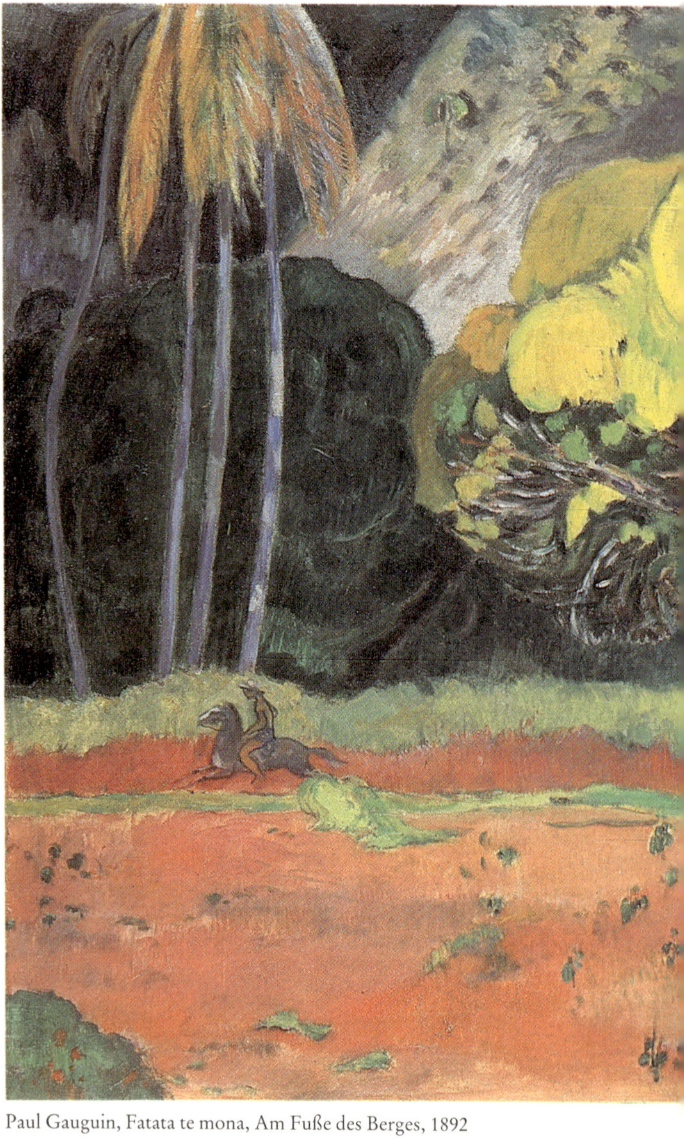

Paul Gauguin, Fatata te mona, Am Fuße des Berges, 1892

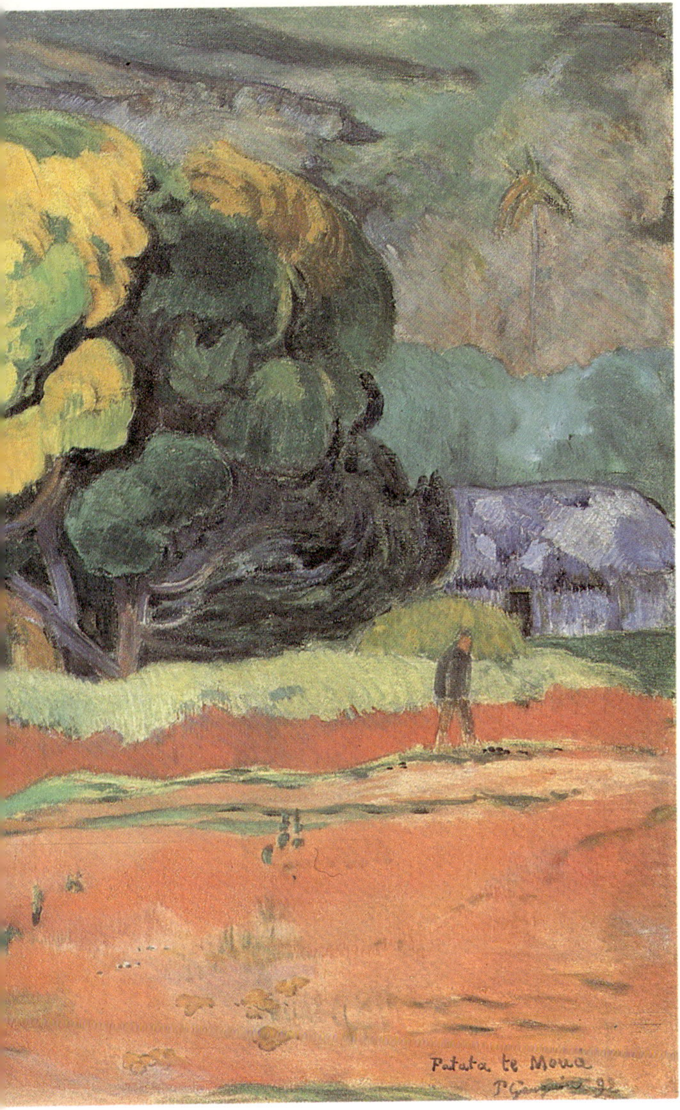
Patata te Moua

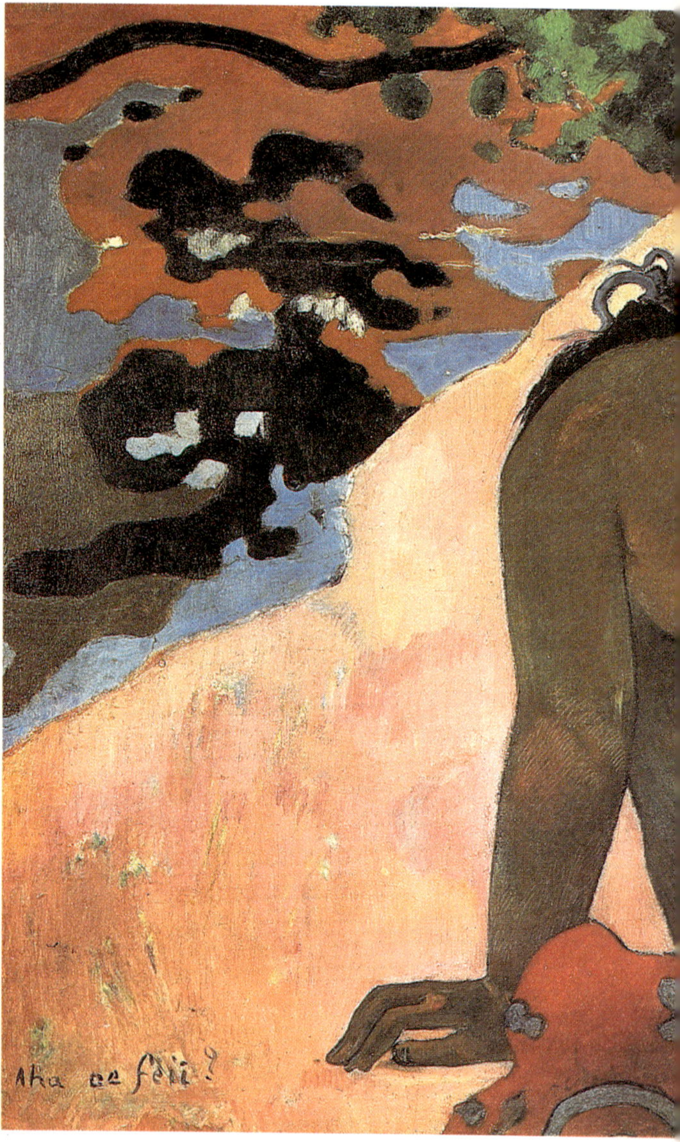

Paul Gauguin, Aha oe feii?, 1892 – Warum bist Du eifersüchtig?

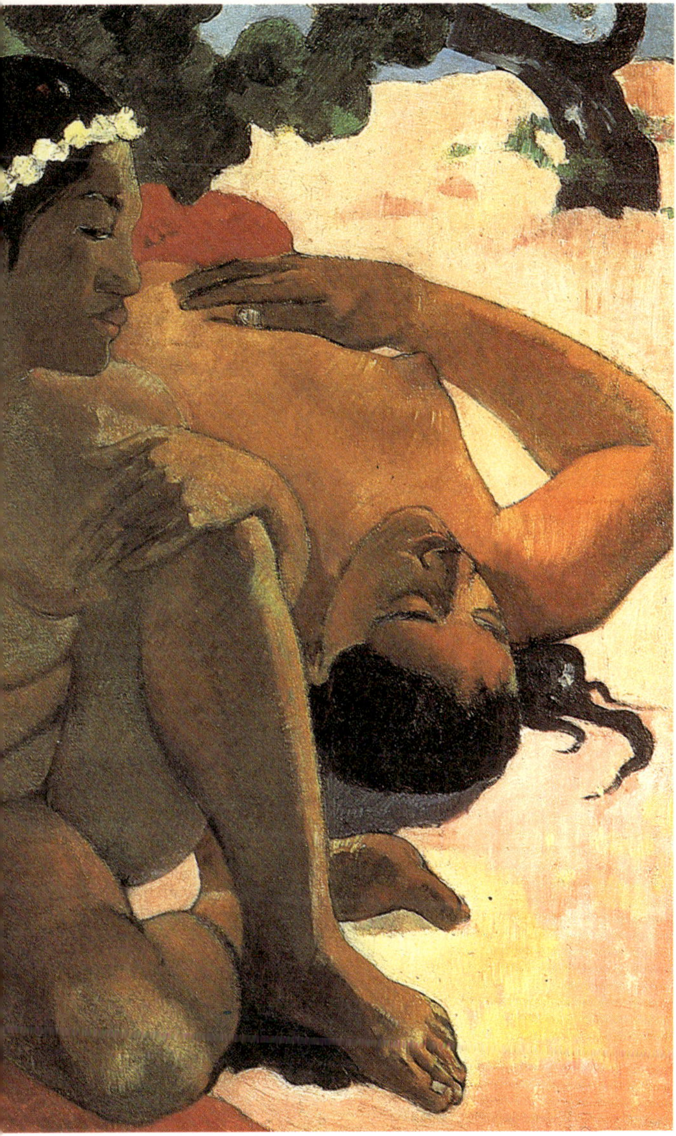

nächste Seite: Paul Gauguin, Vairaumati tei oa, 1898 – Sie heißt Vairaumati

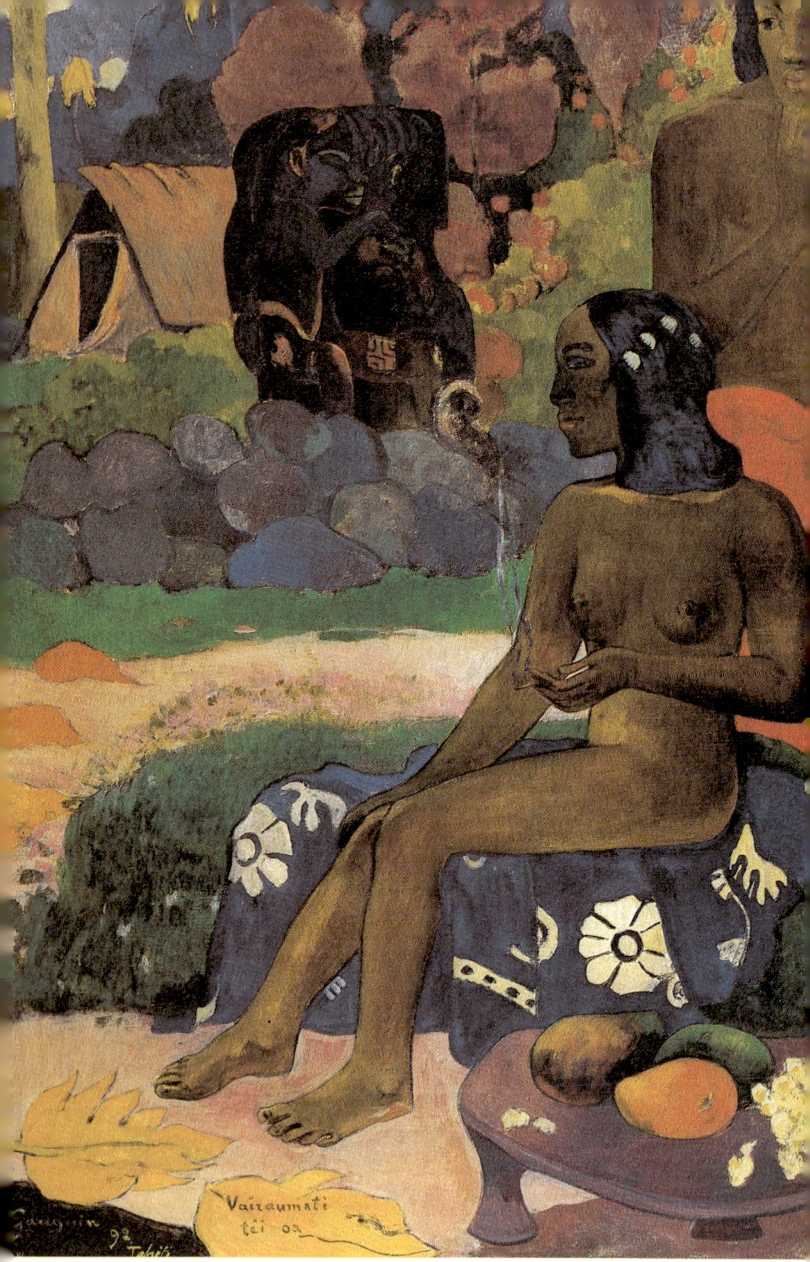
Vaïraumati
tei oa

hier verkauft und das aus Amerika kommt und, glaube ich, mit Talg zubereitet ist. Ist dieses Bleiweiß trocken, so bricht es, da es nicht genug gebunden ist, und dann geht das Bild auf dem Transport entzwei. Man könnte dem abhelfen, indem man Leinöl verwendet, zu meiner Verzweiflung aber werde ich dann in dem pastosen Ölauftrag arbeiten müssen.
Jedenfalls werde ich der Sache auf den Grund gehen.
Viele Grüße für die Freunde. Sie schreiben mir nichts mehr von Maillol. Schafft er weiter Tapisseriemeisterwerke?
Herzlich ganz der Ihre Paul Gauguin

Mai 1899

Mein lieber Daniel, ich bekomme Ihre beiden Briefe vom Februar und vom März, so daß ich Ihnen im vergangenen Monat zu Unrecht das Fehlen Ihres Briefes mitteilte. Dafür hat Chaudet, der mir für den folgenden Monat einen langen Brief und Geld, das man ihm für mich schuldete, ankündigte, nichts geschrieben (wie immer, kommt das, was er mir ankündigt, ein halbes Jahr später). »Sie hätten Ihre Interessen besser selber wahrgenommen«, schreiben Sie mir – das weiß ich wohl. Wer aber hätte die ganze Reihe von Unglücksfällen und Enttäuschungen voraussehen können? Ohne Lévy, diesen Kerl, der mir zusicherte, meine Bilder verkaufen zu können, wäre ich nicht abgereist; dazu die viertausenddreihundert Francs Außenstände, die mir von Anfang an gefehlt haben und von denen tausendfünfhundert Francs für immer futsch sind . . . Sie müssen zugeben, daß selbst der stärkste Mann, ein Riese damit nicht fertig würde; um so weniger, wenn er krank ist, wie ich es noch dazu bin, und mehrere Tage hintereinander schlaflos, und wann werde ich je gesund werden? Statt der Siedlung, die ich schaffen wollte, das heißt statt einer Stätte, auf der das materielle Leben fast gesichert wäre, habe ich in einem Lande ohne Hilfsmittel nur Schulden gehabt. Aber man muß jetzt nicht das Vergangene, sondern die Gegenwart prüfen. J'y suis, j'y reste[36], und hier muß ich sterben, vorher aber muß ich zu essen haben, und das ist schwer. Das Geld, das Sie mir schicken, erledigt einige Geschichten und ermöglicht mir zu leben – Was man doch verliert, wenn man im Rückstand ist! So wollte ich mir einen kleinen Garten einrichten lassen – denn da ich krank bin, kann ich es nicht selbst machen –, durch andere einrichten lassen (und der Arbeitslohn ist hierzulande hoch), um Gemüse zu haben, aber man mußte einen Brunnen graben. Das Loch ist ungefähr fertig, aber mangels Geldes bleibt alles liegen. Ich wollte, Sie könnten sehen, was ich gemacht habe und wie überlegt und geschickt ich gewesen bin. Hätte ich von Anfang an das Nötigste gehabt, was ich voraussah, so besäße ich heute eine kleine Pflanzung, die mir jährlich tausendfünfhundert Francs abwürfe, meinen Lebensunterhalt gäbe, Vanille, Kaffee, Gemüse, Geflügel – Statt dessen besitze ich an Haus- und Grundstückswert ungefähr dreitausendfünfhundert Francs und hundertfünfzig Francs Einkünfte aus Kokosnüssen. Das ist trotz allem geradezu ein Kraftstück, wenigstens soweit zu sein – Gegenwärtig verbleiben mir genau hundert Francs in der Kasse, um im Mai, das heißt im Sommer, zu leben, wenn Sie alle auf dem Lande sein werden und Vollard für lange Zeit Verkäufer statt Käufer sein wird. Wenn ich also noch auf allen Seiten Schulden machen soll, ohne Sicherheit und ohne Hoffnung auf Sicherheit . . . Denken Sie sich die Folgen.

Ihr Brief teilt mir etwas mit, das ich voraussah und fürchte: daß Sie eines Tages, und sehr bald, in Saint Clément wohnen werden. Und Sie sind für mich (ich spreche nicht von Freundschaft, das ist selbstverständlich) unersetzlich: Sie wissen ja selbst, was Sie von sich aus verkauft haben, und die Beziehungen werden immer besser. Auf Chaudet darf man nur gelegentlich rechnen, wie es ihm gerade einfällt. Unter Berücksichtigung dieses Umstandes sehen Sie bitte zu, wer Sie ersetzen könnte, an vornehmem Charakter, glaube ich, käme Maillol in Betracht; aber wie immer sind die Guten arm und selbst von den Sorgen des Lebens überlastet. Denn der raffinierte Schuffenecker, der sogar bösartig und durch übermäßige Eitelkeit ganz aus dem Gleichgewicht gebracht ist, kommt nicht einen Augenblick in Frage. Was schreiben Sie mir von seiner Frau: sie drängt auf Scheidung? Ich vermute, daß Schuffs Bruder ihr Ratgeber ist, der, ohne danach auszusehen, ein ausgemachter Kuppler ist. Ach ja, mein armer Daniel, Sie wissen wie ich einiges von der Ehe: irgend etwas geht dabei in die Brüche. Bei dieser edlen Einrichtung ist immer nur von Pflichten, Ehren und so weiter die Rede. Warum sagt man nicht ein für allemal die Wahrheit, daß es sich um Geld dreht, um Prostitution sogar. Ganz wie ich haben Sie auf Möbel, Wäsche, Bücher und das übrige verzichtet. Auktion – Lassen wir das, es ist fürchterlich. Ich haben einen kleinen Buben von zwei Monaten, hübsch wie alles, was ehebrecherisch ist – Wie steht es eigentlich mit dem Gesetz: Sie haben ein uneheliches Kind, das Ihnen ähnlich ist und Sie ganz zufrieden macht – Es kann nicht erben – Dagegen haben Sie ein legitimes Kind, das Ihrem Hausmeister ähnelt wie ein

Wassertropfen dem anderen und das ein schrecklicher Balg ist – Es erbt nach dem Gesetz, nachdem es von Rechts wegen mit Gewalt erzogen worden ist. Moral!
Zum Schluß. Sie sprechen von meiner Malerei und teilen mir freimütig Ihre Ansicht mit, um die ich Sie bat. Ich *bin* Ihrer Ansicht *und bis es nicht.* Ich habe nur Bestrebungen und Versprechungen hineingelegt. Wenn ja, wie meinen Sie, sollte wohl die Tatsache, alle Teile herauszuarbeiten, diese Bestrebungen leben lassen oder auch nur unterstreichen, hauptsächlich auf einem großen dekorativen Bild. Das würde in diesem Falle einzelne Stücke ausmachen oder ein Stück Malerei – Ist das der wahre Zweck eines großen Bildes? Gerade in unserer Zeit wird dieser große Fehler gemacht, alle Bilder als Staffeleibilder zu behandeln, oder andern, wie bei Gustave Moreau, den Mangel an Gestaltungskraft, an Konzeption, wenn Sie wollen, durch Feinarbeit, durch handwerksmäßige Vollendung zu ersetzen; kein Versprechen mehr durch das Übermaß des Unterstreichens. Erweckt das Versprechen nicht das Mysterium, da unsere Natur das Absolute nicht zuläßt – Und in diesem Sinne wäre es gut, wenn jemand auf diese Gefahr aufmerksam machte. Die Salons haben die fertigen Bilder mit sich gebracht, und im Gegensatz hierzu ist man bisweilen *glücklich*, in einem Museum ein unvollendetes Bild eines Meisters zu finden, wie die Corots – hauptsächlich die Corots, die mit soviel Anmut skizziert sind.

Sie schreiben: »Warum malen Sie nicht reich, damit eine Oberfläche, damit reichere Materie entsteht? . . . «
Ich sage nicht nein, und manchmal habe ich den Wunsch danach; aber es wird mir immer unmöglicher durch die Ausgaben für Farben; außerdem habe ich trotz meiner Sparsamkeit fast keine mehr, und ich kann Sie nicht eher um neue bitten, bevor ich nicht weiß, wann meine Existenz gesichert sein wird. Wenn Sie mir jemanden bringen, der mir fünf Jahre lang jährlich zweitausendvierhundert Francs zusichert und außerdem Farben im Überfluß, so mache ich, was man will, ich würde in vollem Auftrag malen, was dreimal soviel Zeit in Anspruch nimmt.
Ich weiß jetzt nicht, ob Sie nicht in einigen Jahren, wenn die Farbe hart genug geworden und das Öl verschwunden ist, eine reiche Materie wiederfinden, denn ich erinnere mich an einige Bilder, unter anderem an ein Seestück aus der Bretagne, das so leicht wie möglich gemacht war und das van Gogh Manzi verkauft hatte. Nach einigen Jahren war das Bild nicht wiederzuerkennen und ganz reich an Materie!

Also – seien Sie nicht böse, wenn ich Sie um Ihre Ansicht bat und diese Ansicht nun bekämpfe: bei dieser Gelegenheit erkenne ich übrigens nichts Genaues in mir selbst. Die Hauptsache, die mich immer beschäftigt, ist die Frage, ob ich auf dem rechten Wege vorwärtsgehe, ob ich *Fehler in der Kunst* mache. Denn die Fragen der Materie, der sorgfältigen Ausführung und selbst der Präparation der Leinwand, all das kommt ganz zuletzt – *Dem kann man immer abhelfen, nicht wahr?*

Die Kunst dagegen, das ist eine sehr heikle Angelegenheit und fürchterlich schwer zu ergründen.

Während der kurzen Zeit, in der ich im Atelier Montparnasse Korrekturen gab, sagte ich immer: »Warten Sie nicht darauf, daß ich Ihnen geradeheraus sage, daß Ihr Arm zu lang oder zu kurz ist (wer weiß das übrigens), aber Fehler in der Kunst, schlechter Geschmack etc. . . . Sie werden stets in der Lage sein, wenn Sie Wert darauf legen, zur Genauigkeit zu kommen; die Handfertigkeit kommt mit der Übung ganz von selbst und um so leichter, je weniger man an sie denkt –«

Das ist meine Meinung, mein lieber Daniel, und wenn ich alles überlese, so sage ich mir immer, daß ich Sie recht langweilen muß und Ihre Güte mißbrauche, denn Sie sind die Güte in Person.

Für Sie ist das Leben durchaus nicht rosig und leicht. Sie brauchen also den Zuwachs an Sorgen nicht, die ich Ihnen unaufhörlich bereite und die ich Ihnen in der Zukunft auch nicht werde ersparen können.

Verzeihen sie mir also alles miteinander, und denken Sie daran, daß Sie keine anderen Belohnungen zu erwarten haben als die innere Befriedigung, etwas Schönes getan zu haben.

Grüße für die Freunde.

Und herzlich ganz der Ihre — Paul Gauguin

Juni 1899

Mein lieber Daniel, mit dieser Post von Chaudet: Nichts und wieder nichts, so daß ich diesen Monat beim Chinesen mein Brot auf Kredit holen werde; kein Heller mehr im Haus. Machen Sie sich keine Sorgen, ich mache mich auf sechs Monate Leben gefaßt wie im vergangenen Jahr um die gleiche Zeit.

Von Maurice Denis einen Brief, in dem er mich bittet, 1900 mit den Symbolisten, Pointillisten und dem *Rosenkreuz* auszustellen – Ich antworte ihm: nein und führe als Grund an, daß ich ohne Gefahr nicht mit den vielen Meistern zusammen ausstellen kann, die ich

schlecht kopiert habe. Außerdem die Unmöglichkeit für mich, jetzt zu arbeiten. Wenn später meine Krankheit, die immer grausamer wird, einen Augenblick aussetzt, so werde ich trotz meiner Sorgen versuchen, ein Dutzend gute Bilder zu machen, die Sie dann mit einigen alten Bildern zusammen ausstellen können – zum Beispiel der Ia orana Maria, wenn Manzi sie leiht – bei Vollard zu gleicher Zeit wie die Ausstellung der neuen Gruppe. Ich lese den Artikel im »Mercure«, der im allgemeinen Ihre Ausstellung sehr lobt. Ich bin zufrieden, daß Sie Degas gesehen haben, und wenn er wünscht, von jetzt ab das Eintreffen neuer Bilder zu erfahren, so liegt das daran, daß er von Vollards Spekulation Wind bekommen hat.
Ihm schreiben!! Ich habe immer Angst, und mit Recht, daß er meine Briefe nur als eigennützig ansähe, und ich kenne ihn – wenn er einen Dienst erweisen kann und will, so wird er es leichter und mit mehr Vergnügen aus sich selbst heraus tun, ohne von mir dazu aufgefordert zu sein. Bleiben Sie auf alle Fälle in möglichst enger Verbindung mit ihm.
Ob ich Ihnen im nächsten Monat schreibe! Denken Sie, meinen alten Bekannten, die mich von Tag zu Tag haben tiefer sinken sehen, hauptsächlich als ich als Straßenaufseher habe arbeiten müssen (oh, die Beamten in den Kolonien!), habe ich einfach voller Verachtung den Rücken drehen müssen, was ich auch getan habe, aber da ist noch eins: ein kleiner Beamter, der mir fürchterlich mitspielt; der absichtlich die Leute, die mich bestehlen, nicht verfolgt, etc. . . . Ich habe mir also in den Kopf gesetzt, diesem Zustand ein Ende zu machen und den andern den Gedanken, mich auch zukünftig zu belästigen, gründlichst auszutreiben, und ich habe einen sehr heftigen Brief an den Staatsanwalt geschrieben auf dem Umwege über die Zeitung und ihn vor den Entschluß gestellt, sich mit mir zu duellieren oder der Sache auf den Grund zu gehen. Diese Nummer wird am Tage nach dem Abgang der Post erscheinen, ich kann Ihnen also das Ergebnis nicht mitteilen. Wenn dieser Stiesel sich nicht schlägt, ist es wahrscheinlich, daß er mich vors Schwurgericht schleppt, und ich werde die Sache mit einigen Tagen Gefängnis abmachen, das ist mir ganz gleich; aber eine Geldstrafe wäre ein schrecklicher Schlag für mich. Dahin kommt man in den Kolonien, mein lieber Daniel, wenn man keinen Pfennig Geld hat.
Stets Ihr herzlich ergebener Paul Gauguin

Juli 1899

Mein lieber Daniel, inliegend ein Zeitungsausschnitt, der Sie über meinen Krawall vom vergangenen Monat informiert. Ergebnis: nichts gegen mich, kein Duell, keine Verfolgung; welche Verwesung in unseren Kolonien. Übrigens war es an der Zeit, so zu handeln, denn alle Leute wollten mir auf der Nase herumtanzen, da ich ja ein Mensch ohne jeden Pfennig Geld bin: jetzt beginnt man, wenn auch keine Achtung, so jedoch heilsame Angst vor mir zu haben. Wann werde ich Ihnen einmal etwas Interessantes mitteilen? In diesem Monat schweigt Chaudet noch immer, und kein Geld. Noch einmal habe ich bei Lieferanten zweihundert Francs Schulden gemacht, und mein Kredit ist hier ohnedies schon klein genug! Wenn ich Geld bekomme, muß ich also die Rückstände bezahlen und so fort. Sie werden wie Chaudet ein halbes Jahr fern von Paris sein, bis zum nächsten Winter sehe ich also keine Hoffnung . . . Und dazu arbeite ich gegenwärtig nicht, so wenig Ruhe läßt mir mein Fuß; außerdem habe ich nur noch drei Meter Leinwand, fast keine Farben mehr, nicht ein Milligramm Zinnober, meine Lieblingsfarbe.

Ich bin ein bißchen wütend auf Sie: warum haben Sie in der Ausstellung bei Durand-Ruel nicht Ihr Basrelief ausgestellt? Daraus, daß viel Schwindler übertreiben und durch Reklame ihren Blech überall ausstellen, folgt doch nicht, daß gewissenhafte und begabte Künstler ihre Bescheidenheit zu weit treiben, denn auf die Weise steigt nur die Schmutzflut unablässig.

Ohne den Kritiken Glauben beizumessen, sehe ich, daß Bernard und Filiger trotz ihrem großen Vertrauen in ihr Genie und ihre Persönlichkeit auf dieser Ausstellung nicht übermäßig überraschen, sie, meine »Lehrmeister, deren Anweisungen ich so gut übernommen habe« (viele Artikel bezeugen das). Ich bin entstanden aus »Cézanne, van Gogh, Bernard . . . « – was für ein geschickter Zusammenstoppler bin ich doch!

Sie haben ein Mädchen, welch Ärgernis in Europa; während ich einen ganz weißen Jungen habe, der nicht teurer ist als ein Tier, das die Mutter nährt. Übrigens belästigen Kinder mich nicht, da »ich sie verlasse«! Ich bin »ein Schmutzfink erster Klasse, der seine Frau und seine Kinder im Stich gelassen hat«. Wie wurscht mir das ist!

Viele Grüße an Annette.

Freundschaftlichst g. d. I. Paul Gauguin

August 1899

Mein lieber Daniel, was soll ich Ihnen dieses Mal schreiben, wenn ich Ihnen nicht immer dasselbe Lied herunterleiern will; ich bin ohne Geld und rechne damit, auch den ganzen Sommer über keins zu haben, da Sie und so viele andere Paris verlassen haben. Chaudet muß entweder tot oder zu krank sein, um mir zu schreiben: jedenfalls bin ich ohne jede Nachricht.

Ich danke Ihnen für die guten Anweisungen, die Sie mir für die Präparation der Bilder geben: es gibt hier Rizinussamen, und ich werde dieser Tage eine Probe machen – aber wann! Ich kann es nicht sagen. Ich habe keine Leinwand mehr, und ich bin überhaupt zu mutlos, um zu malen. In jedem Augenblick mit äußeren Sorgen beschäftigt, und wozu auch, wenn meine Werke sich bei Ihnen anhäufen, was Sie belästigen muß, oder in Bausch und Bogen um einen Pappenstiel an Vollard verkauft werden.

Ich frage mich überhaupt, wie es kommt, daß es Leute gibt, die Bilder kaufen, denn die Maler werden immer zahlreicher, dazu der Haufen Maler, die nichts suchen und sich den Bestrebungen der andern rasch angepaßt haben, und das Ganze ist auf den modernen Geschmack zugeschnitten – Kaufmännisch gesprochen: in der Kunst müssen ein paar »trockenwohnen«, damit das Haus bewohnbar werde.

Augenblicklich scheint meine Gesundheit sich bessern zu wollen, aber ich wage noch nicht, irgend etwas darüber zu sagen, denn ich habe schon öfter vergeblich an meine Heilung geglaubt. Diesmal scheint es aber anders zu liegen. Denn sowie meine Füße gut werden, komme ich zu Kräften, nehme zu und fühle Tatkraft in mir. An dem Tage, an dem ich nicht mehr krank sein werde, werde ich auch besser gegen die Sorgen kämpfen können –

Es tut mir leid, daß der arme Maillol so in der Klemme steckt, denn er ist ein Künstler und hat ein gutes Herz, soweit ich ihn kenne. Wird es ihm besser gehen, wenn er am Champ de Mars teilnimmt? Ich glaube nicht, denn in diesen Läden sind die raffinierten Kerle noch zahlreicher und drängen alle andern heraus.

Seine Kunst ist zu vornehm, als daß man sie bemerkte; sehen Sie Ranson; er kommt vorwärts, aber hinter sich hat er eine Familie und eine Frau, die intrigieren!!

Von Vollard habe ich immer noch nichts bekommen, nichts für Aquarelle, auch kein Angebot für das große Bild. Welch Schurke unter seiner honigsüßen Miene steckt; Schuffenecker *bewunderte* ihn auch; das sagt alles.

Hoffentlich geht es Annette und der Kleinen, wie es meiner Vahine und dem Kind geht.
Stets herzlich ganz Ihr Paul Gauguin

September 1899

Mein lieber Daniel, wie die letzte bringt mir auch diese Post nichts, und meine Lage wird wie früher sehr gespannt. Man mag noch so an Entbehrungen gewöhnt sein, aber etwas Brot und Wasser muß man haben. Die hundert Francs, die mir der Crédit Lyonnais im vergangenen Monat geschickt hat, haben in diesem Monat noch gereicht, aber jetzt ist nichts mehr in Aussicht.

Ich verstehe Chaudet nicht mehr, der mir einmal im Jahr schreibt: dieses Mal erhielt ich von ihm eine kleine Tube Zinnober, von der ich ihm vor langer Zeit geschrieben habe, aber keinen Brief dazu. Ja, mein lieber Daniel, ich komme darauf zurück: die Situation ist recht verzweifelt für die Zukunft, wenn ich in Paris niemanden habe, der sich um mich kümmert – Chaudet ist zu leicht, zu empfindlich, um Vertrauen zu haben, und Sie sind der einzige und können eines Tages nicht mehr dasein, oder höchstens kurze Zeit im Jahre.

Ich versuche, so gut es geht, wieder zu arbeiten; ich nehme einen Haufen Sachen wieder auf, die ich unterbrach, denn es kann sehr gut sein (man spricht davon), daß das Stationsschiff »Aube« seinen Aufenthalt abkürzt und nach Frankreich zurückkehrt. Dann habe ich gerade Zeit, um zur Weltausstellung ungefähr zehn Bilder zu schicken.

Ich habe Ihr Rizinusölverfahren versucht, aber ich weiß noch nichts über die Ergebnisse: jedenfalls fällt es mir sehr schwer, auf schlammigem Grund zu malen, denn wie Sie wissen, habe ich seit ungefähr zehn Jahren auf aufsaugender Leinwand gemalt, und ich hatte, wie ich wollte, die Wirkungen der gewünschten Farben ohne jede Änderung.

Außerdem war der Aufwand an Farben zehnmal kleiner. Es ist unmöglich, Hautleim aufzutreiben. Schließlich wollen wir für den Augenblick tun, was wir können und es wird irgendwie gehen.

Sie kennen wohl keinen Anarchisten, der Roujon[37)], den Direktor der Beaux-Arts, in die Luft sprengen könnte; wenn ja, so greifen Sie getrost zu, denn seine Ersetzung durch Geffroy zum Beispiel könnte meine Lage möglicherweise verbessern – Vielleicht ein Auftrag Glasfensterzeichnungen, das würde mir Freude machen und Brot geben.

Und wie geht es Ihrer Nachkommenschaft? Meine wächst zuse-

hends und wird später einen richtigen Stier geben: auf alle Fälle wächst er ohne große Mühe in Leinenfetzen auf, die wir aus unsern alten Lumpen schneiden.
Herzlich Ihr

Paul Gauguin

Dezember 1899

Mein lieber Daniel, dieses Mal erhalten wir die Post mit vierzehn Tagen Verspätung. Zum Glück ein Brief von Ihnen, denn zwei Posten hatte ich nichts, was mich beunruhigte; ich ersehe aus Ihrem Brief, daß Sie Kummer mit Ihrem kleinen Mädchen hatten; ja, Kinder machen Sorgen. Meines nicht, denn es wächst hier ohne Plackerei und verspricht ein kluger und gesunder Kerl zu werden.

Ich habe auch ein schlechtes Gewissen, denn ich habe Ihr Schweigen benutzt, um ebenfalls zwei Monate zu schweigen, das kommt daher, daß ich wie jedes Jahr zur gleichen Zeit (ich weiß nicht warum) schrecklich unter meinen beiden immer noch unheilbaren Füßen leide, und was soll ich Ihnen denn immer dasselbe Lied schreiben: daß ich Schmerzen habe und die Schulden wieder anfangen. Und ich habe ja auch alle Ursache, mich zu beunruhigen – Sie schreiben es selbst: Sie können mir nicht mehr von großem Nutzen sein, und Chaudet!!! ist krank. Was soll aus mir werden. Ich schicke in diesem Monat an Chaudet, der doch mehr im Zentrum der Geschäfte ist als Sie, die Abschrift eines Briefes von Maurice Denis, eines sehr merkwürdigen Briefes, der mich als Antwort auf meine Weigerung, mit ihm auszustellen, wissen läßt, daß »Degas und Rouart sich um meine Bilder schlagen; die Händler spekulieren auf meinen Namen, und meine Bilder erreichen auf den Auktionen hübsche Preise«. Weiß Gott, das ist unverständlich und müßte geprüft werden, denn ich spüre nichts davon.

Oft bringt etwas Schlechtes etwas Gutes mit sich. Sie haben es miterleben können, daß ich auf Tahiti wieder Mut gefaßt habe, und es war gut so, denn man hat begonnen, mich zu fürchten und zu achten, und dann bin ich in den Betrieb gekommen, bin Journalist geworden und, weiß Gott, ich habe mir nicht so viel Phantasie zugetraut; ich werde ganz gut: ich sende Ihnen demnächst die ganze Serie. Ich habe außerdem eine Zeitung »Le Sourire« geschaffen, die nach dem System Edison autographiert wird und Aufsehen erregt: leider wandert sie von Hand zu Hand, und ich verkaufe sehr wenig. Trotzdem ist es mir in dieser Zeit gelungen, annähernd fünfzig Francs im Monat zu verdienen, womit ich durchhalte und mich vor allzugroßen Schulden schütze. Und wenn ich mir auch Feinde ge-

macht habe, was besser ist als Gleichgültige, so habe ich mir (politisch) interessierte Freunde gemacht und auch meinen Kredit gestärkt.
Ich sende Ihnen eine Reihe Holzschnitte; ich rechne damit, zur Zeit der Weltausstellung zusammen mit einigen Bildern eine Ausstellung von Zeichnungen und Schnitten zu veranstalten. Auf irgendwelchen Brettern und mit immer schlechter werdenden Augen gemacht, heben sie sich stark vom gewöhnlichen schmutzigen Handwerk ab, sie sind unvollkommen, aber, als Kunst, glaube ich, interessant.
In Eile sehr herzlich Paul Gauguin

Ich habe vor einem halben Jahr an Molard bezüglich einer wichtigen Petition an den Kolonialminister geschrieben – keine Antwort. Auf wen kann man rechnen? Denn heutzutage wird selbst die Freundschaft wackrer Leute banal –

Januar 1900

Mein lieber Daniel, wie ich es vorausgesehen habe und fürchtete, ist Chaudet gestorben, und Sie! Sie müssen Paris verlassen; es muß also auf alle Fälle jemand gefunden werden, der guten Willen hat und Chaudet ersetzen kann. Trotz Sérusiers merkwürdigem Benehmen mir gegenüber, das ich zu erraten glaube (denn es ähnelt dem so vieler anderer: den Meister verlassen, um selbst Meister zu werden); glauben Sie nicht, daß Sérusier trotzdem Chaudet ersetzen könnte, denn er ist oft in Paris und mitten in der Geschäftswelt? Sie müßten das Gelände sondieren und diese Sache unter Dach und Fach bringen. Wenn nicht, so sprechen Sie bitte mit Degas darüber, der einen guten Rat geben kann und viel Einfluß auf Portier hat: er soll versuchen, Portier zu einer Entscheidung zu bringen. Noch etwas anderes, das vielleicht alles einrenken kann: Vollards Brief; auch darin kann Degas von Einfluß sein. Ich sende Ihnen meine Antwort, damit Sie sich auf meinen Brief stützen und sehr gleichgültig tun, denn ich fühle, daß Vollard mich ausnutzen will. Im vergangenen Monat habe ich Chaudet einen Brief von Denis geschickt, den Sie vielleicht haben können und der mir der Schlüssel zu all dem zu sein scheint. Wie dem auch sei, es ist mir gleich, ob Vollard oder jemand anderes mit mir Geld verdient, wenn ich nur leidlich Wind in die Segel bekomme: später werden wir die Kandare schon anziehen. Es ist sehr leicht möglich, daß Vollard, der gerissener als Cartouche ist, im gegebenen Augenblick versuchen wird, abzuschwenken unter dem

Vorwand, ich sei fort und es bedürfe meiner Unterschrift. Deswegen sende ich Ihnen ein fix und fertiges Papier mit meiner Unterschrift. Aber sprechen sie ihm erst dann davon, wenn er Ihnen diese Einwendung macht.
Es ist auch möglich, daß er mich für eine gewisse Zeit festzulegen wünscht: in diesem Fall sagen Sie ihm bitte, Sie hätten keine Vollmacht in dieser Hinsicht, und da er selbst nicht davon gesprochen hätte, hätte ich nicht daran denken und darauf antworten können. Sehen Sie, die Geschichte ist, das fühle ich sehr wohl, sehr schwer zu verhandeln mit einem Menschen, der so weitschweifig und durchtrieben ist, aber sie kann nur gelingen (wenn sie gelingt) unter der Bedingung, daß man ihm deutlich zu verstehen gibt, daß er Wert darauf legt und *nicht ich.* (Gott weiß, wie nötig ich sie habe!) Das muß auch *sofort* gemacht werden (entweder – oder) und in entgegenkommender Weise – In dieser Hinsicht können Sie getrost von dreihundert auf zweihundert Francs monatlich heruntergehen, das ist aber das Äußerste. Wenn er die Holzschnitte nähme, so ginge das natürlich besonders. Noch etwas, die Bilder, die Sie und Chaudet in der Hand haben, sind zu den Preisen des neuen Kontraktes nicht verkäuflich.

Aber werden sie überhaupt bei Empfang dieser Zeilen in Paris sein? Sonst weiß ich nicht mehr ein und aus. Ich bin überzeugt, daß auch Sie die Wichtigkeit dieser Angelegenheit empfinden. Denn, schlägt sie fehl . . . was tun? Die Existenzschwierigkeiten werden dank der schmierigen Verwaltung von Tag zu Tag größer; in fünf Jahren ist das Leben auf Tahiti um das *Doppelte* teurer geworden; von jetzt ab geht die Post über Neuseeland, braucht neun Tage mehr und bleibt in Tahiti nur vierundzwanzig Stunden, was mich oft daran hindern wird, Ihnen umgehend zu antworten; Waren kommen zum großen Teil aus Neuseeland mit einer Preissteigerung von mindestens sechzigtausend Francs im Jahr. In diesem Jahr beträgt unsere persönliche Steuer zweiunddreißig Francs, statt vierundzwanzig. Außerdem sollen alle Produkte, die Tahiti verlassen, besteuert werden; was den Preis meines bißchen Kopra, die ich auf meinem Acker baue, von zweihundert Francs im Jahr auf vielleicht hundertachtzig bis hundertsechzig herunterdrücken wird.
Sie sehen, mein lieber Daniel, die traurige Zukunft, und dazu bin ich kränker denn je; ich habe gegenwärtig nur Schulden, die mit jedem Monat bis zum Juli noch wachsen werden, wenn Sie bis dahin nichts für mich verkaufen.
In ungefähr vierzehn Tagen wird ein hier ansässiger Franzose, der

nach Frankreich geht, meine Bilder und Holzschnitte mitnehmen – Anweisungen finden Sie inliegend.
Zu Chaudet. Er sollte im September zweihundert Francs für eine verkaufte Holzskulptur und hundertfünfzig Francs für ein altes Bild Rouen bekommen, dazu zweihundert Francs von Bauchy, der mir dann noch sechshundert Francs schuldig bliebe. Ich sage ausdrücklich zweihundert und sechshundert – was ich übrigens schon in meinem vorletzten Brief geschrieben habe und Chaudet nicht lesen konnte –
Alle meine Bilder bei Chaudet gehören mir, außer *Noa Noa,* das gehört ihm, und dem, was Séguin ihm zurückverkauft hat, und außerdem zwei kleine bilder aus der Bretagne. Sehen sie bei Vollard nach, was Chaudet dort deponiert hat, denn soviel ich weiß, hat er keins meiner Bilder an Vollard verkauft. Außerdem müssen noch zwei Bilder von van Gogh übrigbleiben, ein großer japanischer Kupferstich und alle Holz- unbd Keramik-Skulpturen. Welch Schererei für Sie!! In seiner letzten Abrechnung sind alle seine Auslagen für mich von der letzten Ausstellung her abgerechnet worden, und ich schulde ihm nichts.
Herzlich Ihr ganz ergebener Paul Gauguin

Die letzten Lefranc-Farben, die Sie mir geschickt haben, sind fürchterlich. Ultramarin und Lack verdicken und werden pechige Gelatine, das Veronesegrün hat Weiß, was beim Trocknen sehr häßlich ist, da das Weiß an die Oberfläche kommt. Wenn Vollard sich mit Ihnen verständigt, bitte ich Sie, folgende Farben (gute Farben) in zwei oder drei Sendungen zu schicken:

25 Tuben Weiß
10 Ultramarin
5 preußisch Blau
5 Kobalt
5 Chromgelb
10 Ockergelb
5 Ocre cru
3 Cadmium, dunkel
3 Cadmium No.2
4 Smaragdgrün
20 Veronesegrün, gute Qualität
5 Terre verte
5 helle Zinnober
3 Krapprot (nicht rosa)
3 Carminlack

Wenn möglich, mir fünf Tuben »bleu charron« zerstoßen lassen und fünf Tuben Mennig (nicht »mine orange«).
Wenn möglich, kaufen Sie mir bitte die zwei Meter breite Leinwand (grob und ein wenig faserig – die Knoten stören mich nicht, die kann man wegschneiden), und lassen Sie sie bitte mit Leim und sehr

wenig Spanisch-Weiß präparieren, *keine terre de pipe*. Sehr geschmeidig. Sonst muß ich grobe Leinwand nehmen, wie Puvis de Chavannes, mit möglichst dünner Schicht, aber die ist teuer, teuer!!
Das alles, wenn das Geschäft abgeschlossen ist.
Im letzten Augenblick erhalte ich den Brief eines Unbekannten mit hundertfünfzig Francs; ich möchte ihm ein kleines Bild senden. Ich schreibe ihm, er möchte Sie aufsuchen und sich ein anderes wählen, falls ihm das Bild, das ich ihm schicke, nicht gefällt.
(Emmanuel Bibesco, 69, Rue de Courcelles.)

27. Januar 1900

Mein lieber Daniel, ich benutze einen Postabgang nach Neuseeland, um Ihnen einige Holzschnitte zu schicken. Fast zu gleicher Zeit mit diesem Brief werden Sie die Bilder erhalten, die ein Kolonist mitgenommen hat und die, wie man sagt, schlecht und recht gemalt sind. Wann werde ich mich wieder ernsthaft an die Arbeit machen können, und vor allem, ohne krank zu sein?
In meinem letzten Brief habe ich die Pinsel vergessen (wenn Vollard die Geschichte erledigt und die Farbenzusendung übernimmt). Ich brauche anderthalb Dutzend Marderhaarpinsel, um Striche zu machen, und ungefähr zwanzig verschiedene sonstige Pinsel.
Eine andere Sache. Wenn Vollard die Geschichte macht, so möchte ich, daß Sie mir eine kleine homöopathische Apotheke mit einer ganz einfachen Anleitung schicken; Sie sind ja darin übrigens sehr erfahren. Ich weiß nicht, ob man die Medikamente für die heißen Länder flüssig oder als Pillen nehmen soll, das werden Sie ja sehen. Das wird nicht nur nützlich für mich sein, sondern auch für die Eingeborenen, die sich leider zu sehr dem Zufall nach auch mit ihren Gräsern heilen, von denen einige sehr gut, aber auch gefährlich sind. Hierzulande sind die Krankheiten hauptsächlich Hautkrankheiten, Prurigo, Syphilis, Harnröhrenschleimfluß, Furunkel, Asthma. (Aconit, nux vomica, hauptsächlich.) Selbstverständlich darf das alles nur gekauft werden, wenn Geld da ist, denn bis ich eine Antwort von Vollard habe, muß ich von der Luft leben. Noch etwas anderes: in letzter Zeit habe ich mich mit Druckversuchen beschäftigt, und da habe ich eine Entdeckung gemacht, die zu gegebener Zeit das ganze Druckverfahren umwälzen kann, hauptsächlich den Buchverlag, mit unglaublicher Ersparnis und großer Druckschönheit. Ich brauchte zur Vervollkommnung des ersten Gedankens einen Chemiker, und hier ist ein ehemaliger Artilleriehauptmann, der den Dienst wegen einer Unmenge Schweinereien quit-

tiert hat, aber ausnehmend fähig ist und mit dem ich mich rasch verständigt habe – (Leider habe ich mich ihm gegenüber in keiner Weise gesichert, und es ist durchaus möglich, daß mein Bürschchen den ganzen Nutzen aus dem Patent zieht, mit dem er sich jetzt ganz allein beschäftigt.) Weiß Gott, in dem Zustand, in dem ich bin, lasse ich alle Sachen mit großer Nachlässigkeit laufen, und ich rechne auf nichts: übrigens wäre das nicht das einzige Mal, daß ich für andere gearbeitet habe, nicht wahr?
Herzlich Ihr ganz ergebener Paul Gauguin

März 1900

Mein lieber Daniel, in aller Eile und voller Verzweiflung schreibe ich Ihnen diese wenigen Zeilen. Nichts von Ihnen, und Sie schrieben mir doch, Sie würden im September in Paris sein und sich um meine Angelegenheiten kümmern. Seit langem habe ich kein Geld erhalten, und alles was Chaudet mir versprochen hat und für mich hatte, ist durch seinen Tod hinfällig geworden. Noch etwas anderes, das niederschmetternd ist; Bauchy teilt mir in einem Brief mit, daß er Chaudet seit zwei Jahren bezahlt und außerdem drei Bilder gekauft hätte. Das macht mit den siebenhundertfünfzig Francs, die Bauchy mir nach der Abrechnung von Chaudet schuldete, eine hübsche Summe, und ich vermute noch andere, denn der Verkauf aller Cézannes zu einem so außergewöhnlich niedrigen Preise ist bei den landläufigen Marktpreisen unwahrscheinlich. Jedenfalls muß man es in den Schornstein schreiben, und vielleicht war es bei Chaudet lediglich Leichtsinn, er rechnete vielleicht damit, mich ganz zu bezahlen, sobald er Geld hätte.
Was soll nur aus mir werden, wenn binnen drei Monaten nichts mit Vollard wird, denn ich habe niemanden in Paris, der sich um meine Angelegenheiten kümmern kann.
In meinen letzten Briefen vergaß ich Ihnen davon zu sprechen, und heute ist es vielleicht zu spät –
Wenn Vollard die Absicht hätte, mit mir während der Weltausstellung eine Ausstellung zu machen, so müßte man darauf achten, nur *gute* Bilder auszuwählen; und Zeichnungen und Holzschnitte hinzufügen.
Ich schicke ihm in diesem Monat zehn Zeichnungen, das macht bei einem Preis von vierzig Francs, den er mir vorschlägt, vierhundert Francs . . .
Herzlich – die Post geht ohne Aufenthalt weiter. Paul Gauguin
Ich nehme obige Verpflichtung, die Herr Georges Daniel de Mon-

freid, mein Freund und Bevollmächtigter in allen Angelegenheiten, eingeht, in vollem Umfange an.

Paul Gauguin, Kunstmaler auf Tahiti

April 1900

Mein lieber Daniel, die wenigen Worte, die Sie mir schreiben und die vom Februar datiert sind, geben mir nicht viel Aufschluß, es sei denn, daß Sie noch weiterhin gezwungen sind, außerhalb von Paris zu leben. Die Geschichte mit Vollard! Ich habe Ihnen lang und breit darüber geschrieben, und jetzt werden Sie meinen Brief schon haben. Gelingt das nicht, so verschulde ich immer mehr und sitze immer tiefer in der Tinte: meine ganze Hoffnung liegt in dieser Sache. Auch über die Angelegenheit Chaudet habe ich Ihnen geschrieben: das ist wirklich ein Unglück, bei dem kein guter Ausgang zu erhoffen ist. Es ist also überflüssig, nochmals darüber zu sprechen.
In meinem langen Brief über Vollard habe ich eines vergessen, aber ich glaube, es ist noch Zeit.
Wenn Vollard zur Zeit der Weltausstellung eine Ausstellung plant, so wünschte ich, daß sie mit viel Sorgfalt geschähe. Das heißt, man müßte mit den jüngsten Bildern auch einige gute alte Bilder ausstellen. Darunter Ia orana Maria von Manzi oder ein oder zwei Bilder von Degas; das große Bild »Wohin gehen wir?«. Ganz gleich, ob das schon gesehen worden ist, denn jetzt ist das ganze Ausland da, das meine Werke nicht kennt. Außerdem, wenn Vollard mir Leinwand und Farben schickt, bitte ich darauf zu achten, daß eine sehr niedrige Deklaration gemacht wird, ja, schicken Sie mir sogar eine Rechnung mit sehr niedrigen Preisen. Die Leinwand, glaube ich, kann man per Fracht schicken, denn bei Postpaketen ist der erlaubte Umfang zu gering. Auf alle Fälle muß man damit rechnen, daß ich hier zwanzig Prozent vom angegebenen Wert zu bezahlen habe. Wollen Sie mir auch bitte nach Empfang dieses Briefes eine Schachtel Reißnägel aus englischem Eisen senden, aus einem Stück gemacht (so groß wie möglich).
Ich warte ab, denn ich male nicht mehr; ich bin immer noch krank, und aus der Verpflichtung zu leben erwächst mir keine Ermutigung ...
Etwas in Ihrem Brief: »Wer weiß? Vielleicht werden Sie in kurzer Zeit ruhiger sein«, läßt mich annehmen, daß für mich irgendeine kleine Aussicht besteht. Desto besser!
Herzlich

P. Gauguin

Für einige Monate wird die Postverbindung organisiert, ich weiß nicht wie. In Sidney und in San Franzisko herrscht die Beulenpest, und hier haben alle Angst. Man spricht davon, den Hafen zu schließen.
Außerdem sind die nötigsten Lebensmittel jetzt doppelt so teuer geworden. Inliegend ein Brief für Rouart (ich weiß seine Adresse nicht).

Mai 1900

Mein lieber Daniel, inliegend ein Brief für Vollard und die Abschrift meiner Antwort an Bibesco (die ihm auch zu übergeben ist), desgleichen sein Brief. Bei dieser Entfernung und unter diesen Umständen kann man nicht peinlich genug sein.
Sie haben gut daran getan, an Bibesco zu verkaufen, denn ich war am Ende meiner Kräfte und ohne jeden Kredit. Die siebenhundertfünfzig und die dreihundert Francs reichen gerade aus, um das zu bezahlen, was ich schulde, aber ich hoffe, daß mit dem, was ich Ihnen geschickt habe, eine genügende Summe zusammenkommt, um mich wieder auf die Beine zu bringen. Und dann werden die monatlichen dreihundert Francs von Vollard durchaus reichen, um mich ohne Sorgen arbeiten zu lassen. Wie Sie aus meinem Brief an Bibesco ersehen, habe ich keine Lust mehr, da ich mich wieder an die Arbeit gemacht habe, zu schlechten Preisen verkaufen zu müssen, außer an Vollard. Ich habe alles Interesse daran, meinen Anteil an der Hausse zu sichern. Sie müssen also alles, was Sie an Bildern von mir haben, verbergen; was angeblich nicht verkäuflich ist, wird es eines Tages sein. In Bibescos Brief steht etwas, das mich erstaunt: er bittet mich um ein Bild für hundertfünfzig Francs, als wäre er ein Mensch mit wenig Geld; bei Ihnen ist er in der gleichen Weise vorgegangen, dabei stellt sich heraus, daß er reich genug ist, Vollard zu ersetzen, der ganz und gar uneigennütziger Liebhaber??? ist und mir für jedes Bild zweihundertfünfzig Francs anbietet. Auf alle Fälle hat er jetzt das größte Interesse, die Preise in die Höhe zu treiben.
Was die neuen Bilder betrifft, die ich Ihnen gesandt habe, so sehe ich nicht recht ein, warum Vollard eine Priorität auf dieses oder jenes hätte, da ich Ihnen in meinem Brief mitteilte, daß diese Bilder zu diesem Preise im Vertrage nicht miteinbegriffen seien. Ganz gleich wie, was Sie tun, ist immer richtig; das wissen Sie. In einiger Zeit werden Sie ein wenig überlastet sein: hoffentlich belästige ich Sie nicht zu sehr!
Ich hoffe, daß es Ihnen viel besser geht als mir, der ich seit einem

halben Jahr keinen Pinsel anrühren kann. Hoffen wir, daß die Homöopathie mich wieder auf die Beine bringt.
Viele Grüße für Annette.
Von Herzen ganz der Ihre Paul Gauguin

Wenn ich die Briefe nicht direkt schicke, so bezwecke ich damit, daß Sie auf dem laufenden bleiben und Ihnen niemand lügenhafterweise sagen kann, »Gauguin hat mir das oder das geschrieben«.

Juni 1900

Mein lieber Daniel, in aller Eile, der Dampfer fährt wieder ab, und ich habe zwei Briefe von Ihnen: ich muß irgendwo in Papeete antworten. Die Pakete sind noch nicht da; unmöglich darüber zu sprechen – Vollard schickt mir im zweiten Monat dreihundert Francs, und die Geschichte geht weiter ohne Verpflichtung auf eine bestimmte Zeit; Sie haben gut daran getan, Vollard zu sagen, ein Vertrag sei überflüssig.
Ausgezeichnet!!
Zu gegebener Zeit, in einem Jahr zum Beispiel, werden wir sehen, was geschehen ist, und uns Änderungen überlegen; ich bin sehr glücklich, wie die Sache mit Bibesco ausläuft. Wir werden, sobald wir wollen, Nutzen daraus ziehen –
Vielen Dank für Ihre Anhänglichkeit, ich schließe in aller Eile und drücke Ihnen von ganzem Herzen die Hand.

P. Gauguin

Ich erhielt von Ihnen zweihundertzwanzig Francs achtzig.
Was ich Ihnen an Schnitten sandte, ist für Sie und einige Freunde; übrigens wissen Sie, wenn Sie alle erhalten haben, wie ich sie verwandt wissen will.
Ich schreibe an Vollard, er möchte Ihnen auf Verlangen das Geld geben, das Sie zu Besorgungen für mich brauchen.

August 1900

Mein lieber Daniel, ich schreibe Ihnen etwas im voraus, denn jetzt läßt uns die Postverbindung kaum Zeit, nach Papeete zu gehen und im Nu zu antworten. Im vergangenen Monat habe ich weder an Sie noch an Vollard geschrieben, denn ich hatte keinen Brief und kein Geld, und ich hatte Nachrichten über meine Bilder erwartet, die schon seit zwei Monaten angekommen sein müßten: das wäre eine Katastrophe für mich. Ich hoffe, daß die nächste Post mich darüber beruhigt. Ich glaube, daß Sie bei Vollard nicht darauf geachtet haben, daß die Post über Marseille alle achtundzwanzig Tage, und nicht alle Monate abgeht; übrigens werden wir ab November die Post mit Dampfern über Amerika bekommen, und unsere Briefe werden regelmäßig in achtundzwanzig Tagen ankommen. Erkundigen Sie sich doch genau über den Abgang der Post, die, glaube ich, alle vierunddreißig Tage abgehen soll – Von Vollard habe ich die ersten Farbensendungen erhalten, aber die Tuben sind kaum halb so groß wie die von Lefranc, ein großer Unterschied – Sehen sie bitte danach; dann weiß ich nicht, ob ich auf der Liste nicht vergessen habe, Tuben mit Silberweiß anzuführen; ich brauche sie auf alle Fälle. Die von Lefranc sind ausgezeichnet –
Hoffen wir, daß schließlich nach und nach alle Schwierigkeiten sich beheben; was aber gar nicht recht gehen will, das ist meine Krankheit: Ich kann mich immer noch nicht an die Arbeit machen; zu trostlos, und dabei tue ich nichts anderes, als mich pflegen.

In diesem Monat sprach ich einen Marinearzt, der nach den Marquesas geht. Er hatte einen Auftrag an mich. Einer Ihrer Freunde und auch sein Freund, Paul Louis, Maler aus Béziers, habe ihn gebeten, mir mitzuteilen, daß in Béziers Liebhaber für meine Bilder wären. Eines meiner Bilder erregte auf einer Ausstellung in Béziers großes Aufsehen – Natürlich weiß ich nicht, was das bedeutet, vielleicht wissen Sie mehr darüber als ich – Klären Sie dieses Geheimnis, und handeln Sie nach Ihrem Ermessen. –
Ich erhielt Ihren Brief, der mich aufklärt: wie Sie sehen, erregen die Bilder, die man früher verachtete, jetzt Aufsehen. Gewiß können Sie zu tausend Francs verkaufen; übrigens habe ich es Ihnen schon früher gesagt: handeln Sie immer, ohne meine Ansicht abzuwarten.
Ich weiß nicht, was aus meinen Bildern und aus einem Paket Holzschnitten geworden ist. Hätten Sie sie erhalten, so würden Sie mir sicherlich darüber schreiben. Gewiß sind sie verlorengegangen – wie soll man sie jetzt wiederfinden!
Das ist wirklich Pech, besonders jetzt im Jahre der Weltausstellung.

Ich rechnete darauf, um wieder ganz auf den Damm zu kommen und etwas im voraus zu haben, um so mehr, als ich nicht weiß, wie ich in einem Jahr die von Vollard geleisteten Vorschüsse ausgleichen soll, da ich nicht ernsthaft malen kann in dem Zustand, in dem ich mich befinde.
An Chaudet habe ich geschrieben und wüßte nicht, was ich ihm noch schreiben sollte; ich habe ihm mitgeteilt, daß ich die Abrechnungen seines Bruders nicht verstünde und darauf verzichtete.
Herzlich ganz Ihr Paul Gauguin

September 1900

Mein lieber Daniel, durch eine Influenza kann ich nicht arbeiten. Immer noch keine Nachricht über die Bilder und Schnitte, die ich Ihnen gesandt habe. Im letzten Monat habe ich an den Herrn geschrieben, er möchte Aufklärung geben. Schreiben Sie auf alle Fälle nach Empfang meines Briefes an diesen Herrn, um den Paketen wieder auf die Spur zu kommen. Ich rechnete darauf, mit den Schnitten allein zweitausendvierhundert Francs zu verdienen.
Herr Georges Orsini in Taillebourg, Charente-Inférieure.
Chadet. Ich kann Ihnen im Augenblick nichts sagen; ich müßte nachsehen. Jedenfalls habe ich ihm durch Vermittlung des Cafetiers, der mir Geld schuldig war, geschrieben, daß nach meiner Rechnung Chaudet mit ungefähr zweitausend Francs im Rückstand sein müßte, daß ich aber lediglich an eine Nachlässigkeit glaubte, und was soll man bei einem Toten sagen? Mag also sein am Leben gebliebener Bruder die Dinge in Ordnung bringen!
Bald mehr, ich komme nicht recht zur Besinnung.
Herzlich Paul Gauguin

Vollard fragt mich, welchen Preis ich für das große Bild (»Wohin gehen wir?«) verlange; ich antwortete ihm: tausendfünfhundert Francs, nicht weniger, sonst behalte ich es. Wenn er Sie fragt, wissen Sie also Bescheid.
Übrigens ein Bild, das gut für einen Ihrer Liebhaber aus Béziers oder für Bibesco passen würde.

Oktober 1900

Mein lieber Daniel, ich schreibe Ihnen diesmal ein wenig im voraus mit ausgeruhtem Kopf, denn bei der Art, wie seit mehreren Monaten die Postverbindung organisiert ist, ist es unmöglich, eine geregelte Korrespondenz zu führen; zum Glück wird im November al-

les anders: eine Dampferlinie wird uns zur Verfügung stehen. Trotzdem wird man sich beeilen müssen, denn das Schiff wird nur drei Tage im Hafen bleiben.
In seinem letzten Brief fragte mich Vollard, welchen Preis ich für das große Bild verlange, außerdem wollte er für zweihundert Francs ein Bild kaufen, das ihm Maufra für hundertfünfzig anbiete; kürzlich bat er mich auch darum, für zweihundert Francs stets einige Bilder nehmen zu können, die bei Ihnen sind. Das läßt vermuten, daß Vollard versucht, möglichst viel und zu niedrigen Preisen zu sammeln; er muß also unbedingt überwacht werden: das bedeutet, man muß außer ihm so viel wie möglich verkaufen, und zwar zu vernünftigen Preisen, um ihm in einem Jahr Paroli bieten zu können.
Etwas anderes! Ich habe einen Artikel von Fontainas im »Mercure« gelesen, der zu besagen scheint, daß man in der Weltausstellung im Centenal- oder im Dezennalsaal ein Bild von mir ausgestellt hat. Ein merkwürdiges Vorgehen hinter dem Rücken der Maler; woraufhin will man denn ein Urteil über mich abgeben? Ich frage mich: ein altes, durch irgendeinen Roger Marx ausgewähltes, recht harmloses und folglich unbedeutendes Bild! Aber man muß sich darein fügen, um so mehr, als es Dummköpfe gibt, die glauben, es werde einem damit eine Ehre erwiesen. Schuffenecker zum Beispiel würde in diesem Fall verrückt. Traurige Menschheit. Wenn Sie daran denken, schreiben Sie mir darüber.
Könnten Sie nicht Calmel[38)] zwei oder drei Bilder anvertrauen, zu vernünftig festgesetzten Preisen, um sie in Béziers zu zeigen?

In der Angelegenheit Chaudet ist es schwierig für mich, eine Rechnung aufzustellen, denn ich hatte Vertrauen zu ihm und habe seine Briefe nicht aufgehoben. Ein nach dem Tode Chaudets an mich gerichteter Brief vom Cafetier Bauchy teilt mir mit, er sei über meinen Brief an Chaudet sehr erstaunt (ein Brief, den der Bruder kennt), in dem ich von Bauchy siebenhundertfünfzig Francs als Rest seiner Schuld verlange, während er schon seit langem bezahlt und überdies von Chaudet noch andere Bilder von mir gekauft hätte – Lauter Dinge, die ich nicht wußte; übrigens hatte Chaudet, wie er selber schrieb, für hundertfünfzig Francs ein Bild aus der Bretagne und für zweihundert Francs eine große Schnitzerei verkauft, und ich hätte das Geld im folgenden Monat bekommen sollen.
Wie Sie sehen, läßt das auf große Unordnung bei Chaudet schließen; er war auf seinen Tod nicht gefaßt und rechnete vermutlich damit, mir eines Tages alle Schulden zu bezahlen. Bilder und Skulptu-

ren, einige van Goghs, alles was bei Lévy war (der gleichzeitig die Liste erhielt), gehörte mir. Nur ein Bild aus Tahiti, Noa Noa, gehörte Chaudet, außerdem eine von Séguin zurückgenommene große Landschaft, zwei oder drei Zeichnungen und ein von Séguins Freundin gekauftes Stilleben. Es wäre zu prüfen, welche Bilder Chaudet Vollard anvertraut hat, der in seinen Büchern Genaues darüber wissen muß; das ist viel Mühe für Sie: und doch lohnt es sich, denn Chaudet hatte mein Gesamtwerk. Ich glaube, daß der Bruder, von der Mutter aus, in guten Verhältnissen lebt und reichlich bezahlen kann: jedenfalls müssen meine Bilder und Skulpturen gerettet werden.

Ich möchte nicht, daß mein letzten Endes wenig umfangreiches Werk an Skulpturen zerstreut würde und zu Menschen käme, die keine Liebe dazu haben; und es würde mir eine große Freude sein, wenn Sie alle Holzskulpturen aus Tahiti annähmen (was kein Geschenk, sondern lediglich ein Beweis meiner Freundschaft ist). Die große Keramik-Figur, die keinen Liebhaber gefunden hat, während die häßlichen Töpfe von Delaherche zu teuren Preisen verkauft werden und in die Museen wandern, möchte ich gern haben, um sie auf mein Grab in Tahiti zu setzen; vorher soll sie meinen Garten schmücken. Ich bitte Sie: senden Sie sie mir gut verpackt, sobald Sie durch einen Verkauf Geld haben, um Sendung und Verpackung zu bezahlen. Dann ist mein kleiner Besitz vollständig. So hat mich das Elend gezwungen, fünf- bis sechstausend Francs zu sparen, was ich vollkommen genieße. Wenn ich nur wieder gesund würde, dann wird alles wieder gehen: ich werde eines ernsthaften Ansporns bedürfen, um wieder zu malen. Was Vollard mir an Farben geschickt hat, ist so gut wie nichts, namentlich wenn wirklich etwas Starkes gemalt werden soll; sagen Sie es ihm bitte, denn die Tuben, um die ich gebeten hatte, sollten das Format Lefranc haben. Ich habe die Leinwand probiert, die man mir geschickt hat; für mich fast verwirrend, weil ich an aufsaugende Leinwand gewöhnt war. Da war ich vollkommen Meister, und dadurch entstanden frische Farben: schließlich muß ich mich zufriedengeben und ein ganzes Handwerk von neuem lernen. Schicken sie mir bitte auf alle Fälle Hautleim, ich werde schon sehen, ob ich etwas schaffe, denn ich glaube, der Leim ist die Ursache des Übels.
In diesem Monat kein Brief von Ihnen: dagegen noch ein Stückchen von Vollard. Er gibt vor, er erwarte Sie, um Ihnen für Besorgungen Geld zu geben, dessen Rest er mir im nächsten Monat mit den dreihundert Francs zusammen schicken wolle. Was mich in diesem

Monat noch in fürchterliche Verlegenheit bringt, da ich immer noch Rückstände zu regeln habe. Dieses Vieh! Sagen Sie ihm, wie es damit steht. Etwas anderes: er teilt mir mit, daß Chaudets Bruder mir vierhundert Francs schicken will, die ich nach Aufstellungen seines Bruders noch guthätte. Vorher aber will er eine regelrechte Empfangsbescheinigung von mir, die ihm über alles quittiert. Kümmern Sie sich doch bitte darum, und dann will ich nichts mehr davon hören, denn es wird langweilig – Immer dasselbe. Inliegend eine Quittung, die Sie im letzten Augenblick ausfüllen können. Das scheint ein sehr an Formen hängender Herr zu sein, auf alle Fälle muß er nach meinem Brief an den Cafetier ahnen, daß ich viel mehr guthabe; aber sei's drum!!
In aller Eile bringe ich meinen Brief zur Post, die sofort abgeht –
Ihr

Paul Gauguin

Von Herrn Chaudet als Ausgleich für Rechnung seines verstorbenen Bruders die Summe von . . . erhalten zu haben, bescheinigt

Tahiti, Paul Gauguin

November 1900

Mein lieber Daniel, dieser Brief wird Sie in genau einem Monat erreichen, denn wir haben jetzt Dampferpostverbindung über San Franzisko; das wird unseren Briefwechsel erleichtern. Aber wird das auch so bleiben?
Sie erwähnen in Ihrem Brief etwas sehr Wichtiges, worüber ich letzthin schrieb, nämlich die Sendung der Bilder und Schnitte, die Ende Februar von Tahiti abgegangen ist. Das ist für mich ein Unglück, denn seit acht Monaten habe ich mich nicht ernsthaft mit Malerei beschäftigen können. Weiß Gott, dann wird Vollard eben warten, um so mehr, als auch er beträchtlich im Rückstand ist, denn ich habe seit drei Posten nichts bekommen, was mich in äußerste Erregung versetzt und verhindert, daß ich mich erhole. Am liebsten möchte ich ins Krankenhaus, aber das bedeutet eine besondere Ausgabe von dreihundert Francs, und bis jetzt habe ich die noch nicht beiseite legen können – ich bedaure ein wenig, nicht mit Bibesco verhandelt zu haben. Hoffen wir, daß Sie mit Ihren Millionären in Béziers ein oder zwei große Geschäfte machen können.
Sie sprechen von einem Bilde, das ein junges Mädchen mit blaugewürfeltem Gewand darstellt: ich weiß wirklich nicht, was das ist, es kann nur ein Bild aus Tahiti sein: jedenfalls brauchen Sie mich nicht danach zu fragen, ob es Ihnen gehört. Ich empfehle Ihnen sehr, Be-

ziehungen zu Bibesco zu unterhalten, denn eines Tages werde ich mich Vollards entledigen, wenn er mir weiter so mitspielt.

November 1900

Gleichzeitig erhalte ich die vom Oktober 1900 datierte Post. Endlich sind meine Bilder angekommen; ich verstehe gar nicht, wie Orsini sich hat in der Adresse irren können, die ich auf die Kiste geschrieben hatte; Vollard hat die Stirn, mir zweihundert Francs zu schicken, und meint, mir im nächsten Monat vierhundert zu schikken; das bedeutet, daß er mir für den nächsten Monat sechshundert Francs schuldet. Sie können sich denken, daß ich unter diesen Bedingungen nicht arbeiten kann.
Ich möchte Sie also bitten, sich mit Bibesco zu verständigen. Nimmt Bibesco an, so würden Sie nach der Sendung der ersten dreihundert Francs Vollard in meinem Namen danken; in Paris sind noch genügend Bilder, um ihn zu bezahlen – ich werde ihm in diesem Sinne einen Brief schreiben . . .
Ganz Ihr Paul Gauguin

Dezember 1900

Mein lieber Daniel, Ihre plötzliche Abreise von Paris ist wirklich Pech, denn gerade in diesem Augenblick werden die Geschäfte in Paris gemacht – In gewissen Punkten ist Ihr in Eile geschriebener Brief unverständlich. So schreiben Sie mir, daß Sie an Herrn Fayet[39)] für tausendzweihundert Francs Bilder (zwei Gemälde) verkauft haben und daß dieses Geld mir erlauben werde, mich zu pflegen (wirklich, ich bin am Ende meiner Leiden, ohne arbeiten zu können, und jeden Monat warte ich darauf, mir einen Monat Krankenhaus leisten zu können). Ich sehe nichts von diesen tausendzweihundert Francs. Schickt Herr Fayet sie mir, oder tun Sie es? Ist der Verkauf nur bedingungsweise abgeschlossen? Warum? Ich habe Sie gebeten, immer sofort zu handeln: Brief und Antwort erfordern so viel Zeit – Andererseits ärgert mich Vollard beständig; zum Beispiel sagt er Ihnen, daß er mir siebenhundert Francs schickt und die Rechnung stimmt: er schickt mir vierhundert Francs und tut, als ob er mir einige Tage vorher dreihundert Francs geschickt hätte. Er lügt, denn wäre die Sendung verlorengegangen, wäre Crédit Lyonnais, der immer zu gleicher Zeit benachrichtigt, aber nicht benachrichtigt hat, auch verlorengegangen. Außerdem stimmt es nicht, es würden noch dreihundert Francs fehlen; er schuldet mir nicht siebenhundert, sondern tausend Francs. Sie begreifen, welche

Unordnung das in meine Geschäfte bringt und welche traurige Meinung das meinen Gläubigern beibringt!
Den Bildern lag ein Paket Holzschnitte bei; ich habe Ihnen damals geschrieben, welchen Preis ich dafür haben will, und außerdem hätte den Schnitten eine doppelte Aufstellung dieser Preise beiliegen müssen. Sie schreiben mir nichts darüber –
Etwas anderes, an das Sie sich erinnern müssen: von den Bildern, die ich Ihnen im Februar gesandt habe, hatte ich ausdrücklich gesagt, daß sie nicht zum Kontrakt mit Vollard gehören, sondern daß Sie sie an irgendeinen Käufer oder an Portier verkaufen könnten, ohne sich um Vollard zu kümmern . . .
Ich schreibe an Herrn Fayet einen Brief, aber sehr verschwommen, denn ich weiß gar nicht, ob er gekauft hat oder ob er mir die zwölfhundert Francs schicken muß oder Sie. Auf alle Fälle haben Sie in dieser Angelegenheit gut gearbeitet, und ich glaube, auch für die Zukunft kann etwa Gutes herausspringen bei Fayet. Gewiß, Vollard will einen Schlag gegen mich führen, und deswegen will ich lieber einen Vorsprung haben, als im Rückstand sein, um ihn gehörig in die Höhe schrauben zu können, hauptsächlich, wenn Bibesco hinter mir steht – Wie schade, daß Sie nicht genügend Zeit haben, um Bibesco aufzusuchen und Vollard aus der Nähe überwachen zu können! So fragt er mich nach dem Preis meines großen Bildes, ich antworte zweitausend Francs; er wird sofort seine Kunden aufsuchen und zehntausend dafür bekommen. Natürlich schreibt er mir, daß er meinen Preis von zweitausend Francs annimmt, und betrügt mich ganz sicher. Wenn man ein Geschäft auf Biegen oder Brechen machen will, bei dem man etwas riskiert, muß man vor dem Wiederverkauf kaufen und bezahlen oder kommissionsweise arbeiten.
Sie teilen mir mit, Vollard werde meine Bilder zu zweihundertfünfzig Francs nehmen. Er schreibt nichts davon, ich mache weiterhin, als wüßte ich auch nichts, was aber wieder einmal beweist, wieviel ihm daran liegt, Bilder von mir zu besitzen, und wie leicht es im gegebenen Augenblick sein kann, sie im Preis zu steigern. Ach, wenn ich Vorsprung hätte! Ich würde ihm sofort schreiben – um so unbekümmerter, als er mit seinen Rückständen seine Verpflichtung auch nicht einhält: »Sehr geehrter Herr, Sie haben mir soundso viel Vorschuß gezahlt, da ist er – unser Vertrag ist hiermit zu Ende.«

Übrigens habe ich Ihnen im vergangenen Monat geschrieben, Sie möchten Bibesco aufsuchen: ich bleibe dabei, es kann nur vorteilhaft sein. – Mein Gott, wie langweilig muß es für Sie sein, anstatt von Kunst immer nur von Geschäften zu sprechen; was soll ich aber

in meiner Lage, so weit von Frankreich andres tun. Hoffen wir, daß binnen kurzem Ihre Lage besser wird und Sie noch manchmal nach Paris kommen können.
Viele Grüße für Annette.
Und von Herzen ganz der Ihre Paul Gauguin

Sie vergaßen die Aufstellung über das, was Vollard Sie gebeten hatte, mir zukommen zu lassen! Ich verstehe das nicht.
In letzter Minute (durch Dummheit der Post) erhalte ich einen Brief von Herrn Fayet, mit zwölfhundert Francs, einen sehr liebenswürdigen Brief; alles klar. Wie schade, daß die Freunde von Herrn Fayet zu Vollard anstatt zu Ihnen gehen, das wäre besser für die Preise! Ein Friedensrichter aus Béziers, der auf Tahiti ist, erzählt mir, daß Herr Fayet dreißig Millionen besitzt!!!
Ich gehe ins Krankenhaus (zwölf Francs den Tag).

Januar 1901

Mein lieber Daniel, ich erhalte Ihren Brief im Krankenhaus, ich habe mit meinem Ausschlag an den Füßen zu tun, außerdem eine Influenza; das kostet mich dreihundert Francs, die mir Vollard schickt, wenn er sie schickt. Denn dieser Kerl, der sie mir schon zwei Monate schuldet, biegt raffiniert aus und lügt Sie geschickt an.
Welch Pech in der Tat, daß Sie gerade zu der Zeit, in der man Geschäfte macht, nicht in Paris sein können. Unmögliches ist nicht zu ändern.
Wozu schreiben Sie mir über den Preis für das Museum von Béziers: wie ich Ihnen schon sagte, Sie haben jede Freiheit; das Bild, von dem Sie mir schreiben, kenne ich gut, und ich glaube, es ist eines meiner besten, ganz mein Temperament.
Die Keramik-Statue würde vielleicht doch besser verkauft als mir hierhergeschickt werden. Dieser Preis von zweitausend Francs ist durchaus nicht übertrieben. Übrigens ist Herr Fayet, glaube ich, Keramik-Kenner. Dieser fürchterliche Delaherche, der überall gekauft wird und *die Kunst* in der Keramik getötet hat, verkauft seine griechisch-japanischen Vasen sicherlich zu anderen Preisen, und bestimmt ist die Keramik von Chaplet, ohne das Bildhauerwerk dabei zu betrachten, mehr wert als die Delaherches.
Entschuldigen Sie, wenn ich mich dieses Mal kurz fasse, aber ich weiß nicht mehr, wo mir der Kopf steht, bei fünf Tagen absoluter Diät, um das Fieber wegzubringen.
Ganz Ihr Paul Gauguin

25. Februar 1901

Mein lieber Daniel, in diesem Monat habe ich nichts von Ihnen bekommen, und ich denke mir, daß Sie viel Sorgen mit Ihrer Mutter haben müssen.

Ihre beiden letzten Briefe enthalten große Hoffnungen in bezug auf Béziers; ich bin diesen Monat aus dem Krankenhaus entlassen worden, allerdings nicht als geheilt, aber ein klein wenig erleichtert, jetzt suche ich Holz zum Schnitzen, was auf Tahiti nicht einfach ist; denn wenn die Bäume leicht wachsen, so werden sie nicht wie bei uns ausgebeutet: Schließlich habe ich ein Stück in zwei Teilen gefunden, das Ganze ein Meter, 4 cm dick, was mich zu wenig Tiefe verpflichtet; folglich muß ich ein wenig kleine Figuren machen. Das macht nichts, ich hoffe etwas zu schaffen, was Herrn Fayet gefallen soll, wenn er über meine merkwürdigen Einfälle nicht gar zu sehr erschrickt.

Sie können ihm also schon jetzt mitteilen, daß ich für ihn arbeite, damit er nicht zu sehr überrascht wird, ohne daß das eine Verpflichtung seinerseits bedeutet.

Vollard hat mir das Geld geschickt, das er mir schuldete und mit dem er im Rückstand war; er scheint mir jetzt sehr ängstlich zu sein, daß ich ihn laufen lasse, was beweist, daß er in dieser Angelegenheit sehr interessiert ist.

Wie immer gibt er nicht viel Erklärungen; so teilt er mir mit, daß er zehn Bilder von Ihnen erhalten hat und daß er damit sehr zufrieden ist, aber er sagt nichts darüber, ob er sie mir gutgeschrieben hat und zu welchen Preisen, ob zu zweihundert oder zu zweihundertfünfzig Francs, die er mir von jetzt ab bezahlen will. Ohne sich den Anschein zu geben, klären Sie das doch auf.

Jetzt muß ich Sie mit Aufträgen belästigen. Wenn Sie ein bißchen Geld aus irgendeinem Verkauf haben: ich möchte gern eine dauerhafte spanische Mandoline haben, eine, deren Verleimung der feuchten Hitze standhält, mit einem guten Satz Saiten dazu, dann das Wichtigste, die Stimmanweisung, die ich nicht kenne und die anders ist als bei einer italienischen Mandoline.

Freund Maillol wird Ihnen Auskunft darüber geben, wenn Sie es nicht wissen; was mich wundernähme, denn Sie kennen doch alle diese Kniffe und dann noch viele andere Dinge . . . Ach, mein lieber Daniel, ich muß Sie mit all meinen Geschichten höchst belästigen!! Ich denke gerade daran, haben Sie Vollard Bescheid gesagt wegen des Wachses auf meinen Bildern; denn ich habe immer Furcht, daß er sie mit dem schmutzigen Firnis kaputt macht, den die Händler lieben und der so gemein ist.

Alles Gute für Annette.
Und von Herzen ganz der Ihre Paul Gauguin

April 1901

Mein lieber Daniel, ich schreibe Ihnen trotz einer Influenza, unter der ich leide, einer Epidemie, die seit Monaten auf Tahiti wütet und viel Opfer unter uns fordert. Wann werde ich mich ernstlich an die Arbeit machen können!

Etwas anderes, was noch fürchterlicher ist: die oft aus San Franzisko fälschlich gemeldete Beulenpest zwingt uns, die Schiffe in Quarantäne zu halten. Die Waren sind ums Dreifache gestiegen, so daß das Leben hier teurer ist als in Paris – Und voraussichtlich geht das so weiter.

Um allem vorzubeugen, nehme ich meine ganze Energie zusammen, und trotz meiner Liebe für meinen Besitz werde ich ohne allzu große Verluste alles zu verkaufen suchen. Ich will dann auf eine der Marquesas-Inseln gehen, wo das Leben sehr leicht und sehr billig ist. Es wird ein Zeitverlust, aber sehr klug sein; die Verbindung mit Vollard wird vollkommen für die Ausgaben reichen, und ich werde dort ganz neue Elemente für die Malerei vorfinden. Bis dahin schreiben Sie mir wie bisher, und ich werde Sie rechtzeitig im voraus benachrichtigen, was zu tun ist. Auf alle Fälle verwirklichen Sie so viel wie möglich in Béziers, damit ich immer einen Vorsprung habe.

Etwas anderes: da ich bei Vollard sehr im Rückstand bin, so zögern Sie nicht, falls er irgendwelche Befürchtungen äußert, ihm einige alte Bilder abzulassen, natürlich keine von denen, die Reserve für die Zukunft sind und die Sie bitte nur ernsthaften Kunden zeigen wollen. Nach Empfang meines Briefes schreiben Sie bitte an Vollard, er möchte mir gute präparierte Leinwand schicken (mit gutem Hautleim), denn mit aufsaugender Leinwand, die ich selber präpariere, arbeite ich viel besser, viel schneller, und ich verbrauche weniger Farbe.

Die Post geht jetzt viel schneller, aber ich fürchte, das wird nicht lange anhalten, denn der Gesellschaft, die den Dienst versieht, geht es nicht gut, und wahrscheinlich gibt sie es bald auf.

Wie immer ganz von Herzen Ihr Paul Gauguin

Mein lieber Daniel, ich schreibe Ihnen in Eile. Anbei ein Brief, es wäre nicht ungeschickt, ihn ganz *naiv* Fayet zu zeigen, ehe die Holzskulptur ankommt.
Hier *von jetzt ab* meine neue Adresse:

GAUGUIN auf La Dominique
Gruppe der Marquesas-Inseln
Ozeanische Kolonien

Für Postpakete

Handelsgesellschaft Tahiti
zu Händen M. Gauguin

Das Postschiff geht ab.
Ganz der Ihre

Paul Gauguin

Juni 1901

Mein lieber Daniel, die letzte Post ging in so unerwarteter Weise ab, daß ich nur einige Minuten übrig hatte, Ihnen wenige unverständliche Worte zu schreiben, während ich Ihnen viel wichtige Dinge mitzuteilen hatte. Ich breche im nächsten Monat auf, um mich unter großen Schwierigkeiten auf den Marquesas einzurichten, trotzdem tue ich es auf alle Fälle. Ich hatte meinen Besitz für fünftausend Francs verkauft. Davon bezahlte ich der Landwirtschaftlichen Kasse achthundert Francs als Hypothek, und ich hatte Ersparnisse, um mich da unten einzurichten – aber an etwas hatte ich nicht gedacht: das blöde Gesetz erlaubt nicht, über gemeinschaftliche Güter ohne Genehmigung der Frau zu verfügen. Sie werden meine Wut begreifen: ich bin gezwungen, zu leihen . . . Wenn (Pech!) Herr Fayet wenigstens die Statue gekauft hätte! Fragen Sie doch bitte nach Empfang dieses Briefes Schuff sofort nach der Adresse meiner Frau, und schreiben Sie ihr einen Brief ungefähr wie den inliegenden.[40] Sie haben doch Freunde, die mit diesen Rechtsfragen Bescheid wissen: bitte fragen Sie sie um Rat, und schicken Sie dann meiner Frau ein Muster für die Vollmacht, die sie Ihnen sofort zurückschicken soll. Die Vollmacht schicken Sie dann bitte nach Tahiti an Herrn Fortuné Teissier (Tahiti), und mir teilen Sie das bitte mit: Gauguin auf La Dominique, Marquesas-Inseln, französische Kolonien in Ozeanien. Von jetzt ab müssen Sie mir an diese Adresse schreiben. Postpakete an die Handelsgesellschaft für Herrn Gauguin. Geld senden Sie mir bitte an meine Adresse, durch einen Wechsel auf die Handelsgesellschaft, den Sie bei Scharf & Kaiser, in Hamburg, Ferdinandstraße 30, aufnehmen können.

Übrigens wird Sie Vollard, der in diesen Dingen sehr beschlagen ist, beraten können – Etwas anderes: ich habe an Vollard geschrieben, es sei überflüssig, bei jedem Verkauf bei mir anzufragen, denn unsere Korrespondenz braucht hin und zurück mindestens fünf bis sechs Monate. Sie können also aus eigener Initiative handeln, und ich habe an Vollard geschrieben, daß Sie für meine Geschäfte so gut seien wie ich selbst.
Sollte meine Frau sich weigern, die Vollmacht zu unterschreiben, so überlegen Sie bitte, ob es kein Mittel gibt, sie dazu zu zwingen, da alle gemeinsamen Güter (die von mir erworben sind) in ihrem Besitz sind.
Ich habe mich unter einfacher Gütergemeinschaft ohne besonderen Vertrag verheiratet.

Ich sende Ihnen in diesem Brief das Duplikat des Frachtbriefes, den ich an Fayet geschickt habe, damit er in Marseille die Holzskulptur erhält. Gebe Gott, daß er sie kauft, denn bei all diesen Schwierigkeiten und angesichts meiner Niederlassung auf den Marquesas habe ich dringender als sonst Geld nötig; allerdings werde ich es bald einholen; denn auf den Marquesas ist das Leben um die Hälfte billiger, und wenn man wirklich eine gewisse Zeit dransetzen muß, so kann man von der Jagd leben und von etwas Gemüse, das ich ziehen will. Da ich gerade vom Garten spreche: versuchen Sie doch bitte, mir verschiedene Kürbissamen aufzutreiben; im Süden wachsen viele. Wenn in einem Jahr alles gut geht und ich einige Tausenfrancsscheine vor mir habe, so beabsichtige ich, durch Vollard die Preise meiner Bilder zu erhöhen, sonst kann er sich tummeln.

Ich glaube, daß ich auf den Marquesas schöne Dinge machen werde: man kann mit Leichtigkeit Modelle haben (was auf Tahiti immer schwieriger wird), offene Landschaften – kurz, ganz neue und wildere Elemente. Hier begann meine Einbildungskraft zu erkalten, außerdem gewöhnt sich das Publikum zu sehr an Tahiti. Die Leute sind so dumm; wenn man ihnen Bilder mit neuen, fürchterlichen Elementen zeigt, wird Tahiti verständlich und entzückend werden. Meine Bilder aus der Bretagne sind wegen Tahiti Rosenwasser geworden; Tahiti wird wegen der Marquesas Kölnischwasser werden.
Der Anhang Degas zum Beispiel kann durchaus, um seine Sammlungen zu vervollständigen, Marquesas kaufen. Vielleicht habe ich unrecht, wir werden ja sehen.
In Ihrem letzten Brief schreiben Sie mir von einer Ausstellung in

Béziers; ich denke mir, daß das eine Ausstellung ist, wie man sie immer in der Provinz macht. Es gibt Maler, die leben nur von der Provinz, und auch für mich, glaube ich, ist das besser als alle Ausstellungen im Ausland: Brüssel – Norwegen . . . , wo ich das rote Tuch für die Kritik bin; außerdem schaffen sich eine Menge fremder Maler einen Namen damit: sie machen Gauguin, aber besser. Übrigens Norwegen: Julien Leclercq, dieser Zuhälter, hatte erst für Schweden, dann für Norwegen leihweise Bilder mitgenommen. Sehen Sie doch bitte einmal zu, ob diese Bilder zu Molard zurückgekommen sind, denn bei diesem Kerl muß man auf alles gefaßt sein; noch schlimmer als bei Morice, der wenigstens Talent hat. Mein Gott, was ich Sie belästige!

In der Angelegenheit Chaudet ist nichts zu machen; zweitausend Francs sind futsch, und ich habe mich damit abgefunden. – Was soll man in solchem Falle tun? – Nichts –

Was bin ich in meinem Leben betrogen worden!!!

Vielleicht wird die Stadt auf der Ausstellung in Béziers etwas kaufen, wenn Fayet Dampf dahinter macht. Das wäre für die Zukunft eine schöne Stütze für den Verkauf an Private. Was der Zufall alles mit sich bringt. Ein Bild wird als unzureichend beiseite geworfen, Ihrem Freunde, dem Zahnarzt, gegeben – der zieht von Marseille nach Béziers, und das reicht aus, um Käufer zu schaffen, und damit soll man nun rechnen! Doch! Die Rechnung besteht darin, daß man gute Bilder malen soll, dann geht früher oder später die Geschichte schon –

Die Kritik vergeht – das gute Werk bleibt. – Davon hängt alles ab. Leider besitzen wir vom guten Werk nur die Vorahnung, die Zeit erst bestätigt es und setzt alles an seinen richtigen Fleck.

Außer Ihrem edlen Charakter, den wertvolle Leute (nicht die Menge) bei Ihnen schätzen, haben Sie Talent, wenn ich Ihrer Ausstellung bei den »Indépendants« während meiner Anwesenheit in Paris glauben darf, und ich glaube, daß auch Sie in Béziers, wenn nicht jetzt, so doch für die Zukunft, eine starke Stütze finden. Ich würde mich sehr freuen, wenn Sie in Ihren Briefen auch darüber schrieben, und wenn ich erführe, daß Sie auf dieser Welt endlich den Platz einnehmen, den sie durch Ihre Persönlichkeit und nicht durch schmutzige Intrigen verdienen, die bei den modernen Malern im Schwang sind. Bei dieser Gelegenheit würde ich mich freuen, wenn Sie mir als Tausch für die Holzskulpturen, von denen ich wünsche, daß sie in Ihrem Besitz sind, ein kleines Bild von Ihnen schickten, vielleicht Ihr Porträt, das ich in meinem kleinen Zimmer auf den Marquesas

aufhängen könnte. Schicken Sie es mir zusammengerollt einfach durch die Post. Ich mache einen hübschen geschnitzten Rahmen dazu.
Alles Gute für Ihre ganze Welt.
Stets von Herzen der Ihre Paul Gauguin

Juli 1901

Mein lieber Daniel, durch einen glücklichen Zufall erhielt ich Ihren Brief vom 6. Mai durch ein Segelboot. Ein ausgezeichneter Brief, der mir für den folgenden Monat viel versprach, und ich hatte auch alles für meine Abreise nach den Marquesas vorbereitet, leider habe ich jetzt weder von Ihnen noch Vollard Nachricht. Natürlich stecke ich bis zur nächsten Post in der Klemme.
Über die ohne Vollards Wissen verkauften Bilder beunruhigen Sie sich zu Unrecht – 1. Ich habe mit ihm keinen Vertrag über alles abgeschlossen, sondern ihm ein Maximum von fünfundzwanzig Bildern festgesetzt.
2. Die Bilder, die Sie besitzen, sind vor dem Kontrakt gemalt und abgesandt worden. Allerdings sind sie später angekommen, aber juristisch hat er kein Recht darauf. Ebenso sind viele alte, ihm bekannte Bilder noch zu verkaufen, und ich möchte ganz gern, daß er seine Vorschüsse damit deckt, denn seit einem Jahr habe ich nicht arbeiten können.
Etwas anderes – ich habe einen Brief von Ch. Morice erhalten, in dem er mir mitteilt, er habe große Hoffnung, daß eine Gruppe mein großes Gemälde kaufen werde, um es dem Luxembourg anzubieten. Wenn das gelingt, ist das sehr wichtig. Ich gebe ihm einige Namen, etwa Fayet und Bibesco, an; Sie können die Sache unterstützen. Gelingt die Geschichte, so wäre das binnen Jahresfrist eine große Erleichterung für den Verkauf und würde einen Haufen Käufer bringen. – Wenn Sie Meilheurat sehen, vielleicht beteiligt er sich mit seinem Anteil. Morice erwähnt unter den Beteiligten O. Redon. Hat der etwa geerbt? Denn Redon war ganz und gar nicht reich.
Man müßte auch Vollard aufsuchen, falls dieser vorgäbe, das Bild zu besitzen; was gänzlich falsch wäre.
Von Herzen der Ihre Paul Gauguin

August 1901

Mein lieber Daniel, ich schreibe diesen Brief schon im voraus, denn sobald die Post angekommen ist, reise ich nach den Marquesas. Endlich! Und das nicht ohne Mühe. Welch elende Mache, diese Gesetze: zum erstenmal stecke ich meine Nase hinein und entdecke, daß alles widersinnig ist und hauptsächlich dazu dient, die anständigen Leute zu bluffen. Zum Glück bin ich hartnäckig, und durch Suchen, Fragen, Erkundigungen etc. habe ich entdeckt, daß das Recht der Frau auf die erste Hypothek bei den gemeinschaftlichen Gütern mehr als anfechtbar ist und daß man es überdies umstoßen kann, indem man auf dem Hypothekenamt einen öffentlichen Anschlag aushängen läßt. Wenn sich auf diese Weise einen Monat später niemand meldet, um seine Eintragung zu beanspruchen, so ist der Besitz frei von diesem Hypothekenanspruch. Vorausgesetzt, daß die Frau vollkommen im Recht ist, ist sie auf diese Weise aufs Trockne gesetzt, weil sie das Nötigste unterlassen hat. Wie aber soll sie das tun, während dieses Monats, da sie von der Geschichte nichts weiß und es ihr vollkommen unmöglich ist, sich zu schützen. So habe ich meinen Besitz für viertausendfünfhundert Francs verkauft, habe auf diese Weise meine Angelegenheiten regeln können und besitze nun genügend Geld, um mich auf den Marquesas anständig einzurichten.

Sie werden sagen, je mehr Geld ich hätte, um so mehr wollte ich, trotzdem aber möchte ich, daß Sie jetzt im Augenblick soviel wie möglich verkaufen. Und zwar aus folgenden Gründen. Sobald ich ein oder zwei Jahre gesichertes Leben vor mir habe, werde ich meine Beziehungen zu Vollard nicht plötzlich, aber in anständiger Weise lösen. Dann wird er sich dazu entschließen, aus Furcht, etwas zu versäumen, alle alten Bilder zu nehmen, die er bisher verachtet hat: Will er neue, so wird er sie mit einem angemessenen Preis, mindestens fünfhundert Francs, bezahlen. Bei aller Redlichkeit habe ich doch nicht die Absicht, mich von einem Herrn ausbeuten zu lassen, der mich lange genug im Elend gelassen hat, um meine Bilder zu einem lächerlichen Preis zu bekommen (ein wohlvorbereiteter Schlag, denn er sammelte bei Bernard oder anderswo, alles was er finden konnte) – all das wird ihn übrigens zu einer Steigerung zwingen und Ihnen den Verkauf der Reserve erleichtern; übrigens hat er genug in Händen, um gute Geschäfte zu machen, wenn er sie mit Rouart und Cie. nicht schon gemacht hat; was mir die Mitteilung von Maurice Denis erklären würde, der über die Vorgänge bei den Rouarts sehr gut unterrichtet ist – da er mit den Söhnen zusam-

men zur Schule gegangen ist. Sie verstehen mich, nicht wahr?
Beim nächsten Verkauf nehmen Sie bitte hundertfünfzig bis zweihundert Francs, und lassen Sie einige Proben der Holzschnitte, die Sie von Vollard holen, anständig einrahmen . . . Der (wie immer) sucht die Kundschaft auf, und wenn er des Verkaufs sicher ist, fängt er die Ware zu einem sehr geringen Preise ab.
Wenn diese Proben gerahmt sind, entweder einzeln oder zwei zu zwei, so stellen Sie sie in aller Ruhe bei sich aus und einige andere bei Ihrem Freunde in Béziers. Sie gehören Ihnen, und wenn jemand kaufen will, so können Sie getrost verkaufen. Jeder Schnitt ist nur in dreißig Exemplaren abgezogen worden, und die Auflage ist numeriert. Gerade weil dieser Schnitt zu den primitiven Zeiten des Schnittes zurückkehrt, ist er interessant, denn der Holzschnitt als Illustration wird wie die Photogravüre immer trostloser – Eine Zeichnung von Degas neben einer schraffierten Modezeichnung!!!
Ich bin sicher, daß zu gegebener Zeit meine Holzschnitte, die so verschieden von allen anderen sind, ihren Wert haben werden.
Überwachen Sie die Angelegenheit mit dem großen Bilde sorgfältig.
Senden Sie mir bitte wieder Goldstaub wie damals. Goldgelb, Goldgrün, Goldrot. Und zwei gute Palettenmesser.
Dieser verfluchte Vollard hat mir immer noch keine Leinwand geschickt, und ich brauche sie mit Totin-Leim unbedingt.

Eben kommt die Post an – Immer Gegenwind (der schlechte Verkauf der Weine in Béziers): ich wußte es übrigens schon von einem Richter hier, der Weinberge besitzt. Sei's drum; seit einem Jahr geht alles leidlich gut und in einer Beziehung, an die Sie gar nicht dachten: Béziers – Sie haben sicherlich ein gutes Porträt von Madame Fayet gemacht; kann man keine Photographie davon haben – ich sehe Fayets Namen im Katalog, ist er denn Maler? Warum sind Sie immer so bescheiden; es wäre höchste Zeit, daß Ihre Kunst Ihre pekuniäre Lage verbessert.
Das ist kein Krämertum, sondern Gerechtigkeit. Danken Sie Calmel besonders für seine Fürsprache bei Bernard. Herrn Fabre[41] kenne ich; ein Bewunderer, aber ein sehr platonischer, glaube ich. Was Sie mir über Redon schreiben, tut mir leid (er senil!), aber er ist doch noch verhältnismäßig jung. Liegt nicht vielmehr der schlechte Einfluß vor, der auf manche Charaktere die Bewunderung von kunstunkundigen Dummköpfen ausübt – man hat ihm gesagt, er sei ein großer Farbenkünstler, und das hat genügt, er hat sie nie begreifen können. Oder wäre es vielleicht eine große Erschöpfung der

Gestaltungskraft, die sich in einer einzigen Note schwungvoll ausgegeben hat. Ich habe es immer gesagt (wenn nicht gesagt, gedacht), daß die literarische Poesie des Malers etwas Besonderes ist, nicht die Illustration oder Übersetzung durch Formen und Geschriebenes; letzten Endes muß in der Malerei die Suggestion, nicht die Beschreibung gesucht werden, ganz wie in der Musik. Man wirft mir manchmal vor, ich sei unverständlich, weil man in meinen Bildern irgend etwas Erklärendes sucht, das doch gar nicht vorhanden ist. Über diesen Gegenstand könnte man lange schwatzen, ohne zu etwas Positivem zu gelangen; die Kritik mag meinetwegen Dummheiten sagen, haben wir die berechtigte Empfindung unserer Überlegenheit – die Befriedigung der erfüllten Pflicht, so werden wir unsere Freude daran haben – Diese Dummköpfe,die *unsere Freuden analysieren* wollen – Es sei denn, sie bildeten sich ein, wir seien verpflichtet, ihnen Freude zu bereiten.

Ich empfehle Ihnen, Ihre Briefe niemals einschreiben zu lassen, denn auf den Marquesas müßte ich zu Pferde weite Strecken zurücklegen, um mit großer Verzögerung diese Briefe zu erhalten – Wenn Sie das Geld schicken, wie ich Ihnen schrieb, so ist nichts zu befürchten.

Die Handelsgesellschaft (ein deutsches Haus) hat Niederlassungen auf den Marquesas; die Zentrale ist auf Tahiti. Sie wird von dort aus Anweisung über das Geld bekommen, das an mich zu zahlen ist, und ich werde dort ebensogut wie auf Tahiti alle Dinge finden, die ein Europäer braucht. Seien Sie unbesorgt, ich gehe nicht auf gut Glück dorthin; und es wird mir in jeder Beziehung besser gehen (ausgenommen die Post, die viel länger brauchen wird). Aber heute hat das nicht dieselben Folgen wie früher, hauptsächlich, wenn Sie mich richtig verstanden haben, das heißt, wenn Sie vollkommen *frei* handeln, *ohne mich zu fragen;* Ihre Klugheit und Ihr vornehmes Herz sind mir eine sichere Bürgschaft dafür, daß alles erledigt wird, als täte ich es selbst – Teufel! Seit anderthalb Jahren haben Sie schwer gearbeitet, und ich könnte mich über nichts beklagen – Wann werden wir nur über eines, über Kunst sprechen können.

Alles Gute für die Freunde, für Annette.

Und stets von Herzen ganz der Ihre Paul Gauguin

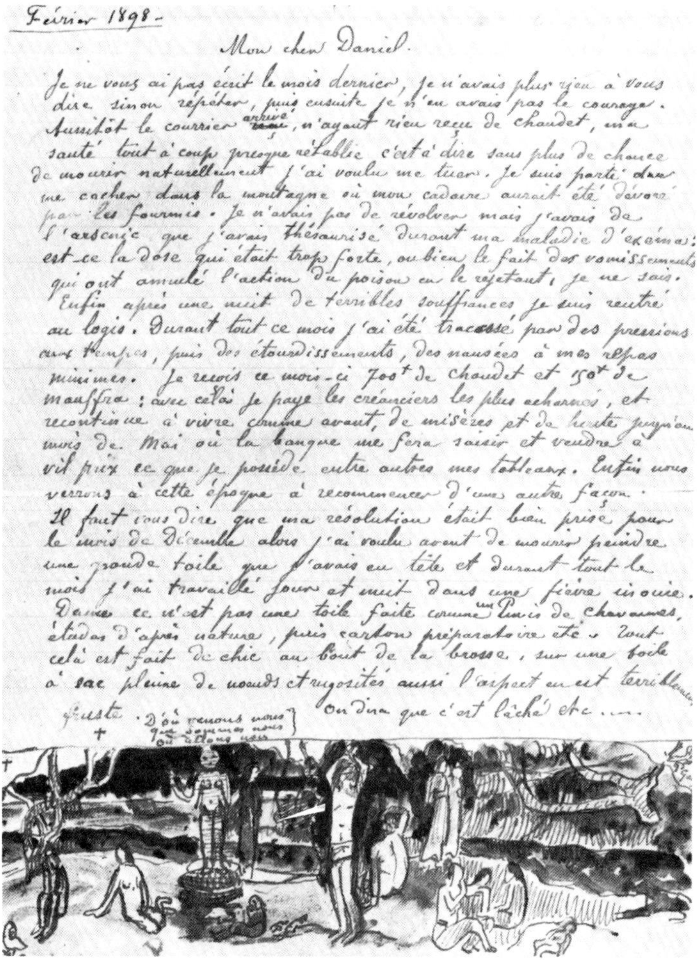

Février 1898 –

Mon cher Daniel.

Je ne vous ai pas écrit le mois dernier, je n'avais plus rien à vous dire sinon répéter, puis ensuite je n'en avais pas le courage. Aussitôt le courrier ~~venu~~ arrivé, n'ayant rien reçu de Chaudet, ma santé tout à coup presque rétablie c'est à dire sans plus de chance de mourir naturellement j'ai voulu me tuer. Je suis parti me cacher dans la montagne où mon cadavre aurait été dévoré par les fourmis. Je n'avais pas de révolver mais j'avais de l'arsenic que j'avais thésaurisé durant ma maladie d'eczéma: est-ce la dose qui était trop forte, ou bien le fait des vomissements qui ont annulé l'action du poison en le rejetant, je ne sais. Enfin après une nuit de terribles souffrances je suis rentré au logis. Durant tout ce mois j'ai été tracassé par des pressions aux tempes, puis des étourdissements, des nausées à mes repas minimes. Je reçois ce mois-ci 700f de Chaudet et 150f de Maufra: avec cela je paye les créanciers les plus acharnés, et recontinue à vivre comme avant, de misères et de honte jusqu'au mois de Mai où la banque me fera saisir et vendre à vil prix ce que je possède entre autres mes tableaux. Enfin nous verrons à cette époque à recommencer d'une autre façon. Il faut vous dire que ma résolution était bien prise pour le mois de Décembre alors j'ai voulu avant de mourir peindre une grande toile que j'avais en tête et durant tout le mois j'ai travaillé jour et nuit dans une fièvre inouïe. Dame ce n'est pas une toile faite comme un Puvis de Chavannes, études d'après nature, puis carton préparatoire etc. Tout cela est fait de chic au bout de la brosse, sur une toile à sac pleine de noeuds et rugosités aussi l'aspect en est terriblement fruste. On dira que c'est lâché etc. ....

D'où venons nous
Que sommes nous
Où allons nous

Brief Paul Gauguins an Daniel de Monfreid, Februar 1898

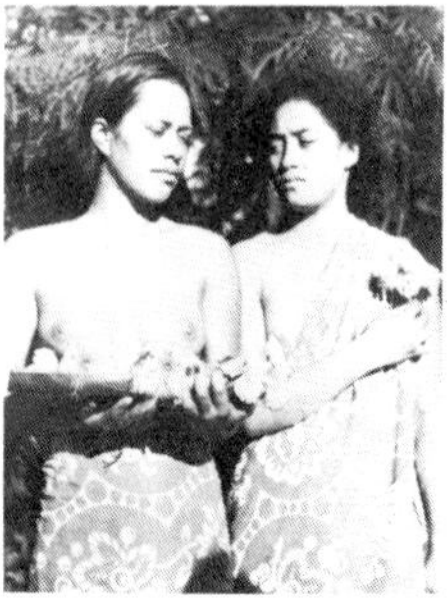

Zwei posierende Frauen auf Tahiti, Foto, das Gauguin zum Anlaß nahm, sein „Zwei Frauen aus Tahiti" 1899 zu malen

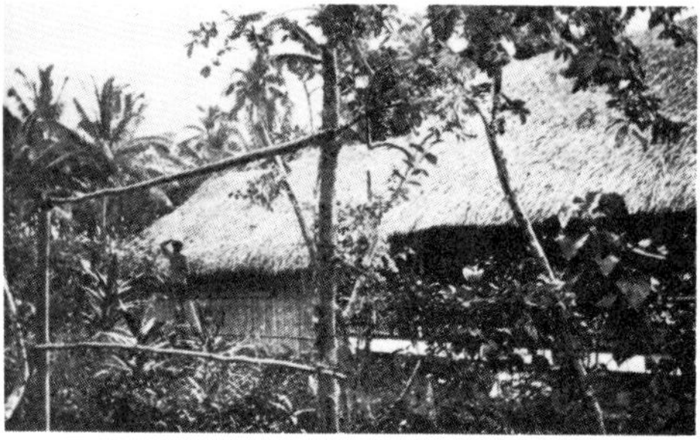

Gauguins Haus in Punaauia, Tahiti, 1897

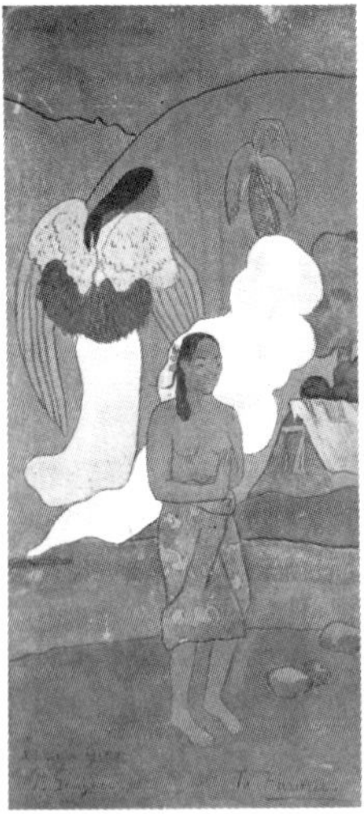

Gauguin, Te Faruru – Liebespaar, 1892

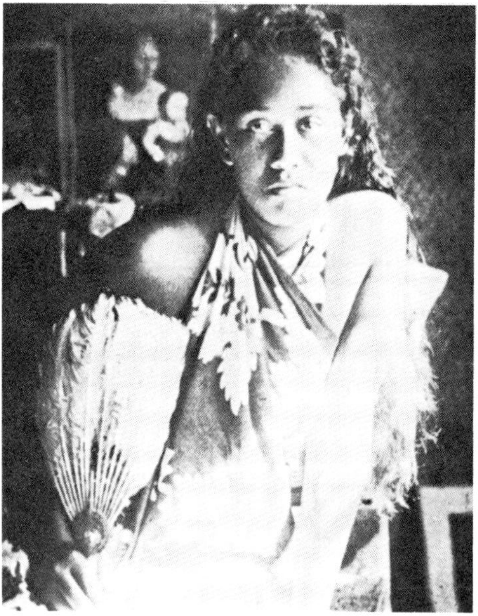

Modell für das Bild „Junges Mädchen mit Fächer"

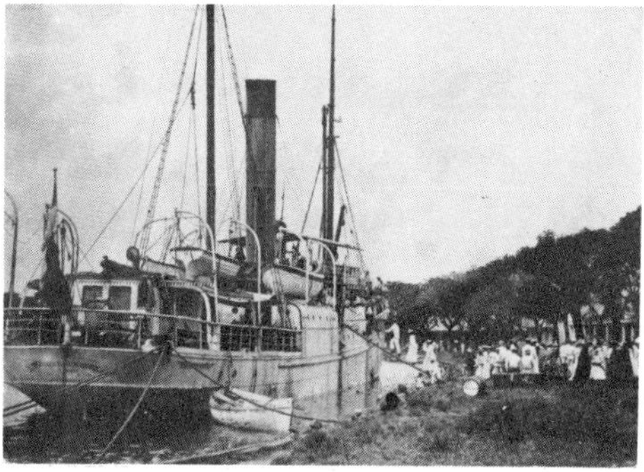

„Das Kreuz des Südens", jenes Dampfschiff, das früher die Marquesas mit Tahiti und den anderen Inseln verband. Mit diesem Schiff reiste Gauguin 1901 nach Hiva Oa

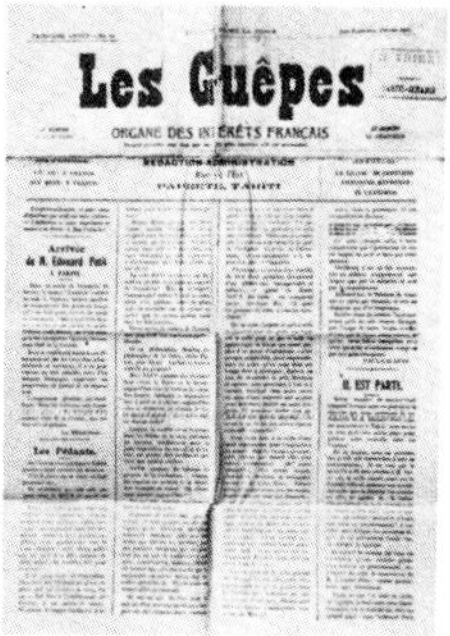

Les Guêpes

ORGANE DES INTÉRÊTS FRANÇAIS

Eine Seite der Zeitschrift „Les Guêpes", Nr. 25 vom Febr. 1901, in der Gauguin einen Artikel verfaßte.

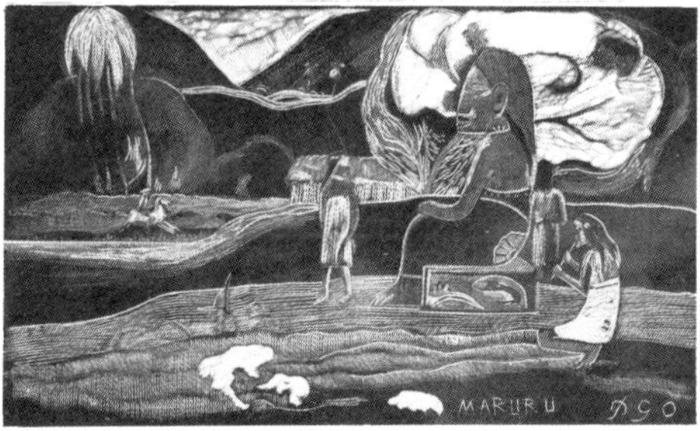

Gauguin, Maruru – Danke, Holzschnitt, 1893/94

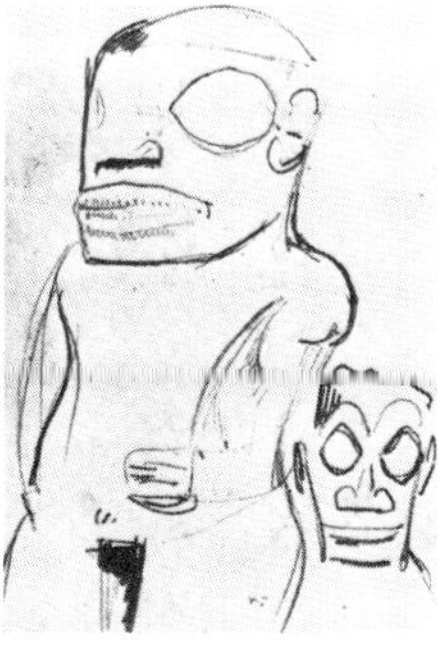

Gauguin, Skizze eines Tikis, 1895/97

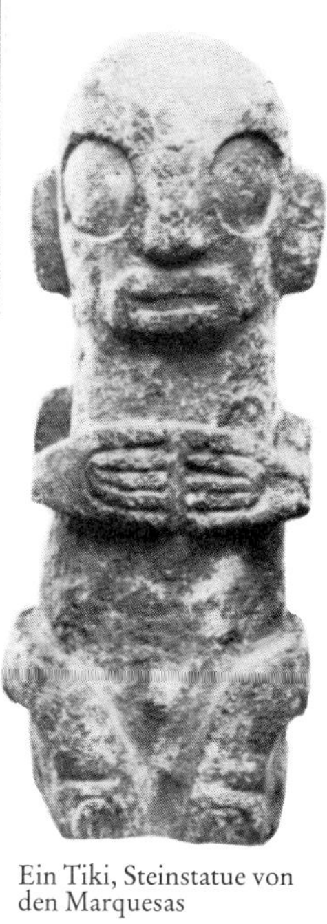

Ein Tiki, Steinstatue von den Marquesas

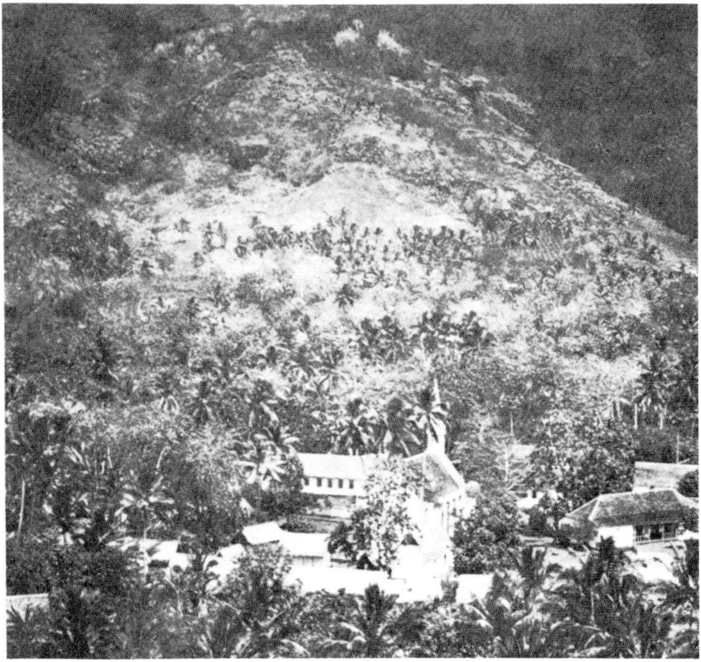

Ansicht von Atuouna mit der Kirche und dem Haus des Bischofs. Gauguins „Haus der Freude“ stand im Palmenhain links. Heute erinnert nichts mehr an den Standort, außer dem Brunnen, der auch Gauguin als Quelle diente.

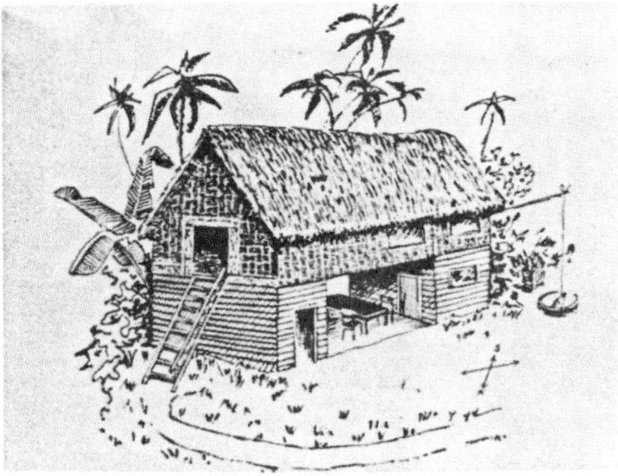

Die Rekonstruktion des Hauses von Gauguin auf Hiva Oa, aufgezeichnet von Bengt Danielson. Rechts erkennt man den Brunnen, der noch heute an diesen Platz erinnert

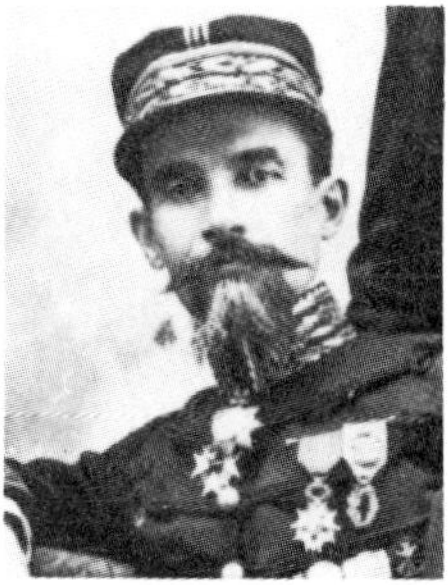

Edouard Petit, der Gouverneur von Tahiti in den Jahren 1901 – 1904

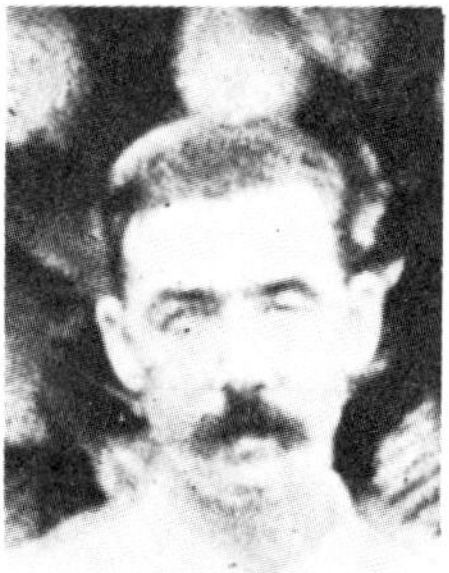

Pastor Paul Vernier, der protestantische Geistliche, der Gauguin in seiner letzten Zeit Beistand leistete

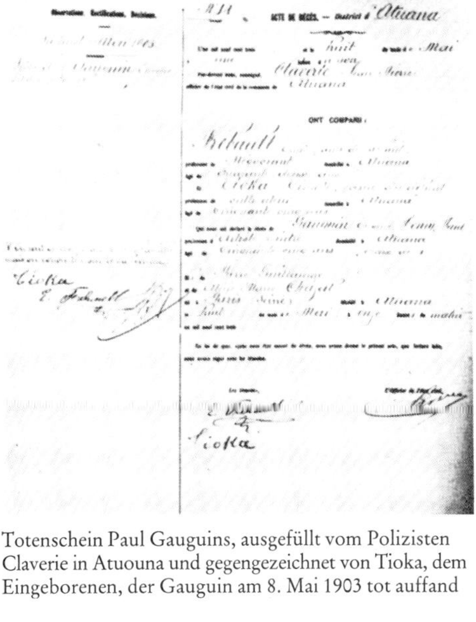

ACTE DE DÉCÈS. — District d'Atuana

huit Mai

Claverie

ONT COMPARU :

Tioka

Gauguin

Tioka

Totenschein Paul Gauguins, ausgefüllt vom Polizisten Claverie in Atuouna und gegengezeichnet von Tioka, dem Eingeborenen, der Gauguin am 8. Mai 1903 tot auffand

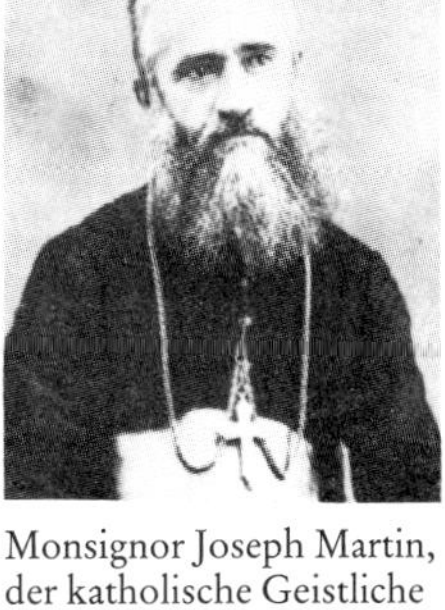

Monsignor Joseph Martin, der katholische Geistliche und Widersacher Paul Gauguins auf Hiva Oa

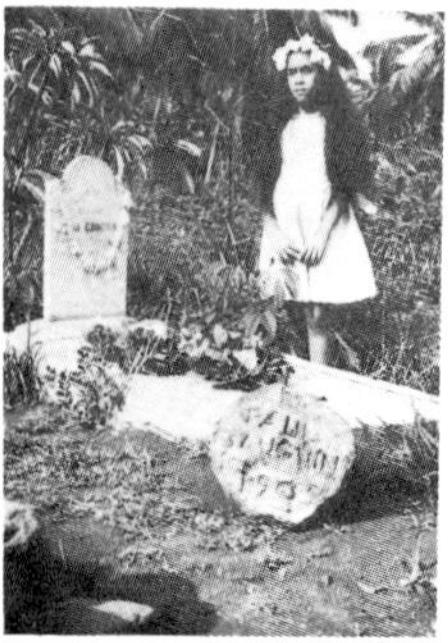

Der erste Zustand vom Grab Paul Gauguins kurz nach seinem Tod auf Hiva Oa, Marquesas

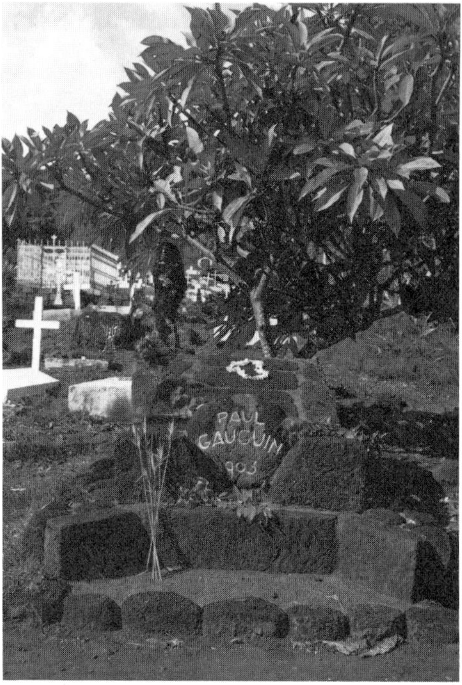

Grabstätte Paul Gauguins in Atuona/Hiva Oa, 1988

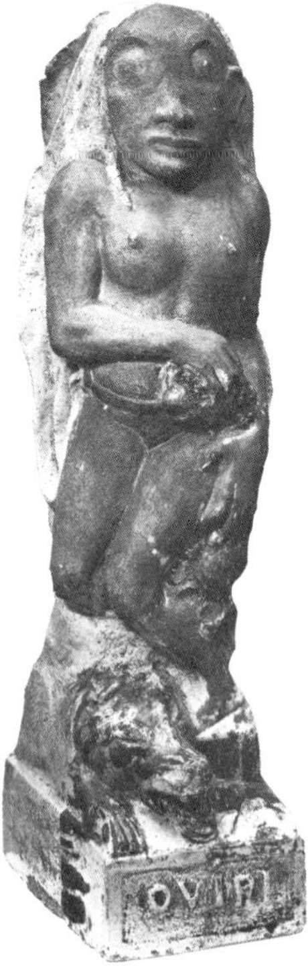

Gauguin, Oviri, Stein 1894/5
Diese Plastik wünschte Gauguin auf sein Grab, gibt sie doch sein Lebensmotto wieder: Oviri, was soviel heißt als: sei wild, sei ungestüm

AUFENTHALT AUF DEN MARQUESAS (HIVA-OA)

Im September 1901 erreicht Gauguin die Marquesas-Insel Hiva-Oa, wo er sich in dem Dorf Atuona ansiedelt. Seine Hütte nennt er »Maison du Jouir« – »Haus des Freuens«. Trotz peinigender Krankheit beginnt er mit neuer Kraft zu malen, auch Holzschnitzereien entstehen. Doch schon bald gerät er, für die Rechte der eingeborenen Bevölkerung eintretend, in Streitigkeiten mit dem Bischof und den örtlichen Behörden, deren Kolonisationsmethoden und Korruption er anprangert. Gleichzeitig taucht, mit zunehmender Krankheit, in Gauguin der Plan auf, nach Europa zurückzukehren. Doch Georges Daniel de Monfreid schreibt ihm: »Sie dürfen nicht wiederkommen! . . . Sie genießen die Immunität der großen Toten, Sie sind in die Geschichte der Kunst eingegangen.« Es entsteht »Avant et Aprés« (Vorher und Nachher): »In der letzten Zeit habe ich in meinen langen schlaflosen Nächten alles niedergeschrieben, was ich während meines Lebens gesehen, gehört und gedacht habe.« Eine Eingabe an die Kolonial-Inspektoren, in der er die Mißstände auf der Insel enthüllt, trägt ihm eine Verleumdungsklage ein. Am 31. März 1903 wird Gauguin zu drei Monaten Gefängnis und eintausen Francs Geldstrafe verurteilt. Noch bevor er nach Tahiti reisen kann, um dort Berufung gegen dieses Urteil einzulegen, erlöschen seine Lebenskräfte. Am Vormittag des 8. Mai stirbt er einsam in seiner Hütte.

La Dominique (Hiva-Oa), *November 1901*
Marquesas-Inseln

Mein lieber Daniel, wenn ich Ihnen im vergangenen Monat nicht geschrieben habe, so lag das hauptsächlich daran, daß ich keinerlei Nachricht von Ihnen hatte; das habe ich benutzt, um ebenfalls nicht zu schreiben, was auch sehr schwierig gewesen wäre, da ich mitten in meiner Bau- und Einrichtungsarbeit stecke. Die gesamte Einrichtung meines früheren Anwesens ist mitgekommen, und jetzt habe ich alles, wovon ein bescheidener Künstler träumen kann.

Ein geräumiges Atelier mit einem kleinen Winkel, um zu schlafen; alles nah zur Hand und auf kleinen Etageren untergebracht; darüber ein Überbau von zwei Metern, wo man essen, kochen und tischlern kann. Eine Hängematte, um im Schatten Siesta halten zu können, erfrischt vom Meereswind, der aus dreihundert Meter Entfernung durch Kokosbäume herüberweht. Nicht ohne Mühe habe

ich von der Mission einen halben Hektar für siebenhundert Francs erworben; teuer, aber es gab nichts anderes, und hier besitzt die Mission alles.
Abgesehen von der unangenehmen Gegenwart der Priester, bin ich mitten im Dorf, und doch ist mein Haus schwer zu finden, so dicht ist es von Bäumen umwachsen. Der Versorgung wegen machen Sie sich keine Gedanken; mein Nachbar ist ein Amerikaner, ein famoser Kerl, der ein reichliches Lager hat, und ich kann alles haben, was ich will. Ich freue mich immer mehr über meinen Entschluß, und ich versichere Sie, für die Malerei ist es *herrlich!* Modelle!! Wundervoll, ich habe auch schon zu arbeiten begonnen, aber ich habe keine Leinwand mehr und erwarte mit Ungeduld Vollards Sendungen, die er mir seit einem Jahr versprochen hat, Leinwand, Farben, Weiß.

Ich schreibe Ihnen das alles im voraus, damit ich bei Ankunft der Post nicht alles zu überstürzen brauche; ich erwarte Ihre Nachrichten mit Ungeduld, denn Ihr Schweigen im vergangenen Monat läßt mich ahnen, daß all unsere Hoffnungen in Béziers zu nichts geführt haben; aber Pech ist Pech, nicht wahr? Nach dieser Post werden wir zwei Monate lang keine erhalten; das Schiff muß repariert werden; Sie werden sehen, was ich indessen anstellen werde, wenn ich wie alle Monate knapp mit Geld bin – ich mache mir keine Sorgen, denn ich bin von jetzt ab ohne jeden Rückstand, der Erlös meines Besitzes auf Tahiti hat alles abgedeckt, und ich bin stolz darauf. Schuffenecker sagte, ich sei kurzsichtig: ich hätte ihn an meiner Stelle sehen mögen. Ist es nicht nach dem Schrecklichen, das ich in den letzten Jahren durchgemacht habe, ein rechtes Kraftstück, daß ich alles überstanden und viertausendfünfhundert Francs Ersparnisse gemacht habe? Zur Zeit (namentlich wenn meine Gesundheit zurückkehrt, wie es den Anschein hat) brauchte ich nur wenig Vorsprung, um in meiner kleinen Festung auf den Marquesas ganz stark zu sein.
Ich erhielt Ihre beiden Briefe vom September, desgleichen einen von Vollard. Pech! Sie haben gut daran getan, die Skulptur für tausendfünfhundert Francs abzugeben; leider wird das Geld erst in drei Monaten ankommen, da wir der Reparatur des Schiffes wegen drei Monate ohne Post bleiben. Als sei es absichtlich, teilt mir Vollard mit, er bemerke zu spät, daß die Post abginge, das heißt, das monatliche Geld, dreihundertfünfzig Francs, wird auch erst in drei Monaten ankommen. Er hat auch das große Bild um tausendfünfhundert Francs verkauft und fragt mich!!!, ob er das Geld schicken soll. Es sieht wirklich danach aus, als sollte ich nicht ohne Ärger

über Geldsachen arbeiten können, selbst wenn alles noch so gut geht. – Über den Verkauf des großen Bildes teilt mir Morice mit, der kleine Paco hätte einen Liebhaber zum Kauf bewogen, Vollard aber hätte sich geweigert, unter zweitausend Francs zu verkaufen, bei einem zweiten Käufer habe er dann zweitausendfünfhundert verlangt. Und gerade, als Morice ihm über diese Angelegenheit Bescheid sagen kommt, stellt es sich heraus, daß das Bild für tausendfünfhundert Francs verkauft ist!!!

Ich freue mich, daß Sie in Béziers etwas haben verkaufen können, was nicht mehr als recht ist. Wie richtig schätzen Sie die Gloriole ein, die die Presse schafft. Vor allem das eigene Bewußtsein und die Achtung von wenigen, die verstehen: danach gibt es nichts weiter. Sie kennen meine Auffassung über alle falschen Gedanken symbolistischer oder anderer Literatur in der Malerei; ich brauche sie also nicht zu wiederholen, übrigens sind wir uns darüber einig – die Nachwelt auch –, denn die gesunden Werke bleiben trotzdem, daran können alle literarischen Geistesprodukte nichts ändern. Vielleicht bin ich etwas stolz darauf, mich nicht in alle Irrtümer verfangen zu haben, darin die lobende Presse mich wie viele andere verstrickt hätte, Denis zum Beispiel, vielleicht auch Redon. Und ich lächelte etwas gelangweilt, wenn ich die Kritiken las, die mich nicht verstanden hatten.

Hier in der Einsamkeit kann man wieder erstarken. Hier löst sich die Poesie von ganz allein, und es genügt, sich beim Malen dem Träumen zu überlassen, um sie wiederzugeben – ich wünsche mir nur zwei gesunde Jahre und nicht zu viel Geldsorgen, die jetzt außergewöhnlich stark auf mein nervöses Temperament wirken, dann werde ich zu einer gewissen Reife in meiner Kunst kommen. Ich fühle, daß ich künstlerisch *recht habe*, werde ich aber auch die Kraft besitzen, das in entscheidender Weise auszudrücken? Auf alle Fälle werde ich meine Pflicht getan haben, und wenn meine Werke nicht bleiben, so wird die Erinnerung an einen Künstler bleiben, der die Malerei von alten akademischen Verschrobenheiten und von symbolistischen Schiefheiten (auch eine Art Sentimentalismus) befreit hat. Meine Glückwünsche zum neuen Jahr.

Man hat mein Buch »Noa Noa« ohne mein Wissen gedruckt. Wenn Sie es bekommen, senden Sie mir bitte ein Exemplar.
Alles Gute für die Freunde und Annette.
Stets von Herzen ganz der Ihre Paul Gauguin

März 1902

Mein lieber Daniel, diese Post bringt nichts von Ihnen; dafür einen guten Brief von Fayet, der mir Ihre Mitteilung über den Kauf der Schnitzereien bestätigt, mit denen er sehr zufrieden zu sein scheint. Er zählt auf, was er von mir besitzt – darunter drei Bilder: sollte er eines davon bei Vollard gekauft haben? Außerdem eine Holzskulptur, die Nixen. Ich erinnere mich nur an ein Stück, das ich damals »Seid geheimnisvoll . . . « genannt habe. Wo hat er das her, sicher von Chaudet, bevor der starb (denn er hatte es in Verwahrung und hat mir niemals davon geschrieben). –

Da ist, glaube ich, mehr gesündigt worden, als ich mir je vorgestellt habe, das wird man später entdecken – überflüssigerweise, denn in diesem Hause bezahlt niemand. Auf alle Fälle ist es bei Fayet gut untergebracht – Er schreibt mir auch über eine *Keramik* von mir?? Ich bin zwar noch krank, habe mich aber ernsthaft wieder an die Arbeit gemacht; man kann sich nicht vorstellen, in welcher Stille ich hier in meiner Einsamkeit lebe, ganz allein, mitten im Laub. Das ist die Ruhe, und die brauchte ich, fern von all diesen Beamten auf Tahiti. Jeden Tag freue ich mich über meinen Entschluß; und dann ist das Leben hier auch billiger. Für ein Huhn bezahle ich sechzig Centimes, und manchmal für ein Schwein von zwanzig Kilo sechs bis sieben Francs. Ein bißchen teuer sind nur Wein und andere Exportartikel. Könnte mir übrigens nicht Fayet jedes Jahr eine Vierteltonne guten Wein schicken, er ist doch vom Fach? Ich sage guten, weil der Wein, der nach einem heißen Land verschickt wird, ein Wein ad hoc sein muß. Ich glaube, die Südweine bekommen leicht einen Stich und kommen als Essig an – Wohlverstanden, als Tausch gegen Gemälde –

Mit der nächsten Post gedenke ich ungefähr zwölf Bilder an Vollard zu senden; dann glaube ich wieder im reinen mit ihm, ja sogar etwas im voraus zu sein. Er schreibt mir, daß er die Sendung von Mitte August noch nicht erhalten habe; dumm, wenn sie verlorengegangen wäre.

Ich hoffe, daß Sie wohlauf sind.

Herzlichst Ihr Paul Gauguin

April 1902

Mein lieber Daniel, in aller Eile zwei Worte – Seit vier Posten habe ich keine Zeile von Ihnen erhalten.

Ich befürchte ein Unglück –

Stets Ihr ergebener Paul Gauguin

Mai 1902

Mein lieber Daniel, ich erhalte Ihren Brief (den einzigen übrigens). Nichts von Vollard, aber was tut's, der Ihre genügt! – Wie groß war meine Freude, als ich Ihre Handschrift erkannte, und wie gierig habe ich alles gelesen: alles hat sich ganz natürlich abgespielt. Und ich habe zwei Monate in tödlicher Unruhe verbracht: weil ich nicht mehr der Gauguin von einst bin. Die fürchterlichen Jahre und meine Gesundheit, die nicht wieder die alte ist, haben mich empfindlich bis zum äußersten gemacht, und in diesem Zustand bin ich ohne Energie (niemand kann mich ermutigen oder trösten) – vollkommenste Einsamkeit. Jedenfalls geht es Ihnen gut, auch Annette und dem Kind, und Sie werden noch schöne Tage haben, um einige kräftige und gewissenhafte Bilder zu malen. Nachdem ich den gewaltigen Fortschritt gesehen habe, den Sie während meines ersten Aufenthaltes auf Tahiti gemacht haben, zweifle ich nicht an weiteren Fortschritten.
Alles ist auf dem rechten Wege, das heißt auf dem, den man in sich hat! Und dabei gibt es Schulen, die jedem beibringen sollen, denselben Weg wie der Nachbar zu gehen.

Sie schreiben mir von laufenden Geschäften: was Sie tun, ist immer gut, Maurice Fabre kenne ich, er ist geizig, und in seinem Geschmack für Malerei ist viel mehr Eigenliebe als Interesse. Fayet begeistert sich für Cézanne: Er hat recht. Aber es ist immer dieselbe Geschichte; das geschieht jetzt, wo die Bilder teuer sind, wo es zum guten Geschmack gehört, Cézanne zu verstehen, wo Cézanne Millionär ist!!
Ich erinnere mich dunkel an das kleine Basrelief, das bei Fayet ist: es müßte eine Skulptur sein, die ich der Gräfin Mimal geschenkt habe. Oh, Geschenke! Hüten Sie sich davor, mein Lieber: die werden alle verkauft – Im letzten Monat habe ich Vollard eine Sendung von zwanzig Bildern geschickt. Hoffen wir, daß diese Sendung besser ankommt als die letzte, die sich irgendwo herumtreibt und die ich reklamiert habe ... Was Sie mir über die Mitarbeit von Morice an »Noa Noa« sagen, ist mir nicht unwillkommen.
Diese Mitarbeit hat von mir aus zwei Absichten verfolgt.
Sie ist nicht wie andere Zusammenarbeit, das heißt, daß zwei Autoren gemeinsam arbeiten. Ich hatte die Absicht, beim Sprechen über die Unzivilisierten ihren Charakter im Vergleich zu unserem hervortreten zu lassen, und ich fand es ganz originell, ganz einfach als Wilder zu schreiben neben dem Stil eines Zivilisierten wie Morice. In diesem Sinne hatte ich seine Mitarbeit gedacht und erbeten; au-

ßerdem bin ich, wie man sagt, nicht vom Fach, und wollte ein bißchen wissen, wer von uns beiden mehr wert sei; das naivbrutale Wilde oder das verweste Zivilisierte – Morice hat das Buch trotzdem zur Unzeit erscheinen lassen. Alles in allem ist es keine Schande für mich –

Sie sprechen mir von der nächsten Ausstellung in Béziers, aber Sie teilen mir nicht mit, ob ich in diesem Jahr eingeladen bin, und was Sie in diesem Falle ausstellen würden – Sie natürlich auch. Vielleicht wird Béziers eines Tages eine unserer besten Verkaufsmöglichkeiten sein?

Indem ich Ihren nächsten Brief erwarte, umarme ich die ganze Familie samt der hübschen kleinen roten Haare, die durch den Garten streifen. –

Ganz Ihr Paul Gauguin

25. August 1902

Mein lieber Daniel, das Postboot für die Marquesas ist untergegangen, und man hat es geistreicherweise für richtig befunden, uns fünfundzwanzig Tage ohne Post, ohne Nachrichten, ohne Mehl und Reis zu lassen. Eine freundliche Bark bringt uns einige Briefe, einen von Ihnen, einen von Fayet, zwei von Vollard, der bittet mich um Bildhauerarbeit für sich selbst. Ich antworte ihm, er möchte sich an Sie wenden. Nach dem Ton seines Briefes (ich kenne meine Pappenheimer) vermute ich, daß seine Geschäfte in bezug auf mich guten Erfolg versprechen und daß er meine Bilder mehr und mehr braucht. Man muß zugeben, daß er intelligent und den Liebhabern guter Bilder wohlbekannt ist. Ich rede ihm sehr zu, die Sandsteinstatue zu nehmen, die bei Ihnen ist oder bei Herrn Fayet, zum Preise von zweitausend Francs. – Trotzdem wäre es mir lieber, sie ginge um fünfzehnhundert Francs in eine ernsthafte Sammlung wie die von Fayet. Kümmern Sie sich bitte darum.

Die Ausstellung in Béziers hat also keinen Erfolg gehabt. Traurig genug, aber da ist nichts zu machen.

Was das Bild angeht, dessen Verkauf an Fabre schwebt, fürchten Sie nicht, daß er eines Tages über den Preis im Vergleich zu denen Fayets sehr erstaunt sein wird? – Diese Preisunterschiede sind eine sehr heikle Angelegenheit. Ich teile Ihnen das natürlich nur als reine Überlegung mit, denn wie ich Ihnen schon immer sagte, was Sie auch tun, es ist immer gut.

Übrigens, Fayet schreibt mir, er hoffe, im nächsten Jahr eine sehr bedeutende Ausstellung von mir zu veranstalten. Ausgezeichnet!!

Mir liegt nicht an ungeheuer viel Bildern, wohl aber in der Hauptsache an der Qualität (zum Glück sind Sie da, um das zu überwachen). Wenn möglich, das große Bild, das in Bordeaux ist. Von Schuffenecker nur die Holzskulptur – Wenn möglich das Bild »Nevermore« von Delius – Kein Bild aus der Bretagne (die Bretagne ist verdaut, während Tahiti erst noch heruntergewürgt werden muß und zu verkaufen ist). Sie kennen doch das Publikum, es wird sofort sagen: Wie schade, daß er nicht Bretone geblieben ist! Sie verstehen mich. – Wer weiß übrigens, ob ich dann nicht dort sein werde ... Denn wenn ich wirklich mit dem chronischen Ausschlag an beiden Füßen, der mir große Schmerzen verursacht, unheilbar bleibe, dann ist es besser, ich kehre der Luftveränderung wegen heim. Dann werde ich mich in Ihrer Gegend im Süden niederlassen und in Spanien irgendwelche neuen Elemente suchen. Stiere, Spanierinnen, deren Haare mit Schweineschmalz angeklebt sind, das ist schon gemacht worden, gründlich gemacht worden: es ist komisch, daß ich sie mir trotzdem ganz anders vorstelle.
Wie schade, ein so schönes Land wie die Marquesas zu verlassen!
Von jetzt ab will ich alles sparen, was ich außer den dreihundert Francs von Vollard bekomme; ohne jede Mühe, denn jetzt bin ich nicht nur im reinen, sondern ich habe sogar einen kleinen Vorsprung: außerdem kann ich, ohne jede Entbehrung, mit zweihundertfünfzig Francs sehr gut leben, denn das Leben ist viel billiger als auf Tahiti.
In seinem Briefe schreibt mir Fayet über Sie und Ihr Talent, und er hat wohl recht! Mißtrauen Sie Ihrer eigenen Meinung (man kennt sich selbst niemals gut). Sie können keine Figuren mehr aufrecht hinstellen? Legen Sie sie hin, dann ruhen sie aus und Sie auch, und eines schönen Tages stellen Sie sie mit Leichtigkeit wieder auf. – Inzwischen genießen Sie Ihr Leben in aller Ruhe: die Animalität in uns ist nicht so verächtlich, wie man immer sagt. – Die verteufelten Griechen, die alles verstanden haben, haben Antäus erfunden, der durch die Berührung mit der Erde wieder zu Kräften kommt – Die Erde ist unsere Animalität, glauben Sie es nur!
Von Herzen ganz Ihr Paul Gauguin

Wie dumm! Ich glaubte, ich hätte keinen Platz mehr zum Schreiben. Noch eine Seite: Also –
Fayet teilt mir mit, daß Sie im nächsten Jahre ein Vorwort für Rouarts Söhne schreiben sollen, die Degas nach der Erklärung für meine Malerei gefragt haben. Gelegentlich der Ausstellung Du-

rand-Ruel hat Degas La Fontaines Fabel »Wolf und Hund« rezitiert. Der Wolf ist Gauguin, sagte er. Das könnte man gut zitieren und als Thema wählen, denn amüsanterweise sind die Schafe dem Wolf gefolgt, während die fetten Hunde getrost weitergebellt haben, ohne von der Leine zu gehen. Wie denken Sie darüber?
Übrigens hoffe ich, bis dahin ein oder zwei schöne Bilder für die Ausstellung zu schaffen.
In der letzten Sendung an Vollard ist ein Bild zu 50, das sehr gut durchgearbeitet ist und sich nicht schlecht ausmachen wird, glaube ich. Das Gedicht ist nicht genügend *geronnen*, würde Fontainas sagen!!! Weiß Gott, ich glaube, die Kritiken von Albert Wolff waren mir damals lieber. Man wußte, woran man war, während jetzt all diese frühreifen großen Dichter (die alle talentiert sind) einen diktoralen Ton annehmen, um einen Haufen Dummheiten zu sagen – Sie sagen nicht mehr: das könnte sein, sondern gewichtig: das muß sein – Einer spricht von mir und meint: das ist van Gogh; der andere: das ist Cézanne. Bernard sagt, es sei von ihm; ein anderer meint, es sei Anquetin oder Sérusier. Ich habe Väter genug!!!
Bestellen Sie bitte Herrn Fayet, daß ich auf seinen bewundernden Brief gern geantwortet hätte, er möchte jedoch entschuldigen: ich habe weder Kraft noch Zeit dazu! Vielleicht lernen wir uns eines Tages kennen –

Oktober 1902

Mein lieber Daniel, endlich bekomme ich Ihren Brief vom 5. Juli. Wie recht hatte ich doch, in Sorge um Sie zu sein, denn Sie waren krank, sehr krank sogar, aber wenn man in Ihrem Alter wieder gesund wird, so ist das ein gutes Zeichen für die Zukunft. Non bis in idem[42]. Ich werde nicht gesund, winde mich in großen Schmerzen, daher arbeite ich auch wenig und schlecht. Von Vollard habe ich übrigens seit drei Posten weder Brief noch Geld bekommen.
Sollte er mit meinen letzten Sendungen nicht zufrieden sein? Wenn es auch keine Meisterwerke sind, so sind sie seinen Preis reichlich wert. Besonders ein großes Bild ist sehr durchgearbeitet, und ich halte es für eines meiner guten Bilder.
Ich bin sehr zufrieden darüber, wie es Maillol geht, der ein wertvoller Künstler ist –
Die sechshundert Francs, die Sie mir sandten, habe ich erhalten, sie kommen zur rechten Zeit, denn ich habe von Vollard seit vier Monaten nichts bekommen.
Ihre Frau liegt im Sterben; das läßt mich an meine denken, die nicht

stirbt. Ich habe immer noch keine Nachrichten von ihr, und die Kinder entfremden sich mir immer mehr und mehr. Bei mir in meiner Einsamkeit schließt sich die Wunde nach und nach. Ganz gleich, ich glaube, daß man selbst einem Vater, der im Zuchthaus säße, nicht wagen würde, so etwas anzutun.
Vielleicht tragen außer diesen vieren, die meinen Namen tragen, auch Frauen und Enkel meinen Namen; und wenn ich nach meinem Tode berühmt bin, wird man sagen: Gauguin hat eine zahlreiche Familie gehabt, er war ein Patriarch – Bittrer Hohn –
Oder: er war ein Mann ohne Herz, der seine Kinder im Stich ließ etc. . . .
Sei's drum! Lassen wir diese schmutzigen Bürger – selbst wenn es unsere Kinder sind – in ihrer schmutzigen Stellung, und verfolgen wir das einmal begonnene Werk –
Wenn Sie diesen Brief erhalten, werden Sie, wenn der »Mercure« sie schon veröffentlicht hat, meine Gegenkritik schon gelesen haben – Ich hoffe, daß sie Ihnen nicht mißfallen hat, denn ich habe mich bemüht, zu beweisen, daß die Maler in keinem Falle die Unterstützung und Unterweisung der Leute von der Feder nötig haben.

Desgleichen habe ich mich bemüht, gegen alle Parteien zu kämpfen, die sich zu allen Zeiten als Dogmen etablieren und nicht nur die Maler, sondern auch alle Liebhaber verwirren. Wann endlich werden die Menschen den Sinn des Wortes Freiheit begreifen –
Sie wissen schon seit langer Zeit, was ich einführen wollte: *das Recht,* alles zu wagen: meine Fähigkeiten (und die Geldschwierigkeiten waren für eine solche Aufgabe zu groß) haben kein großes Ergebnis gezeitigt, aber die Maschine ist in Schwung.
Das Publikum ist mir nicht verpflichtet, da mein malerisches Werk nur *relativ* gut ist, aber die Maler, die heute diese Freiheit genießen, die sind mir allerdings etwas verpflichtet.
Zwar bilden sich viele ein, das sei alles von allein gegangen. Übrigens will ich nichts von ihnen, und mein Bewußtsein allein ist mir Belohnung genug –
Das nennt der liebe Bürger Schuffenecker *meine Unverschämtheit.* Für andere arbeiten bedeutet *unverschämt* sein! Der Teufel mag ihm helfen!
In diesem Artikel habe ich einige Namen genannt: seiner ist nicht dabei. Sie werden dieser Tage hören, wie er sich bitter darüber beklagen wird – Ich habe ihn nur deswegen nicht erwähnt, weil mein Gewissen ihn nicht als wertvollen Künstler gelten lassen kann: niemals hat er auch nur zwei Pinselstriche getan, ohne an Geld oder die

Befriedigung seiner Eitelkeit zu denken.
Sufficit.
Bleiben Sie weiter gesund, ich bin stets von Herzen ganz Ihr Paul Gauguin

Februar 1903

Mein lieber Daniel, ich erhalte Ihre beiden Briefe mit großer Verspätung infolge eines Zyklons, wie man ihn noch nie erlebt hat, er kam aus dem Norden; wir halten es für ein submarines Beben.
Alle niedrigen Inseln, die mitten im Ansatz begriffen sind, sind durch eine fürchterliche Springflut verheert worden, und fast die gesamte Bevölkerung ist umgekommen. Wir haben weniger zu leiden gehabt. Achtundvierzig Stunden lang haben uns Regen und Donner betäubt, dann wurde der Zyklon eines Abends schrecklich. Obleich ich durch Bäume sehr geschützt bin, war ich darauf gefaßt, daß meine Hütte jeden Augenblick durch den Wind fortgehoben oder zerstört würde. Um zehn Uhr hörte ich ein dumpfes, andauerndes, ganz ungewöhnliches Geräusch: der Fluß, der alles zerstört hatte, suchte ein neues Bett – Ich verließ mein Zimmer, um nachzusehen. Zu meinem größten Erstaunen reichte mir das Wasser bis an die Brust – nichts zu unterscheiden. An Flucht war nicht zu denken. Ich ging wieder in mein Zimmer hinauf, verbrachte dort die Nacht in der beständigen Furcht, das Wasser könnte meine arme Hütte verschlingen. Zum Glück habe ich sie zwei Meter über dem Boden gebaut und habe Pfeiler, die zweimal so stark sind, als es nötig wäre – Am Morgen konnte ich sehen, wie fürchterlich Atuana zugerichtet war. Keine Brücken, keine Wege mehr; auf allen Seiten riesige umgerissene Bäume, Tropenbäume, die ganz wenig Wurzeln haben, zerstörte Häuser etc. . . .
Schließlich ist alles leidlich vorübergegangen, und ich bin mit ungefähr hundert Francs Reparaturen davongekommen –
Ich bin bezüglich meiner Rückkehr nach Frankeich nicht ganz Ihrer Ansicht, ich will nur vorübergehend in Paris bleiben, um dann einige Jahre in Spanien zu arbeiten – Nur die Freunde dürften davon wissen.
Nein, nicht die Landeskrankheit, sondern die Schmerzen durch meinen Ausschlag an den Füßen hindern mich daran, vernünftig zu arbeiten: seit gut drei Monaten habe ich keinen Pinsel angerührt – Außerdem machen meine Augen mir Sorgen, und dann sage ich mir: was soll aus mir werden, wenn Vollard abschwenkt – Ein

Mensch wie ich, der beständig im Kampf ist, selbst gegen seinen Willen, der nur durch seine Kunst lebt und von Leuten umgeben ist, die voller Freude darauf herumtrampeln würden, während man in Frankreich seine Sorgen verbergen, ja sogar Mitleid finden könnte. Um davor bewahrt zu sein, müßte ich wenigsten vier- oder fünftausend Francs vor mir haben, die mir im Notfall meine Rückkehr ermöglichen – Andererseits fühle ich mich in meiner Einsamkeit hier sehr wohl.

Ich erhielt einen Brief von Fontainas, in dem er mir mitteilt, der »Mercure« habe mein Schreiben nicht aufnehmen wollen. Ich habe das geahnt – Sie sind alle gleich und wollen die Maler zwar kritisieren, aber sie sehen es nicht gern, wenn die Maler ihnen ihre Dummheit beweisen. Aber es ist nicht schlimm, und zwar deswegen: In der letzten Zeit habe ich in meinen langen schlaflosen Nächten alles niedergeschrieben, was ich während meines Lebens gesehen, gehört und gedacht habe: da stehen fürchterliche Dinge für einige drin, hauptsächlich über das Betragen meiner Frau und das der Dänen. Wenn also der Artikel nicht erschienen ist, nehme ich ihn in mein Buch auf, desto besser –

Fontainas ist nicht Morice, sondern ein ernster Mensch, mit sauberen Händen, ich würde es begrüßen, wenn Sie seine Bekanntschaft machten. Ich sende ihm mein Buch mit der Bitte, es unter allen Umständen drucken zu lassen, und ich bitte ihn, sich mit Ihnen in Verbindung zu setzen. Alle meine Bilder von meiner ersten Reise nach Tahiti sind verkäuflich: greifen Sie irgend etwas heraus, gleich zu welchem Preise. Mir liegt an dieser Publikation, die zu gleicher Zeit Rache, aber auch ein Mittel ist, um mich bekannt und verständlich zu machen – Vielleicht steht Ihnen Herr Fayet in diesem Falle bei – Mein Gott, worum bitte ich Sie alles! Das ist wahrhaftig Mißbrauch.

Ich freue mich, daß Sie die Ausstellung in Béziers noch aufgeschoben haben, es ist besser für mich.

Fontainas schreibt mir: »Warum sieht man keine Bilder mehr von Ihnen? Haben Sie kein Vertrauen mehr zu sich in dieser Beziehung?«

Daraus schließe ich, daß Vollard meine Bilder zum Teil versteckt hält: eine unterirdische Arbeit, die vielleicht ausgezeichnet, aber langwierig ist für mich –

In aller Eile schließe ich und bitte Sie, an meine Ergebenheit zu glauben.

Paul Gauguin

Vollard schickt mir den monatlichen Betrag, schreibt aber nichts von meiner Bildersendung. Er hat sie erhalten, sonst hätte er mir geschrieben, daß er sie nicht erhalten hat.
Wenn das Buch gedruckt ist, senden Sie bitte ein Exemplar an Herrn Brandès, an der Zeitung Politiken, Kopenhagen – mir fünf Exemplare. An Degas – (Ich möchte ein Abonnement auf das »Echo des Paris«)

April 1903

Mein lieber Daniel, ich sende Ihnen drei Bilder, die Sie wahrscheinlich nach meinem Brief erhalten werden.[43)] Sagen Sie bitte Herrn Fayet, daß es sich um meine Rettung handelt. Gefallen ihm die Bilder nicht, so soll er bei Ihnen andere auswählen, oder mir tausendfünfhundert Francs leihen, er kann alle möglichen Bürgschaften dafür haben – Aus folgenden Gründen: ich bin das Opfer einer gemeinen Falle geworden. – Nach skandalösen Vorfällen auf den Marquesas hatte ich dem Administrator einen Brief geschrieben und ihn aufgefordert, eine diesbezügliche Untersuchung einzuleiten. Ich hatte nicht gewußt, daß die Gendarmen alle unter einer Decke stekken, daß der Administrator zum Gouverneur hält etc., jedenfalls hat der Leutnant die Verfolgung verlangt, und ein Lump von Richter hat auf Anordnung des Gouverneurs und des kleinen Beamten, den ich einmal hart mitgenommen habe, mich (nach dem Gesetz über die Presse vom Juli 81) für einen Privatbrief zu drei Monaten Gefängnis und tausend Francs Geldstrafe verurteilt – Ich muß auf Tahiti Berufung einlegen. Reise, Aufenthalt und hauptsächlich Kosten für den Anwalt!! Wieviel wird mich das kosten? Das bedeutet meinen Ruin und den vollkommenen Zusammenbruch meiner Gesundheit.

Es ist für mein ganzes Leben beschlossen, daß ich fallen, wieder aufstehen, wieder fallen muß etc. . . . Meine ganze alte Energie wird mit jedem Tage weniger –

Beschleunigen Sie das doch möglichst, und sagen Sie Herrn Fayet, daß ich ihm ewig dankbar dafür sein werde.

Stets von Herzen ganz Ihr Paul Gauguin

Eben kommt die Post: immer noch nicht von Ihnen – Vollard schreibt mir seit drei Posten nicht und schickt mir auch kein Geld. Zur Zeit schuldet er mir tausendfünfhundert Francs und Geld für die Bilder, die ich ihm geschickt habe. Dagegen schulde ich der Handelsgesellschaft tausendvierhundert Francs, und das gerade, da ich genötigt bin, die Gesellschaft um Geld zu bitten, um nach Papeete zu reisen etc. . . . Ich fürchte sehr, daß die Gesellschaft ablehnt, dann säße ich entsetzlich in der Tinte. Wäre er tot, oder hätte er bankrott gemacht, so wüßten Sie doch hoffentlich davon. Alle diese Sorgen *töten mich.* P. Gauguin

ANMERKUNGEN

[1] Clovis, 1879 geboren, war zu diesem Zeitpunkt sechs Jahre alt. Emil, der älteste Sohn, Aline, Jean und der 1883 geborene Pola waren bei Gauguins Frau in Kopenhagen geblieben.

[2] Die Schwester des Malers.

[3] Gauguins Schwester Marie, verheiratet mit dem chilenischen Kaufmann Juan N. Uribe.

[4] Frau eines Bankiers, die bei Schuffenecker Malunterricht nahm.

[5] Theo van Gogh, der die Pariser Niederlassung der Kunsthandlung Goupil leitete.

[6] Die Elenden, Roman von Victor Hugo, dessen Hauptfigur Jean Valjean ist.

[7] Kleiner Pariser Kunst- und Farbenhändler, Père Tanguy genannt.

[8] Pariser Kunsthandlung Goupil & Co.

[9] die Schwester Emile Bernards

[10] Fritz Thaulow, der sich von Mettes Schwester Ingeborg hatte scheiden lassen; diese war mit Edvard Brandès eine neue Ehe eingegangen.

[11] Papeete, die Inselhauptstadt

[12] Charles Morice

[13] Geliebte Gauguins vor seiner Abreise nach Tahiti

[14] Maurice Joyant, Mitarbeiter der Galerie Goupil

[15] Pariser Kunsthändler

[16] Refrain eines französischen Volksliedes: »Schwester Anna, siehst du nichts kommen?«

[17] Bananen

[18] Die Frau mit der Blume

[19] Sérusier hatte Bénilan in Paris gebeten, bei Gauguins Ankunft in Marseille Geld zur Verfügung zu stellen.

[20] der Frau Mette, die diesen Vorschlag ablehnte

[21] Paul Durand-Ruel, Pariser Kunsthändler, der den Impressionisten zum Durchbruch verhalf.

[22] Die Galerie Boussod & Valadon, die der Pariser Goupil-Niederlassung nachfolgte

[23] Pariser Kunsthändler; Auguste Bauchy, der Besitzer des Café des Variétés, hatte einige Arbeiten Gauguins gekauft.

[24] Auguste Bauchy

[25] Ambroise Vollard, Pariser Kunsthändler, der sich besonders für die Impressionisten einsetzte; seine »Erinnerungen eines Künsthändlers«, 1936 erstmalig erschienen,
geben im authentischen Bericht ein interessantes Zeitbild.

[26] Léon Chaudet, Kunsthändler

[27] Gouverneur auf Tahiti von 1893 bis 1896

[28] Kunsthändler in Paris

[29] Kunsthändler

[30] Kunsthändler

[31] Anmerkung Gauguins: Im letzten Augenblick bleibt alles wie zuvor: keine Dampferpostverbindung!

[32] Kunstliebhaber

[33] Kunstsammler

[34] Ein Freund Manets und zeitweilig Minister der Bildenden Künste

[35] Französisch »dos« = Rücken im Gleichklang mit »dots« = Mitgift

[36] Hier bin ich, hier bleibe ich

[37] H. Roujon, seit 1890 Direktor der Akademie der Schönen Künste; Verfechter einer akademischen, konventionellen Malerei, der den modernen Bestrebungen ablehnend gegenüberstand

[38] Zahnarzt in Béziers, Kunsthändler

[39] Gustave Fayet (1865-1925), Kunstliebhaber, Konservator am Museum von Béziers, selbst auch malend; stellte 1896-1902 in beiden offiziellen Salons aus

[40] Sehr geehrte gnädige Frau, Ihr Gatte, der seit seiner Ankunft einen Ausschlag an seinem gebrochenen Bein hat, muß nach Ansicht der Ärzte, wenn er geheilt werden soll, nach Frankreich zurückkehren. Er hat ein kleines Grundstück gekauft, seine kleine Hütte selbst gebaut und ist nun Besitzer eines Wertes, der gering ist, aber ausreicht, um einen Teil seiner Reise zu bezahlen. Leider verlangt das französische Gesetz, da das kleine Anwesen zu den »gemeinsamen Gütern« gehört, Ihre schriftliche Genehmigung (beglaubigte Unterschrift). Da alle gemeinsamen Güter außer diesem in Ihrem Besitz sind, zweifle ich nicht einen Augenblick, daß Sie dieser Angelegenheit kein Hindernis entgegensetzen
Wollen sie bitte sofort (damit ich Ihrem Gatten rechtzeitig antworten kann) diese unterschriebene Vollmacht zurücksenden, für die ich ein Muster beilege –
(Die Vollmacht im allgemeinen Sinne abfassen, damit sie mir künftig auch für meinen neuen Besitz auf den Marquesas dienen kann, falls ich verkaufen will.)

[41] Maurice Fabre, Kunstliebhaber

42) Nicht zweimal für dieselbe Sache; Grundsatz der Jurisprudenz

43) Anmerkung Gauguins: Ich sende sie direkt an Herrn Fayet, damit sie nicht so herumgeschleppt werden.

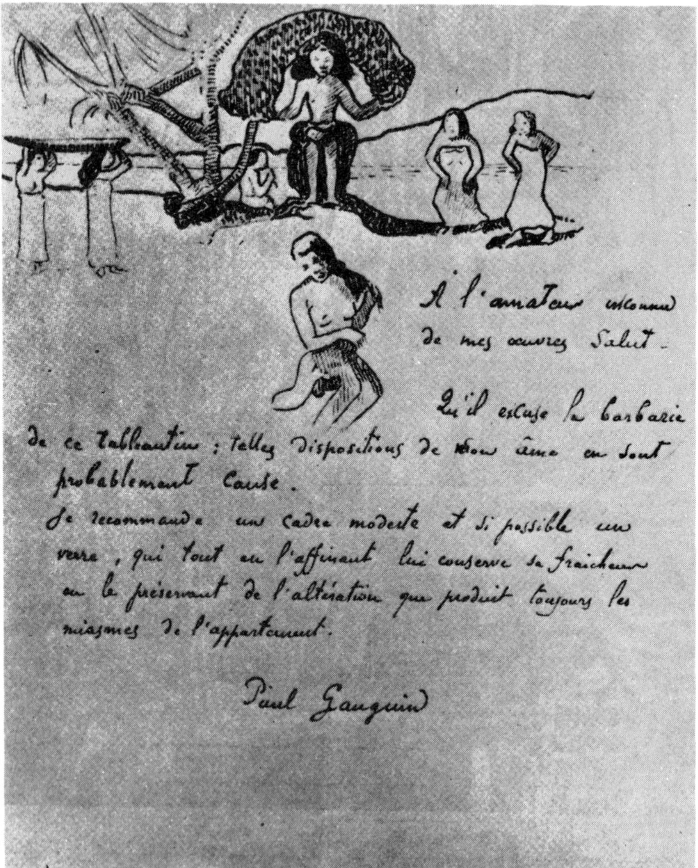

A l'amateur inconnu
de mes oeuvres Salut.

Qu'il excuse la barbarie
de ce tableautin; telles dispositions de mon âme en sont
probablement cause.
Je recommande un cadre modeste et si possible un
verre, qui tout en l'affinant lui conserve sa fraicheur
en le préservant de l'altération que produit toujours les
miasmes de l'appartement.

Paul Gauguin

ERLÄUTERUNGEN, EXKURSE, ERGÄNZENDE TEXTE

Hier handelt es sich zum größten Teil um längere Anmerkungen, welche die biografischen Umstände des Briefschreibers erhellen. Die Zahlen über diesen Anmerkungen beziehen sich auf die Seiten, auf denen die jeweils zu Anfang der Erläuterungen kursiv zitierten Brieftexte stehen.

7

Meine liebe Mette – Die hier wiedergegebenen Briefe des Malers an seine Frau, Mette Gauguin, an Emile Schuffenecker und Emile Bernard aus den Jahren 1885 bis 1891 finden sich in der von Maurice Malingue besorgten Editon der Briefe Paul Gauguins (Lettres de Gauguin à ses amis. Paris 1946). Im Gegensatz zu den Briefen Gauguins an Georges Daniel de Monfreid wurden in ihnen im Interesse einer besseren Verständlichkeit einige gekennzeichnete Kürzungen vorgenommen.

außer in Aussicht bei Bouillot – Gauguin hoffte, bei Bouillot als Gehilfe tätig sein zu können, in dessen Atelier er zu Ende der siebziger Jahre die Techniken der Bildhauerkunst kennengelernt hatte; Bouillot hatte damals, 1879, nach einem modellierten Entwurf Gauguins eine Marmorbüste von Mette gearbeitet.

9

Man hat mir die Stelle eines Inspektors . . . versprochen – bei einer Werbefirma für Industrie- und Handelsreklame; der mit dem Datum vom 26. Februar 1886 ausgestellte Vertrag wurde jedoch von Gauguin nicht unterschrieben.

11

Unsere Ausstellung – Auf dieser vom 15. Mai bis 15. Juni veranstalteten achten und letzten Impressionistenausstellung in der Rue Laffitte zeigte Gauguin neunzehn Bilder. Neben Gauguin stellten Guillaumin, Berthe Morisot und Emile Schuffenecker aus. Von Georges Seurat war das großformatige »Un Dimanche à la Grande-Jatte« zu sehen, das mit seiner pointillistischen Darstellungsweise eine neue Phase der französischen Malerei einleitete, die auch Paul Signac und Camille Pissarro mit ihren dort gezeigten Bildern demonstrierten.

Bracquemond . . . hat mir . . . die Bekanntschaft mit einem Keramiker vermittelt – mit dem Kunsttöpfer Ernest Chaplet.

12

das Fahrgeld für die Bretagne-Reise – Ende Juni 1886 reiste Gauguin vom Saint-Lazare-Bahnhof nach Quimperlé ab. In dem weniger als zwanzig Kilometer entfernten Pont-Aven mietete er sich im Gasthof von Marie-Jeanne Gloanec ein. »Die anderen Künstler, die im Gloanec logieren, sind meist Ausländer, Amerikaner, Engländer, Holländer, Schweden und sogar drei

Dänen. Es gibt nicht viele Franzosen: Ein junger Mann von zweiundzwanzig Jahren, Ferdinand du Puigaudeau, genannt Picolo, aus Nantes; ein früherer Schüler Bonnats, Charles Laval, ein hochgeschossener, hagerer, lässiger Bursche, dessen Kräfte und Gesundheit durch wüste Ausschweifungen geschwächt sind; ein Lyoner in den Dreißigern, Granchi-Taylor, ebenfalls Neuling im Gloanec mit wunderlichem Aufzug: Gehrock, Zylinder – und Holzschuhen« (Henri Perruchot in »Gauguin - Eine Biographie«, München und Eßlingen 1964, S. 129).

15
Seit meiner Rückkehr nach Paris – Gauguin war Mitte November nach Paris zurückgekehrt, wo er in der Rue Lecourbe 257 Quartier bezog.

15
Ich widme mich jetzt keramischen Arbeiten – Gauguin arbeitete in der Werkstatt von Ernest Chaplet; in einem später (23. April 1895) veröffentlichten Brief an Le Soir formuliert er für sich die Aufgabe: »Der Vase das Leben eines Gesichtes einzuhauchen und dennoch die Eigenart des Stoffes im Hinblick auf die Gesetze der Geometrie zu wahren.« »Diese für ihn neue Technik der Töpferkunst sollte seine Kunst nicht unbeeinflußt lassen. Er verziert eine Steinvase mit einer bretonischen Szene; er ›synthetisiert‹ sie, indem er die Gestalten der Menschen, Bäume, Wolken, die er mit dünnen Farbflächen malt, mit schmalen goldenen erhöhten Linien umreißt« (Perruchot, a.a.O.,S.137). Die Bedeutung Gauguins als Bildhauer und Keramiker wurde in zwei wissenschaftlichen Untersuchungen ausführlich dargestellt, und zwar von Christopher Gray (Sculpture and Ceramics of Paul Gauguin. The Johns Hopkins Press, Baltimore 1963) und Merete Bodelsen (Gauguins Ceramics. A Study in the Development of his Art, Kopenhagen).

23
Glücklicherweise habe ich bei Schuffenecker Aufnahme gefunden – in der Rue Boulard 29, wo Schuffenecker mit seiner Frau und seinen beiden Kindern eine Villa bewohnte.

27
Mein lieber Schuffenecker – Gauguin hatte den um drei Jahre jüngeren Emile Schuffenecker im Bankhaus Bertin in der Rue Lafitte kennengelernt und mit dem Handelsgehilfen Freundschaft geschlossen; wie Gauguin interessierte sich auch Schuffenecker mehr für die Malerei als für das Bankfach, er führte Gauguin 1873/74 in die Colarossi-Malerakademie ein. Zusammen trieben beide Künstler in den folgenden Jahren Malstudien, doch blieb Schuffeneckers bescheidenes,, nach offizieller Anerkennung strebendes Talent ohne tiefere Wirkung auf die zeitgenössische Kunstentwicklung. Die Verbindung zwischen beiden Malern blieb bis zum Tode Gauguins erhalten, wenn gleich dieser oft die kleinbürgerlichen Züge Schuffeneckers herausstrich und sich abfällig über ihn äußerte. Über das 1889 entstandene Gruppenbild der Familie Schuffenecker schreibt Henri Perruchot: »Auf

diesem Bild steht der gute Schuff neben seiner Staffelei, den Kopf leicht gesenkt, und reibt sich die Hände; dicke Pantoffel umhüllen seine Füße: eine naive, unansehnliche und lächerliche Gestalt. Das Bild verrät die spöttische, fast geringschätzige Einstellung des Künstlers.« Dessenungeachtet scheute sich Gauguin nicht, immer wieder die Hilfe Schuffeneckers in Anspruch zu nehmen.

27
Ich habe van Gogh geantwortet – Vincent van Gogh hatte im Juni 1888 aus Arles an Gauguin geschrieben: »Mein lieber Freund Gauguin, Ich denke sehr oft an Dich . . . Ich wollte Dir jetzt schreiben, daß ich eben ein Haus mit vier Zimmern hier in Arles gemietet habe. Und es scheint mir, wenn ich einen anderen Maler fände, der Lust hätte, den Süden auszubeuten, und der wie ich so von seiner Arbeit beansprucht wäre, daß er sich damit abfände, so wie ich wie ein Mönch zu leben, der alle vierzehn Tage mal ins Bordell geht, im übrigen aber seiner Arbeit lebt und wenig geneigt ist, seine Zeit zu vertrödeln, so wäre das eine gute Sache. Ganz allein, wie ich bin, leide ich ein wenig unter dieser Isolierung. Ich habe denn oft daran gedacht, ganz offen mit Dir darüber zu reden. Du weißt, mein Bruder und ich schätzen Deine Bilder sehr und wünschen von Herzen, Du hättest ein bißchen Ruhe. Mein Bruder kann aber nicht Dir Geld in die Bretagne und mir Geld in die Provence schicken. Aber würdest Du hier mit mir teilen mögen? Wenn wir uns zusammentäten, würde es vielleicht für uns beide langen, ich glaube das sogar ganz bestimmt. Da ich den Süden nun einmal in Angriff genommen habe, sehe ich keinen Grund, wieder davon abzulassen. Ich war krank, als ich herkam, jetzt bin ich gesund – kurz, ich fühle mich wohl im Süden, wo man fast das ganze Jahr über im Freien arbeiten kann. Das Leben hier kommt mir jedoch ziemlich teuer vor, aber auch die Möglichkeit, zu Bildern zu kommen, ist sehr groß. Wie dem auch sei, wenn mein Bruder monatlich für uns beide zweihundertfünfzig Francs schickte, würdest Du da kommen? Wir würden teilen. Nur müßte man sich dann entschließen, soviel wie möglich zu Hause zu essen; man würde für ein paar Stunden am Tage eine Art Aufwartung nehmen und so alle Gasthauskosten sparen. Und Du würdest meinem Bruder jeden Monat ein Bild geben, während Du mit den anderen machen könntest, was Du willst. Und dann würden wir beide gleich in Marseille ausstellen und damit nicht nur uns, sondern auch anderen Impressionisten den Weg bahnen. Und wir dürfen nicht vergessen, daß zunächst auch Reisekosten entstehen und ein Bett angeschafft werden muß, was ebenfalls mit Bildern auszugleichen wäre. Es steht Dir natürlich frei, über die Sache mit meinem Bruder zu korrespondieren; aber ich sage Dir gleich, daß er höchstwahrscheinlich die Verantwortung dafür ablehnen wird. Er wird Dir nur versichern, daß der einzige Weg, den wir bisher gefunden haben, um Dir tatkräftiger zu helfen, eben dieser Plan ist, wenn er Dir zusagt. Wir haben viel darüber nachgedacht. Mir scheint, was Deiner Gesundheit vor allem not tut, das ist Ruhe. Wenn ich mich irre und wenn die Hitze des Südens zu stark

für Dich wäre – nun, das müßte man sehen. Ich jedenfalls fühle mich bis jetzt sehr wohl in dem Klima. Ich hätte Dir noch viel zu sagen – aber erst mal die Geschäfte. Gib hierher und nach Paris möglichst bald Antwort.« (Zitiert nach: Vincent van Gogh, Sämtliche Briefe, Bd. 5, S. 301/302; erschienen im Henschelverlag, Berlin 1968.)

28
Ich habe mich entschlossen, Ende des Monats nach Arles zu fahren – Gauguin trifft am 20. Oktober in Arles ein, wo er gemeinsam mit Vincent van Gogh im »Gelben Haus« an der Place Lamartine lebt und arbeitet, finanziell unterstützt von Theo van Gogh. Doch die Unterschiedlichkeit ihrer Temperamente und künstlerischen Auffassungen machen das von Vincent so ersehnte gemeinsame Arbeiten bald unmöglich. Am 25. Dezember kommt es zu offenen Auseinandersetzungen, in deren Verlauf Vincent sich das linke Ohr verstümmelt. Gauguin reist nach diesem Vorfall nach Paris ab.

29
»Les Vingt« – Die 1884 gegründete »Gruppe der XX« in Brüssel, der zwanzig junge belgische Künstler angehörten; auf den jährlich organisierten Ausstellungen stellten neben den Mitgliedern der Gruppe jeweils die gleiche Anzahl von eingeladenen Künstlern aus. Die Ausstellungen dienten der Förderung der neuen, unkonventionellen Kunstrichtungen, die in Brüssel ein Sammelbecken ihrer Bestrebungen fanden. Gauguin beteiligte sich an der Brüsseler Ausstellung 1889 mit zwölf Bildern, doch fanden seine Arbeiten beim Publikum wenig Anklang; der erwartete finanzielle Erfolg trat nicht ein.

34
Mein lieber Bernard – Gauguin hatte den damals achtzehnjährigen Emile Bernard im August 1886 kennengelernt, als dieser, einer Empfehlung Schuffeneckers folgend, nach Pont-Aven gekommen war. Die anfangs freundschaftlichen Beziehungen kühlten sich im Laufe der Jahre jedoch ab. Als Gauguin kurz vor seinem Tode von Bernards Bemühungen erfuhr, sich als Begründer der »Schule von Pont-Aven« zu etablieren, schrieb er an Maurice Denis voll bitterstem Sarkasmus: »Ich bin sehr krank und male nicht mehr – außer an Sonn- und Festtagen. Übrigens bin ich alter Trottel ja nur der Schüler von vielen Leuten, die heute in Paris ausstellen. Man hat darüber ja schon viel geschrieben, und jedermann weiß, daß ich meinem Meister Emile Bernard! Malerei und Skulptur gestohlen habe, so daß dem Armen (wie er selbst schreibt) nichts geblieben ist. Glauben Sie ja nicht, daß die circa 30 Bilder, die ich ihm geschenkt habe und die er inzwischen Vollard verkauft hat, von mir gewesen seien. Sie sind nämlich nur ein schreckliches Plagiat von Bernard.« (Zitiert nach Lee van Dovski: »Emile Bernard. Zum 100. Geburtstag des großen französichen Malers am 28. April 1968«, im »Bund« April 1968.) Die Briefe Paul Gauguins an Emile Bernard erschienen bei Pierre Cailler: »Lettres de Paul Gauguin à Emile Bernard, 1888 - 1891«, Genève 1954.

ein Bild im Format zu fünfzig – Diese Bildgrößenangabe bezieht sich, wie die späteren auch, auf in Frankreich gängige Bildformate.

42
Ich habe die Nachricht von Vincents Tod erhalten – Vincent van Gogh war am 29. Juli in Auvers-sur-Oise gestorben, nachdem er sich zwei Tage zuvor eine Revolverkugel in die Brust geschossen hatte. Bernard, der 1893 das Begräbnis Vincents aus dem Gedächtnis malte, berichtete darüber Aurier: »Unser lieber Freund Vincent starb vor vier Tagen. Ich denke, Sie werden schon vermuten, daß er sich umgebracht hat. Am Sonntagabend ging er hinaus in die Felder bei Auvers, stellte seine Staffelei vor einen Heuhaufen und erschoß sich mit einem Revolver . . . Am Mittwoch, den 30. Juli, kam ich gegen zehn Uhr in Auvers an. Sein Bruder Theodor van Gogh war da, mit Dr. Gachet; ebenfalls Tanguy. Charles Laval begleitete mich. Der Sarg war schon geschlossen. Ich kam zu spät, um ihn noch einmal wiederzusehen, der mich vor drei Jahren so voll Hoffnung verlassen hatte . . . An die Wände des Raumes, wo der Sarg aufgebahrt war, waren alle seine letzten Bilder genagelt; sie bildeten eine Art von Heiligenschein um ihn und machten durch den Glanz oder den Genius, der von Ihnen ausging, seinen Tod für uns Künstler noch beklagenswerter! Der Sarg war einfach weiß behängt, und es gab Mengen von Blumen, Sonnenblumen, die er so geliebt hat, Dahlien und überall gelbe Blumen. Das war, wie Sie sich erinnern, seine Lieblingsfarbe, Symbol des Lichtes, von dem er sowohl im Herzen als auch in seinen Bildern träumte. Daneben stand seine Staffelei und sein Klappstuhl; seine Pinsel waren vor dem Sarg auf dem Boden ausgebreitet. Es kamen viele Leute, meist Künstler, unter denen ich Lucien Pissarro erkenne . . . Auch Nachbarn, die ihn flüchtig gekannt, ihn ein- oder zweimal gesehen hatten, die ihn aber liebten, weil er so gut und menschlich war . . . Um drei Uhr wird der Sarg von einigen Freunden zum Leichenwagen getragen. Einige der Anwesenden weinen. Theo van Gogh, der seinen Bruder anbetete, der ihn immer in seinem Kampf um Kunst und Unabhängigkeit unterstützt hatte, schluchzt unaufhörlich . . . Draußen war es schrecklich heiß. Wir steigen zum Hügel von Auvers hinauf und sprechen von ihm, von dem kühnen Anstoß, den er der Kunst gegeben hat. Wir kommen an dem neuen Friedhof an, mit frischen Grabsteinen besetzt. Er liegt auf der Höhe, mit dem Blick über die reifenden Felder, unter dem weiten blauen Himmel, den er gern gehabt hätte – vielleicht. Und dann wird er ins Grab gelegt. Er hätte in diesem Augenblick nicht geweint . . . Der Tag ist für ihn geschaffen, und man muß unablässig daran denken, daß er noch glücklich hätte leben können . . . « (Zitiert nach John Rewald: »Von van Gogh zu Gauguin«, München-Wien-Basel, 1957, S. 411/412.)

43
Der Ausbruch des Wahnsinns bei (Theo) van Gogh ist ein entsetzlicher Schlag für mich – Einige Wochen nach dem Tode Vincent van Goghs hatte der Bruder Theo im Zustand geistiger Erregung seine Stellung bei der Gale-

rie Boussod & Valadon, die der Kunsthandlung Goupil nachgefolgt war, aufgegeben. Camille Pissaro schrieb darüber an seinen Sohn Lucien (18. Oktober 1890): »Theo van Gogh war anscheinend schon vor seinem Irrsinn krank. Er litt an einer »rétention d'urine« und war bereits seit acht Tagen entsprechend behindert. Dazu kam noch Verdruß, Kummer und obendrein eine heftige Auseinandersetzung mit seinen Chefs über ein Bild von Decamps. Das Resultat war, daß er in einem Augenblick höchster Erregung Boussod gekündigt hat und plötzlich wahnsinnig geworden ist. Er wollte das Café *Tambourin* mieten und dort eine Malergesellschaft gründen. Dann wurde er gemeingefährlich. Er, der seine Frau und sein Kind so liebte, wollte sie umbringen! Kurzum, er mußte ins Irrenhaus von Dr. Blanche verbracht werden.«

wenn Charpolin mir nicht das Nötige gibt – In Paris hatte Gauguin in diesem Jahr den Arzt und Erfinder Dr. Charlopin kennengelernt, der ihm versprochen hatte – sollte der von ihm erwartete Verkauf eines seiner Patente eintreten –, ihm zu erniedrigten Preisen Arbeiten im Werte von 5000 Francs abzunehmen; es wurde eine Liste mit 38 Gemälden und 5 plastischen Arbeiten aufgestellt. Doch kam es nicht zu diesem Verkauf.

46
Die Versteigerung hat gestern stattgefunden –Das Vorwort zum »Katalog eines Verkaufs von dreißig Gemälden von Paul Gauguin« schrieb Octave Mirbeau; es erschien außerdem im »Echo von Paris« vom 16. Februar 1891: Ich habe erfahren, daß Monsieur Gauguin nach Tahiti abreisen wird. Seine Absicht ist es, dort mehrere Jahre allein zu leben, dort seine Hütte zu bauen, dort von neuem die Arbeit an den Dingen aufzunehmen, von denen er besessen ist. Der Fall eines Mannes, der die Zivilisation flieht, der freiwillig das Vergessen und die Stille sucht, um stärker das Bewußtsein seiner selbst zu haben, um besser den inneren Stimmen lauschen zu können, die im Lärm unserer Leidenschaften und unserer Wortstreitereien erstickt werden, erscheint mir merkwürdig und anrührend. Paul Gauguin ist ein außergewöhnlicher, ein sehr erregender Künstler, der sich kaum dem Publikum zeigt und den folglich das Publikum wenig kennt. Ich hatte mir oftmals vorgenommen, von ihm zu sprechen. Aber leider – ich weiß nicht warum, mir scheint, man hat keine Zeit mehr für irgend etwas. Und dann bin ich vielleicht zurückgeschreckt vor der Schwierigkeit einer solchen Aufgabe und vor der Furcht, etwas Falsches zu sagen über einen Mann, für den ich eine ganz besondere Hochachtung empfinde. Ist es nicht undurchführbar, das heißt, geht es nicht über meine Kräfte, in kurzen und hastigen Notizen die Bedeutung der so komplizierten und so primitiven, so hellen und so dunklen, so barbarischen und so verfeinerten Kunst Gauguins bestimmen zu wollen? Um einen solchen Mann und ein solches Werk verständlich zu machen, bedarf es ausgedehnter Auseinandersetzungen, welche mir die notwendige Sparsamkeit eines Zeitungsberichtes verbietet. Ich glaube aber dennoch, wenn ich zuerst die geistigen Bindungen Gauguins skizziere und

dann, in einigen charakteristischen Zügen, sein seltsames und heftig bewegtes Leben zusammenfasse, dann wird sich das Werk in einem starken Licht selbst erhellen.
Monsieur Gauguins Eltern waren zwar nicht reich, doch wohlhabend und kannten die Annehmlichkeiten des Lebens. Sein Vater war, mit Thiers und Gegouve-Denuncques, Mitarbeiter in Armand Marras' *Nacional.* Er starb 1852 auf See, auf einer Fahrt nach Peru, die eine Fahrt ins Exil war. Er hinterließ die Erinnerung an eine starke Seele und eine hohe Intelligenz. Die Mutter, in Peru geboren, war die Tochter von Flora Tristan, jener schönen, heißblütigen, energischen Flora Tristan, Autorin vieler Bücher über Sozialismus und über Kunst, die so tätig teilnahm an der Bewegung der Phalangisten (Phalangisten: Fourieristen, Anhänger Charles Fouriers, 1772-1837, des französischen utopischen Sozialisten, scharfen Kritikers der kapitalistischen Verhältnisse, dem das Zukunftsbild einer harmonischen klassenlosen Gesellschaft in Arbeitsgenossenschaften – »Phalangen« – vorschwebte). Ich kenne eines ihrer Bücher, *Promenades dans Londres*, und habe darin wunderbare, hochherzige Worte des Mitgefühls gefunden.
Monsieur Paul Gauguin hatte also von der Wiege an das Beispiel jener beiden moralischen Kräfte vor sich, an denen die bedeutenden Geister sich formen und stählen: den Kampf und den Traum. Sehr zärtlich und umhegt war seine Kindheit. Sie entwickelte sich glücklich in einer Familienatmosphäre, die noch ganz geprägt war von dem geistigen Einfluß des außergewöhnlichen Mannes, der sicherlich der größte dieses Jahrhunderts war, des Mannes, in dem als einzigem seit Jesus der Sinn des Göttlichen wirklich Fleisch geworden ist: Charles Fouriers.
Im Alter von sechzehn Jahren läßt er sich als Matrose anheuern, um seine Schulausbildung zu beenden, die seine Mutter zuviel kostet, denn der Wohlstand war mit dem Tod des Vaters verschwunden. Er reist. Er durchschifft unbekannte Meere, wandelt unter neuen Sonnen, sieht primitive Rassen und wunderbare Pflanzenwelten. Und er denkt nicht. Er denkt an nichts – zumindest glaubt er das –, er denkt an nichts als sein hartes Handwerk, dem er die ganze Tatkraft eines gesunden und muskulösen jungen Mannes widmet. Dennoch, im Schweigen der Nächte, auf Wache gewinnt er Gefallen am Traum und am Unendlichen; und manchmal, in den Ruhestunden, zeichnet er, aber ohne ein Ziel und nur, um »die Zeit totzuschlagen«. Kurze Gemütswallungen übrigens, die nur schwache Rückwirkungen in seinem geistigen Sein haben; kurze Augenblicke auf die leuchtenden, auf die geheimnisvollen Horizonte der inneren Welt, die sich sogleich wieder schließen. Er hat noch nicht die große Erschütterung erfahren; er hat noch nicht das Aufbrechen der Leidenschaft für die Kunst gespürt, die sich seiner bemächtigen wird und die ihn ganz und gar, Seele und Fleisch, bis zum Leid, bis zur Qual umschlingen wird. Er ist sich der ungeheuren, machtvollen, verschiedenartigen Eindrücke nicht bewußt, die durch das Phänomen unmerklicher und geheimer Wahrnehmung in ihn eintreten, sich sammeln, ohne sein Wissen tief in sein Gehirn eindringen, daß ihn später, als er in das normale Leben zurück-

gekehrt ist, stürmisches Heimweh packen wird nach diesen Sonnen, diesen Rassen, diesen Pflanzenwelten und diesem Stillen Ozean, in dem er zu seinem Erstaunen gleichsam die Wiege seiner Rasse, seiner selbst wiederfinden wird und der ihn vorzeiten mit mütterlichen, längst gehörten Liedern gewiegt zu haben scheint.
Da ist er also nach Paris zurückgekehrt, seine Dienstzeit ist zu Ende. Er hat Verpflichtungen: er muß sich und den Seinen Lebensmöglichkeiten schaffen. Monsieur Gauguin tritt ins Geschäftsleben ein. Für den oberflächlichen Beobachter mag das nicht die geringste Absonderlichkeit dieses überraschenden Lebens sein, dieser Übergang eines außerordentlichen Künstlers zur Börse als Angestellter eines Börsenmaklers. Doch die Börse, weit entfernt, den beginnenden Traum in ihm zu ersticken, gibt ihm eine Form und eine Richtung. Denn für stolze Naturen und für die, welche sie richtig zu betrachten verstehen, ist die Börse eine machtvolle Beschwörerin menschlichen Mysteriums. Ein großes und tragisches Symbol ruht in ihr. Man könnte sagen, über diesem wütenden Gewühl, diesem Getöse heulender Leidenschaften, diesen verrenkten Gebärden, diesen bestürzenden Schatten schwebe der überlebende Schrecken eines der Verdammnis anheimgefallenen Kultes. Es würde mich nicht erstaunen, wenn Monsieur Gauguin dort, durch den natürlichen Kontrast, aus einem Geist notwendiger Revolte heraus die schmerzliche Liebe zu Christus gefunden hätte, eine Liebe, die später seine schönsten Schöpfungen inspirieren sollte.

Inzwischen erwacht in ihm ein neues Wesen. Die Enthüllung geschieht fast plötzlich. Alle Umstände seiner Herkunft, seiner Reisen, seiner Erinnerungen, seines gegenwärtigen Lebens, ineinander verquickt und verschmolzen, bewirken eine Explosion seiner künstlerischen Fähigheiten, die um so stärker ist, als sie verzögert wurde und spät erfolgt. Die Leidenschaft packt ihn, wächst, verschlingt ihn. Die Zeit, die seine beruflichen Arbeiten ihm lassen, benutzt er ganz zum Malen. Er malt wie ein Rasender. Die Kunst wird seine einzige Sorge. Er verweilt lange im Louvre, befragt die Maler der Gegenwart. Sein Instinkt führt ihn zu den metaphysischen Künstlern, zu den großen Bändigern der Linie, zu den großen Synthetikern der Form. Er begeistert sich leidenschaftlich für Puvis de Chavannes, Degas, Manet, Monet, Cézanne, die Japaner, die zu dieser Zeit nur einigen wenigen Auserwählten bekannt sind.
Eine merkwürdige Tatsache ist es – und sie erklärt sich aus dem Enthusiasmus der Jugend und besser noch aus der Unerfahrenheit im Handwerk, die ihn ungeschickt im erträumten Ausdruck macht –, daß trotz den Gegenständen seiner geistigen Bewunderung, seiner ästhetischen Neigungen seine ersten Versuche naturalistisch sind. Er bemüht sich, sich von diesem Mangel frei zu machen, denn er fühlt eindringlich, daß der Naturalismus die Unterdrückung der Kunst ebenso wie die Negierung der Poesie ist, daß die Quelle aller Gemütsbewegung, aller Schönheit, allen Lebens nicht an der Oberfläche der Wesen und der Dinge liegt, daß sie in den Tiefen wohnt, wohin der

Fanghaken der nächtlichen Lumpensammler nicht vordringt.
Aber was soll er tun? Wie sich sammeln? Jeden Augenblick wird er in seinem Schwung gehemmt. Die Börse ist da und verlangt nach ihm. Man kann nicht zur gleichen Zeit einem Traum und dem Aktienkurs folgen, das Wunder idealer Visionen empfinden und gleich darauf aus Himmelshöhen herabstürzen in die Hölle der Halbmonatsabrechnungen und der Reporte. Monsieur Gauguin zögert nicht länger. Er verläßt die Börse, die ihm das materielle Leben leicht machte, und er widmet sich ganz der Malerei, trotz der Drohung einer harten Zukunft, trotz der wahrscheinlichen Unsicherheit dieser Zukunft. Jahre voll gnadenloser Kämpfe, voll fürchterlicher Anstrengungen, voll Verzweiflung und voll freudiger Trunkenheit. Aus dieser schwierigen Periode, in der der Künstler sich selber sucht, datiert eine Folge von Landschaften, die, wie ich glaube, in der Rue Laffitte bei den Impressionisten ausgestellt wurden. Schon bestätigt sich, trotz unvermeidlicher Reminiszenzen, ein überlegenes Malertalent, ein kraftvolles, eigenwilliges, fast unzähmbares Talent, das dabei doch bezaubernd und empfindsam ist, weil es sehr viel vom Licht versteht und von dem Idealischen, das dieses den Dingen gibt. Schon diese Gemälde, die noch zu sehr voller Einzelheiten sind, zeigen in ihrer Anordndung eine ganz besondere Neigung zum Dekorativen, eine Neigung, die Monsieur Gauguin seither, in seinen jüngsten Bildern, seinen ungewöhnlichen Töpfereien, seinen Schauer erregenden Holzschnitzereien, bis zur Vollkommenheit entwickelt hat.

Trotz seiner augenscheinlichen moralischen Robustheit ist Monsieur Gauguin eine unruhige, unendlich gequälte Natur. Niemals zufrieden mit dem, was er getan hat, sucht er immer wieder ein darüber hinaus Gehendes. Er fühlt, daß er nicht das von sich selbst gegeben hat, was er geben kann. Unbestimmbare Dinge bewegen sich in seiner Seele; ein unerklärliches und machtvolles Sehnen läßt seinen Geist nach sinnbetonteren Inhalten, nach geschlosseneren Ausdrucksformen streben, Und seine Gedanken versetzen sich zurück in die Länder des Lichtes und des Geheimnisses, die er einst durchstreift hat. Ihm scheint, daß es dort, schlummernd, unangetastet, neue Elemente der Kunst gibt, die mit seinem Traum übereinstimmen. Und dann ist es die Einsamkeit, deren er so sehr bedarf; es ist der Frieden, und es ist die Stille, in der er sich selbst besser hören, besser das Bewußtsein seines Daseins haben wird. Er fährt nach Martinique. Er bleibt zwei Jahre dort (Irrtum Mirbeaus: Gauguin war lediglich von April bis November 1887 von Frankreich fern); Krankheit führt ihn zurück, ein gelbes Fieber, an dem er beinahe stirbt und von dem zu gesunden er Monate um Monate braucht. Aber er bringt eine Reihe verblüffender und strenger Bilder mit, in denen sich endlich seine ganze Persönlichkeit durchgerungen hat und die einen ungeheuren Fortschritt, einen schnell zurückgelegten Weg zu der erhofften Kunst darstellen. Die Formen zeigen sich hier nicht mehr nur in ihrer äußeren Erscheinung; sie enthüllen den geistigen Stand desjenigen, der sie so aufgefaßt und ausgedrückt hat. In diesen Untergehölzen mit den ungeheuerlichen

Pflanzen und Blumen, den hierachischen Gestalten, den furchterregenden Sonnenströmen liegt ein fast religiöses Mysterium, eine geheiligte Paradiesesfülle. Und die Zeichnung ist geschmeidiger, großräumiger geworden; sie sagt nur noch die notwendigen Dinge, den Gedanken aus. Der Traum führt sie, in der Majestät der Konturen, zur geistigen Synthese, zum beredten und tiefen Ausdruck. Von jetzt an ist Monsieur Gauguin Meister seiner selbst. Seine Hand ist der Sklave, das gehorsame und treue Instrument seines Gehirns geworden. Er wird das so sehr erstrebte Werk verwirklichen können. Es ist ein sonderbar vom Gehirn bestimmtes, leidenschaftlich fesselndes, noch ungleichmäßiges, aber bis in seine Ungleichmäßigkeiten hinein packendes und stolzes Werk. Ein schmerzvolles Werk, denn um es zu verstehen, um seine Erschütterungen zu empfinden, muß man selbst den Schmerz gekannt haben – und die Ironie des Schmerzes, welche die Schwelle zum Geheimnis ist. Manchmal erhebt sich das Werk bis zur Größe eines mystischen Glaubensaktes; manchmal ist es verstört und verzerrt sich in den verwirrenden Finsternissen des Zweifels. Und immer steigt aus ihm der bittere und ungestüme Duft der Gifte des Fleisches auf. In diesem Werk ist eine beunruhigende und köstliche Mischung von barbarischer Pracht, katholischer Liturgie, Hinduträumerei, gotischer Bilderwerkstatt, dunklem und subtilem Symbolismus; es sind darin herbe Wirklichkeiten und glühender Flug der Poesie, woraus Monsieur Gauguin eine absolut persönliche und ganz neue Kunst schafft, eine Kunst des Malers und des Dichters, des Apostels und des Dämons, eine Kunst, die beängstigt.

In der ganz gelben Landschaft, von einem agonisierenden Gelb, auf dem bretonischen Hügel, den später Herbst traurig gilben macht, erhebt sich in den Himmel hinein ein Kreuz, ein schlecht behauenes, schlecht gefügtes, verfaultes Holzkreuz, das seine verquollenen Arme in die Luft streckt. Der Christus, gleich einer Papua-Gottheit, von einem lokalen Künstler summarisch aus einem Baumstamm geschnitzt, der klägliche und barbarische Christus ist gelb angepinselt. Am Fuße des Kreuzes sind Bäuerinnen hingekniet. Gleichgültig – die Körper sind schwer auf die Erde gesunken – sind sie hierhergekommen, weil es der Brauch ist, am Wallfahrtstag hierherzukommen. Aber ihre Augen und ihre Lippen sind leer von Gebeten. Sie haben nicht einen Blick, nicht einen Gedanken für das Bildnis dessen, der starb, weil er sie liebte. Schon eilen andere Bäuerinnen, über die Hecken steigend und sich unter den roten Apfelbäumen entfernend, zu ihren Behausungen, froh, ihre Andacht beendet zu haben. Und die Schwermut dieses hölzernen Christus ist namenlos. Sein Kopf ist von furchtbarer Traurigkeit; sein mageres Fleich scheint noch voller Klage über die einst erlittene Marter, und es ist, als frage er sich, angesichts dieser elenden Menschheit zu seinen Füßen, die ihn nicht begreift: »Und wenn mein Martyrium doch unnütz gewesen wäre?«
Das ist das Werk, das am Anfang der Folge sysmbolischer Bilder Monsieur Gauguins steht. Ich kann mich leider nicht weiter über diese Kunst verbreiten, die ich so gern in ihren verschiedenen Ausdrucksweisen untersuchen

würde: die Skulptur, die Keramik, die Malerei. Aber ich hoffe, daß diese kurze Beschreibung genügen wird, um den so besonderen geistigen Stand dieses Künstlers mit den hohen Zielen und dem edlen Wollen zu enthüllen. Man sollte denken, daß Monsieur Gauguin, nun er diese Höhe des Denkens, diese Breite des Stils erreicht habe, eine Heiterkeit, eine Stille des Gemüts, Ruhe erlangt haben müßte. Aber nein. Der Traum ruht sich niemals aus in diesem glühenden Gehirn; er wächst und steigert sich in dem Maße, wie er sich klarer formuliert. Und da kehrt das Heimweh wieder nach jenen Ländern, wo seine ersten Träume Gestalt gewannen. Er möchte wieder, einsam, ein paar Jahre unter den Dingen leben, die er dort verlassen hat. Hier sind ihm wenig Qualen erspart worden; und großer Kummer hat ihn niedergedrückt. Er hat einen zärtlich geliebten, zärtlich bewunderten Freund verloren, den armen Vincent van Gogh, eines der herrlichsten Malertemperamente, eine der schönsten Künstlerseelen, auf den unsere Hoffnung baute. Und dann stellt das Leben unerbittliche Forderungen. Dasselbe Bedürnis nach Stille, nach Sammlung, nach unbedingter Einsamkeit, das ihn nach Martinique getrieben hat, treibt ihn diesmal noch weiter fort, nach Tahiti, wo das Leben sich besser seinem Traum einfügt, wo er hofft, daß der Pazifische Ozean zärtlichere Liebkosungen, die alte und sichere Liebe eines wiedergefundenen Ahnen für ihn haben wird.

Wohin er auch gehen mag, Monsieur Paul Gauguin kann gewiß sein, daß unsere liebende Ehrerbietung ihn begleitet. Octave Mirbeau.

47
Ich habe von der Regierung einen offiziellen Auftrag erhalten – Gauguin hatte am 15. März dieses Jahres an den Minister für Unterricht und Schöne Künste Rouvier ein Gesuch folgenden Inhalts eingereicht: »Sehr verehrter Herr Minister! Ich habe den Wunsch, nach Tahiti zu fahren, um dort eine Reihe Bilder des Landes zu malen, dessen Charakter und Beleuchtung ich erforschen möchte. Ich erlaube mir, Sie um die Güte zu bitten, mich, wie M. Dumoulin, mit einer Mission zu betrauen, die selbst ohne Gehalt für mich vorteilhaft wäre, da sie mir meine Studien und meine Überfahrt erleichtern würde.« (Zitiert nach John Rewald, a.a.O.,S. 484.) Mit dieser unbesoldeten Mission wird Gauguin offiziell am 26. März betraut; zusammen mit Charles Morice sucht er das Büro des Direktors der Beaux Arts Larroumet in der Rue de Valois auf. Er erhält außerdem eine Fahrpreisermäßigung von dreißig Prozent wie die unbestimmte Zusage, daß nach seiner Rückkehr ihm der Staat ein Bild abkaufen würde.

61
Mein lieber Daniel – Georges Daniel de Monfreid war als Maler, Bildhauer, Graphiker, Keramiker und Innenarchitekt tätig. Gauguin hatte ihn 1888 bei Emile Schuffenecker kennengelernt. Ohne sich im Künstlerischen unbedingt von der starken Persönlichkeit Gauguins beeinflußen zu lassen, blieb de Monfreid in den folgenden Jahren der treue, verläßliche Freund, über den Gauguin schrieb: »Ganz abgesehen davon, daß er ein Künstler ist, ist Daniel

der schönste, ehrlichste und offenmütigste Charakter, den ich kenne. . . . « Monfreid wiederum sagte von dem Freund: »Gauguin war ein großer Künstler, ich bewunderte und liebte ihn als solchen und half ihm nach bescheidenem Vermögen.« Die vorgelegten Briefe des Malers an Georges Daniel de Monfreid stammen aus den Jahren 1891 bis 1903. Hinsichtlich der Übersetzung wurde auf die Edition im Kiepenheuer Verlag (Potsdam 1920) zurückgegriffen, deren Text neu durchgesehen wurde. Zusätzlich aufgenommen wurden einige später veröffentlichte Briefe.

die Vorstellung zu meinem halben Benefiz – Am 27. Mai 1891 war im Pariser Theâtre d'Art zugunsten von Gauguin und Verlaine eine Vorstellung gegeben worden (aufgeführt wurden von Charles Morice »Don Juan« und Maurice Maeterlinck »L'Intruse«; rezitiert wurde außerdem »Der Rabe« von Edgar Allan Poe in der Übersetzung Mallarmés), die jedoch keinen finanziellen Gewinn brachte. Ein Bericht darüber von Pierre Quillard im »Mercure de France« vom Juli 1891.

68
La Palisse – Französicher Marschall (1470 - 1525), populär duch ein Lied über ihn; »Eine Viertelstunde vor seinem Tode lebte er noch«. Als Ableitung hieraus in den französichen Sprachgebrauch eingegangen: eine Wahrheit des La Palisse – eine Binsenwahrheit.

69
Huysmans spricht von ihr – Joris K. Huysmans hatte von diesem Frauenakt, heute in der Kopenhagener Ny Carlsberg Glyptothek aufbewahrt, geschrieben: »Ich möchte behaupten, daß unter den zeitgenössichen Malern, die sich mit Aktstudien befassen, keiner die Wirklichkeit so kraftvoll darstellt wie Gauguin, und dabei nehme ich selbst Courbet nicht aus.«

Das sollte in der »Revue Contemporaine« mit einem Aufsatz von Aurier über die Symbolisten erscheinen – Der Aufsatz Albert Auriers »Les Symbolistes« erschien im April 1892 in der »Revue Encyclopédique«.

75
Aurier, der einzige Kritiker, der uns verstand – Aurier hatte die Kunstrubrik des neubegründeten »Mercure de France« im Januar 1890 mit einer einsichtsvollen, bedeutenden Studie über Vincent van Gogh unter dem Titel »Les Isolés« eröffnet (deutsch in: »Als Mensch unter Menschen – Vincent van Gogh in seinen Briefen an den Bruder Theo«, Berlin 1960, S. 501). Im März 1891 veröffentlichte er dort einen Artikel über Gauguin: »Le Symbolisme en Peinture«. Im weiteren schrieb er über Monet, Renoir, Pissarro und die Neoimpressionisten. Seine »Œuvres posthumes« erschienen 1893, Paris, eingeleitet von R. de Gourmont.

77
Salon – Die offiziellen, strenger Auswahl nach dem reglementierten Zeitgeschmack unterworfenen Ausstellungen der von den akademischen Künst-

lern beherrschten »Société des Artistes français« im Grand Palais des Champs-Elysées.

87
Durand-Ruel habe ich gesprochen. . . . Er hat mir versprochen. . . . eine Ausstellung zu veranstalten – Die Ausstellung wurde am 4. November in der Galerie Durand-Ruel in der Rue Laffitte eröffnet. Die Einleitung zum Katalog »Œuvres récentes de Paul Gauguin« schrieb Charles Morice. Darin heißt es:
»Man verwunderte sich ein wenig, vor drei Jahren, als Gauguin aus Frankreich fortging und – in einer instinktiven Vorliebe, die ich nicht zu erklären weiß – sich ein schönes Exil auf Tahiti wählte, man verwunderte sich, daß ein Maler, und vor allem ein schöpferischer wie dieser, außerhalb unserer gewohnten Natur die Vorwürfe für sein Schaffen suchen sollte. . . . Gauguin wollte dort unten nicht eine Erneuerung seines Geistes durch *neue Stoffe* suchen. Mehr als jeder andere würde er sich vielleicht unbegrenzt mit demselben Ort oder demselben Gesicht zufriedengeben, aus denen er jedesmal eine noch nie gesehene Umwandlung machen würde. Aber neben den Eigenschaften der persönlichen und geistigen Erfindungsgabe, der tiefen Intuition, die sein Temperament charakterisieren, verfügt er über Fähigkeiten der Expansion, der Weite, der vollen Natur – die von dem engen Leben und dem gekünstelten Schwulst unserer abendländischen Zivilisation nicht befriedigt werden.
Er ist erzürnt über unsere Gewohnheiten, unsere Vorurteile, unsere Konventionen in der Kunst und in allen Dingen und über diese Traditionen der Nachahmung, die besonders die Malerei niederdrücken. . . . Und schließlich dürfen wir nicht vergessen, daß er, der – einst – lange Zeit Seemann gewesen ist, in seinen Indianeraugen das blendende Flimmern der unbarmherzigen Sonne und ihres lebenden, pflanzlichen, tierischen, menschlichen Widerscheins bewahrt hat. Die Feuersbrünste tropischer Blumen, die schönen Menschentiere in der Kraft, in der Geschmeidigkeit, in der Naivität ihres körperlichen Freimuts, ausgestreckt unter dichtem Laubwerk, haben in seiner Erinnerung den Zauber eines Entzückens hinterlassen, den kein anderer Luxus hat verwischen können. Als dekorativer Maler hat er sich dieser einzigartigen Welt wieder entsonnen: er hat sie uns mitgebracht. . . . «
An Mette, seine Frau, schrieb Gauguin im Dezember 1893 über diese Ausstellung:
Ausstellung hat nicht den Erfolg gehabt, den man erwarten konnte. Aber man muß den Tatsachen ins Gesicht sehen und darf sich nichts vormachen. Ich hatte sehr hohe Preise angesetzt. Im Durchschnitt 2000 bis 3000 Francs. Schon mit Rücksicht auf Pissarro, Manet und die andern konnte ich nicht darunter gehen. – Viele Besucher haben bis zu 1500 Francs geboten. Was soll man dazu sagen? Man muß eben abwarten. Im Grunde habe ich doch Recht gehabt, denn jetzt wird auf dem Markt ein Preis von 1000 Francs nicht mehr als übersteigert angesehen. – Denken wir nicht mehr daran. Das Wichtigste

ist, daß meine Ausstellung einen sehr großen künstlerischen Erfolg gehabt hat. Die Presse hat mich behandelt, wie sie noch nie jemand behandelt hat, nämlich – anständig, und hat nicht mit Lobeserhebungen gespart. Augenblicklich bin ich in den Augen sehr vieler Leute der größte moderne Maler.«

88
Im Dezember werde ich nach Paris zurückkommen, um. . . . meinen ganzen Laden. . . . zu verkaufen. . . . Die Versteigerung fand am 18. Februar im Hôtel Drouot statt. Als Vorwort für den Katalog fand ein Brief Strindbergs, zusammen mit der Antwort Gauguins, Verwendung.
Der Brief Strindbergs:
Sie wünschen unbedingt, das Vorwort zu Ihrem Katalog von mir geschrieben zu bekommen, zur Erinnerung an den Winter 1894/1895, den wir hier, hinter dem Institut, nicht weit vom Panthéon, vor allem nahe beim Friedhof Montparnasse verlebten.
Ich hätte Ihnen gern dieses Andenken mitgegeben auf jene Insel Ozeaniens, wo Sie eine Umgebung und den Raum suchen, die in Harmonie mit Ihrer kraftvollen Gestalt stehen, aber ich fühle mich von Anfang an in einer zweideutigen Situation, und ich antworte auf Ihre Bitte sofort mit einem »ich kann nicht« oder brutaler mit einem »ich will nicht«.
Gleichzeitig schulde ich Ihnen eine Erklärung für meine Weigerung, die nicht von einem Mangel an Gefälligkeit, von einer Faulheit der Feder herrührt, obwohl es mir ein Leichtes gewesen wäre, die Schuld auf die schon berühmt gewordene Krankheit meiner Hände zu schieben, die übrigens noch keinem Haar Zeit gelassen hat, auf der Handfläche zu wachsen.
Hier ist es: Ich kann Ihre Kunst nicht erfassen, und ich kann sie nicht lieben. (Ich habe keine Berührung mit Ihrer, diesmal ausschließlich tahitischen, Kunst.) Aber ich weiß, daß dieses Geständnis Sie weder erstaunen noch verletzen wird, denn Sie scheinen mir vor allem gefestigt durch den Haß der anderen; Ihre Persönlichkeit fühlt sich wohl in der Abneigung, die sie erregt, und ist nur besorgt, unversehrt zu bleiben. Und das vielleicht mit Recht, denn von dem Augenblick an, wo Sie, gelobt und bewundert, Anhänger haben würden, wo man Sie einordnete, wo man Sie klassifizierte, würde man Ihrer Kunst einen Namen geben, dessen sich die Jungen, eh noch fünf Jahre vergangen sind, als eines Spitznamens bedienen würden, der eine veraltete Kunst bezeichnet, und sie würden alles tun, um sie noch älter erscheinen zu lassen.
Ich habe selbst ernsthafte Versuche unternommen, um Sie zu klassifizieren, um Sie als Glied in die Kette einzufügen, um mich in die Kenntnis der Geschichte Ihrer Entwicklung zu setzen – aber vergeblich.
Ich erinnere mich an meinen ersten Aufenthalt in Paris im Jahre 1876. Die Stadt war trübselig, denn die Nation trug Trauer um die geschehenen Ereignisse und war in Unruhe vor der Zukunft, irgend etwas war in Gärung. In den schwedischen Künstlerkreisen hatte man den Namen Zola noch nicht

gehört, denn der *Totschläger* war noch nicht erschienen; ich wohnte der Vorstellung vom *Besiegten Rom* im Théâtre Français bei, wo Madame Bernardt, der neue Stern, als zweite Rachel gekrönt wurde; und meine jungen Künstler hatten mich zu Durand-Ruel geschleppt, damit ich etwas ganz Neues in der Malerei zu sehen bekäme. Ein junger, damals unbekannter Maler führte mich, und wir sahen wundervolle Bilder, die hauptsächlich mit Manet und Monet signiert waren. Aber da ich in Paris etwas anderes zu tun hatte, als Bilder anzusehen – ich sollte in meiner Eigenschaft als Sekretär der Stockholmer Bibliothek in der Bibliothek Sainte-Geneviève nach einem alten schwedischen Missale forschen –, betrachtete ich diese neue Malerei mit gelassener Gleichgültigkeit. Am nächsten Morgen jedoch, ohne genau zu wissen, wie, kam ich wieder, und ich entdeckte »etwas« in diesen bizarren Manifestationen. Ich sah das Gewimmel der Menge auf einer Landungsbrücke, aber ich sah nicht die Menge selbst, ich sah die Fahrt eines vorüberjagenden Zuges in einer Landschaft der Normandie, die Bewegung der Räder auf der Straße, abschreckende Gemälde von ganz häßlichen Personen, die nicht in Ruhe hatten Modell stehen können. Gepackt von diesen Gemälden, sandte ich an eine Zeitung meines Landes einen Bericht, in dem ich versuchte, die Empfindungen zu übersetzen, die, wie ich sah, die Impressionisten hatten wiedergeben wollen, und mein Artikel hatte, als etwas Unbegreifliches, einen gewissen Erfolg.
Als ich 1883 zum zweiten Mal nach Paris kam, war Manet gestorben, aber sein Geist lebte in einer ganzen Schule, die mit Bastien-Lepage um die Führerschaft kämpfte. Bei meinem dritten Besuch in Paris 1885 sah ich die Manet-Ausstellung. Diese Bewegung hatte sich durchgesetzt, sie hatte ihre Wirkung gehabt und war nun eingeordnet. Bei der Triennal-Ausstellung im selben Jahre völlige Anarchie. Alle Stile, alle Farben, alle Stoffe: historische, mythologische und naturalistische. Man wollte weder mehr von Schulen, noch von Richtungen sprechen hören. Freiheit war jetzt das Feldgeschrei. Taine hatte gesagt, daß das Schöne nicht das Hübsche sei, und Zola, daß die Kunst ein Stück Natur sei, gesehen durch ein Temperament.

Dennoch wurde inmitten dieser letzten Zuckungen des Naturalismus ein Name von allen mit Bewunderung genannt: Puvis de Chavannes. Er stand ganz allein da wie ein Widerspruch, mit gläubiger Seele malend, indem er dem Geschmack seiner Zeitgenossen für die Anspielung leicht Rechnung trug (man verfügte damals noch nicht über den Ausdruck Symbolismus, eine recht unglückliche Benennung für eine so alte Sache, die Allegorie).
Zu Puvis de Chavannes gingen gestern abend meine Gedanken bei den südlichen Klängen der Mandoline und der Gitarre, ich sah an den Wänden Ihres Ateliers dieses Tohuwabohu von sonnenüberfluteten Bildern, die mich diese Nacht bis in meinen Schlaf verfolgt haben. Ich habe Bäume gesehen, die kein Botaniker wiederfingen würde, Tiere, die Cuvier niemals geahnt hat, und Menschen, die nur Sie haben erschaffen können.
Ein Meer, das aus einem Vulkan strömen könnte, ein Himmel, in dem kein

Gott wohnen kann. – Mein Herr, sagte ich in meinem Traum, Sie haben eine neue Erde und einen neuen Himmel erschaffen, aber ich fühle mich nicht wohl in Ihrer Schöpfung. Sie ist zu sonnig für mich, der ich das Hell-Dunkel liebe. Und in Ihrem Paradies lebt eine Eva, die nicht mein Ideal ist, denn ich habe tatsächlich auch ein Ideal oder zwei von der Frau!

Heute morgen bin ich ins Musée du Luxembourg gegangen, um einen Blick auf Chavannes zu werfen, der mir immer wieder in den Sinn kam. Ich habe mit tiefer Sympathie den *Armen Fischer* betrachtet, der so aufmerksam beschäftigt ist, die Beute zu belauern, die ihn der treuen Liebe seiner blumenpflückenden Frau und seines faulenzenden Kindes würdig machen soll. Das ist schön! Aber da stoße ich mich an der Dornenkrone des Fischers. Denn ich hasse Christus und die Dornenkronen. Ich will nichts von diesem kläglichen Gott, der die Schläge hinnimmt. Mein Gott, dann lieber Vitzliputzli, der in der Sonne die Herzen der Menschen frißt.

Nein, Gauguin ist nicht aus Chavannes' Rippe geformt, noch aus der Manets, noch aus der Bastien-Lepages.

Wer ist er denn? Er ist Gauguin, der Wilde, der eine zwangvoll belästigende Zivilisation haßt, etwas von dem Titanen, der, eifersüchtig auf den Schöpfer, in den Augenblicken der Verlorenheit seine eigene kleine Schöpfung macht, das Kind, das seine Spielsachen zerlegt, um neue daraus zu machen, derjenige, der abschwört und trotzt, der es vorzieht, den Himmel rot zu sehen, als blau mit der Menge.

Es scheint wahrhaftig, als ob ich, seit ich mich beim Schreiben ereifere, ein gewisses Verständnis für die Kunst Gauguins bekomme.

Man hat einem modernen Autor vorgeworfen, daß er keine wirklichen Wesen zeichne, sondern *ganz einfach* selbst seine Personen konstruiere. *Ganz einfach!*

Gute Reise, Meister; nur kommen Sie mich wieder aufsuchen. Ich werde dann vielleicht gelernt haben, Ihre Kunst besser zu verstehen, was mir gestatten wird, ein richtiges Vorwort zu einem neuen Katalog in einem neuen Hôtel Drouot zu verfassen, denn auch ich beginne ein ungeheures Bedürfnis zu spüren, Wilder zu werden und eine neue Welt zu schaffen.

Paris, 1. Februar 1895 August Strindberg.

Gauguins Antwort:

Lieber Strindberg,

Ich erhalte heute Ihren Brief; Ihren Brief, der ein Vorwort ist für meinen Katalog. Mir kam der Gedanke, Sie um dieses Vorwort zu bitten, als ich Sie neulich in meinem Atelier Gitarre spielen und singen sah; Ihre blauen Nordlandaugen betrachteten aufmerksam die an den Wänden aufgehängten Bilder. Ich hatte so etwas wie die Ahnung einer Revolte: eines Zusammenstoßes zwischen Ihrer Zivilisation und meiner Barbarei. Einer Zivilisation, unter der Sie leiden. Einer Barbarei, die für mich eine Verjüngung ist.

Vor der Eva meiner Wahl, die ich in den Formen und den Harmonien einer anderen Welt gemalt habe, haben Ihre aufsteigenden Erinnerungen vielleicht ein schmerzvolles Vergangenes heraufbeschworen. Die Eva Ihrer zivilisierten Konzeption macht Sie und macht uns fast immer zu Frauenhassern; die alte Eva, die Ihnen in meinem Atelier Furcht gemacht hat, könnte Ihnen sehr wohl eines Tages weniger bitter zulächeln. Diese Welt, die vielleicht weder ein Cuvier noch ein Botaniker wiederaufzufinden wüßten, wäre also ein Paradies, das ich selbst entworfen hätte. Und vom Entwurf bis zur Verwirklichung des Traumes ist ein weiter Weg. Was tut's! Ein Glück voraussehen, ist das nicht ein Vorgeschmack des *Nirwana?*
Die Eva, die ich gemalt habe (sie allein), kann logischerweise vor unseren Augen nackt bleiben. Die Ihre könnte in diesem einfachen Zustand ohne Schamlosigkeit nicht einmal gehen und wäre, zu schön (vielleicht), die Heraufbeschwörung des Leides und des Schmerzes.
Um Ihnen meinen Gedanken verständlich zu machen, werde ich nicht diese beiden Frauen direkt miteinander vergleichen, sondern die Maori- oder turkestanische Sprache, die meine Eva spricht, und die Sprache, die Ihre unter allen auserwählte Frau spricht, die Sprache der Flexionen, die europäische Sprache.
In den Sprachen Ozeaniens mit ihren wesentlichen Elementen, die sich in ihrer Rauheit bewahrt haben, die getrennt oder aneinandergeschweißt werden unbekümmert um die Politur, ist alles nackt, offenbar und ursprünglich. Während in den Flexions-Sprachen die Wurzeln, in denen sie, wie alle Sprachen, begonnen haben, verschwunden sind im täglichen Umgang, der ihr Relief und ihre Konturen abgenutzt hat. Es ist ein perfektioniertes Mosaik, bei dem man die Fugen der mehr oder weniger grob zusammengesetzten Steine nicht mehr sehen kann und nichts weiter als ein schönes Steingemälde bewundert. Ein geübtes Auge allein kann noch das Bauverfahren durchschauen.
Entschuldigen Sie diese lange philologische Abschweifung; ich halte sie für nötig, um die wilde Zeichnung zu erklären, die ich anwenden mußte, um ein turkestanisches Land und Volk in die richtige Umgebung zu setzen.
Es bleibt mir noch, lieber Strindberg, Ihnen zu danken. Wann werden wir uns wiedersehen? An jenem Tag bin ich wie heute von ganzem Herzen mit Ihnen,

Paul Gauguin

Dieses Mal reise ich nicht allein – Der Plan einer gemeinsamen Reise zerschlug sich; bei dem Franzosen handelte es sich um Armand Séguin, bei dem Engländer um den irischen Maler O'Connor.

108
Morice hat mir. . . . mitgeteilt, daß mein Buch im Oktober erscheinen würde – nämlich »Noa Noa«, der in Zusammenarbeit mit Charles Morice entstandene autobiographische Bericht des ersten Tahiti-Aufenthaltes 1891/1893, der jedoch zunächst nicht als Buch, sondern ab Oktober 1897 in Fort-

setzungen in der »Revue Blanche« erschien. Die Buchveröffentlichung erfolgte 1901 in den Editions de la Plume, Paris. Letzte deutsche Ausgabe im Henschelverlag, Berlin 1969. Die von Gauguin noch im Jahre 1893 allein geschriebene Urfassung von »Noa Noa« wurde 1954 im Faksimile bei Sagot-Le Garrec in Paris veröffentlicht, die deutsche Fassung erschien 1969 bei Rogner & Bernhard, München; diese Ausgabe enthält eine ausführliche Darstellung der Geschichte dieses Manuskriptes von Jean Loize.

110
»Indépendants« – Die »Unabhängigen«, die Mitglieder der 1884 von Signac, Redon, Seurat, Cross und anderen Künstlern begründeten. »Société des Artistes Indépendants«, die juryfreie Ausstellungen veranstalteten.

112
was zum Malen – Dieser Hinweis bezieht sich wohl auf die Tatsache, daß Georges Daniel de Monfreid häufig ihm von Gauguin übersandte Bilder kopierte, und zwar sehr originalgetreu. Die Kopie der »Studie nach mir« (Selbstbildnis für de Monfreid) befindet sich heute in der Sammlung Henry de Monfreid, Paris.

119
Rentoileur – Beim Rentoilieren eines Gemäldes wird die Farbschicht auf einen neuen Grund übertragen oder aber hinter den ursprünglichen Malgrund eine zweite Leinwand geklebt.
Molard schreibt mir. . . . über die Ausstellung in Stockholm – Über diese Ausstellung heißt es in dem Brief Gauguins an Molard vom August 1897: »Dank für die Ausstellung in Stockholm. Obwohl ich glaube, sie richtet mehr Schaden an, als daß sie Nutzen bringt. Da treffen sich bloß wieder reiche, elegante Müßiggänger aller Nationen, ihre Damen gepudert, mit dem ewigen Lächeln auf den geschminkten Lippen. Dazu der König von Schweden: ein Liebhaber und Beschützer der Künste! Was hat ein schlecht gekleideter, ernsthafter Dichter da zu suchen?»

123
Dann erhielt ich zwei Worte von Morice, der mir mitteilt, daß mein Buch zuerst in der »Revue Blanche« und dann als Buch erschiene – Der Brief Charles Morice' an Gauguin hatte folgenden Wortlaut:

30. September 1897

Mein lieber Gauguin.
Am 15. Oktober beginnt in der Revue Blanche *Noa Noa* zu erscheinen. Deine ganze Erzählung wird veröffentlicht werden; nur Bruchstücke von meinen Gedichten.
Um sofort von einer sehr ärgerlichen, aber nicht gleichgültigen Sache zu sprechen: willst Du, obwohl ich Dein Schuldner über eine bedeutende Summe bin, einwilligen, daß ich die Hälfte des Autorenhonorars der Veröffentlichung in der Zeitschrift und der ersten Edition dieses Werkes erhalte? Ich

gestehe Dir, das wäre für mich eine günstige, eine *sehr günstige* Gelegenheit. – Aber bestimme Du.
Wenn *Noa* in der Revue ganz erschienen sein wird, werde ich dort eine Studie über Dich veröffentlichen, die ich gern so vollständig wie möglich hätte. Du müßtest mir im Hinblick auf diese Arbeit sobald Du kannst eine Art ästhetischer Autobiographie schicken, in welcher Du mir den Weg angibst, den Dein Geist von Deinen ersten Bestrebungen bis zu Deinen heutigen Überzeugungen durchlaufen hat.
Ich würde das in der Form eines Gesprächs zwischen Dir und mir schreiben. Diese Studie, die gewissenmaßen als Epilog des Buches gedacht ist, wird in einem kommenden Band meinen anderen Studien über Kunst und Literatur hinzugefügt werden.

Etwas anderes.
Ich habe eine Art lyrischer Pantomime im Kopf, eine Art »ballet doré«, hergenommen aus *Noa Noa*. Das könnte sehr gut bei Antoine gespielt werden, der soeben wieder ein Theater eröffnet hat und zu dem ich ausgezeichnete Beziehungen habe. Molard wäre der gegebene Komponist. Die Handlung: Krönung des letzten wahren Maori-Königs; alte Zeremonien, schon entstellt durch europäischen Import. Eine junge Tahitierin, unterwiesen von den Areois, bemüht sich – eine neue Salome –, indem sie durch ihre Schönheit den neuen König verführt, von ihm die Tötung der Fremden zu erlangen. Aber der König fürchtet die Fremden und weigert sich, und sie ist es dann, die geopfert wird: Tahiti ist es, das in ihr stirbt. – Ein Text, Verse, wird von einem Rezitator gesprochen werden. Ich brauche von Dir Hinweise für die Dekorationen, die Kostüme. Was die Personen angeht, so gibt es da eine Schwierigkeit, die aber nicht unüberwindlich ist. Mit Deinem Rat würde es uns gelingen, uns der Sache sehr zu nähern.
Jetzt, im Augenblick, da Dein Buch erscheint, muß man von Dir eine Ausstellung organisieren: hast Du neue Werke, die Du schicken kannst? Verliere keine Zeit. Die Studie aus der Revue Blanche wird als Vorwort zum Katalog dienen, und ich habe allen Grund zu glauben, daß Bing bereit wäre, kräftig mitzumachen. – Es wäre am besten, wenn Du hier wärst; aber . . .
Wie lange das her ist! Schon Jahre sind vergangen. Und die Briefe mit ihren Antworten nach vier Monaten! Das entmutigt beinahe zu schreiben.
Mein ganze Zuneigung, Gauguin. Charles Morice

124
Champ de Mars – Auf dem Champ de Mars in Paris fanden die jährlichen Ausstellungen der »Société Nationale des Beaux-Arts« statt, die 1890 in Opposition zur »Société des Artistes français« von Puvis de Chavannes, Meissonier, Carolus Duran und anderen Künstlern begründet worden war und deren Jury nach weniger konservativen und starr akademischen Maßstäben die auszustellenden Werke auswählte.

131
Der Holländer Meier Graefe – Gemeint ist der deutsche Kunstschriftsteller

Julius Meier-Graefe.

132
Travaux Publics – Büro für Öffentliche Arbeiten.

136
Ich bin froh darüber, daß Sie die Bekanntschaft von Degas gemacht haben- . . . Ja gewiß, Degas gilt als spitz und bissig – Eine aus persönlichem Urteil gewonnene Charakterisierung Degas', die Gauguins außerordentliche Wertschätzung vor allem der menschlichen Seiten dieses großen Malers erkennen läßt, gab Gauguin in »Vorher und Nachher«, wo er schrieb:
»Wer kennt Degas? Keiner . . . das hieße übertreiben. Einige wenige nur. Ich meine, ihn wirklich gut zu kennen.
Selbst sein Name ist den Millionen von Zeitungslesern unbekannt. Die Maler nur, viele aus Furcht, aus Respekt die anderen, bewundern Degas. Verstehen sie ihn aber auch?
Degas wurde geboren . . . ich weiß es nicht, aber er ist schon seit langem alt wie Methusalem. Ich sage Methusalem, mutmaße ich doch, daß Methusalem mit hundert Jahren wie ein Mann von dreißig in unseren Tagen erscheinen müßte.
In der Tat ist Degas ewig jung.
Er achtet Ingres, weil er selbst achtet. Sieht man ihn, den Seidenhut auf dem Kopf, die blaue Brille auf der Nase, sieht er ganz wie ein Notar,wie Bürger aus den Zeiten Louis Philippes aus, den Regenschirm nicht zu vergessen.
Wenn jemand sich wenig bemüht, für einen Künstler gehalten zu werden, so ist er es gewiß. Er ist es so sehr. Und dann haßt er alle Livreen, auch diese.
Er ist sehr gut, aber geistreich. Er gilt für bissig.
Böse und bissig. Ist das das gleiche?
Ein junger Kritiker, der die Manie hat, eine Ansicht, so wie die Auguren ihre Sprüche verkünden, in die Welt zu setzen, sagte: ›Degas, ein wohltätiger Griesgram‹. Degas ein Griesgram! Er, der sich auf der Straße wie ein Botschafter bei Hofe hält. Wohltätig! Das ist recht trivial. Er ist besser als das.

Früher hatte Degas eine alte holländische Magd, ein Familienstück, die trotzdem oder vielleicht gerade deswegen unausstehlich war. Sie bediente bei Tisch. Der Herr sprach nicht. Die Glocken der Notre Dame de Lorette wurden betäubend und sie schrie: ›Für Ihren Gambetta würden sie immerhin nicht so läuten‹.
Ach, ich verstehe, was griesgrämig heißt. Degas hütet sich vor dem Interview. Die Maler suchen sein Lob, bitten ihn um seine Schätzung, und er, der Bissige, der Griesgram, um nicht sagen zu müssen, was er denkt, antwortet dir sehr freundlich: ›Entschuldigen Sie mich, aber ich sehe nicht deutlich, meine Augen . . . ‹
Andrerseits wartet er nicht ab, bis man berühmt ist. Bei den Jungen errät er, und er, der Könner, spricht nie von einem Mangel an Technik.
Er sagt sich, die Technik kommt schon noch und sagt dir väterlich, wie mir am Anfang: ›Du hast den Fuß im Steigbügel‹.

Unter den Großen stört ihn keiner.
Ich denke auch an Manet. Noch einer, den keiner störte.
Ehemals sagte er mir, nachdem er ein Bild von mir (Anfängerarbeit) gesehen hatte, daß es recht gut wäre, und ich antwortete voll Respekt für den Meister: ›Oh, ich bin nur ein Dilettant!‹ Ich war damals in einer Wechselstube angestellt und trieb Kunst nur nachts und an Feiertagen.
›Aber nein‹ erwiderte Manet: ›Dilettanten sind nur die, die schlechte Bilder malen.‹ Dies war mir sehr süß.
Warum, überdenke ich die ganze Vergangenheit bis heute, muß ich nun sehen (es sticht in die Augen), wie alle die, die ich kannte, hauptsächlich die letzten Jungen, die ich beriet und unterstützte, *mich nicht mehr kennen.*
Ich will nicht verstehen.
Ich kann mir indessen nicht in falscher Bescheidenheit sagen:

Und du, der weint bei Tag und Nacht
In schmerzlicher Klage,
O sage mir du, wie hast du verbracht
Deine jungen Tage? (Verlaine.)

Denn ich habe gearbeitet und mein Leben ausgenutzt, klug sogar, mutig, ohne Tränen, ohne zu zerreißen – ich hatte allerdings sehr gute Zähne.

Degas verachtet die Kunsttheorien, kümmert sich nicht um die Technik. In meiner letzten Ausstellung bei Durand-Ruel, Arbeiten aus Tahiti 91/92, wurden sich zwei junge Leute voll bester Absichten über meine Malerei nicht klar. So baten sie voll freundschaftlicher Achtung für Degas diesen um seine Ansicht, um aufgeklärt zu werden. Mit seinem guten, väterlichen Lächeln sagt er ihnen, der so Jugendliche, die Fabel vom Hund und Wolf auf.
›Sehen Sie, Gauguin ist der Wolf.‹
Dies der Mensch! Wie nun der Maler?
Eins der ersten bekannten Bilder von Degas ist ein Baumwolladen. Warum es beschreiben? Betrachtet es lieber und vor allem betrachtet es gut und erklärt dann nicht etwa: ›Keiner konnte besser Baumwolle malen‹. Es handelt sich nicht um Baumwolle, nicht mal um Baumwollpflanzen.
Er selbst wußte es so genau, daß er anderen Übungen sich zuwandte; aber schon bestätigten sich die Verstöße gegen die Kunstregeln, drückten ihr Zeichen auf, und man konnte sehen, daß er zwar noch jung, doch schon ein Meister war. Schon griesgämig. Wenig sichtbar die Zärtlichkeiten eines klugen Herzens.
Erzogen in der eleganten Welt, durfte er vor den Modegeschäften der Rue de la Paix in Verzückung geraten, vor den hübschen Spitzen, dem berühmten Dreh unserer Pariserinnen, die dir einen extravaganten Hut hinlegen. Er sah sie auf dem Rennen, kühn auf Frisuren thronen, wieder, und über oder besser gesagt zwischen allem eine nach Möglichkeit kecke Nasenspitze.
Des Abends aber fortgehen dürfen, um sich in der Oper vom Tage zu erholen. Dort, sagte sich Degas, ist alles gefälscht, das Licht, die Dekorationen, der Chignon der Tänzerinnen, ihr Korsett, ihr Lächeln. Wahr nur die Effek-

te, die sie ausströmen, das Gerippe, der menschliche Knochenbau, die Bewegtheit. Arabesken aller Art. Wieviel Kraft, Weichheit und Grazie. In einem bestimmten Augenblick mengt der Mann mit einer Reihe von Sprüngen sich ein und stützt die vergehende Tänzerin. Ja, sie vergeht, vergeht nur in solchem Augenblick. Ihr alle, die ihr bei Tänzerinnen schlafen möchtet, dürft keinen Augenblick darauf hoffen, daß sie in euren Armen vergehen wird. Es ist nicht wahr. Die Tänzerin vergeht nur auf der Bühne.
Degas' Tänzerinnen sind keine Frauen. Es sind bewegte Maschinen mit graziösen Linien, fabelhaft im Gleichgewicht. Aufgeputzt wie die Hüte der Rue de la Paix mit all diesem reizenden Tand. Auch die leichten Gazeröckchen heben sich und man denkt nicht daran, die Dessous zu sehen, nicht einmal ein Schwarz, das das Weiß entstellt.
Die Arme sind zu lang, nach dem, was jener Herr behauptet, der, den Zollstock in der Hand, so vortrefflich die Proportionen zu berechnen versteht. Ich weiß es auch, soweit es eben nicht Stilleben sind. Die Dekorationen sind keine Landschaften, es sind Dekorationen. De Nittis hat auch welche gemacht, und sie waren weit besser.
Rennpferde, Jockeys in Degasschen Bildern.
Schindmähren oft, von Affen geritten.
In alledem liegt kein Motiv, nur die Belebtheit der Linien, Linien und noch einmal der Linien. Er ist sein Stil.
Warum signiert er? Keiner brauchte es weniger.
In den letzten Zeiten malte er viele Akte.
Die Kritiker sahen im allgemeinen die Frau. Degas sieht die Frau . . . Aber es handelt sich nicht mehr um Frauen, als es sich ehemals um Tänzerinnen handelte. Höchstens um ein paar aus Indiskretion bekannte Lebensabschnitte. Worum handelt es sich? Die Zeichnung lag am Boden. Man mußte sie aufheben, und betrachte ich diese Akte, rufe ich: ›Jetzt ist er auf der Höhe.‹
Beim Menschen wie beim Maler ist alles Vorbild. Degas ist einer der wenigen Meister, der sich nur hätte zu bücken brauchen, um sie zu greifen und doch die Palmen, Ehrungen, den Reichtum ohne Verbitterung und Eifersucht verschmähte. Bescheiden geht er durch die Menge.
Seine alte holländische Magd ist gestorben, sonst würde sie sagen: ›Für Sie würde man die Glocken immerhin nicht so läuten‹.«

144
Wohl habe ich im »Mercure« eine Kritik gelesen, die Kritik eines Mannes, der nichts versteht, aber gute Absichten hat . . . ausnahmsweise . . . habe ich mich soeben damit abgeplagt, ihm zu antworten – Bei dem Kritiker handelte es sich um André Fontainas, dem Gauguin wie folgt schrieb:

Ein großer dunkler Schlaf
sinkt nieder auf mein Leben:
Schlaf ein, alle Hoffnung –
Schlaf ein, alle Lust. (Verlaine.)

Monsieur Fontainas!
In der Januarnummer des *Mercure de France* ist auch die Rede von mir. Trotz Ihrer Abneigung wollten Sie die Bilder eines Künstlers, der Sie nicht begeistert, eingehend betrachten und unvoreingenommen besprechen. Eine Seltenheit im alltäglichen Betriebe Kritik! – Ich habe immer gedacht, ein Maler solle niemals auf Kritiken antworten, selbst, wenn sie beleidigend wären, aber auch nicht auf lobende, die oft von der Freundschaft diktiert sind. – Ohne aus meiner gewohnten Zurückhaltung herauszutreten – dieses Mal habe ich ein tolles Verlangen, an Sie zu schreiben. Nennen Sie es einen grillenhaften Einfall, wenn Sie wollen. Wie alle von Leidenschaften bestimmten Menschen kann ich dem Anreiz nicht widerstehen. Es soll durchaus keine Antwort sein auf Ihre Kritik, sondern eine einfache Plauderei über die Kunst, zu der mich Ihr Artikel anregt. – Von allen denen, die dazu verdammt sind, ihr Dasein im Elend zu verbringen, nehmen wir Maler die Plakkereien des materiellen Lebens hin, ohne uns zu beklagen. Aber wir leiden darunter, weil sie uns an der Arbeit hindern. Wieviel Zeit geht verloren duch die Jagd nach dem täglichen Brot, durch niedere Hausarbeiten, Reparaturen an einem kümmerlichen Atelier und tausend andere Hemmungen! Daher dann Mutlosigkeit, Unfähigkeit zum Schaffen, Temperamentsausbrüche, Gewaltsamkeiten. Das sind alles Überlegungen, mit denen Sie nichts anzufangen wissen. Ich rede davon nur, um uns alle beide zu überzeugen, daß Sie recht haben, wenn Sie auf sehr viele Schwächen meiner Bilder hinweisen: Gewaltsamkeit, Eintönigkeit und Willkür in den Farbtönen . . . Ja, alles das muß es in meiner Malerei geben und gibt es wirklich darin. Diese Wiederholungen der Töne, der immer gleichen Akkorde in der Musik der Farbe – haben sie nicht ihr Gegenstück in den mit gellender Stimme gesungenen Liedern des Ostens, deren Begleitung im Gegensatz dazu dumpf vibriert und dadurch den Eindruck der Melodie noch hervorhebt? Auch Beethoven, den ich zu verstehen glaube, macht davon häufig Gebrauch, zum Beispiel in der Pathétique. Delacroix mit seinen immer wiederholten Akkorden in dunklem Kastanienbraun und Violett drückt damit das Dramatische des Bildvorwurfs aus. Sie gehen oft in den Louvre. Denken Sie an das, was ich Ihnen schreibe, und sehen Sie sich daraufhin Cimabue an. Denken Sie auch daran, welche gewissermaßen musikalische Rolle die Farbe in der modernen Malerei spielt. Die vibrierende Farbe ist wie die Musik fähig auszudrücken, was in der Natur das Allgemeinste und deswegen auch am schwersten Faßbare ist, nämlich die sie im Innern bewegende Kraft. – Hier, nahe bei meiner Hütte, tiefes Schweigen. In den berauschenden Düften erträume ich mir wilde Harmonien. Ahnung eines heiligen Schauers, aus grauer Vorzeit kommend, füllt meine Seele mit Entzücken. Dann wieder atme ich den Duft der Freude in der Gegenwart. Sinnenreizende Gestalten stehen da, unbeweglich wie Statuen. Im Rythmus ihrer Gebärden, selbst in ihrer Regungslosigkeit offenbart sich Uraltes, Erhabenes – Religion. In ihren verschleierten, träumenden Augen – ein unergründliches Rätsel. – Nun ist es Nacht – alles ruht.

Ich schließe meine Augen. Ich will ihn nicht begreifen, ich will ihn nur sehen, den Traum im Unendlichen, der vor mir flieht, und in den Ohren klingt mir der Trauermarsch meiner Hoffnungen. – Sie loben gewisse Bilder, die ich für unbedeutend halte: »Ach, wenn doch Gauguin immer so malte!« Aber ich will nicht immer so malen!! – »In dem großen Wandgemälde, das Gauguin ausstellt, würde nichts uns den Sinn der Allegorie verraten, wenn . . . «
Mein Traum läßt sich nicht fassen. Er will gar keine Allegorie sein.
»Eine musikalische Dichtung braucht kein Libretto« (Mallarmé). »Unkörperlich, erhaben (über Raum und Zeit) besteht das Wesen eines Kunstwerks gerade in dem, was es nicht ausdrückt. Es liegt verborgen in den Linien. Es bedarf keiner Farben, keiner Worte. Es ist materiell nicht faßbar.«

Mallarmé soll, vor meinen Tahitibildern stehend, gesagt haben: »Es ist unglaublich, wie man so viel Geheimnis in so leuchtende Farbe hüllen kann!« – Um noch einmal auf das Wandbild zurückzukommen: Das Götterbild ist da, nicht, um etwa »literarisch« zu erklären, sondern einfach als eine Statue. Vielleicht weniger Statue als die sinnlichen Gestalten. Auch weniger sinnlich — denn nur in meinem Traum nimmt es Gestalt an. Vor meiner Hütte ist es eins mit der Natur. Der Gott in unserer Urseele, ein Bild, das uns trösten soll in unsern Leiden, die so unfaßbar und unbegreiflich sind vor dem Geheimnis unseres Ursprungs und unserer Zukunft. – Alles das klingt schmerzhaft mit in meiner Seele und in meinem Bild. Ich träumte, während ich malte. Es fiel mir keine Allegorie ein. Vielleicht, weil ich literarisch zu ungebildet bin. – Als ich aus meinem Traum aufwachte und mein Werk vollendet sah, ging es mir durch den Sinn: Woher kommen wir? Was sind wir? Wohin gehen wir? Eine nachdenkliche Betrachtung, die nicht mehr zum Bild gehört, in Worte gefaßt auf die umrahmende Mauer geschrieben. Nicht ein Titel, vielmehr eine Unterschrift. – Ich kann im Wörterbuch noch so gut die Bedeutung abstrakter oder konkreter Worte verstehen, in der Malerei kann ich das nicht wiedergeben. Ich habe versucht, in einem ergreifenden Wandgemälde einen Traum darzustellen, ohne literarische Mittel zu Hilfe zu nehmen, möglichst einfach mit den Mitteln meines Handwerks, eine sehr schwierige Arbeit. Sie können mir vorwerfen, daß es mir nicht gelungen ist, aber nicht mich tadeln, daß ich es versucht habe, auch nicht mir raten, ich solle mir ein anderes Ziel suchen und mich lieber mit den Ideen befassen, die schon allgemein anerkannt und geheiligt sind. Puvis de Chavannes ist ein hohes Vorbild. Es ist sicher, Puvis ist unendlich begabter als ich. Ich habe auch nicht seine Erfahrung. Ich bewundere ihn ebenso, vielleicht sogar mehr, als Sie es tun, aber aus anderen Gründen. (Und seien Sie mir nicht böse: meine Fachkenntnis ist größer als die Ihre!)
Der Staat tut recht daran, mir nicht den Auftrag zur Ausschmückung eines öffentlichen Gebäudes zu geben. Meine Wandbilder würden mit den Ideen der Mehrheit in Konflikt geraten, die Mehrheit des Publikums schockieren. Und von mir wäre es unrecht, einen solchen Auftrag anzunehmen. Ich hätte

nur die Wahl, den Auftraggeber zu hintergehen oder mich selbst zu belügen. Auf meiner Ausstellung bei Durand-Ruel bat ein junger Mann den alten Degas, ihm doch meine Bilder zu erklären, die er einfach nicht verstand. Degas lächelte und zitierte die Fabel vom Wolf und vom Hund. »Sehen Sie, Gauguin ist eben der magere Wolf ohne Halsband!« – Fünfzehn Jahre haben wir gekämpft. Jetzt endlich können wir frei von der *École des Beaux Arts* und all dem Wust von Rezepten malen, ohne die es kein Heil gab — keine Ehre, kein Geld! Zeichnung, Farbe, Komposition, Naturwahrheit. Was weiß ich! Gestern noch wollte uns ein Mathematiker (Charles Henri) etwas einreden von unwandelbarem Licht und gleichbleibenden Farben. – Diese Gefahr ist vorüber. Ja, wir sind frei. Doch schon sehe ich am Horizont eine neue auftauchen. Ich muß auch darauf noch eingehen. Dieser lange und langweilige Brief ist eigentlich nur aus diesem Grunde geschrieben worden. Die ernst zu nehmende und sachkundige Kritik von heute will uns aus bester Absicht heraus eine bestimmte Weise des Denkens und Träumens vorschreiben. Das wäre eine neue Art der Sklaverei. Diese Kritik ist ganz mit dem beschäftigt, was sie in erster Linie angeht, mit ihrem Spezialgebiet, der Literatur. Dabei verliert sie aus den Augen das, was unsere Sache ist, nämlich die Malerei. Wenn dem so wäre, würde ich Ihnen laut einen Satz Mallarmés vorbeten: »Ein Kritiker ist ein Mensch, der sich mit dem befaßt, was ihn nichts angeht.« – Zur Erinnerung an den Dichter gestatten Sie mir, daß ich Ihnen eine schnell hingeworfene Skizze überreiche: ein schönes geliebtes Antlitz mit klarem Blick in den Finsternissen dieser Tage. Das soll kein Geschenk sein, sondern nur eine Bitte um Nachsicht, deren ich verrückter und wilder Kerl so sehr bedarf.

Sehr herzlich Paul Gauguin

Nach Erhalt der Erwiderung Fontainas' schrieb Gauguin im August erneut an ihn:

Sehr geehrter Herr Fontainas!

Ich glaube in der Tat, daß nun jedes Mißverständnis, soweit es überhaupt zwischen uns bestanden hat, aus dem Wege geräumt ist. Ich entsinne mich nicht mehr genau der in meinem Brief gebrauchten Ausdrücke. Indessen, soweit ich mich erinnere — der Kern meiner Ausführungen konnte nicht einen Augenblick den Verdacht erregen, daß ich Sie zu den berufsmäßigen Zeitungskritikern zähle, die die Kritik oft als Mittel der Erpressung mißbrauchen. Gott behüte! Nein! Deshalb hatte ich Ihnen ja gerade geschrieben. Ich schreibe nur an Leute, die ich schätze. Und wenn ich geschrieben haben sollte »Kritiker mischen sich in Dinge, die sie nichts angehen«, so meinte ich damit die Bande von Leuten, die immer dem Geschmack des Tages huldigend zu den Malern sagen: »Wehe, wenn Ihr nicht das und das denkt, seid Ihr uns auf Gnade und Ungnade ausgeliefert.« – Ich sage: »Bande«. In Ihrem Brief haben Sie sich mutig ins Wasser geworfen, um zu bezeugen, daß keiner Ihrer Kollegen irgendeiner Partei hörig sei. Sehr lobenswert, alle Achtung! Aber ich glaube nicht recht daran, daß Lobpreisung oder Haß der Kritiker einen wirklich großen Einfluß haben. Die blöden Zeitungsleser sind es nicht der Mühe wert, daß man sich mit ihnen überhaupt beschäftigt. Es fällt letzten Endes alles auf die Künstler zurück. – Verteidigen Sie Falguière, oder verdammen Sie ihn in Grund und Boden: wird er etwa seine Balzacstatue ändern? Man hat von mir gesagt, meine Papuakunst sei grob und gewöhnlich. Ich weiß nicht, ob das richtig ist und man folglich ein Recht hat, das zu sagen. Was tut es? Zunächst: Ich kann mich nicht ändern, weder nach der guten noch nach der schlechten Seite hin. Mein Werk ist mein strengster Kritiker und sagt mir und wird mir immer sagen, wer ich bin: ob nun ein Auswurf der Menschheit oder ein großer Künstler. Einige Freunde sagen von mir, ich habe eine starke und männliche Seele. Andere, besonders jüngere, lassen sich durch die gemeinen Kritiken beeinflussen und fallen ihnen manchmal zum Opfer. Sie tun mir leid. Puvis de Chavannes war ganz traurig, als er eine solche Kritik las. Er schrieb mir: »Was gibt's denn daran nicht zu begreifen? Das Bild (es handelte sich um meinen Pauvre Pêcheur) ist doch ganz einfach und verständlich.« Denen draußen widerfährt es alles durch Gleichnisse, auf daß sie es mit sehenden Augen sehen und doch nicht erkennen und mit hörenden Ohren hören und doch nicht verstehen.

Sie machen mir eine große Freude durch Ihr Eingeständnis, daß Sie irrigerweise angenommen haben, meine Kompositionen gingen (wie die von Puvis de Chavannes) von einer abstrakten Idee a priori aus, die ich dann durch eine plastische Darstellung lebendig zu machen suchte. Durch meinen Brief sei Ihnen das klargeworden. – Ich handele bewußt meiner Natur entsprechend. Ein wenig wie die Bibel. Was Christus sagt, muß stets auf zweierlei Weise verstanden werden: Zuerst wird die reine Idee in eine stoffliche Form gekleidet, um sie verständlicher zu machen. Das ist der buchstäbliche, äußerliche, bildliche Sinn eines Gleichnisses. Dann aber tritt an die Stelle des Buchstabens der Geist. Daraus erst geht die tiefe Bedeutung des Gleichnisses hervor. – Ich kann meine Kunst nur durch meine Bilder sprechen lassen. Deshalb hat man mich bisher nicht verstanden. Ein einziger Schriftsteller bildet da eine rühmliche Ausnahme. Ich hatte gar nicht daran gedacht, daß er für die Malerei etwas übrig hat: De la Roche schrieb einen bemerkenswerten Artikel: D'un point de vue esthétique. Er gibt darin die Beschreibung eines meiner Bilder, die, scheint mir, zeigt, daß er mich verstanden hat. »In einem Kreis seltsamer Farben, die aussehen wie eine Tränke Gottes oder auch des Teufels, sprudelt ein geheimnisvolles Wasser für nach dem Unbekannten dürstende Lippen.« – Aber genug davon. Ich spreche nicht gern über mich selbst. – Gewiß, ich lese Aufsätze. Der Mercure wird mir in Anbetracht meiner Armut gratis zugeschickt. Es ist für mich immer ein hoher Genuß. Denn ich lese gern, nicht um zu lernen – mein Hirn sträubt sich gegen jede Belehrung. Aber ich bin einsam: Oh beata solitudo! Oh sola beatitudo! sagt St. Bernhard. Und da bringt mich das Lesen in Verbindung mit andern Menschen, ohne daß ich mich unter die Menge begeben muß, vor der ich immer Angst habe. Das ist dann ein Trost in meiner Einsamkeit. Ach, M. Fontainas! Anstatt unter der Rubrik: *Art moderne* Kritiken zu verfassen, könnten Sie nicht manchmal eine Kritik schreiben unter dem Titel: »Trost der Einsamkeit«? Dann würden wir uns ganz und gar verstehen. Wenigstens, ich würde Sie besser verstehen. Denn ich lese gern gute Literatur. Denken Sie sich, vor ungefähr zwölf Jahren habe ich die Reise nach St. Quentin gemacht, nur um das gesamte Werk von La Tour zu sehen. Nach den im Louvre gezeigten Bildern hielt ich ihn, ich weiß nicht warum, für eine Art Gainsborough. In St. Quentin erkannte ich meinen Irrtum. La Tour ist Franzose und Edelmann, eine Eigenschaft, die ich auch in der Malerei über alles schätze. (Ich spreche natürlich nicht von der gesellschaftlichen Stellung der Modelle.) – Es ist nicht der schwere Säbel eines Bayard, sondern der höfische Degen eines Marquis, er ficht auch nicht mit der Keule Michelangelos, sondern mit einem feinen Dolch. Die Linien sind rein wie bei Raffael. Die Komposition der Kurven immer harmonisch und aufschlußreich. – Ich hatte es fast vergessen, aber siehe, da kommt der *Mercure* gerade zur rechten Zeit. So kann ich mit Ihnen das Vergnügen teilen, das ich einst vor dem *Portrait de la Chanteuse* empfand. In Ihrem schönen Essay rufen Sie mir Namen ins Gedächtnis, die mir teuer sind: Degas, Manet, die ich grenzenlos bewundere. Ich sehe auch wieder Renoirs schönes Porträt von *Jeanne Samary,* das ich früher einmal in einer von den *Beaux Arts* veranstalteten Ausstellung der Porträts des Jahrhunderts gesehen habe. – Bei dieser Gelegenheit möchte ich Ihnen ein kleines Erlebnis erzählen: Ich besuchte diese Ausstellung mit einem antiimpressionistischen Feind der Bilder von Manet und Renoir. Vor dem oben erwähnten Porträt schimpfte er mordsjämmerlich. Um ihn abzulenken, zeigte ich ihm ein anderes großes Porträt: *Père et mère dans une salle à manger.* Die ganz kleine Unterschrift war unleserlich. »Bravo«, rief er aus, »das nenne ich Malerei!« – »Aber es ist von Manet!« bemerkte ich. Er war vielleicht wütend! Seit dem Tage waren wir unversöhnliche Feinde. – Sie sehen, es gibt also viele Gründe, die mich wünschen lassen, von Ihnen an Stelle Ihrer Kritiken lieber etwas über den Trost der Einsamkeit zu lesen. – Verzeihen Sie, bitte, all mein Gerede über Symbole, Gleichnisse und andere Nichtigkeiten und seien Sie überzeugt, daß ich ganz der Ihre bin

Paul Gauguin

(Beide Briefe sind zitiert nach: Paul Gauguin, Briefe, Berlin 1960)

172

Rosenkreuz – Die Maler dieser 1888 begründeten Bewegung strebten nach einer Erneuerung der Kunst aus dem Mystizismus heraus. Sie fanden sich im *Ordre de la Rose-Croix catholique* zusammen und veranstalteten 1892 bei Durand-Ruel ihre erste Ausstellung. Diese hatte zwar eine verhältnismäßig große Resonanz bei Presse und Publikum, doch blieben die Anhänger dieser Richtung, an ihrer Spitze Joseph Aimé Pélladan (1855/1928), entwicklungsgeschichtlich bedeutungslos. Gauguin schrieb, er glaube, »daß die Kunst im Hause Pélladan nichts zu suchen hat«.

177
und dann bin ich . . . Journalist geworden . . . Ich habe außerdem eine Zeitung »Le Sourire« geschaffen – Gauguin publizierte in den in Papeete erscheinenden »Guêpes« (»Wespen«) Artikel und gab zeitweise die Zeitung »Le Sourire« (»Das Lächeln«) heraus; eine Faksimile-Ausgabe von neun Nummern und drei Ergänzungen, eingeleitet von L.J. Bourge, erschien 1952 bei Perret-Maisonneuve in Paris, ebenso eine Faksimile-Ausgabe der »Guêpes«.

178
Cartouche – Eigentlich Louis-Dominique Bourguignon (1693-1721), durch seine Gerissenheit und Kühnheit berüchtigter Führer einer Diebesbande, in Paris gerädert.

194
Ihre beiden letzten Briefe enthalten große Hoffnungen in bezug auf Béziers – Der Brief Georges Daniel de Monfreids vom 1. Dezember 1900 hatte folgenden Wortlaut:

Mein lieber Gauguin.
Man sagt mir, daß morgen ein Postboot von Marseille nach Tahiti abgeht. Ich beeile mich auf jeden Fall, Ihnen ein Wort zu schreiben. Denn in meinem letzten Brief hatte ich vergessen, Ihnen von einem Projekt zu erzählen, das Charles Morice Vollard vorgeschlagen hatte. Dieser sollte für eine Ausstellung, in Rotterdam, glaube ich, Gemälde von Ihnen an Charles Morice schicken, der sich vorgenommen hatte, eine Konferenz über Sie und Ihre Kunst zu machen, usw.
Natürlich meinte Vollard, der die »Delikatesse« von Morice kennt, seinem Wunsch nicht nachkommen zu sollen. Er hat mich sogar in dieser Angelegenheit konsultiert, und ich habe ihm folglich geraten, diese Ausstellung zu fördern, aber unter der Bedingung, daß die Gemälde an jemand gesandt würden, der verantwortlich und zahlungskräftig sei, und nicht an Morice selbst. Ich weiß nicht, wie diese Sache weitergegangen ist.
Hatte ich Ihnen auch gesagt, daß ich eines Tages vielleicht einen Teil von dem wiederbekommen könnte, was Chaudet Ihnen schuldete? Versuchen Sie, eine Rechnung über das aufzustellen, was er Ihnen schuldig war. Wenn ich in Paris bin, werde ich Léon Chaudet aufsuchen, und vielleicht kann ich dann einen Teil der Gelder erhalten; denn es muß Beträge geben, die in irgendwelchen Notizen, Aufzeichnungen oder Verzeichnissen fixiert sind. Leider werde ich nicht so bald nach Paris zurückkehren: ich stehe im Augenblick den letzten Tagen meiner alten Mutter bei, die nahezu wieder in das Stadium der Kindheit zurückgefallen ist. Ich kann sie absolut nicht verlassen, weil ich hier meine Interessen wahrnehmen und weil ich ihr die Pflege angedeihen lassen muß, deren sie bedarf. Aber schließlich kann diese Situation nur vorübergehend sein, wie es auch sei; und ich werde bestimmt eines Tages nach Paris zurückgerufen werden. Ich werde mich dann wie gewöhnlich nacn meinem besten Vermögen um Sie kümmern.

Ich hoffe in der nächsten Woche nach Béziers zu fahren, das nicht weit von hier ist, und Fayet zu sehen, dessen Begeisterung ihren Höhepunkt erreicht hat. Ihre beiden Gemälde, die er nach ihrem wahren künstlerischen Wert zu würdigen weiß, machen sich in seiner Sammlung ausgezeichnet, zwischen einem herrlichen Cézanne und einem Degas. Sie scheinen alles in ihrer Umgebung niederzuzwingen. Fayet wird sicherlich vieles für Ihren Ruf tun, nicht nur in Béziers, sondern sogar in Paris. Ich bin glücklich, daß er Ihre beiden Gemälde hat. Wenn er sie Ihnen vielleicht auch nicht so teuer bezahlt hat, wie Sie geträumt hatten, so wird das Opfer doch nicht umsonst sein. Jetzt hätte Fayet große Lust, eine von Ihren Keramiken oder eine von Ihren Skulpturen zu besitzen. Könnten sie da unten nicht irgendeine schöne Holzschnitzerei machen und ihm schicken? – Entweder über mich, oder direkt? Er würde großen Wert darauf legen. Er sieht in Ihnen den bewunderungswürdigsten Künstler dieser Tage. Und er sammelt Proselyten um sich. Er hat einen unserer Freunde, einen ehemaligen Schüler der Beaux-Arts, der Maler und Bildhauer in Béziers ist, vollständig bekehrt. Der große Injalbert, in dieser Stadt geboren, ist völlig in den Schatten gestellt. Besagter Injalbert selbst würde sich, glaube ich, sehr mit Ihren Werken beschäftigen, wie mit etwas ganz Kolossalem; und er würde sich sagen, wenn er von Ihnen und von sich spricht: »Dies wird das töten«.
Tausend Grüße, mein lieber Gauguin, und herzlichst immer der Ihre

Georges Daniel de Monfreid

199
Etwas anderes – ich habe einen Brief von Ch. Morice erhalten – Der vom 22. Mai 1901 datierte Brief Charles Morice' lautete:

Mein lieber Gauguin.
Ich habe Dir wichtige Dinge zu sagen.
Zuerst, daß ich gerade *Noa-Noa* auf meine Kosten publiziert habe, in einem sehr einfachen kleinen Band. Ich lasse Dir davon eine Kiste von hundert Exemplaren zuschicken. In Übereinkunft mit dem Direktor der *Plume* habe ich auf den Umschlag des Buches den Namen dieser Zeitschrift gesetzt, da sie die Herausgabe macht. Und wir würden jetzt gerne die Zeichnungen herausbringen, die Du mir gelassen hast und die das Buch begleiten sollten. Leider bildet, wie ich Dir, glaube ich, schon gesagt habe, das körnige Papier ein Hindernis bei der Reproduktion durch die Phototypie. Willst Du uns entweder autorisieren, sie stechen zu lassen, oder uns andere auf glattem Papier schicken?
Sag mir auch, wie Du das Buch findest. Materiell gesehen, ist es nicht sehr schön, das weiß ich. Es ist . . . das, was ich konnte. Aber vom literarischen Standpunkt aus hätte ich gern Deine Meinung gehabt.
Und könnten wir ihm nicht eine Fortsetzung geben? Du mußt doch sehr viele neue Aufzeichnungen gemacht haben, seit Du wieder in Tahiti bist. Also, denk darüber nach. Ich stehe zu Deiner Verfügung.

Jetzt etwas anderes.
Ich habe die Idee, eine Gruppe von Künstlern und Kunstliebhabern zusammenzubringen, um dem Luxembourg Dein großes Bild »Woher kommen wir?« anzubieten, das ich gerade in Paris wieder gesehen habe und das gewiß ein Meisterwerk ist. Man würde es Dir für zehntausend Francs abkaufen.
Degas, Redon, Dolent, Rouart und viele, viele andere würden mitmachen.
Höchstwahrscheinlich wird das Luxembourg ablehnen. Aber das wäre eine Gelegenheit zu einer Kundgebung für Deinen Namen. Wir würden das Bild ausstellen. Ich würde, wenn das geschieht, eine Konferenz machen.
Vollard müßte von Dir Anweisung erhalten, dieses Gemälde aus dem Verkauf zurückzuziehen oder es in Hände zu überführen, die Du ihm angeben würdest: Dolent zum Beispiel.
Wohl verstanden, ich habe zu Vollard kein Wort von meiner Idee gesagt.
Antworte mir sobald wie möglich auf alle meine Fragen und glaube an meine Freundschaft. Charles Morice.

Auf diesen Brief von Charles Morice antwortete Gauguin im Juli 1901:

Mein lieber Morice! Tahiti, Juli 1901
Nach langem Stillschweigen endlich ein paar Worte von Dir. Ich gestehe, die so gänzlich unzeitgemäße Veröffentlichung von Noa-Noa hat heute für mich kein Interesse. Warum mir auch 100 Exemplare schicken? Das ist hier bloß Papier zum Verbrennen. Ich hatte Dir früher geschrieben, daß der Verleger Delagrave (Sohn) das Buch mit Vorteil für uns herausbringen wollte. – Etwas anderes, und das ist wichtig: Der Ankauf des großen Bildes. Aber ist das nicht wieder eine von Deinen üblichen Aufwallungen — Strohfeuer? Das endet dann immer mit einer großen Enttäuschung. Es gibt heute sehr wenige wirkliche Mäzene. – Gewiß, die heutige Jugend, die den Nutzen aus meinem Kampf gezogen hat, ist mir das schuldig. Aber gerade, weil sie das weiß, wird sie es nicht tun. Diese jungen Leute haben viel Talent. Mehr als ich, der ich es nicht so leicht hatte, zu lernen und zu arbeiten. Aber ohne mich, wären sie überhaupt da? Ohne mich: Fänden sie da irgendwelchen Anklang beim Publikum? – Ich liege heute am Boden, besiegt durch die Misere und vor allem krank und vorzeitig gealtert. Wird mir noch eine Frist vergönnt sein, um mein Werk zu vollenden. Ich wage es kaum zu hoffen. – Auf alle Fälle will ich noch ein letztes versuchen: Im nächsten Monat fahre ich nach Fatu-iva, einer Insel der Marquesas, wo es noch hin und wieder Menschenfresserei gibt. Leben in dieser Wildnis, dieser völligen Einsamkeit, soll noch einmal, ehe ich sterbe, das Feuer meiner Schaffensfreude anfachen, meine Einbildungskraft verjüngen, und so meine Kunst zur letzten Vollendung bringen. – Das große Bild ist, was die Ausführung anlangt, sehr unvollkommen. Es ist während eines Monats entstanden, ohne vorbereitende Skizzen: Ich wollte sterben, und in diesem Zustand der Verzweiflung habe ich es in einem Zuge hingemalt. Ich habe noch schnell meinen Namen daruntergesetzt und dann eine sehr große Dosis Arsenik zu mir genommen. Heftige Schmerzen, aber nicht der Tod! Mein zerrütteter Körper hat den

Schock ausgehalten, doch nun leide ich furchtbare Qualen. – Was diesem Bild an Ausgewogenheit fehlt, wird vielleicht wettgemacht durch etwas, das dem, der nicht so tief gelitten hat und den Seelenzustand des Künstlers nicht kennt, völlig unerklärlich bleiben muß. – Fontainas, der mir doch immer ziemlich wohlgesinnt war, hat mir vorgeworfen, es sei mir nicht gelungen, die dem Bilde zugrunde liegende Idee verständlich zu machen. Der abstrakte Titel käme auf dem Bilde in keinerlei konkreten Formen zum Ausdruck. Puvis de Chavannes dagegen sei immer verständlich und wisse stets, den seinen Bildern zugrunde liegenden Gedanken klar herauszustellen. – Ja, Puvis erläutert seine Idee, aber er malt sie nicht. Er ist Grieche, ich bin ein Wilder, ein Primitiver, ein Wolf in den Wäldern ohne Halsband. Puvis wird etwa ein Bild *Pureté* – Reinheit – nennen, und um es zu deuten, malt er eine Jungfrau mit einer Lilie in der Hand: Ein Symbol, das jeder kennt und folglich auch versteht. Gauguin wird unter dem gleichen Titel eine Landschaft malen mit einem durchsichtig klaren Wasserlauf, noch nicht besudelt von den zivilisierten Menschen. Ohne in Einzelheiten einzugehen: Eine Welt scheidet Puvis und mich. Puvis, der Maler, ist ein Gelehrter, aber kein Dichter. Ich bin kein Gelehrter, aber vielleicht ein Dichter. Warum sucht ein Kritiker in einem Bild nach Vergleichspunkten mit alten Gedankengängen und anderen Schriftstellern? Wenn er sich selbst nicht wiederfindet in dem Kunstwerk, bleibt es ihm unverständlich, und er empfindet nichts. Für mich gilt: Zuerst kommt die Empfindung, die seelische Erschütterung, danach erst das Verstehen. Also:

Wohin gehen wir?
Beim Tode einer alten Frau.
Zum Abschluß: Ein seltsamer, stumpfblickender Vogel.

Was sind wir?
Unser Leben Tag für Tag.
Der triebhafte Mensch fragt sich, was das alles bedeuten soll.

Woher kommen wir?
Quelle.
Kind.
Das gemeinsame Leben.

Der Vogel schließt die Dichtung ab: Ein Lebewesen niederer Art gegenüber dem vernunftbegabten Menschen. Alles ist ein großes Ganzes, dem durch den Titel angekündigten Problem entsprechend.

Hinter einem Baum zwei düstere Gestalten, gehüllt in Gewänder von trauriger Farbe. Neben dem Baum der Erkenntnis sind sie Symbol der Schmerzen, die mit der Erkenntnis (des Guten und Bösen) untrennbar verbunden sind. Im Vergleich dazu einfache Menschen in einer jungfräulichen Natur, im Paradies, wie die Menschen es sich vorstellen. Sie überlassen sich einfach dem Glück zu leben. Was sollen hier erklärende Attribute, bekannte Symbole? Sie würden nur das Bild in einer trüben Realistik erstarren lassen. Und das angekündigte Problem wäre keine Dichtung mehr. – Dir kann ich das in wenigen Worten erklären. Du hast Verständnis. Aber was das Publikum anlangt, warum soll mein nun von jedem Zwang freier Pinsel verpflichtet sein, allen die Augen zu öffnen? »Denen draußen widerfährt es alles durch Gleichnisse, auf daß sie es mit sehenden Augen sehen und doch nicht erkennen . . . « — Du sagst: »Die Formen sind elementar?« . . . — Das muß so sein! — Viele Leute sagen, ich kann nicht zeichnen, weil ich so sonderbare Formen entwerfe. Wann wird man endlich begreifen, daß die Ausführung, die Zeichnung und die Farbe (mit einem Wort der Stil) mit der Dichtung übereinstimmen müssen? Meine nackten Frauen sind keusch, ohne daß sie Kleider tragen. Worauf ist das zurückzuführen? Ich wende eben Formen an, die unwirklich sind. – Was den Preis anlangt, so meine ich, man sollte sich nicht auf 10 000 frcs. festlegen. Das scheint mir für einen lebenden Maler eine enorme Summe. Es kommt hauptsächlich auch auf den moralischen Erfolg für die Zukunft an. Wenn man also 5000 frcs. herausschlagen kann, so wäre das, glaube ich, genug. – Du schreibst nichts von Deinen Angelegenheiten, Deinen Hoffnungen, und wie es den Deinen geht.

Ganz der Deine Paul Gauguin

(Zitiert nach: Paul Gauguin, Briefe, Berlin 1960)

Luxembourg – Das im Palais du Luxembourg untergebrachte Museum für Werke der zeitgenössischen Kunst.

213

Was Sie mir über die Mitarbeit von Morice an »Noa-Noa« sagen, ist mir nicht unwillkommen – Der vom 10. April 1902 datierte Brief Georges Daniel de Monfreids, den Gauguin hier beantwortet, lautete:

Saint-Clément, 10. April 1902

Mein lieber Gauguin,

Nach Ihrem letzten Brief habe ich mich, obwohl ich mir sagte, daß Sie mehr als drei Monate ohne Post sein mußten, nicht beeilt, Ihnen zu schreiben; denn ich hatte Ihnen nichts mitzuteilen. Ich habe im Februar ein paar Tage in Paris verbracht. Dort habe ich mich mit Fayet getroffen, der im Augenblick sehr von Cézanne begeistert ist. Das schmälert übrigens nichts von seiner Bewunderung für Sie. Ich habe mich mit Vollard unterhalten, der im Hinblick auf Sie ganz aufrichtig von gutem Willen getragen zu sein scheint. Vielleicht haben wir unrecht, ihn so sehr für einen Filou zu halten: ich fange an, daran zu zweifeln und ihm, ich will nicht sagen eine große Hochachtung, aber eine gewisse Wertschätzung zuzugestehen. Er ist sicherlich nicht unredlicher als die Bernheims zum Beispiel . . . Ist Durand-Ruel loyaler? – – – Ich weiß nicht. Kurz, wenn Vollard sich weiterhin gut benimmt, würde er vielleicht, nach meiner bescheidenen Ansicht, verdienen, ermutigt zu werden. Maillol steht in Verbindung mit ihm und sagt, er könne ihn nur loben. Um so besser! Dennoch mißtraue ich der Meinung dieses braven Maillol, wenig praktischer Geist, der er ist.

Ich habe eine Angelegenheit nicht erörtern können, die schon lange angelaufen ist, und zwar Ihr großes Bild betreffend, das im Vorjahr in Béziers ausgestellt war: ich will es nicht für weniger als 2000 Francs fahren lassen. Der Käufer ist ein Freund von Redon und auch von Fayet, ein sehr reicher Mann aus Narbonne, Maurice Fabre. Er hat gerade mehrere Gemälde verkauft, die er besaß und die er lieber fortgibt, um sich andere Ankäufe zu leisten. Leider haben die Bernheims in diesen Verkauf einen Haufen Sudeleien hineingeschmuggelt, die ihn kompromittiert haben: »Die Bernheims«, schreibt mir Maurice Fabre, » haben sich benommen wie schmutzige Krämer und absolute Trottel. Ein Verkauf, in dem keine Boudins, Ziems, Jongkinds, Lhermittes vorkommen, ist für sie zum Scheitern verurteilt. Aber die schlimmste ihrer Untaten ist, daß sie, ohne mich davon zu unterrichten, einen Haufen namenloser Schandflecke eingemogelt haben, welche die Manifestation ersäuft haben, die ich zu machen beabsichtigte und auf die ich am Schluß des Vorwortes hingewiesen hatte. Diese Schandflecke von Tassaerts, Troyons, P. Rousseaus, Lamberts (Kater! . . .) usw. waren falsch und wurden dadurch nicht besser. »Jetzt wird er sehen, was kommt; und vielleicht wird er sich bei der Ausstellung in Béziers entschließen, Ihr Gemälde zu kaufen. Ich habe auch etwas (wenig glänzendes) für ein anderes Ihrer Gemälde: für das, welches zu der Sendung von vor zwei Jahren gehörte, auf dem Pferde unter Bäumen sind im Vordergrund ein großes weißes Pferd, das in einen Bach tritt, und Reiter im Hintergrund. Man würde mir dafür fünfhundert Frans geben. Aber ich finde, das ist zu wenig. Nun, ich werde sehen, was ich dafür bekommen kann. Und dann will ich das Geld in bar oder doch fast, damit ich es Ihnen sofort schicken kann.

Sie schreiben mir von Ihren Werken, die bei Fayet sind? Das dritte Bild, das er besitzt, ist ein Gemälde aus der Bretagne: es stellt eine hohe, das Meer beherrschende Klippe dar, und das Meer schäumt links unten auf Felsen. Zur Rechten, an einem Wegrand, der über den Abgrund ragt, ein Hirte, der auf der Flöte spielt, usw. Dieses Gemälde kommt vielleicht von Bernard; ich weiß nicht, von wem Fayet es gekauft hat. Ich glaube nicht, daß es Vollard war. Was die Schnitzerei angeht (es ist bestimmt nicht das große Panneau »Seid geheimnisvoll«), so ist das, wenn ich mich nicht irre, ein *kleines* Basrelief, auf dem eine Badende dargestellt ist. Ich werde von Fayet erfahren können, wo er es gefunden hat, denn ich muß ihn in nächster Zeit in Béziers besuchen. Die beiden Basreliefs, die Sie ihm geschickt haben, sind in einen sehr einfachen Holzrahmen eingefügt, der sich wunderbar gut macht. Fayet ist davon sehr entzückt; er meint, daß diese Skulptur zu Ihren besten gehört; und ich bin derselben Meinung.

Sie hatten mich gebeten, Ihnen ein Exemplar von Ihrem »Noa-Noa« zu senden. Ich hatte Vollard gebeten, es Ihnen zu schicken. Ich fürchte, er hat es nicht getan. Wenn ich ihm schreibe, werde ich ihn fragen, ob er diesen Auftrag ausgeführt hat. Übrigens, alle Welt findet, daß Ihr Buch absolut an Reiz verloren hat durch die Zusammenarbeit mit Charles Morice, dessen Gedichte überflüssig sind. Ich habe es nicht selbst gelesen und kann Ihnen meine persönliche Meinung nicht geben.

Ich denke, Ihnen binnen kurzem ein Gemälde meines eigenen Schaffens zu senden, da Sie diesen Wunsch geäußert haben, mein lieber Freund. Es ist mein eigenes Gesicht, das ich so nüchtern und aufrichtig gemalt habe, wie ich konnte; das heißt ohne nach Ausflüchten oder Ausgepichtheiten zu streben, wie sie den »Salonmeistern« oder den »jungen Meistern« so lieb und wert sind. Ich habe versucht, einfache *gute Malerei* zu machen, nach den *wahren* technischen Regeln, die Sie mich zu studieren gelehrt haben. Mir ist immer im Geist gegenwärtig, was Sie mir einst gesagt haben: »Wir sind die einzigen Klassiker.« Ich werde glücklich sein, Ihre Würdigung zu erfahren, so streng sie auch sei. Im übrigen wissen Sie, daß ich mich nicht für ein *Genie* halte. Wenn ich ein bescheidenes, aber gediegenes Talent habe, erkläre ich mich für zufrieden. Seit langem hätte ich Ihnen gern dieses Stück Malerei geschickt; aber ich wollte es vorher in Béziers ausstellen, da ich im Augenblick sehr wenig Sachen habe, welche ich zu dieser Ausstellung, die am 25. dieses Monats eröffnet wird, einsenden könnte. Sie wissen, daß ich mich, seit ich in der Provinz lebe, kaum mehr der Malerei widmen kann. Hoffen wir, daß ich später mehr Ruhe haben werde. Das beginnt sich jetzt übrigens ein wenig zu arrangieren; das Haus kommt langsam in eine Ordnung, und mein Leben wird in ein paar Monaten weniger durcheinandergeworfen sein, hoffe ich. Die einzig gute Seite ist, daß wir alle gesund sind. Annette hat leider nur ein Leiden, von dem sie nicht genesen kann: sie ist taub. Was mein Töchterchen angeht, so lebt es als Landmädchen, die Haare struppig, die Füße in Holzschuhen, läuft den ganzen Tag auf den Wiesen umher oder durch das Haus und veranstaltet einen Heidenlärm.

Noch immer keine Nachrichten über Ihre letzte Sendung. Wenn ich an Vollard schreibe, werde ich ihn danach fragen.

Tausend Grüße, mein lieber Gauguin, und gutes Gedenken; und glauben Sie mir, daß ich immer bin Ihr ganz ergebener Geo. de Monfreid

Ich werde mich bemühen, Ihnen *Wein* zu schicken, aber das ist weniger einfach, als Sie vielleicht glauben: die Weine von Béziers, Narbonne usw. sind im allgemeinen säuerliche *kleine* Weine und nicht geeignet, über das Meer zu reisen. Ich werde mich anderswo umsehen, und wenn ich Ihnen welchen senden lasse, dann wird es *guter* sein.

217

Wenn Sie diesen Brief erhalten, werden Sie ... meine Gegenkritik schon gelesen haben – Der »Mercure de France« verweigerte jedoch die Veröffentlichung dieser Gegenkritik (Racontar d'un Rapin – Müßiges Geschwätz eines Farbenkleckers; ediert 1951 bei Falaize, Paris), die Gauguin mit folgendem Schreiben übersandt hatte:

Atuana, September 1902

Mein lieber M. Fontainas!

Ich schicke Ihnen dies kleine, in Hast verfaßte Manuskript. Wenn Sie es gelesen haben und es gefällt Ihnen, bitten Sie den *Mercure* in meinem Namen, es zu veröffentlichen. – Was ich geschrieben habe, erhebt nicht den Anspruch, hohe Literatur zu sein, aber es kommt darin eine tiefe Überzeugung zum Ausdruck, die ich gern andern mitteilen möchte. Ich habe Ihnen schon in meinen Briefen angedeutet, welche Ideen mich bewegen. – Seien Sie nicht erstaunt, wenn ich heute noch einmal darauf zurückkomme. Ich weiß, Sie selbst stehen über allen diesen kleinlichen Dingen. — »Obgleich die Zeichnung Gauguins – wenn auch nur ganz wenig – an die van Goghs erinnert . . . « — Um das richtigzustellen, lesen Sie, bitte, um der Gerechtigkeit willen ein paar im *Mercure* veröffentlichte Briefe, die Vincent an seinen Bruder geschrieben hat: »Die Ankunft Gauguins in Arles wird meine Malweise sehr beeinflussen.« Und in seinem Brief an Aurier: »Ich verdanke Gauguin sehr viel.« Wenn Sie Gelegenheit haben, so vergleichen Sie doch einmal die Bilder van Goghs vor unserm Zusammenleben in Arles mit denen, die er nachher gemalt hat. Van Gogh war durch die Neoimpressionisten beeinflußt worden und setzte immer Gegensätze, Komplementärfarben, zu Gelb-Violett usw. Später auf meinen Rat hin und unter meiner Anleitung verfuhr er ganz anders. Nun setzte er gelbe Sonnen auf gelben Untergrund. Er lernte, einen reinen Farbton und alle seine Abwandlungen aufeinander abzustimmen. Dann ersetzte er in der Landschaft den ganzen Wust von Objekten eines Stillebens durch große harmonische Farbakkorde. In zweiter Linie kommt dann erst der literarische, oder, wenn Sie wollen, der erläuternde Gehalt eines Bildes. Notwendigerweise wird seine Zeichnung dementsprechend weicher. Das sind handwerkliche Überlegungen, aber sie sind sehr wichtig. Aber dies alles zwang Vincent zu Versuchen, die er mit seiner hohen Intelligenz und seinem stürmischen Temperament in Übereinstimmung bringen mußte — seine Originalität und seine Persönlichkeit konnten dabei nur gewinnen. – Alles dies bleibt unter uns. Ich will van Gogh nichts nehmen, wenn ich mir auch meinen kleinen Anteil vorbehalten möchte. Die Kritik mag noch so gutgläubig sein, aber sie muß sehen und unterscheiden, und sie kann sich irren. – Bei van Goghs edlem Charakter kann ich, der ich ein Mensch mit versiegelten Lippen bin, mich nicht beklagen. Das ist nicht so mit andern Leuten aus der Bretagne. Besonders nicht mit dem jungen Bernard. Er war damals neunzehn Jahre alt, sehr klug und anpassungsfähig — heute ist es das Mittelalter, dann sind es die Neoimpressionisten, morgen die Florentiner usw. Er hat zuerst Theo van Gogh gegenüber, später selbst in einem Brief an mich, den ich sorgfältig aufbewahre, anerkannt, daß er von meiner Quelle getrunken hat. Jetzt, während meiner Abwesenheit, wagt er es, drucken zu lassen, ich hätte ihm alle seine Versuche abgesehen!! Heute ist er nun ein erwachsener Mensch und stellt schöne Sachen aus. Ich danke dem Himmel dafür!! – Mein Werk vom ersten Anfang bis heute – das kann jeder sehen – ist aus einem Guß mit den Abwandlungen, die die Entwicklung eines Künstlers einmal mit sich bringt. – Ich habe zu alledem geschwiegen, denn ich bin überzeugt: Keine Polemik kann die Wahrheit an den Tag bringen. Das können allein die Werke, die man geschaffen hat. – Mein Leben hier in weiter Ferne beweist, daß ich nicht den flüchtigen Ruhm suche. Ich freue mich, wenn andere auch Talent haben. – Wenn ich

Ihnen dies alles schreibe, so tue ich es, weil mir an Ihrer Wertschätzung liegt. Ich möchte nicht, daß mein Manuskript von Ihnen falsch verstanden wird. Ich möchte nicht von mir reden machen. Nein, mich packt die stumme Wut, wenn ich sehe, wie man einen Menschen wie Pissarro mißhandelt. Und ich frage mich, wer morgen dran kommen wird. – Wenn man mich mißhandelt, herunterreißt, so ist das etwas anderes. Mir ist das gar nicht unangenehm. Ich sage mir: Halt, vielleicht bist Du also doch wer!
Ich bin in aller Offenheit Ihr ergebener Paul Gauguin.
(Zitiert nach: Paul Gauguin, Briefe, Berlin 1960)

218
ich erhalte Ihre beiden Briefe mit großer Verspätung – Es handelt sich um folgende zwei Briefe Daniel de Monfreids:

Saint-Clément, 14. November 1902

Mein lieber Gauguin,
Fast hätte ich die Post versäumt, da ich dieser Tage, beim Erhalt Ihres Briefes vom August, abwesend war. Ich beeile mich, Ihnen ein paar Zeilen zur Erwiderung zu schicken, um Ihnen dann in der nächsten Woche länger zu schreiben, damit dieser Brief morgen abend von Le Havre abgehen kann. Ich weiß übrigens nicht mehr, wie der Postdienst funktioniert. Als erstes: ich denke in etwa acht Tagen nach Béziers zu fahren – nur hin und zurück –, um den braven Monsieur Fayet zu besuchen. Ich werde ihm Neues von Ihnen berichten, und wir werden über den Verlauf der Ausstellung Ihrer Werke sprechen, die für das Frühjahr geplant ist.
Also Sie denken daran, in das alte Europa zurückzukehren? Ich meinerseits habe immer geglaubt, daß Sie zu irgendeinem Zeitpunkt nach Frankreich zurückkommen würden, obgleich ich aller Welt immer das Gegenteil gesagt habe. Wirklich, so und soviel Leute haben mir spöttisch gesagt: »Sie fallen darauf rein? . . . Sie glauben tatsächlich daran, daß Gauguin sein Leben in Ozeanien beschließen will?« Ich habe natürlich immer wieder geantwortet, daß dies Ihre ausdrückliche Absicht sei und keineswegs ein fauler Witz. Aber innerlich sagte ich mir, daß der Augenblick kommen würde, wo Sie Heimweh nach Frankreich haben würden – und das trotz Ihrer unabhängigen und starken Natur. Ja, das ist, glaube ich, ein aus der Vernunft nicht zu erklärendes Gefühl, vielleicht dem Atavismus zuzuschreiben, das uns zu einem gewissen Zeitpunkt in die Heimat zurückführt; und obwohl Sie nichteuropäische Vorfahren haben, können auch Sie dieses Gefühl erfahren haben.
Dennoch, wenn Sie dies aus weniger weiter Ferne sähen, würde Ihnen nicht die Versuchung kommen, wieder inmitten von zivilisierten Schmutzigkeiten, von Kämpfen gemeiner Begierden oder übelriechender und grotesker Laster zu leben, ganz zu schweigen von unserem elenden Klima! Fürchten Sie nicht, daß Ihre schlechte Gesundheit hier endgültig zugrunde gerichtet wird? Sehen Sie, die Ärzte sind machtlos gegen bestimmte Leiden. Das Ekzem ist eines davon. Und wenn es ihnen gelingt, es zu heilen, *scheinbar*,

dann nur, um es in der Form einer tödlichen Krankheit auf ein inneres Organ zurückzutreiben. Wenn man ein gewisses Alter überschritten hat, sehen Sie, muß man mit einem Feind zusammenleben, der niemals die Waffen streckt. Und Sie befinden sich da unten, scheint mir, in außergewöhnlichen Verhältnissen natürlicher Hygiene. Das Leben in der Wildnis ist sicherlich vernünftiger als das zivilisierte Leben, um den Krankheiten zu widerstehen. Ich kann einiges davon erzählen, denn ich habe seit meinem Exil hier, im Gebirge, zusehends an Kräften gewonnen. Ich leide sehr an recht schmerzhaftem und hartnäckigem Rheumatismus; aber das Animalische in uns, wie Sie mit vollem Recht sagen, das man nicht verachten soll (das fehlte noch!), macht seine Rechte geltend und stellt das Gleichgewicht, die Harmonie des Körpers und des Geistes, wieder her. Nur, was mich am meisten lähmt, ist, daß ich nicht *zu Hause*, nicht Herr meiner Bewegungen oder meiner Arbeit bin. Ich bin durch meine alte Mutter und ihre Greisenhaftigkeit mit Beschlag belegt: so lange sie lebt, werde ich da sein. Was soll man machen? Man ist den Alten etwas schuldig. Hoffen wir, daß ich später mein Leben als bescheidener Künstler wieder aufnehmen und mich noch an meiner Arbeit erfreuen kann. Tausend Grüße, mein lieber Gauguin, seien Sie guten Mutes, überlegen Sie Ihre Abreisepläne, ehe Sie sie ausführen; und nehmen Sie einen kräftigen Händedruck von Ihrem ergebenen

Daniel

Ich werde Ihnen schreiben, wenn ich Fayet gesprochen habe. Von nun an adressieren Sie bitte Ihre Briefe: Domäne Saint-Clément, Corneilla de Conflent (Ost-Pyrenäen), denn wir haben seit kurzem hier ein Postamt.

Saint-Clément, 11. Dezember 1902

Mein lieber Gauguin,
Da es schon fast einen Monat her ist, daß mein letzter Brief abging, schreibe ich Ihnen in der Vermutung, daß dieser mit der nächsten Post zu Ihnen gelangen wird. Wie ich Ihnen ankündigte, bin ich inzwischen nach Béziers gefahren, um Monsieur Fayet zu besuchen, mit dem ich über Sie und den Plan der Ausstellung Ihrer Werke geredet habe. Hier das Ergebnis unserer Unterhaltung. Auf jeden Fall scheint es ein wenig voreilig für das Publikum, an das sie sich wenden, dieses Jahr eine Ausstellung zu machen, in der man speziell Sie als Hauptattraktion herausstellt. Das wäre eher schädlich. Man wird zuerst eine Ausstellung von Degas machen, oder vielleicht von Cézanne (eher Degas), wenn sich das einrichten läßt. Es wird auf diesem Wege leichter sein, die Presse zu *zwingen*, sich mit diesen Ausstellungen in Béziers zu beschäftigen. Bis jetzt hat man ihre bewußte passive Resistenz nicht überwinden können. Weder Geffroy (ein Trottel, vermute ich) noch Mirbeau (ungreifbar . . .) haben anbeißen wollen, obwohl man sie gedrängt hat, etwas darüber zu sagen. Sehen wir, ob wir dieses Jahr glücklicher oder einflußreicher sein werden. Auf jeden Fall wird man alles tun, um zu erreichen, daß über diese Kunstversuche in der Provinz gesprochen wird. Da

gibt es, das weiß ich wohl, die ganze Sippschaft der offiziellen Toulouser, die den Mund voll nehmen mit ihrer »Dezentralisation«. Das ist nun sehr schwer, alle diese »Zierden« Südfrankreichs in die Ecke zu werfen und das Publikum die *wahren Künstler* schlucken zu lassen. Dieser kühne Versuch und Fayets Bemühungen sind nur um so löblicher; aber die Fortschritte sind langsam. Ist einmal die Presse für diese Bewegung gewonnen, ist der Anstoß gegeben, werden wir von Ihnen die schönste Ausstellung machen, die möglich ist: zählen Sie darauf, daß dann Monsieur Fayet und Ihr ergebener Diener Himmel und Erde in Bewegung setzen werden, um das *Unmögliche* zu tun, jeder nach seinem Vermögen. Degas, der Sie schätzt und wahrscheinlich geschmeichelt sein wird, Ihnen voraufgegangen zu sein, wird zweifellos seinen Einfluß für uns geltend machen. Und er hat *viel* Einfluß! Das wäre also, glaube ich, die klügste Taktik.
Jetzt, mein lieber Gauguin, wollen Sie mir gestatten, zu Ihrer Rückkehr Ihnen die Eindrücke von Monsieur Fayet mitzuteilen; es sind auch die meinen. Was sich daraus erklärt, daß Monsieur Fayet Ihnen ebensoviel Anteilnahme und Bewunderung entgegenbringt wie ich. Es steht zu fürchten, daß Ihr Kommen eine Arbeit, eine Entwicklung stören würde, die sich in der öffentlichen Meinung hinsichtlich Ihrer Person vollziehen: Sie sind jetzt dieser seltsame, legendäre Künstler, der aus der Tiefe Ozeaniens seine bestürzenden, unnachahmlichen Werke schickt, endgültige Werke eines großen Mannes, der sozusagen aus der Welt verschwunden ist. Ihre Feinde (und Sie haben deren eine gute Anzahl, wie alle diejenigen, welche die Mittelmäßigen genieren) sagen nichts, wagen Sie nicht zu bekämpfen, denken nicht daran: Sie sind weit weg! ... Sie dürfen nicht wiederkommen! ... Sie dürfen ihnen folglich nicht den Knochen wegnehmen, den sie zwischen den Zähnen haben ... usw., usw. Kurz, Sie genießen die Immunität der großen Toten, Sie sind in die Geschichte der Kunst eingegangen. – Inzwischen wird das Publikum erzogen; man läßt unbewußt oder bewußt Ihren Ruhm fortschreiten. Vollard selber arbeitet almählich daran. Er wittert vielleicht schon Ihre unbestrittene und universale Berühmtheit. – Nun also, lassen Sie diese Arbeit sich gänzlich vollziehen: sie steht erst im Anfang. Ein Jahr, zwei Jahre vielleicht werden noch nötig sein, damit sie ein paar Früchte trägt. Warten Sie geduldig ab; die anderen arbeiten für Sie!

Persönlich lassen Sie mich Ihnen sagen, daß ich ein trauriges Ergebnis für Ihre schon so zerrüttete Gesundheit fürchte, wenn Sie sich einem derartigen Wechsel unterziehen. Sie leben als Wilder, in einem wunderbaren Klima, in Berührung mit dem Meer, dem großen Reiniger. Sie werden in unser künstliches Leben hineingeraten, sich mit unseren chemischen Produkten vergiften und das abscheuliche Klima Europas ertragen müssen: die Kälte, die Feuchtigkeit in Frankreich, die dürre Trockenheit und das Fieber in Spanien. Es gibt auch sehr gesunde Ecken, werden Sie mir sagen: zum Beispiel das Land, in dem ich bin und in dem meine Mutter sich trotz ihren achtzig Jahre am Leben erhält. Ja, aber man muß hier den Ofen den ganzen Winter hindurch bullern lassen, und man kann hier nicht den Rheumatismus vermeiden, an dem wir alle leiden, der meine Mutter gelähmt, der mir eine Herzhypertrophie eingebracht hat und die Knochen schmerzen macht, usw. Und wir haben nicht an der furchtbaren Syphilis zu leiden, die für Sie außerhalb des heißen Klimas zu einer Gefahr werden kann. – Und dann, wenn Sie nach Europa zurückkehren, wird es verhängnisvollerweise Paris sein, wo Sie leben müssen: Sie sind, durch die Macht der Umstände gezwungen, dort zu sein, um Ihre Angelegenheiten zu erledigen, mit denjenigen zu sprechen, die mit Ihren Interessen verknüpft sind, usw. Und Paris, mein lieber Gauguin, ich fürchte sehr, daß dies . . . Ihr Tod wäre.

Überlegen Sie, mein lieber Freund, bevor Sie sich auf den Weg machen. Vor allem, beeilen Sie sich nicht!
Ich habe von Vollard keine Nachricht. Ich weiß von Monsieur Fayet, daß er von Ihnen eine Sendung Gemälde erhalten hat; aber er hat mir nicht geschrieben. Nicht einmal über die Keramik (die, nebenbei, immer noch bei Monsieur Fayet lagert, von dem ich hoffte, daß er sie Ihnen abkaufen würde, aber er sagt kein Sterbenswörtchen davon). Ich denke, im Februar oder März, wenn ich ein paar Sous übrighabe, nach Paris fahren zu können, wo einige Angelegenheiten meine Anwesenheit verlangen; ich werde dann Maurice Fabre besuchen, der seit dem vorigen Jahr davon spricht, Ihnen ein Gemälde abzukaufen, und sich nie entschließt. Ich werde auch Vollard interviewen müssen, der mir im vergangenen Jahr sagte, daß man *vielleicht* ein paar Sous aus Madame Chaudet herausziehen könnte, ohne daß er mir jedoch hätte erklären können, woher er diese Hoffnung habe. – Aber meine Reise ist von vielen Dingen abhängig, außer der Geldfrage: ich kann nicht frei das Haus meiner Mutter verlassen, das ich führe, oder doch halbwegs. Ich bin hier unter den Umständen, die Sie kennen, um darüber zu wachen, daß der Haushalt und unser kleines Erbgut nicht vor die Hunde geht, und ferner darüber zu wachen, daß meiner alten Mutter keinerlei Pflege abgeht; und Annette hilft mir nur unvollkommen, weil sie incognito hier ist und weil meine Mutter, so alt und leidend sie ist, nicht auf ihre Autorität verzichten will (wie alle alten Leute). Das ist nicht sehr lustig; und es ist der Grund für meine künstlerische Untätigkeit! Wenn ich nur meine Arbeit wieder aufnehmen kann und nicht gänzlich eingerostet bin an dem Tage, da ich meine Freiheit wiederfinden und nach Paris zurückkehren werde! . . . Ach, wie albern das Leben ist! Wie Père Tournel sagte (den Sie, glaube ich, bei den Molards kennengelernt haben): »Wir sind zu eingerahmt«. Unser Leben ist zu verwickelt. Nebenbei, dieser brave Monsieur Tournel ist im letzten Winter gestorben, und sein Sohn hat sich kürzlich verheiratet (was Ihnen übrigens ganz egal ist, nicht wahr?). Und da ich Ihnen schon Todesfälle melde, will ich Ihnen auch sagen, daß dieser Tage mein Sohn aus Paris gekommen ist, um seine Mutter, meine erste Frau, zu beerdigen, die Sie gekannt haben. Sie wohnte in der Nähe von Narbonne und durchlitt seit zwei Jahren das Martyrium eines Tumors in der Gebärmutter, der sie vor ungefähr vierzehn

Tagen dahingerafft hat. Dieser Tod hat mich, ich will nicht sagen gleichgültig gelassen, aber er hat mich nur meines Sohnes wegen bekümmert. Ich schließe, indem ich Ihnen von ganzem Herzen die Hand drücke,

Ihr ergebener Daniel

Habe ich Ihnen schon geschrieben, daß sich meine Adresse ein wenig geändert hat: Domäne Saint-Clément, über Corneilla de Conflent (Ostpyrenäen).

Ich möchte Sie auch daran erinnern, daß Sie mir, wenn Sie wollen, hierher, aufs Land, schicken können, was Sie nicht direkt an Vollard senden wollen (Gemälde zum Aufbewahren, usw.).

219

Wenn also der Artikel nicht erschienen ist, nehme ich ihn in mein Buch auf – Gauguin arbeitete in diesen Monaten an dem Manuskript von »Avant et Après« (»Vorher und Nachher«), herausgegeben in Faksimile-Ausgabe 1918 bei Kurt Wolff, in deutscher Übersetzung im gleichen Verlag, München 1920. Im Februar 1903 schrieb er darüber an André Fontainas:

»Ich habe eben ein anderes Heft fertiggestellt: Kindheitserinnerungen. Sie erklären, warum ich so bin, wie ich bin: meine Instinkte, meine geistige Entwicklung. Auch was ich gesehen und gehört habe, meine Ansichten über Menschen und Dinge. Meine Kunstauffassung: was ich bewundere, und was ich hasse. Es ist kein in gewählter Form geschriebenes Meisterwerk, sondern ganz etwas anderes: der zivilisierte Mensch und der Barbar werden einander gegenübergestellt. Dem muß der Stil angepaßt sein: nackt wie der Mensch, oft schockierend. Anstoß erregend. Das fällt mir nicht schwer. Ich bin kein Schriftsteller. – Ich schicke Ihnen das Manuskript mit nächster Post zu. Sie werden zwischen den Zeilen herauslesen, welch ein persönliches und boshaftes Interesse ich daran habe, daß es veröffentlicht wird. Mir liegt sehr viel daran. Keine Luxusausgabe. Nicht viele sollen es lesen, nur einige wenige. Warum wende ich mich an Sie? Ich kenne Sie doch gar nicht! Da sehen Sie wieder, was für ein seltsamer Mensch ich bin, vom Instinkt geleitet: das Vertrauen stellt sich ein, ohne Überlegung, auch in der Ferne. – Es ist eine wichtige Angelegenheit, mit der ich Sie belaste. Viel Arbeit und Verantwortung. Ich schreibe dieserhalb auch an einen meiner Freunde, der ein vollkommener Edelmann und großer Künstler ist, aber zu bescheiden, um sich vorzudrängen: Georges Daniel de Monfreid. Ich habe ihn ermächtigt, all meine auf der Ausstellung gezeigten Tahitibilder zu jedem Preis loszuschlagen, um die für die Herausgabe des Buches notwendige Summe aufzubringen. – Noch um eins möchte ich Sie bitten: Ziehen Sie zurück, was für den Mercure geschrieben war und fügen Sie es in dem neuen Buch ein, wo Sie es für richtig halten. – Die Zeichnungen sind in demselben Stil wie der Text: sehr ungewöhnlich, manchmal die Gefühle gewisser Menschen verletzend. – Was nun auch geschehen mag, bewahren Sie, bitte, zur Erinnerung an mich das Manuskript mit den Skizzen irgendwo in einer Schublade auf. Das soll nicht etwa eine Bezahlung sein. Wir Wilden von den Marquesasinseln kennen so etwas nicht. Bloß manchmal strecken wir freundschaftlich bittend die Hand aus. Wir tragen auch keine Handschuhe ...«

221
Nach skandalösen Vorfällen auf den Marquesas hatte ich dem Administrator einen Brief geschrieben – Die Eingabe Gauguins hatte folgenden Wortlaut:
An die Herren Kolonialinspektoren auf der Durchreise durch die Marquesas.
Meine Herren! Sie kommen und bitten uns, ja fordern uns auf, Ihnen alles, was die Kolonie betrifft, schriftlich zu unterbreiten. Ihnen die Reformen anzugeben, die wir wünschen könnten. Und dieses alles mit den Kommentaren zu versehen, die unseren Gedanken entspringen.
Ich für meine Person möchte Ihnen nicht das ewige Schema über Finanzlage, Verwaltung, Landwirtschaft usw. unterbreiten. Das sind schwierige Fragen, die die Eigentümlichkeit haben, daß sie, je mehr man sich dringend über sie beschwert, ja selbst heftig über sie polemisiert, nur desto mehr alle erwähnten Übel vermehren, endlich zum Ruin der Kolonie und zur unverzüglichen Notwendigkeit für den mißhandelten Kolonisten führen, auf die Suche nach einem anderen, besseren, weniger eigenmächtigen und fruchtbareren Land zu gehen.
Ich möchte Sie lediglich bitten, sich persönlich über die Eingeborenen in unserer Marquesischen Kolonie und das Verhalten der Gendarmen ihnen gegenüber zu unterrichten. Und zwar aus folgenden Gründen:
Ein Gerichtshof erscheint nämlich aus Sparsamkeitsrücksichten hier etwa alle achtzehn Monate.
Der Richter kommt also, hat es eilig, sein Urteil zu fällen, und weiß nichts ... nicht, was der Eingeborene für ein Mensch ist. Sieht vor sich ein tätowiertes Gesicht und sagt sich: »Ein Kannibale«, vor allem, wenn es ihm der interessierte Gendarm versichert. Und darum, bitte, versichert er es ihm: Der Gendarm zeigt dreißig Kerle an, die spielen und tanzen, und von denen einige Orangenwasser getrunken haben. Die Dreißig werden zu 100 Francs Geldstrafe verurteilt (hier sind 100 Francs so viel wie 500 Francs in jedem anderen Land), zusammen 3000 Francs, zuzüglich der Kosten, was für den Gendarmen 1000 Francs, sein Drittelanteil an der Strafe ausmacht.
Dieser Drittelanteil an der Strafe ist in allerletzter Zeit aufgehoben worden. Gleichviel! Die Tradition ist da, niedrige Rachsucht kommt dazu, und wäre es auch nur, um den Beweis zu erbringen, daß sie auch nach der Drittelaufhebung ihre Pflicht tun.
Ich mache besonders darauf aufmerksam, daß schon diese Summe von 3000 Francs nebst Kosten alles übersteigt, was das Tal in einem Jahr aufbringen kann. Um so eher, wenn für das gleiche Tal noch andere Strafabgaben bestehen, was stets der Fall ist.
Auch bitte ich zu beachten, daß die Verurteilung nach den Zyklonverheerungen stattfindet, die alle Brotbaumsprößlinge vernichtet haben, was so

viel heißt, daß sie sechs Monate lang ihre einzige Nahrung entbehren müssen.
Ist das menschlich, ist das moralisch gehandelt?
Der Richter also erscheint, steigt seinem Willen gemäß in der Gendarmerie ab, nimmt dort seine Mahlzeit ein und sieht nur den Wachtmeister, der ihm die Akten mit seinen Erläuterungen vorlegt ... »der und der ... alle Räuber usw. Sehen Sie, Herr Richter, wenn man nicht streng mit der Bande ist, werden wir alle ermordet werden ...« Und der Richter ist davon überzeugt.
Ich weiß nicht, ob das vernünftig ist ...
Bei der Verhandlung wird der Angeklagte mittels Dolmetschers vernommen, der keine Nuance der Sprache versteht, vor allem nicht der Amtssprache, die sehr schwer in diese primitive Sprache zu übersetzen ist, es sei denn mit sehr viel Umschreibungen.
So z. B. fragt man den beklagten Eingeborenen, ob er getrunken hat. Er antwortet »nein« und der Dolmetscher sagt: »Er sagt, er hätte niemals getrunken.« Ruft der Richter: »Aber er ist ja wegen Trunksucht vorbestraft.«

Der von Natur einem Europäer gegenüber sehr schüchterne Eingeborene, den er für klüger und ihm überlegen hält, in der Erinnerung auch an die Kanone von ehemals, erscheint vom Gendarm, den früheren Richtern usw. verängstigt vor dem Gerichtshof und zieht es vor zu gestehen, selbst wenn er unschuldig ist. Denn er weiß, daß Leugnen noch härtere Strafe nach sich zieht. Das ist das Regime des Terrors.
Es muß festgestellt werden, daß ein Gendarm mehreren Eingeborenen ein Strafmandat zugestellt hat, weil sie ihre Kinder nicht in Hochwürdens Schule schicken wollten, eine Religionsschule, eine *Freie Schule.*
Es muß festgestellt werden, daß der Richter sie verurteilt hat! Ist das gesetzlich?
Die Gendarmen stehen gegenüber den Eingeborenen auf Posten, die ihnen eine unbeschränkte Macht geben, Gendarmen, deren Aussagen bei Gericht als Beweis gelten, die keiner direkten Kontrolle unterstehen und Interesse daran haben, sich zu bereichern und zu Lasten der armen, aber freigebigen Eingeborenen zu leben. Der Gendarm runzelt die Brauen, und der Eingeborene gibt Hühner, Eier, Schweine usw., sonst wehe, die Strafanzeige.
Wenn zufälligerweise, was seine Schwierigkeiten hat, ein ein klein wenig beherzter Kolonist einen Gendarmen bei einem Vergehen abfaßt, fällt augenblicklich alles über den Kolonisten her. Und das Schlimmste, was daraufhin erfolgen kann, ist eine kleine Standpauke sozusagen vom Leutnant (in stiller Kammer) und seine Versetzung. Der Gendarm hier ist grob, unwissend, käuflich und grausam in der Ausübung seiner Pflichten, aber sehr geschickt sich zu decken. Gibt man ihm ein Trinkgeld, so können sie sicher sein, daß er Rechnungen darüber besitzt. Wie soll ich offiziell das ausdrücken, was offiziös jeder sagt?
Und ohne Überlegung wird er hier neben seiner Stellung als Gendarm zum

Notar, Spezialunteragenten, Steuereinnehmer, Gerichtsvollzieher, Hafenmeister verpflichtet . . . kurz zu allem, außer dazu, etwas zu wissen und ehrlich zu sein.

Indessen muß man bemerken, daß er stets verheiratet ist, ohne die zahllosen Geliebten zu zählen, die sich ihm immer hingeben, weil sie fürchten, ohne das vorschriftsmäßige Weinblatt im Fluß gesehen worden zu sein und in Strafe genommen zu werden.

Ferner ist zu bemerken, daß seine Frau, mag sie niedrigster Herkunft sein, nicht ohne Bedienung auskommt, wozu man heranholt, wen man gerade bei der Hand hat, sei es einen Gefangenen, sei es den Gefängniswärter; und alles zu Lasten der Steuerzahler.

Aber handelt es sich um Verbrechen, Mord . . . ändert sich das Bild gänzlich. Der Gendarm, der an seiner Stellung hängt, beeilt sich, das Vertuschen zu begünstigen, und geht nach links, wenn er nach rechts gehen sollte, fragt keine Seele, selbst wenn der Kolonist ihn aufklärt, und sagt: »Wenn der Untersuchungsrichter kommt, wird er schon sehen.«

Vergleiche die Verbrechen, insbesondere das letzte (Untersuchungssache in Atuona, Februar 1903).

Neben den Gott sei Dank recht seltenen Verbrechen (denn im allgemeinen ist die Bevölkerung sehr sanftmütig) bleiben einzig die Strafmandate für Trinkerdelikte.

Die Eingeborenen haben keinerlei Zerstreuungen und nehmen in allem und für alles Zuflucht zum Trunk, den ihnen die Natur umsonst liefert, Orangensaft, Kokosnußblüte, Bananen usw., die einige Tage gären und weniger schädlich als unsere europäischen Alkoholika sind.

Seit diesem Trinkverbot, das jüngsten Datums ist und den Kolonisten ein einträgliches Geschäft unterbindet, denkt der Eingeborene nur noch an eins, nämlich ans Trinken; deshalb flieht er aus den Zentren, um sich anderswo zu verbergen, und daher die Unmöglichkeit, Arbeitskräfte zu finden. Ebensogut könnte man ihnen sagen, sie sollten wieder in die Wildnis gehen.

Überdies nimmt die Sterblichkeit zu. Der Gendarm macht sein Geschäft dabei. Menschenjagd. Wie man sieht, eine höchst moralische Sache.

Ich ersuche daher die Herren Inspektoren, ernstlich diese Frage zu untersuchen, um von den Behörden in Frankreich von den Leuten, die sich mit Recht und Menschlichkeit beschäftigen, zu fordern, was ich von ihnen fordere.

1. Auf daß das Recht auf den Marquesas achtenswert und geachtet werde, wird gefordert, daß die Richter mit den Gendarmen ausschließlich dienstlich verkehren und anderweitig wohnen und speisen. (Dafür werden sie bezahlt.)

2. Der Richter wolle die Berichte der Gendarmen nur nach ernstlicher Prüfung entgegennehmen, sich selbst bei den Kolonisten die offiziösen Auskünfte, die ihm von Nutzen sein könnten, holen und vor allen Dingen nur dann Recht sprechen, wenn der Gendarm gesetzlich vorgegangen ist. Und

darum fordere ich, daß die die Gendarmerie betreffenden Vorschriften in den Bureaus der Gendarmerie selbst ausgehängt werden und daß jede vom Gendarm begangene Überschreitung dieser Vorschrift ein rechtlicher Grund für augenblickliche Amtsentsetzung sei und streng bestraft werde.
3. Ich fordere, daß die wegen Trunkes verhängten Geldstrafen dem Vermögen des Landes entsprechen. Denn es ist unmoralisch, daß ein Land, das z. B. für 50 000 Francs Produkte erzeugt, 75 000 Francs Strafe zahlt, abgesehen von Steuern, die, nebenbei gesagt, in eine andre als die Kolonialkasse zur beliebigen Verwendung des Gouverneurs fließen.
Dies verhält sich so, meine Herren Inspektoren. Prüfen Sie während Ihrer Anwesenheit die Zahlen.
Auch fordere ich, daß die Aussage des Gendarmen vor Gericht nicht vor dem Tage beweiskräftig sei, an dem eine ernstliche Kontrolle wie bei uns zu Lande sich ermöglichen läßt, vor dem Tage ferner, an dem die einheimische Bevölkerung (in Kenntnis der französischen Sprache) in der Lage sein wird, gegen den Gendarmen auszusagen, ohne terrorisiert zu werden, ohne auch durch die Hände eines Dolmetschers zu gehen, der überaus verdächtig ist, da er vollständig zur Verfügung des Gendarmen steht (seine Stellung ist davon abhängig), und im übrigen nur sehr unvollkommen französisch spricht, was nachgewiesen werden kann.
Wenn Sie einerseits für sie Ausnahmegesetze machen, die ihnen das Trinken verbieten, während Europäer und Neger es dürfen, andererseits aber ihre Aussagen und Beteuerungen vor Gericht gleich Null sind, ist es unbegreiflich, ihnen zu erklären, daß sie französische Wähler sind, und ihnen Schulen und anderen religiösen Klimbim aufzudrängen.

Seltsame Ironie dieser scheinheiligen Auslegung von Freiheit, Gleichheit und Brüderlichkeit unter französischer Flagge angesichts dieses scheußlichen Schauspiels von Menschen, die nur noch Gegenstand für Besteuerungen aller Art und der Willkür von Gendarmen ausgesetzt sind. Und trotzdem zwingt man sie: »Hoch der Gouverneur, hoch die Republik« zu rufen.
Kommt der 14. Juli, findet man in der Kasse 400 Francs für sie, während sie selbst außer ihren direkten und indirekten Steuern über 3 000 Francs Strafe gezahlt haben.
Darum meinen wir Kolonisten, dies sei eine Schmach für die französische Republik, und Sie dürfen sich nicht wundern, wenn Ihnen hier ein Fremder sagt: »Ich bin recht froh, kein Franzose zu sein«, während der Franzose Ihnen sagen dürfte: »Ich wollte, die Marquesas gehörten Amerika.«
Was fordern wir also? Daß Gerechtigkeit Gerechtigkeit sei, nicht leeren Worten nach, sondern tatsächlich, daß man uns zu diesem Zweck kompetente Männer mit bestem Willen hersendet, die an Ort und Stelle die Frage untersuchen und alsdann energisch handeln . . . in aller Öffentlichkeit.
Wenn zufällig die Gouverneure hier vorbeireisen, wollen sie photographieren, und wagt ein Ehrenmann, zu ihnen zu sprechen, sie zu bitten, eine Ungerechtigkeit gutzumachen, bilden eine Grobheit oder eine Strafe die

Grundlagen der Antwort.
Dies, meine Herren Inspektoren, ist alles, was ich Ihnen zu sagen hätte, wenn anders es Sie interessiert. Es sei denn, daß Sie mit Pangloss sagen: Alles ist zum Besten, in der besten aller Welten.

(Zitiert nach »Vorher und Nachher«)

Das Doppel dieser Eingabe schickte Gauguin im Februar 1903 an Charles Morice:
»Anbei das Doppel einer Eingabe, die ich an die Kolonialbehörde gerichtet habe. Außer den grausamen Schmerzen, die mir die Krankheit verursacht, habe ich auch noch einen schweren Kampf mit der Verwaltung und der Gendarmerie auszufechten. Ich bitte Dich, Dein ganzes Schreibtalent einzusetzen und in der Presse einen Riesenkrach zu schlagen. Aber es muß schnell gehen. Hier auf den Marquesas passieren die tollsten Dinge. So wie Du mich kennst, bin ich in Gefahr, ausgewiesen zu werden, weil ich mich nicht einem Gendarmen unterwerfen will. Man klagt mich an, daß ich die Eingeborenen aufwiegele, wenn ich ihnen klarmache, was ihre Rechte sind. – Ein Gendarm sagt z. B. zu einem Eingeborenen: ›Verdammter Kujon!‹ Und der Eingeborene, der nicht Französisch kann, antwortet: ›Du Kujon.‹ Dieser Eingeborene fragt mich, was das eigentlich heißt: Kujon. Ich erkläre es ihm, und man bestreitet mir das Recht, ihn aufzuklären. Natürlich wird dieser Eingeborene ins Gefängnis gesteckt. – Du hast da eine schöne Aufgabe, Morice. Aber mach schnell, mach schnell!«
Im April, nach seiner Verurteilung, schreibt er an Morice:
»Als ich an der Eingabe über die Gendarmerie arbeitete, sah ich schon voraus: Nun sitze ich wirklich im Fuchseisen, und ich bin trotz alledem verurteilt worden. Das ist mein völliger Ruin! Vielleicht wird es in der Berufungsverhandlung ebenso ausgehen. Auf alle Fälle muß man das in Betracht ziehen und diesen Leuten zuvorkommen. Wenn ich hier in der Berufungsverhandlung wieder verliere, wende ich mich an den obersten Berufungsgerichtshof in Paris. Du mußt schon jetzt gleich Dich erkundigen, wer dort der beste Verteidiger ist. – Du siehtst, wie recht ich hatte in meinem letzten Brief: ›Handle schnell und energisch!‹
Wenn wir Sieger bleiben, dann war es ein schöner Kampf, und ich werde etwas für die Marquesas geleistet haben. Viele Ungerechtigkeiten werden dann abgeschafft werden und dafür zu leiden ist der Mühe wert. Ich liege am Boden, aber ich bin noch nicht besiegt.«

221
Alle diese Sorgen töten mich – Über den Tod Gauguins gibt Victor Segalen in der Darstellung des Pastors Paul Vernié, der, in Atuona lebend, mit dem Maler bekannt wurde, folgenden Bericht: Gauguin, vertraute mir der Pastor an, war krank und fast gebrechlich ... Ich kann mich nicht als seinen Freund bezeichnen, aber ich war sein Nachbar ... Er war ein Wilder. Aber er kam mich besuchen, und zuletzt ließ er mich rufen. Er ging selten aus:

dann schleppte er sich mühselig barfuß auf seinen mit Geschwüren bedeckten Beinen herum; den Oberkörper bedeckte das Tahitianische Hemd, um die Hüften trug er einen Pareo; auf dem Kopf das »Studentenbarett« aus grünem Leinen, das an der Seite eine Silberkugel hatte. Gegen Anfang April bekam ich folgende Zeilen: »Lieber Herr Vernié, ist es zuviel verlangt, wenn ich Sie um Ihren Besuch bitte? Meine Augen werden immer schlechter. Ich bin sehr krank, ich kann nicht mehr gehen. P. G.« – Ich ging zu ihm. Er hatte fürchterliche Schmerzen an den Beinen, die ganz rot und von Ausschlag übersät waren. Ich wollte ihn verbinden, aber er dankte mir sehr freundlich und meinte, das würde er selber besorgen ... Er unterhielt sich mit mir und sprach in bewundernswerten Ausdrücken von seiner Kunst. Er lieh mir einige Bücher von Jean Dolent, Aurier und den »Nachmittag eines Faunes«, den er von Mallarmé selbst bekommen hatte. Ich verließ ihn und sah ihn zehn Tage lang nicht ... Der alte Tioka sagte mir: »Weißt Du, das geht nicht gut mit dem Weißen, er ist sehr krank!« Ich ging zu Gauguin, er lag stöhnend im Bett, noch einmal aber vergaß er seinen Schmerz, um über Kunst zu sprechen. Ich bewunderte diesen Kultus ... Am 8. Mai ließ er mich sehr früh durch Tioka rufen. Er klagte über heftige Schmerzen im Körper. Er fragte mich, ob es Morgen oder Abend, Tag oder Nacht sei. Er hätte, sagte er mir, zwei Ohnmachtsanfälle gehabt. Und war sehr unruhig darüber. Er sprach mit mir von Salammbô. Nach dieser kurzen Unterhaltung war er ruhig und ausgeruht, als ich ihn verließ. Gegen elf kam sein junger Diener Ka-hui und rief mich in aller Eile: »Komm schnell! Der Weiße ist gestorben!« Ein Bein von Gauguin, noch warm, hing aus dem Bett. Tioka war bei ihm, schrie und weinte und sagte: »Ich wollte sehen, wie es ihm ging ... Ich rief schon von draußen: Kokè! Kokè! Er hat nicht geantwortet ... Da ging ich hinein ... Hie! Hie! Kokè rührte sich nicht mehr ... Mata! Mata! Mata ... « Und Tioka kaute kräftig die Schädelhaut seines verstorbenen Freundes ... – mata –, um ihn ins Leben zurückzurufen ... Ich machte Wiederbelebungsversuche ... Paul Gauguin war nicht mehr, ich vermute, daß er einem plötzlichen Herzschlag erlegen ist. Da blickte Tioka zum letzten Mal seinen Freund Kokè an und sagte: »Jetzt gibt es keinen Menschen mehr!«

Georges Daniel de Monfreid erhielt erst am 23. August 1903 durch ein offizielles Schreiben Kenntnis vom Tode Paul Gauguin:

Französische Kolonien
in Ozeanien

Französische Republik
Freiheit – Gleichheit –
Brüderlichkeit
Taiohé, 18. Juni 1903

F. V. Picquenot, Administrateur p.i. der Marquesas, Beauftragter des Unterrichtswesens, an Monsieur Geo. Daniel de Monfreid, Domäne Saint-Clément, über Corneilla-de-Conflent (Ostpyrenäen).

Sehr geehrter Herr,

Da ich unter anderen Funktionen auch die des Pflegers herrenloser Nachlässe ausübe, halte ich es für meine Pflicht, Ihnen auf Grund Ihrer Beziehungen zu Paul Gauguin den am 9. Mai dieses Jahres plötzlich eingetretenen Tod dieses Künstlers mitzuteilen.

Hochachtungsvoll
Picquenot

Folgende drei Briefe – datiert vom 9. Juni, 14. August und 21. August 1903 – hatte Georges Daniel de Monfreid noch nach dem Tode Gauguins an diesen abgeschickt:

Saint-Clément, 9. Juni 1903

Mein lieber Gauguin,
Schon seit zwei Postdampfern habe ich keine Nachrichten: ich wäre entsthaft beunruhigt Ihretwegen, wenn ich nicht wüßte, daß die Marquesas nicht so regelmäßig angelaufen werden wie Tahiti; zumindest habe ich Grund, es zu glauben.
Ich selbst habe Ihnen nichts besonderes zu berichten: in der Provinz festgehalten, bin ich über nichts auf dem laufenden. Ich habe nicht einmal Nachrichten von Vollard; oder wenn ich welche habe, dann indirekt über Monsieur Fayet, der bei ihm vorbeigeht, wenn er eine Reise nach Paris macht.
Ich hatte damit gerechnet, in diesem Frühling nach Paris fahren zu können; aber ich sehe noch keine Möglichkeit dazu. Im übrigen wäre das jetzt zu spät. Nach dem 15. Juni verreist alle Welt in alle vier Ecken Frankreichs oder sonstwohin! Ich würde nichts und niemanden vorfinden, der mich außerhalb meiner streng persönlichen Angelegenheiten interessieren könnte . . . Es wird sicherlich im kommenden Herbst oder Winter etwas werden.
Mir ist, als hätte Monsieur Fayet mir von einer Sendung gesprochen, die Vollard vor einiger Zeit von Ihnen erhalten hat. Sie brauchen sich also nicht über das zu beunruhigen, was Sie nach Frankreich schicken konnten. Dabei möchte ich Ihnen sagen, wenn Sie eine neue Sendung abzuschicken haben, könnten Sie sie vielleicht vorteilhafter an mich adressieren. Ich könnte so einige ausgesuchte Gemälde in die Reserve tun, um sie dem (wenig zahlreichen, aber sorgfältig ausgewählten) Bestand hinzuzufügen, der auf meinem Speicher in der Rue Liancourt schlummert. Sie wissen, daß ich von dieser Reserve verschiedene Liebhaber zu Käufen habe bringen können; Fayet unter anderen. Meinen Sie nicht, daß man so fortfahren sollte? Das ist vielleicht nicht von absoluter Delikatesse Vollard gegenüber, aber außer, daß Sie sich nicht verpflichtet haben, ihm Ihre *ganze* Produktion zu überlassen, muß man ins Auge fassen, daß er Ihnen nicht die Preise geben würde, die Ihre ausgewählten Werke (mindestens) wert sind und die gewisse Liebhaber unter Ihren Freunden zu bezahlen nicht zögern. – Ich glaube daher, daß man wie zuvor fortfahren kann, nicht wahr?
Wenn Sie es also für gut halten, können Sie mir immer Ihre Gemälde hierher

aufs Land schicken, von wo ich es auf mich nehmen werde, sie nach Paris zu schaffen (und zwar um die Kiste bei Ankunft prüfen zu können).
Wenn ich Ihnen von diesen direkten Sendungen schreibe, so weil ich denke (nichts sicheres; aber schließlich wäre es zu versuchen), daß Monsieur Fayet vielleicht ein weiteres Bild von Ihnen kaufen würde, wenn ihm welche unter die Augen kämen, die ihm gefielen. Ich wollte ihn dazu bringen, eins der Gemälde zu kaufen, die ich noch habe (die liegende Frau mit den Mangofrüchten; oder die beiden kauernden Frauen in der mit einem geschnitzten Fries geschmückten Hütte). Aber er hat mir gesagt: »Nein; diese Bilder sind sehr schön; aber ich will nicht nur Negerfiguren haben.« Er wollte mir die Landschaft abkaufen, die ich von Ihnen habe, die gelben Heuschober mit Bretoninnen. Gewiß doch, aber das behalte ich! Wenn Sie die Möglichkeit hätten, ein schönes Gemälde zu machen, Landschaft, Seestück, Pferde usw., nicht zu *exotisch,* vielleicht würde er es kaufen. dies als einfacher Hinweis, nicht wahr. – Sein Freund, der in Paris wohnt, Maurice Fabre (Sie kennen ihn), würde vielleicht derselben Bewegung folgen. Wenn ihm nicht seine Weinberge erfroren sind in diesem Frühjahr. Ich muß Ihnen sagen, daß ganz Südfrankreich um den 15. April herum eine plötzlich eisige Temperatur über sich ergehen lassen mußte, die viel Zerstörungen angerichtet hat. Jeder, der Grund und Boden hat, beklagt sich darüber und hat Schaden erlitten. Ich als ganz kleiner Gutsbesitzer ebenso wie die anderen.

Ebenfalls von Monsieur Fayet habe ich in letzter Zeit Neues von Schuffenecker gehört: es scheint, er läßt sich scheiden – diesmal wirklich. – Und er verkauft alle seine Bilder: er *realisiert* alle die Kunstwerke, die er im Hinblick auf einen lukrativen zukünftigen Verkauf erworben hat. Fayet hat ihm zwei van Goghs abgekauft, zum Preis von 1 200 Frcs., glaube ich. Was, dieser Krämer! Er wollte ihm auch Ihren gelben Christus für eine beachtliche Summe verscheuern, ich kenne nicht den Betrag, der übrigens auch nicht ernsthaft angesetzt war; aber Fayet hat nicht angebissen; ich habe ihn nämlich darauf aufmerksam gemacht, daß er für vielleicht weniger exorbitante Preise als die von Schuff Gemälde von Ihnen kaufen könnte, für die das Geld Ihnen *direkt zukäme,* statt diesen alten Geizhals zu bereichern, der es gar nicht braucht. Und Sie können sich denken, daß Fayet ohne Zögern meiner Meinung war. Deshalb, wenn sich in Ihren Sendungen irgend etwas fände, das ihm gefiele, würde er es sicher kaufen. Tatsächlich hat er, glaube ich, die Idee, Werke Ihrer verschiedenen Manieren zu haben, um sich an der Unterschiedlichkeit erfreuen zu können, die Ihre aufeinander folgenden Kunstetappen bieten. (Vielleicht würde er gern ein Gemälde aus Ihrer bretonischen Epoche haben wollen, oder von Martinique?) Aber diese Werke sind jetzt untergebracht oder in den Händen von Kunsthändlern, die sie kaum jemals vorzeigen.
Während ich hieran denke, mein lieber Gauguin, lassen Sie mich Ihnen eine Frage stellen, die ich seit langem hin und her wälze. Ich denke, daß wir »fast

alle« (wie man sagt) sterblich sind. Wenn Sie oder ich dahinscheiden sollten, was wäre zu tun? Für mich ist das sehr einfach: alle Ihre Angelegenheiten würden in die Hände eines meiner guten und treuen Freunde übergehen, sei es Cros, Ingenieur an der Staatseisenbahn in Paris, sei es Brouillon, der in Givryen-Argonne (Marne) lebt. Sie kennen sie alle beide, und Redlichkeit wie die Hochachtung, die sie Ihnen entgegenbringen, bürgen für die Sorgfalt, mit der sie Ihre Angelegenhciten wahrnehmen würden. Ganz zu schweigen von Annette, die auch noch da wäre für dasselbe Ziel. Aber wenn es Ihnen zustieße, vor mir aus dieser Welt zu gehen und bevor Sie die Angelegenheiten hätten regeln können, die Sie betreffen? Was müßte ich tun? Alles, was ich von Ihnen habe und was Ihnen gehört, nach Dänemark an Ihre Frau schicken? Und sie die Gemälde bei Vollard oder die zu Ihren Gunsten verbleibenden Gelder an sich nehmen lassen? Würden Sie es nicht vorziehen, jemand da unten Nutzen daraus ziehen zu lassen, der Ihnen vielleicht näher stünde? . . . Ich weiß nicht, mein lieber Freund, ob Sie diese Erwägungen überflüssig finden. Mir scheint, daß sie verdienen, geklärt zu werden, nicht wahr?
Mit meinen besten Grüßen für eine gute Gesundheit, mein lieber Gauguin, drücke ich Ihnen sehr herzlich die Hand. Ihr ergebener

Geo. de Monfreid

14. August 1903

Mein lieber Gauguin,
Dieser Tage erhielt ich Besuch von Monsieur Fayet. Er ist mit Madame Fayet im Automobil hergekommen, um mit mir eine Sie betreffende Angelegenheit zu besprechen. Er hat sich vorgenommen, Ihnen eine ganze Serie von Bildern abzukaufen, um so *ein Ensemble* Ihrer Werke zu besitzen. Im vorigen Monat bin ich nach Paris gefahren, eine eilige Reise, um meinen Sohn zu besuchen, der krank war und dessen Angelegenheiten meine Gegenwart erforderten. Ich habe kaum die Zeit gehabt, Vollard zu sehen, noch einen Freund. Im übrigen wußte ich auch, daß ich zu diesem Zeitpunkt niemand in Paris antreffen würde. Aber ich habe die Reise genutzt, um die Gemälde, die ich von Ihnen als Reserve in meinem Speicher aufbewahrte, mitzubringen. Das sind alles jene Gemälde, die Monsieur Fayet Ihnen vermutlich en bloc abkaufen wird. Da ist ein großes Bild mit dem Titel Rupe-rupe, Figuren heben sich von einem chromgelben Hintergrund ab, mit einem Reiter zur Rechten. Dann ein anderes, wo zwei Frauen zu Füßen eines schwarzen Idols kauern, zur Rechten eine Tür, welche eine nächtliche Landschaft sehen läßt. Endlich ist da das sehr schöne Gemälde mit der unter Bäumen liegenden Frau, mit dem Meer im Hintergrund, ein schwarzer Hund, der vorbeiläuft, usw., »Te arii vahine«. Dieses ist leider in recht kläglichem Zustand; das heißt, es benötigt eine Rentoilage, die ein Spezialist (der Père Fortier hat mir einen sehr geschickten in Paris genannt) leicht machen könnte. Fügen Sie dem das Gemälde mit den beiden in der Hütte kauernden Frauen

hinzu, mit einer Wiege, in der ein Baby schläft, und einem geschnitzten Fries an den Wänden; die geöffnete Tür läßt eine tahitische Landschaft sehen mit einem Reiter in der Ferne; ein Bild, das sich noch bei Calmel in Béziers befindet. Dann ein Blumenstilleben mit Katzen. Alles in allem fünf Gemälde. Vielleicht würde Monsieur Fayet die Blumen nicht nehmen; in diesem Fall könnte ich dieses Bild immer noch für vierhundert Francs an Vollard verkaufen und ihm sagen, *daß es mir gehört.*
Ich bin ganz ratlos, zu was für einem Preis ich Monsieur Fayet diesen ganzen Stapel Bilder überlassen soll. Da er mir nur einen sehr eiligen Besuch machte (denn für mich ist es hier sehr unerfreulich, Besuche zu empfangen, bei meiner wahnsinnigen alten Mutter), hatte er nicht die Zeit, mir ernsthaft von einem Preis zu sprechen, den er Ihnen bieten könnte. Ich mißtraue mir selbst, da ich gefühlsmäßig geneigt bin, ihm Konzessionen zu machen; denn ich glaube, daß Monsieur vielleicht der Mann ist, der Sie als Künstler am gesündesten zu würdigen weiß. Er exaltiert sich nicht; aber er ergründet Ihre Werke reiflich und liebt sie dann mit einer soliden, innigen und überlegten Überzeugung. Ich glaube, daß er später, oder sogar bald, eine der besten Stützen Ihres Ruhmes sein wird. Wie dem auch sei, trotzdem müssen sich Ihre Werke ja vernünftig bezahlt machen. Deswegen bin ich also häufig in Verlegenheit.
Sie lassen selten von sich hören, mein lieber Gauguin; ich bin auch ziemlich beunruhigt Ihretwegen. Monsieur Fayet hat Ihnen im vorigen Monat die Summe geschickt, um die Sie baten. Wir fragen uns nicht ohne Besorgnis, was aus der Sache mit dem Procureur geworden sein mag; denn diese Tiere sind immer gefährlich. Man muß sich von ihnen fernhalten wie von den Polizisten, den Gendarmen, den Pfarrern usw., kurz all denen, die öffentlich kundgeben, daß sie die Autorität gepachtet haben. Ich hoffe, in diesem Winter nach Paris fahren und mich dann ernsthafter um Ihre Angelegenheiten kümmern zu können, wenn das möglich ist. Ich werde dann vor allem sehen, ob Vollard Ihre interessante kleine kunstkritische Schrift publizieren will, die keine Zeitschrift – wohlverstanden! – hat einsetzen wollen.
In Erwartung Ihrer Nachrichten, mein lieber Gauguin, sende ich Ihnen meine besten Wünsche für Ihre Gesundheit und drücke Ihnen von ganzem Herzen die Hand.

Ihr ergebener
Geo. de Monfreid

Saint-Clément, 21. August 1903

Mein lieber Gauguin,
In Eile zwei Worte, die ich zur Post gebe, ohne genau zu wissen, mit welchem Schiff das abgehen wird.
Monsieur Fayet schreibt mir, daß er drei bedeutende Gemälde von Ihnen kaufen würde:
1. Die beiden in der Hütte kauernden Frauen, mit dem geschnitzten Fries im

Hintergrund und einer Tür, die auf eine Landschaft hinausführt, wo in der Ferne ein Reiter vorbeizieht (dieses Bild ist bei Calmel seit der Ausstellung von Béziers).
2. Die liegende Frau, die einen Fächer hinter dem Kopf hält, »Te arii vahine«, mit Meer als Hintergrund, das man durch die Bäume sieht, usw.
3. Das große Gemälde »Rupe rupe«, chromgelber Hintergrund, mit drei stehenden Frauen links und einem Reiter rechts.
Er bittet mich, Sie zu fragen, ob Sie 3300 Francs als Preis für diese drei Bilder annnehmen würden. Was sie auf durchschnittlich 1100 Francs für jedes bringt. Ich habe mich nicht festlegen wollen; denn dieser Preis ist sehr bescheiden. Aber andererseits nimmt Ihnen Fayet da einen ziemlich bedeutenden Stapel ab und wird Sie sofort nach Ihrer Einwilligung bezahlen. Zudem hat er schon eine schöne Sammlung Ihrer Werke, vor allem wenn man die hinzuzählt, die Sie ihm schicken sollen und auf die er wartet. Wenn er Ihnen diese drei Bilder abkauft, dann ist das ein *Überschuß* zu seiner bereits sehr schönen Sammlung, für den er sicherlich kein *Opfer* bringen wird. Sie müssen selbst sehen, mein lieber Gauguin, ob Sie glauben, annehmen zu sollen, und antworten Sie mir so schnell wie möglich. Ich weiß jedoch nicht, ob mein Brief Sie erreichen wird, denn ich bin schon sehr lange ohne Nachricht von Ihnen. Und ich kann Ihnen nicht verbergen, daß mir das einige Unruhe bereitet. Ich frage mich, ob Ihr Schweigen eine Krankheit anzeigt oder Ärger mit dem Procureur, von dem Sie mir geschrieben haben; oder gar Ihre Rückkehr, was vielleicht nicht das beste für Sie wäre. Ich fürchte sehr das unselige Klima des alten Europa für Ihre schon angegriffene Gesundheit; ein jäher und derart radikaler Wechsel der Lebensumstände würde Sie töten, fürchte ich.
Monsieur Fayet steht in Verbindung mit einem Schriftsteller, der eine Arbeit über Sie herausbringen wird (und über andere Künstler, glaube ich, wie Degas, Renoir usw.), Meier-Graefe, wenn ich mich nicht irre. Er wird vielleicht in seinem Buch Ihr ursprünglich für den »Mercure de France« bestimmtes Manuskript veröffentlichen. Ich werde mir das genauer ansehen und Sie auf alle Fälle auf dem laufenden halten.
Viele Grüße von allen, mein lieber Gauguin, und tausend Grüße von Ihrem ergebenen

Geo. de Monfreid
Domäne Saint-Clément
bei Corneilla-de-Conflent
(Ostpyrenäen)

Am 25. September 1903 schrieb Frau Mette Gauguin, nachdem ihr der Tod Paul Gauguins bekannt geworden war, an Georges Daniel de Monfreid:

Sehr geehrter Herr,
In Beantwortung Ihres Briefes vom 12. September habe ich Ihnen zuerst für

die Sympathie zu danken, die Sie uns durch die Übermittlung der traurigen Nachricht vom Tode des Vaters meiner Kinder bezeigt haben, einer Nachricht, die mir um so mehr Schmerz verursacht hat, da ich vermuten muß, daß mein armer Paul unter ganz besonders traurigen Umständen gestorben ist. Während meiner letzten Reise nach Paris vor einem Jahr hatte mein Freund Schuffenecker mir gesagt, daß Paul krank und sehr unglücklich sei, aber ich hatte nicht gedacht, daß das Ende so nah wäre.

Ich weiß, daß Sie sich schon seit Jahren um Pauls Angelegenheiten kümmern, und ich wäre Ihnen sehr dankbar, wenn Sie um der Liebe dessen willen, der nicht mehr ist, damit fortfahren würden! Ich werde Ihnen eine Generalvollmacht schicken, sobald Sie die verschiedenen Rechnungen geregelt haben; Sie werden die Güte haben, mir zu schreiben, ob ich sie hier bei der französischen Gesandtschaft oder beim Konsul in Kopenhagen beglaubigen lassen muß. Da ich schon seit mehr als zehn Jahren gänzlich ohne direkte Nachrichten von Paul bin, habe ich nicht die geringste Vorstellung vom Stand seiner Angelegenheiten noch davon, was er unseren drei Söhnen und mir hinterlassen haben könnte. Sie wisssen vielleicht von Schuffenecker, daß ich seit neunzehn Jahren arbeite, um meine fünf Kinder großzuziehen, von denen ich zwei im Alter von neunzehn und einundzwanzig Jahren verloren habe. Die drei anderen, von denen der Älteste im Augenblick in Bogotà bei Pauls Schwester, Madame Uribe, ist, sind neunundzwanzig, zweiundzwanzig und neunzehn Jahre alt, die beiden letzteren leben bei mir und können noch nicht für ihre eigenen Bedürfnisse sorgen. Unter diesen Umständen werden Sie vielleicht verstehen, daß es für mich sehr schwierig wäre, anders als schriftlich an den Angelegenheiten teilzunehmen, die Reise ist teuer, und ich komme nur unter Schwierigkeiten zurande, indem ich ununterbrochen arbeite. So wage ich es, weiterhin auf Sie zu rechnen, und ich nehme Ihr Beistandsangebot an, obwohl ich verstehe, daß die Verantwortung Sie drücken muß.

Sie fragen mich nach meinen Absichten, ich kann Ihnen nur sagen, daß ich die Interessen meiner Kinder in Ihren Händen lasse und daß ich in allen Dingen auf die Freundschaft vertrauen werde, die Sie Paul immer gezeigt haben. Mir bleibt nur noch, Ihnen zu versichern, daß ich die Bewunderung teile, die Sie für den großen Künstler zum Ausdruck bringen, mit dem man nicht rechnen darf wie mit einem mittelmäßigen Wesen, und daß ich mit der tiefsten Trauer an seinen Tod denke, so fern von all denen, die ihn hätten umgeben können, wenn das Schicksal weniger grausam gewesen wäre.

Gestatten Sie mir, Monsieur, meinen aufrichtigen Dank auszusprechen, an den zu glauben ich Sie bitte.

Mette Gauguin
34, Kronprinssegade, Kopenhagen K
(Dänemark)

LEBENSDATEN
zusammengestellt von Maurice Malingue

1848
Paul Gauguin wird am 7. Juni 1848 in der Rue Notre-Dame-de-Lorette 56, Paris, geboren. Sein Vater ist Clovis Gauguin, gebürtig aus Orléans, Journalist und Mitarbeiter der "National", seine Mutter: Aline-Marie Chazal, Tochter der Peruanerin Flora Tristan, Schriftstellerin und Schülerin von Saint-Simon und von dem Graphiker André Chazal, dem Bruder Antoine Chazals, Zeichenlehrer im Muséum d'Histoire Naturel.
1849
Abreise der Familie Gauguin (zwei Kinder: Paul und Marie) nach Peru. Der Vater stirbt auf der Überfahrt an den Folgen eines Herzanfalls. Er wird in Port-Famine (Punta Arenas) an der Meerenge von Magellan bestattet. Vierjähriger Aufeinthalt in Lima bei dem Onkel Don Pio de Tristan.
1855
Rückkehr nach Frankreich wegen Erbangelegenheiten. Frau Gauguin wohnt mit ihren Kindern bei ihrem Schwager Isidore Gauguin in der Rue Endelle 7 in Orléans.
1859
Paul tritt in das "Petit Seminaire" ein.
1865
Eintritt in die Handelsmarine, er kommt an Bord der "Luzzitano". Reise von Le Havre nach Rio de Janeiro. Gauguin entdeckt dort den Reichtum exotischer Landschaften.
1867
Tod der Aline Gauguin in Saint-Cloud bei Paris. Marie Gauguin wird von der Familie Arosa aufgenommen.
1868
Eintritt Gauguins in die Flotte, er schreibt sich am 26. Februar in Le Havre ein. Einschiffung an Bord der "Jérome-Napoléon".
1871
Kommt am 23. April auf Urlaub. Durch Vermittlung seines Vormundes Gustave Arora tritt Gauguin in die Bank Bertin, in der Rue Laffitte, Paris, ein. Dort macht er die Bekanntschaft mit Emile Schuffenecker. – Erste Zeichenversuche.
1872
Ausgezeichnete finanzielle Lage Gauguins. Er zeichnet sonntags in Saint-Cloud, begleitet von Marguerite Arosa, der Tochter seines Vormundes.
1873
Am 22. November heiratet Gauguin die junge Dänin Mette Sophie Gad. Eintragung der Eheleute im Rathaus des 9. Arrondissement's. Paul ist 25,

Mette war am 7. September 23 Jahre alt geworden. Trauung in der lutherischen Kirche in der Rue Chauchat.

1874

Im Juni besucht Gauguin häufig Pissaro und die Académie Colarossi. Geburt seines ersten Kindes Emile am 31. August.

1875

Am 28. Dezember heiratet Marie Gauguin Juan Népmucène Uribe, einen Kaufmann aus Kolumbien.

1876

Erste Ausstellung Gauguins im SALON mit dem Landschaftsbild »*Sous-bois à Viroflay*«. Am 25. Dezember wird Aline geboren.

1877

Übersiedlung Gauguins in die Rue des Fourneaux, dort lernt er den Bildhauer Bouillot kennen.

1879

Unter dem Einfluß Pissaros legt sich Gauguin eine Sammlung impressionistischer Bilder an, Degas, Cézanne, Monet, Renoir, Mary Cassatt usw. – Am 8. Mai wird Clovis geboren.

1880

Gauguin befaßt sich intensiver mit der Malerei. Er zieht um in die Rue Carcel 8 und bleibt dort bis Anfang 1883. – Teilnahme an der "Exposition des Indépendants" und an der 5. Impressionistenausstellung in der Rue des Pyramides 10.

1881

Nimmt Gauguin an der 6. Impressionistenausstellung teil. – Bekanntschaft mit Cézanne durch Pissarro. – Joris K. Huysmans spricht in seinem Artikel über die »Expositon des Indépendants« 1881 von einer »*Etude de Nu*« von Gauguin. (»Ich möchte behaupten, daß unter den zeitgenössischen Malern, die sich mit Aktstudien befassen, bisher noch keiner eine so deutliche Note der Realität hat aufkommen lassen wie Gauguin. Selbst Courbet nehme ich dabei nicht aus.«) – Am 12. April wird Jean geboren.

1882

Im März findet die 7. Impressionistenausstellung in der Rue Saint-Honoré 251 statt, an der Gauguin nach langen Auseinandersetzungen zwischen Pissarro, Degas, Renoir und Claude Monet, die nicht mit dem "ersten besten Anstreicher" zusammen ausstellen wollen, teilnimmt.

1883

Gauguin gibt seine Arbeit an der Börse auf, ohne davon vorher seine Frau und seine Freunde in Kenntnis gesetzt zu haben. – "Endlich kann ich Tag für Tag malen", ruft er aus. – Am 6. Dezember Geburt seines 5. Kindes Pola.

1884

Um die Ausgaben herabzusetzen, siedelt die Familie Gauguin zuerst von Paris nach Rouen über. Später Abreise nach Dänemark, wo sich Mette in ihrer Familie gesicherter fühlt.

1885

Während der ersten Monate des Jahres vertritt Gauguin in Dänemark die Firma Dillies & Cie (Roubaix), eine Fabrik für Segeltuch. – Vom 1.-6. Mai Ausstellung bei der Gesellschaft der Freunde der Kunst in Kopenhagen. Zerwürfnis mit der Familie seiner Frau: "Ich hasse die Dänen", erklärt er. Im Juni Rückkehr Gauguins nach Paris zusammen mit seinem Sohn Clovis. Sie wohnen in der Impasse Frémin. Aufenthalt in Dieppe, von da aus drei Wochen nach England. Gauguin mietet am 13. Oktober eine Wohnung in der Rue Cail 10.

1886

Um seinen kranken Sohn pflegen zu können, wird Gauguin Plakatkleber. Teilnahme an der 8. Impressionistenausstellung. Nach Unterbringung von Clovis in einer Pension in Anthony, erste Reise nach Pont-Aven in der Bretagne. Unterkunft in der Pension Gloanec. Im August erstes Zusammentreffen mit Emile Bernard, der von Emile Schuffenecker geschickt wurde. Der 18-jährige Bernard schreibt an seine Eltern: "Der Impressionist Gauguin ist ein außergewöhnlicher Bursche." – Rückkehr Gauguins nach Paris im November, er lernt van Gogh kennen, häufige Besuche bei Degas, den er bewundert. Gauguin verbringt den Dezember im Krankenhaus.

1887

Gauguin schifft sich am 10. April in Saint-Nazaire mit Charles Laval nach Panama ein und fährt von dort nach La Martinique.

1888

Rückkehr nach Frankreich. Völlig mittellos, wird Gauguin von Emile Schuffenecker in der Rue Boulard 29 aufgenommen. – Im August geht Gauguin nach Pont-Aven, dort erneutes Zusammentreffen mit Emile Bernard. Die "Synthèse" wird gegründet. Erste Sonderausstellung bei Boussod und Valadon. Theo van Gogh nimmt sich seiner an. Anfang Oktober malt Paul Sérusier unter seiner Anleitung den *"Talisman"*. Am 22. Oktober Zusammentreffen Gauguins mit Vincent van Gogh in Arles. Er bleibt dort bis zum 25. Dezember, dem Tag, an dem Vincent mit einem Rasiermesser in der Hand auf ihn lossstürzt.

1889

Gauguin mietet sich bis März ein Atelier in der Avenue Montsouris 25. Ausstellung im Salon der XX in Brüssel. Motto der Gesamtausstellung: Besuch bei den Javanern. Schuffenecker organisiert die Ausstellung der Impressionisten und Synthétheitisten im "Café des Arts" von Volpini. – Die Masse drängt sich im Café, die Ausstellung wird ein großer Lacherfolg. – Rückkehr nach Pont-Aven im April. Den Winter verbringt Gauguin in der Pension Marie Henry, zusammen mit Meyer de Haan, Charles Filiger und Armand Seguin.

1890

Am 28. Januar bittet Gauguin um Gastfreundschaft bei Schuffenecker in der Rue Durand-Clay. Dann mietet er ein Zimmer in einem Hotel in der Rue

Delambre. Später in Le Pouldu, wo er bis zum 7. November bleibt. – Mette Gauguin bleibt mit ihren Kindern endgültig in Kopenhagen.

1891

Am 23. Februar versteigert Gauguin seine Bilder im Hotel Drouot. – Am 7. März trifft er zum letztenmal mit seiner Familie in Kopenhagen zusammen und kehrt am 23. nach Paris zurück, um an dem Abschiedsbankett teilzunehmen, das seine Freunde für ihn geben. – Am 4. April Abreise nach Tahiti. Ankunft in Papeete am 8. Juni. Gauguin siedelt sich 40 km von der Stadt entfernt an.

1892

Ein Jahr intensiver Arbeit, Gauguin malt und modelliert; sein Gesundheitszustand ist schlecht. Erster Entwurf von Noa-Noa.

1893

Am 3. August Ankunft Gauguins in Marseille. Am 4. November Ausstellung bei Durand-Ruel. Er mietet sich ein Atelier in der Rue Vercingétorix 4 und lebt dort zusammen mit Anna Martin, genannt "La Javanaise". Ende Dezember erbt Gauguin von seinem Onkel Isidore.

1894

Im Januar Besuch in Brügge. April bis Dezember Aufenthalt in Pont-Aven und Le Pouldu. Schlägerei in Concarneau mit Seeleuten, die für ihn mit einem Beinbruch endet. Rückkehr nach Paris im Dezember. Gauguin entdeckt, daß Anna den größten Teil der Einrichtung aus seinem Atelier mitgenommen hatte.

1895

Abgestoßen von dem Leben, daß er in Paris führt, entschließt sich Gauguin, nach Tahiti zurückzukehren. Am 18. Februar: zweite Versteigerung im Hotel Drouot, die ein noch größerer Mißerfolg als die erste wird. Einige Zeit später verläßt er Frankreich. Trotz der Meinungsverschiedenheiten, die zwischen ihm und seiner Frau bestehen, korrespondiert er weiterhin mit ihr.

1896

Tahiti. In einem Anfall der Verzweiflung schreibt er: "Ich knie nieder und werfe allen Hochmut ab. Ich bin nichts, höchstens ein Versager."

1897

1. Januar: Tod seiner Tochter Aline. Endgültiger Bruch mit seiner Frau. Am 2. Februar, von den Europäern verachtet, ohne Geld, am Ende seiner Kräfte, versucht Gauguin sich in einem Zustand der Überreiztheit das Leben zu nehmen. Er kommt ins Krankenhaus. Um sich sein Essen zu verdienen, arbeitet Gauguin im Büro für öffentliche Arbeiten und im Katasteramt. Im Dezember: Kontakt mit Ambroise Vollard, der sich für ihn interessiert.

1899

Im Juni bringt Gauguin die satirische Zeitschrift "Guêpes" heraus, im August die Zeitung "Le Sourire".

1900

Leidend, am Ende seiner Kräfte, unterbricht Gauguin von März bis November seine Arbeit. Er bleibt in Unkenntnis über den Tod seines Sohnes Clovis, der am 16. Mai starb. Ende Dezember: Einlieferung ins Krankenhaus (12 Fr. pro Tag).

1901

Da ihm das Leben in Tahiti zu teuer wird, verkauft Gauguin seine Hütte und siedelt sich in Atuona an, einem Dorf auf La Dominique (Hiva-Oa) in den Marquesas. Er benennt seine neue Behausung: "Maison du Jouir" (Haus des Genießens).

1902

Gauguin vertritt bei jeder Gelegenheit die Rechte und Angelegenheiten der Einwohner und gerät demzufolge mit dem Beschif und der Regierung in Streitigkeiten. Er verachtet die Polizisten, die er beschuldigt, sie würden schmuggeln. Seine Herzkrankheit macht ihm zu schaffen. Die Beine sind mit Ekzemen bedeckt und wollen nicht heilen. Die Syphilis verwüstet seinen Körper. Gauguin will nach Frankreich zurück und von da nach Spanien. Daniel de Monfreid rät ihm ab: "Sie dürfen nicht wiederkommen, Sie genießen die Immunität der Großen Toten . . . , Sie sind in die Geschichte der Kunst eingegangen." Gauguin schreibt "Avant et Après".

1903

Vom dem Polizisten Guichenay wegen Verleumdung verklagt, wird Gauguin am 31. März zu 3 Monaten Gefängnis und 1000 Francs Geldstrafe verurteilt. Er legt Berufung ein und wäre auch sicher freigesprochen worden, hatte aber kein Geld mehr, nach Tahiti zurückzukehren.
Am 8. Mai, gegen 11 Uhr morgens stirbt Gauguin. Auf seiner Staffelei findet man das unvollendete Bild: "Bretonisches Dorf im Schnee".

NACHWORT

Nur in ganz seltenen Fällen erkennt die Öffentlichkeit bei Malern den schriftlichen Nachlaß als bedeutsames oder eigenständiges Werk an. Da wären zunächst einmal die Briefe Vincent van Goghs, oder die Paul Cezannes an Emil Zola, sowie die Briefe und Tagebuchblätter von Paula Modersohn-Becker, die im nachhinein alle in ihrer literarischen Bedeutung neben dem eigentlichen Werk der Künstler stehen, bestenfalls in wechselseitiger Wirkung zur Bedeutung dieser beigetragen haben. Dabei ist zu bemerken, daß gerade Briefe und Tagebücher immer ganz originäre Äußerungen darstellen, die in ihrer spontanen Formulierung anders, vielleicht auch wichtiger zu beachten und zu interpretieren sind, als am Lebensabend geschriebene Autobiografien. „Nun", so bemerkt Michael Erlhoff[1], „sind Briefe immer noch Texte und zeugen Kontaminationen . . . ; als Texte sind sie allemal Ansprache und Erläuterung; darin aber Aktion und Ausdruck." Ein Maler, könnte man meinen, der so viele Briefe schreibt, traut seinen Bildern nicht. Er hat immer die Angst, in diesen nicht verstanden zu werden. Auch Gauguin hat schon immer viel geschrieben. Neben den zahlreichen Briefen – die ja nie für eine Öffentlichkeit vorgesehen waren – waren seine Ambitionen immer auch journalistisch, selbst wenn er von sich behauptete, kein Schriftsteller zu sein.

Die bekannteste Veröffentlichung: „NOA NOA" ist in diesem Zusammenhang vorrangig zu nennen. Gänzlich unaufgearbeitet sind aber bis heute seine anderen Veröffentlichungen und Niederschriften, wie „L' ANCIEN CULTE MAHORIE", 1893; die in unregelmäßigen Abständen in der auf Tahiti erschienenen Zeitung: „LE GUEPES" veröffentlichten Artikel[2], in denen er diverse örtliche Mißstände auf dieser Insel zu kritisieren begann. Hinzu kommen die Artikel in seiner von ihm selbst herausgebrachten Zeitung: „LE SOURIRE". Ferner verfaßte er noch für seine Tochter das „CAHIER POUR ALINE"; diverse Aufsätze und Gedanken, durchaus für eine größere Öffentlichkeit vorgesehen, schließen mit dem Buch: „AVANT ET APRES" auf den Marquesas ab.

Diese Veröffentlichungen, gemeinsam mit den derzeit zugänglichen Briefen[3] haben sicher mehr Beachtung verdient, als es momentan der Fall ist – besonders, weil diese Äußerungen etwas über den Künstler als Menschen sagen, weil sie mit bestimmten Meinungen und Legenden Schluß machen und letztendlich ganz wesentlich zum Verständnis seiner Bilder, Skulpturen, Holzschnitte und Plastiken beitragen könnten.

Daß es zu einer solchen Legendenbildung kommen konnte, liegt allerdings auch an Gauguin und seiner Biografie selber. Einerseits verhalfen ihm hierzu seine in „NOA NOA" zusammengefaßten ersten Südseeerfahrungen und -erlebnisse, hier bezeichnenderweise die erste, von seinem damaligen Pariser Freund und Schriftsteller Charles Maurice[4] häufig verbreitete Fassung, andererseits die in europäischen Köpfen gefaßten Vorstellungen über

die Südsee im allgemeinen und das Leben und Werk Paul Gauguins[5] im Besonderen.
Wenn man die Biografie kurz faßt, ist sie ebenso spektakulär wie konsequent und läßt Paul Gauguin letztendlich als einen unverbesserlichen Egozentriker erscheinen: Er wächst der Zeit gemäß einigermaßen wohlbehütet bei seinen verwandten Pflegeeltern auf. Sein Vater starb früh, seine Mutter verlor er, als er neunzehn war. Nach der Schule fuhr er zur See, lernte so früh andere Länder und Erdteile kennen, wurde dann erfolgreicher Makler an der Börse mit absolut bürgerlichen Ambitionen; Frau und Kinder waren selbstverständlich. Dann, mit bereits 35 Jahren – und das um 1885! – begann er zu malen, eine Tätigkeit, die ihn sein Leben lang nicht mehr losließ.
Diese Malerei – das belegen eben auch die Briefe – ist Ausdruck einer fixen Idee nach etwas Neuem, der offensichtlich spontane Ausbruch aus seiner bisherigen Welt. Diese Idee führt ihn über die Bretagne, Panama und Martinique bis in die Südsee und noch ein Stück weiter: bis zu den Marquesas, einer Inselgruppe, die auch noch heute eine gewisse Ursprünglichkeit polynesischen Lebens besitzt. Hier endet Gauguins Leben, von seinen Landsleuten nicht ohne Häme zur Kenntnis genommen, von allen anderen – auch in Europa – recht unbemerkt. Er hat seine Idee wohl nie verwirklichen, geschweige denn leben können. Seine Malerei wurde erst später richtig erkannt und hatte bekanntermaßen nachhaltigen Einfluß auf die Kunstgeschichte.
Daß gerade solch ein Leben derart herausgestellt wird, hat auch mit dem Verständnis von Kunst in unserer Gesellschaft zu tun. Am Beispiel von Vincent van Gogh läßt sich das hier drastisch erläutern: „Die Zwickmühle ist nämlich diese: Der Künstler hat Außenseiter zu sein und darf es zugleich nicht. Weigert er sich, den Außenseiter zu spielen, mischt er sich ein, so kommt er in Zucht und Ordnung und Armut; ist er Außenseiter, dann landet er nach geraumer Zeit eben in der Klapsmühle. Die Plätze sind zugewiesen, so oder so.“[6]
Ganz gleich, ob van Goghs oder Gauguins Bilder: die Wirkung, die sie noch heute auf den Betrachter haben, die Farbigkeit und die Offenbarung, die sie heute immer noch vermitteln, beinhalten aber zugleich den Spiegel, den der Betrachter vorgehalten bekommt, in dem man immer wieder erfährt, was aus solchen wird, die so malen: van Gogh wurde angesichts seiner Selbstverstümmelungsversuche interniert und verübte Selbstmord; Gauguin tat das freiwillig, indem er an das damalige „Ende der Welt“ verschwand. Er wurde gewarnt, je wieder nach Europa zu kommen. Sein offenbar einziger, wirklicher Freund, Daniel de Monfreid[7] riet ihm: „Sie sind jetzt dieser seltsame, legendäre Künstler ... Sie dürfen nicht wiederkommen! ... Sie genießen die Immunität der großen Toten ... “ Besonders hier kommen uns dann wieder die Briefe zur Hilfe, die die Pein und ganze Zerrissenheit der Seele eines Künstlers aufzeigen. Sie weisen uns auf die inneren Kämpfe eines bürgerlich Erzogenen mit der Idee einer neuen Bestimmung hin. Sie berichten uns auf dramatische Weise von einem Kampf um die Farbe und die Anmut der Bilder, die uns heute so friedlich und voller Harmonie erscheinen.

Gauguin hatte sich im eigentlichen Sinne nie politisch geäußert, aber seine spärlichen Bemerkungen in Aufsätzen und Briefen (An seine Frau Mette: „Du mußt erkennen, daß der Wind nicht mehr aus dieser Richtung weht, die herrschende Klasse ist zu wenig progressiv, während der Adel nichts mehr von seinem früheren Edelmut besitzt . . . “) und sein konsequentes Engagement für die eigentlichen Bewohner der Südseeinseln sind ein wesentlicher Teil seiner unbeugsamen Haltung zu seiner Zeit.
Gerade das macht Gauguin für viele interessant und jeder möchte ihn für sich haben: die Politischen, die Aussteiger, die Intellektuellen, die Kunstwissenschaft und der einfache Kunstfreund.

Das konnte man mit Paul Gauguin schon zu Lebzeiten nicht machen. Die Briefe belegen, daß er beinahe jedem kritisch gegenüberstand, daß er immer ein streitbarer Geist war, der sich so schnell nicht vereinnahmen ließ.
Gerade das trug ihm schnell den Ruf des Egozentrikers ein.
Gauguins feste Grundhaltung hatte sicherlich philosophische, zeitgenössische Wurzeln: eben die Vorstellung einer Glücklichkeitsidee. Dabei treten die zwei Seiten des Gauguinschen Wesens auf: seine leidenschaftliche, keiner geistigen Formung unterworfene Gedankenwelt und ein allgemeiner, keiner geistigen Konzeption zuzuordnender geistiger Glaube. Vielleicht verbindet sich bei ihm immer wieder seine Bekanntschaft mit Stefan Mallarmè oder das Wissen um das Werk Arthur Rimbauds, die Gauguin in seiner Malerei versucht umzusetzen, zu seiner Idee einer „absoluten Kunst als Utopie“. Es sei daran erinnert – es steht in den Briefen –, daß er schon aus der Bretagne den Rat gibt: „Malen Sie nicht zu viel nach der Natur – Kunst ist Abstraktion.“
Sicher aber gilt, daß Gauguin in der gedanklichen Tradition des Jean-Jaques Rousseau und des „Tahiti-Kultes“ stand. Es hätte so, was die Südsee für ihn war, eigentlich auch jeder andere Platz auf der Welt sein können, wie die Briefe belegen. Wichtig waren ihm nur die Originalität der Menschen und der Landschaft. Erinnert sei an seine Reisen nach Martinique, seine Idee, nach Tonkin oder Madagaskar auszuwandern. Die Südsee als Endziel war daher mehr ein Aufgreifen einer Grundströmung und das wiederholte Hoffen, hier billig leben zu können, was er als erster europäischer Künstler tatsächlich verwirklichte. Dabei gilt festzuhalten, daß er es nicht der Exotik, des tropischen Milieus oder des Abenteuers wegen tat; auch nicht um das Kennenlernen einer primitiven Kunst und Kultur – sondern um das primitive Leben schlechthin. Gauguin hat die Farben seiner Bilder immer im Kopf gehabt, sie sind Ausdruck einer Theorie des Seins, des Lebens, die an Intensität auch in den Farben erst hier entfaltet werden konnte.
Es war eventuell auch ein Teil des Mißverständnisses zwischen van Gogh und Gauguin gewesen, daß van Gogh in der Provence der Farbenintensität, des Lichts wegen war. Er wollte damit neue Eindrücke für die Malerei gewinnen, aber nicht sein Leben verändern. Gauguin ging es aber um einen Wandel der ganzen Existenz, um das Leben der Primitiven und das Leben

unter den Primitiven im Kontrast zum Leben in Europa[8].

Die entsetzliche Enttäuschung, die Gauguin in Papeete/Tahiti erlebt, „daß hier ja immer noch Europa ist", kann auch der heutige Besucher der Südsee gut nachempfinden. Daß er hier bei den Maoris nicht automatisch ein Wilder ist noch wird, liegt an einer Fehleinschätzung, liegt daran, daß er sein europäisches Bewußtsein bis nach Atuona/Hiva-Oa mitschleppte, unfähig sich dieser Klammer seiner Kindheit und des europäischen Erbes zu befreien, so sehr er auch immer wieder sein Motto und seinen Wunsch: „Oviri", „Sauvage", „sei wild, sei ein Wilder" gegenüber anderen und sich selbst beschwört. Diese Diskrepanz zeigt sich vielleicht auch in seinem Miß-Verhältnis zu seiner dänischen Frau Mette Gauguin, geb. Gad. Seine in den Briefen deutlich erkennbaren Beteuerungen, daß sie eines Tages wieder zusammenkommen werden, ist letztendlich Illusion. Mette Gauguin ist von Grund auf bürgerlich und hat kein Verständnis für das Leben ihres Mannes. Die Trennung von der Familie, die Gauguin selber nur als vorübergehende angesehen hatte, ist von ihr schon längst als endgültig vollzogen. Seine Briefe an Mette sind über Jahre der verzweifelte Ruf um Gegenliebe. Ihre Antworten sind eher kühl und sachlich. Jeden Wunsch um ein Wiedersehen beantwortet sie mit der Angst vor einer Schwangerschaft. Selten fällt ein persönliches Wort an ihn oder ein Hinweis auf gemeinsam verlebte Jahre. „Ich bin nunmehr Mutter, nicht Gattin", ist der Grundtenor ihrer Briefe. Gauguin hat nur noch die Bezeichnung: „Geschäftsbriefe" für diese Art des Schriftverkehrs. Gauguin kommt allerdings zur Einsicht, daß er verlassen wurde, recht spät; nämlich mit dem Tod seiner Tochter Aline. Erst in diesem Moment konnte er wieder ein Stück Europa zurücklassen.
Die in den Briefen immer wieder auftauchenden und auch den heutigen Leser quälenden finanziellen Sorgen, die er nicht nur seiner Frau und insbesondere seinem Freund Daniel de Monfreid mitteilt, machen selbstverständlich auch sein Künstlerleben aus. Allerdings sind diese Geldsorgen aus heutigem Wissen zu relativieren. Es darf nicht vergessen werden, daß Gauguin von seinem Onkel aus Orleans eine reichliche Erbschaft erhielt und daß sein Eigentum auf Tahiti einiges Kapital brachte, als er zu den Marquesas aufbrach, um dort noch einfacher zu leben. Floß ein Teil des Kapitals schon schnell während des teuren Lebens in Frankreich durch seine Hände, so wissen wir heute, daß seine von ihm so häufig so elend geschilderte finanzielle Lage zum Teil in seiner Person lag: durch Recherchen von Dr. Villaret und Morgaat, die mittlerweile seine Kontoauszüge und Dokumente im „Magasin Vorvey" in Atuona gefunden haben, ist ersichtlich, daß Gauguin innerhalb von 15 Monaten ca. 3 000 000 Franc (nach dem Wert von 1958) eingenommen und wieder ausgegeben hat, was angesichts des Autenthaltsortes nicht einfach gewesen sein dürfte. Es kann somit angenommen werden, daß seine Ausgaben hauptsächlich daher rührten, daß er die Bewohner der Insel zum Trinken einlud, zum Trinken von Absinth, der teuer von Tahiti hergebracht werden mußte. Dies war letztlich auch der Grund, daß gerade seine eigenen

Landsleute kaum noch Handhabe hatten, ihn gegen den Unwillen des katholischen Geistlichen auf Hiva-Oa zu verteidigen[10].

Und noch ein weiteres läßt Gauguin immer wieder als Europäer erscheinen und belegt einmal mehr seinen intellektuellen Anspruch an die Malerei, seine Malerei und Bilder als solche. Nur zu leicht verschwindet hinter den Äußerlichkeiten der Bilderwelt, seien es die Körper der polynesischen Frauen, die tropische Vegetation und Behausung und das ferne Ambiente, die wahre Absicht des Malers. Gerade seine eigene Heftigkeit, mit der er klassische Malstile abgelehnt hatte, hat seinen eigenen Ursprung kaum erkennen lassen. Tatsache ist aber, daß Gauguin in seiner Malerei weit in europäische Traditionen zurückgegriffen hat. Wir wissen heute, daß er sehr genau die Werke der Antike und des Klassizismus, die Bilder von Puvis de Chavannes und vor allem Delacroix, sowie die japanische Malerei zum Vorbild nahm. Eine letzte Gesamtschau[9] zeigt deutlich, wie sehr die Symbolisten von der klassischen Kultur durchdrungen waren. Gauguin hat so häufig deren Anregungen übernommen und an Hand von Vorlagen und Fotos – die er reichlich in seinem Atelier hatte –, in die ihm eigene Flächigkeit umgesetzt. Die wiederkehrenden Motive haben bei ihm Symbolcharakter, den er allein durch seine Malerei nicht erklären konnte. Dazu gebrauchte er dann die Sprache, das Wort. Die von ihm verwandten Motive sind nach genaueren Untersuchungen auch nicht immer polynesischen Ursprungs, sondern häufig übernimmt Gauguin hier Götterstatuen oder Kleidung von Fotografien anderer Erdteile und Kulturen und fügt sie in seine Welt der Südsee ein. Diese immerwährende Wiederkehr der Darstellungen im Gesamtwerk Gauguins hat so beinahe den literarischen Charakter einer optischen Erzählweise.
In dem Bild: „AHA OE FEII?" (siehe Seite 166/67) schildert er eine einfache Beobachtung aus seiner ersten Tahitireise, die er in „NOA NOA" beschreibt: „Zwei Schwestern ruhen nach dem Baden am Ufer; sie haben sich in ungezwungenen Posen auf das Gras hingestreckt und sprechen von der gestrigen Liebe und der, die morgen auf sie wartet. Eine Erinnerung ruft dann Streit zwischen ihnen hervor: Wie! Du bist eifersüchtig?"
Die Verallgemeinerung, die sich in dieser exotischen Südseelandschaft darstellt, wird von Gauguin in verschiedenen Bildern wiederholt. Die Grundlage dieser Geschichte bildet ein klassisches Werk, nämlich die alten Dionysos-Statuen.
Ein weiteres Bild: „Stilleben mit Papageien" (Seite 162/63) dringt dagegen noch weiter in die Gauguinsche Symbolwelt ein und mag als letztes Beispiel dienen: Im Hintergrund des Bildes steht unübersehbar eine Götzenfigur, die Gauguin aus Terrakotta fertigte. Es ist wahrscheinlich, daß er sich hier mit Hina, der tahitischen Göttin des Mondes und des Todes auseinandersetzte, deren Dialog mit Tefatou über das Schicksal der Menschheit Gauguin mehrmals auf Gemälden, Zeichnungen und in Plastiken darstellte. Das Vorhandensein der Hauptperson dieses Dialogs in diesem Bild zeigt eindeutig den symbolhaften Charakter des Bildes. Die hellen, strahlenden Farben,

die kräftige Modellierung, die voneinander getrennten Pinselstriche, die das Beben des Lebens wiedergeben, stehen im Widerspruch zu der verborgenen, düsteren Symbolik des Stillebens. Die erlegten farbenprächtigen Papageien, Sinnbilder des Lebens, die vom Tisch fallenden Blumen und die aus Kürbis gefertigte Reiseflasche für Wasser sind letztendlich Zeugnisse des Weggangs, des zeitlich begrenzten Aufenthalts des Menschen auf der Erde.[11]

Gauguin malte das Bild, kurz bevor er Tahiti in Richtung Hiva-Oa auf den Marquesas verließ und sich wiederum seiner großen Generalfrage stellte: „Woher kommen wir? Wer sind wir? Wohin gehen wir?"

H.-G. Pawelcik

Anmerkungen

1 Vincent van Gogh, Sämtliche Briefe, mit einer Einleitung von Michael Erlhoff, Köln, 1985

2 Le Guepes, 1899-1900, Gauguins 24 Artikel aus seiner Zeitung, gesammelt von Bengt Danielson und Patrik O'Neill, Paris, 1966

3 Gauguins bekannter und gesamter Briefwechsel wird nun endlich von Victor Merlhès unter dem Titel: „Correspondance de Paul Gauguin bearbeitet und herausgegeben. Band 1 ist erschienen, Paris/Papeete 1984

4 Ch. Morice erhob lange den Anspruch, daß die Idee zu „NOA NOA" von ihm ausgegangen sei. Es ist heute erwiesen, das Gauguin die Idee und die erste Konzeption entwarf. In den ersten Ausgaben, die noch heute kursieren, hat Ch. Morice einige Kapitel umgestaltet. Gauguin faßte das Werk noch einmal neu, ohne den verfälschenden Einfluß von Charles Morice.

5 einen guten Überblick gibt: Michael Hoog, Gauguin, Leben und Werk, München, 1987

6 Michael Erlhoff, siehe a. a. O.

7 Daniel de Monfreid (1856-1929) den Gauguin als engsten Vertrauten in Europa ansah und ihn mit der Abwicklung seiner Geschäfte betraute. Trotz dieser Freundschaft konnte Monfreid als Maler seinen eigenen Malstil verwirklichen.

8 Werner Schmalenbach, Die Kunst der Primitiven als Anregungsquelle für die Kunst bis 1900, Diss. Basel, Köln, 1961

9 The Art of Paul Gauguin, Washington, Chicago, Paris, 1988. Der Ausstellungskatalog gibt den bisher besten und größten Überblick über das Werk Gauguins, er beinhaltet auch die letzten wissenschaftlichen Erkenntnisse.

10 Ausstellungskatalog Paul Gauguin, München, 1960,
hier: Gauguin oder Klassizismus durch Revolte

11 Impressionisten und Postimpressionisten aus den Museen der UdSSR, Aurora-Verlag, 1985

INHALT